"十四五"新商科课程改革系列教材

统计学及其应用
基于R软件

主 编 朱 彬 薛文娟
参 编 郭念枝 沈 群

机械工业出版社

统计学是一门关于数据的科学，它在多个学科领域有着广泛的应用. 本书内容涉及常用统计数据分析与统计方法的应用，包括统计与数据、R 语言基础、统计数据的描述性分析、总量指标和相对指标、概率论基础、样本与抽样分布、参数估计、假设检验、方差分析、相关与回归分析、多元回归分析、时间序列分析等. 另外，对 R 软件的基本内容以及与以上内容有关的 R 语言实现过程做了简介，以便于各种统计方法的实际应用. 各章均有大量的有实际应用背景的例子的详解和 R 代码的实现过程，希望这些例子能使读者对统计和 R 软件产生兴趣，当你用 R 软件来学习统计时，你一定会爱上统计，也会爱上 R 软件.

本书可作为理科、工科、经济、管理、农林、医学以及人文社会科学专业读者的统计学入门教材，也可供实业界和从事经济商务分析的各类人员参考.

图书在版编目（CIP）数据

统计学及其应用：基于 R 软件/朱彬，薛文娟主编. —北京：机械工业出版社，2022.9

"十四五"新商科课程改革系列教材

ISBN 978-7-111-70573-4

Ⅰ.①统… Ⅱ.①朱…②薛… Ⅲ.①统计学-高等学校-教材 Ⅳ.①C8

中国版本图书馆 CIP 数据核字（2022）第 063360 号

机械工业出版社（北京市百万庄大街 22 号 邮政编码 100037）
策划编辑：韩效杰 责任编辑：韩效杰 李 乐
责任校对：樊钟英 贾立萍 封面设计：王 旭
责任印制：张 博
北京雁林吉兆印刷有限公司印刷
2022 年 7 月第 1 版第 1 次印刷
184mm×260mm・25 印张・604 千字
标准书号：ISBN 978-7-111-70573-4
定价：79.00 元

电话服务 网络服务
客服电话：010-88361066 机 工 官 网：www.cmpbook.com
　　　　　010-88379833 机 工 官 博：weibo.com/cmp1952
　　　　　010-68326294 金 书 网：www.golden-book.com
封底无防伪标均为盗版 机工教育服务网：www.cmpedu.com

前　言

统计学是研究不确定现象数量规律性的方法论科学，它在多个学科领域有着广泛的应用. 随着大数据时代的到来，理科、工科、经济、管理、农林、医学以及人文社会科学对数据分析的需求在持续增长，相关行业需要处理大量的数据信息. 将统计学的思想和方法应用于各个领域，并和强大的 R 软件相结合，成为解决各领域实际问题的最有效的手段之一.

本书作为一本统计学的入门教材，主要讲述数据分析与统计方法的应用. 每一种统计方法的介绍都以一项实际应用来表述，并用统计结果给出决策的过程和问题的解答.

本书的一个特色是应用性强. 书中主要介绍统计学的思想、方法在实际中的应用，以解决实际中存在的数据分析问题. 本书介绍了大量以实际数据为基础的例子，每一种统计方法的介绍都与一个实例相关联，并在每一章配套大量的有实际应用背景的例题和练习，以便读者熟练掌握相应的统计方法.

本书的另一个特色是通俗易懂. 借助强大的 R 软件，本书舍弃了烦琐的数学推导和统计计算，采用深入浅出、循序渐进的方法系统地介绍了统计学的思想和方法，通过实例的介绍，帮助读者理解并且能够很容易地利用 R 软件完成各种统计分析的计算. 虽然 R 软件是编程语言，但由于其简单易懂，即使从未使用过 R 软件的人也可以毫不费力地通过复制、粘贴书上的代码重新实现书上的所有例题的计算. 本书还穿插了历史上的统计学家的生平、成就以及他们的贡献的介绍，扩展读者的视野，使读者了解统计学发展和应用的历史背景，既使得统计学的学习不再枯燥，又使得读者能更全面地了解统计这个学科.

R 软件是伴随着统计学的发展而兴起的一种计算工具，具有自由、免费和开源的特点，自诞生以来，得到越来越多的统计学家和工程技术人员的使用. R 软件中内置了多种统计学及数值分析功能，其功能还可以通过安装不断更新的程序包得以扩展. 国际上统计学术期刊最新发表的论文中介绍的高被引（高频次被引用）统计方法绝大多数都可以从 CRAN 上自由下载，因此，R 软件被国外大量的学术科研机构使用，国外大学的统计系许多都将 R 软件作为学生的必修课程，R 软件在国际上已经成为统计学教学与科研的主要软件，其应用范围涵盖了几乎所有的统计分支方向和许多交叉学科（如计量金融学、统计遗传学、统计物理学等），统计学课程的教学与 R 软件的紧密结合已成为发达国家统计教学的主流.

本书内容共 12 章，其中第 1~3 章及 5~12 章由朱彬编写，第 4 章由薛文娟编写，郭念枝和沈群也参与了本书习题部分的编写工作中，最后由朱彬负责统稿.

本书编写过程中，得到福建师范大学经济学院的各位领导和同事的关心、鼓励和支持，在此表示深深的谢意. 本书的编写得到福建师范大学经济学院的资助，在此表示感谢.

希望本书能使读者对统计和 R 软件产生兴趣，当你用 R 软件来学习统计时，你一定会爱上统计，也会爱上 R 软件.

由于编者水平有限，书中疏漏和错误之处在所难免，恳请读者批评指正，以便再版时修改完善.

编　者

目 录

前言
第1章　统计与数据 …………………… 1
1.1　什么是统计 …………………… 1
1.2　统计学的基本概念 …………… 5
1.2.1　总体与个体 ………………… 5
1.2.2　变量 ………………………… 6
1.2.3　样本 ………………………… 7
1.2.4　参数与统计量 ……………… 7
1.3　数据的类型 ……………………… 7
1.3.1　分类数据、顺序数据、数值型数据 …………………………… 7
1.3.2　截面数据和时间序列数据 … 8
1.4　统计数据的来源 ………………… 8
1.4.1　统计直接调查 ……………… 8
1.4.2　观察与实验 ………………… 11
1.4.3　间接获取数据 ……………… 11
1.5　统计数据的质量 ………………… 11
1.6　统计学与R软件 ………………… 13
1.7　初识R软件 ……………………… 15
习题1 ………………………………………… 26

第2章　R语言基础 …………………… 27
2.1　向量 ……………………………… 27
2.1.1　基本运算 …………………… 27
2.1.2　赋值 ………………………… 28
2.1.3　向量赋值 …………………… 28
2.1.4　向量运算 …………………… 29
2.1.5　作图 ………………………… 32
2.1.6　产生有规律的向量 ………… 34
2.1.7　向量的类型 ………………… 35
2.1.8　向量的下标 ………………… 37
2.2　因子 ……………………………… 38
2.3　矩阵和数组 ……………………… 40
2.3.1　生成矩阵 …………………… 40
2.3.2　矩阵下标 …………………… 40
2.3.3　矩阵的合并 ………………… 41
2.3.4　定义矩阵的行名和列名 …… 42
2.3.5　矩阵转化为向量 …………… 43
2.3.6　矩阵的维运算 ……………… 43
2.3.7　数组的生成 ………………… 43
2.3.8　数组下标 …………………… 45
2.4　列表 ……………………………… 45
2.5　数据框 …………………………… 46
2.5.1　数据框的生成 ……………… 46
2.5.2　数据框的引用 ……………… 47
2.5.3　定义数据框的变量名 ……… 48
2.6　创建R数据 ……………………… 48
2.6.1　在R中录入数据 …………… 48
2.6.2　数据的使用和编辑 ………… 51
2.7　生成随机数和随机样本 ………… 55
2.7.1　随机数 ……………………… 55
2.7.2　随机样本 …………………… 56
2.8　编写自定义函数 ………………… 57
2.8.1　编写函数 …………………… 57
2.8.2　循环函数 …………………… 58
2.9　绘制多图 ………………………… 59
2.10　脚本 …………………………… 62
2.11　输入数据与读写数据 ………… 63
习题2 ………………………………………… 66

第3章　统计数据的描述性分析 ……… 68
3.1　统计数据的整理与显示 ………… 68
3.1.1　统计数据的分组 …………… 68
3.1.2　次数分配与频数分布图 …… 69
3.1.3　条形图和饼图 ……………… 73
3.1.4　Pareto图 …………………… 75
3.1.5　直方图 ……………………… 76
3.1.6　茎叶图 ……………………… 77
3.2　集中趋势的度量 ………………… 78
3.3　离中趋势的度量 ………………… 88
3.4　分布形状的度量 ………………… 91

3.5 数据分布的正态性检验和分布拟合检验 …… 94
3.6 多元数据的可视化 …… 96
习题3 …… 111

第4章 总量指标和相对指标 …… 113
4.1 总量指标 …… 113
4.2 相对指标 …… 117
  4.2.1 相对指标的种类和计算方法 …… 117
  4.2.2 运用相对数指标的原则 …… 122
习题4 …… 123

第5章 概率论基础 …… 125
5.1 随机事件与概率 …… 125
  5.1.1 随机试验与随机事件 …… 125
  5.1.2 概率 …… 127
  5.1.3 古典概型 …… 128
  5.1.4 几何概型 …… 130
  5.1.5 条件概率 …… 131
  5.1.6 乘法公式、全概率公式、贝叶斯公式 …… 131
  5.1.7 事件的独立性 …… 133
5.2 随机变量及其分布 …… 135
  5.2.1 随机变量的定义及分布函数 …… 135
  5.2.2 离散型随机变量 …… 135
5.3 连续型随机变量 …… 146
5.4 常用随机变量分布的R实现 …… 157
习题5 …… 161

第6章 样本与抽样分布 …… 164
6.1 样本与统计量 …… 164
  6.1.1 总体与样本 …… 164
  6.1.2 统计量 …… 167
  6.1.3 经验分布函数 …… 170
6.2 大数定律与中心极限定理 …… 172
  6.2.1 大数定律 …… 172
  6.2.2 中心极限定理 …… 176
6.3 中心极限定理在抽样分布中的应用 …… 184
  6.3.1 样本均值的抽样分布 …… 184
  6.3.2 样本比例$\bar{p}$的抽样分布 …… 186
6.4 常用统计量的抽样分布 …… 188
  6.4.1 三种常用统计分布 …… 188
  6.4.2 正态总体下常用统计量的分布 …… 194
  6.4.3 样本比例的抽样分布 …… 197
习题6 …… 200

第7章 参数估计 …… 202
7.1 点估计 …… 202
7.2 估计量的评价标准 …… 209
7.3 区间估计 …… 213
  7.3.1 单个正态总体的情况 …… 213
  7.3.2 两个正态总体参数的区间估计 …… 217
7.4 总体比例的区间估计 …… 221
7.5 样本容量的确定 …… 224
习题7 …… 227

第8章 假设检验 …… 230
8.1 假设检验的基本概念 …… 230
8.2 单个正态总体参数的假设检验 …… 234
8.3 两个正态总体参数的假设检验 …… 238
8.4 总体比例的假设检验 …… 245
8.5 拟合优度检验 …… 248
习题8 …… 253

第9章 方差分析 …… 255
9.1 单因素方差分析 …… 255
9.2 双因素方差分析 …… 271
习题9 …… 276

第10章 相关与回归分析 …… 278
10.1 相关分析 …… 278
10.2 一元线性回归分析 …… 286
10.3 利用回归方程进行预测 …… 298
10.4 非线性回归分析 …… 300
习题10 …… 307

第11章 多元回归分析 …… 309
11.1 数学模型 …… 309
11.2 多元回归模型的拟合优度 …… 314
11.3 多元回归模型的显著性检验 …… 316
11.4 回归诊断 …… 317
11.5 利用回归模型进行预测 …… 333
11.6 定性变量的回归模型 …… 335
习题11 …… 346

第12章 时间序列分析 …… 349
12.1 时间序列的成分 …… 349
12.2 移动平均法与指数平滑法 …… 358
12.3 回归预测分析 …… 366
12.4 时间序列的平稳性 …… 378
习题12 …… 392

参考文献 …… 394

第 1 章

统计与数据

因为变异无所不在,所以统计结论并不总是绝对的.

——David S. Moore

1.1 什么是统计

什么是统计呢?让我们先看下面的几个例子.

例 1.1 中国人口密度分界线——胡焕庸线

中国国土上,有一条看不见的线,你不一定知道它,它却可能影响过你的生活. 这条线北起黑龙江黑河,一路向着西南延伸,直至云南腾冲. 1935 年,国立中央大学地理系主任胡焕庸通过数万个数据一点一点在地图上摸索出这条线. 那时他是从人口的角度看这条线的——线的西北方向,是"大漠长河孤烟",占当时中国国土面积的 64%,却仅有 4% 的人口;而线的另一头,是"小桥流水人家",仅有当时中国国土的 36%,却聚集着另外的 96% 的人口. 这就是著名的中国人口密度分界线:"黑河—腾冲线"(曾称"爱辉—腾冲线"),在国际上,命名为"胡焕庸线". 2009 年,中国地理学会发起"中国地理百年大发现"评选,"胡焕庸线"名列其中,被称为 20 世纪中国地理最重要发现之一.

1935 年,胡焕庸先生用手工画图发现了"爱辉—腾冲线". **首先,胡焕庸线是用统计学的方法算出来的**. 据胡焕庸的学生吴传均院士回忆:当时中国的总人口估计有 4.75 亿,胡焕庸以 1 个点表示 2 万人,将 2 万多个点落在地图上,再以等值线画出人口密度图. 在没有计算机的年代,用手工画 2 万多个点,再计算等值连线,耗费的工夫是惊人的. 可以说:胡焕庸线是中国地理学家第一次运用统计学的方法做出的重大发现. **更牛的是,不管历史如何摔打,胡焕庸线总不倒**. 80 多年来,中国经历了无数变化,人口从 4 亿多变成了 14 亿多,经济规模增长了几十倍,国家的区域发展规划和人口政策更是不断改变. 1935—2010 年的人口密度分界线基本围绕胡焕庸线波动. 1935 年,胡焕庸线东侧人口占比为 96%,到了 1982 年第三次全国人口普查的时候，东侧人口占比是 94.2%，1990 年第四次全国人口普查时东侧人口占 94.1%，2000 年第五次全国人口普查时东侧人口占 93.9%，到 2010 年第六次全国人口普查时东侧人口占 93.7%，70 多年之间仅仅减少了 2.3 个百分点.

例 1.2 红楼梦作者考证

《红楼梦》一书共 120 回，一般认为前 80 回是曹雪芹所著，后 40 回是高鹗所续．然而长期以来这种看法一直饱受争议．1987 年陈大康先生结合《红楼梦》各个版本间的比较，采用数理统计的方法，分别对 27 个专用词、46 个字和 89758 个句子的句长分布及平均句长等共 88 个项目进行了考察，不仅否定了前 80 回和后 40 回为同一作者的说法，也得出了后四十回的前半部分中含有曹雪芹的少量残稿．1987 年复旦大学数学系李贤平教授用陈大康先生对每个回目所用的 47 个虚字（之、其、或、亦、呀、吗、咧、罢、的、着、是、在、可、便、就、但、儿等）出现的次数（频率），作为《红楼梦》各个回目的数字标志，输入计算机，然后将其使用频率绘成图形，从中看出不同作者的创作风格．据此，他提出了《红楼梦》成书新说：是轶名作者作《石头记》，曹雪芹"批阅十载，增删五次"，将自己早年所作《风月宝鉴》插入《石头记》，定名为《红楼梦》，成为前 80 回书．后 40 回是曹雪芹的亲友将曹的草稿整理而成，其中宝黛故事为一人所写．

例 1.3 孟德尔的杂交试验

孟德尔的豌豆杂交试验始于 1856 年，在进行一对相对性状的杂交试验时，选用了 14 个纯系，配成 7 对相对性状差异的亲本，分别进行正交、反交、自交、测交等试验，观察各个子代植株的性状表现，计算各个子代群体中不同相对性状的分布，用统计学的方法进行分析和归纳．以一对相对性状差异的红花豌豆和白花豌豆的杂交为例．杂交结果表明（见表 1-1），无论正交还是反交，子一代（F1 代）均表现为红花，而白花性状不出现．孟德尔把在杂种第一代中出现的性状称为显性（dominance），在杂种第一代中不出现的性状称为隐性（recessiveness）．由 F1 代自交产生的 F2 代中，出现性状分离，有约 3/4 的植株开红花，约 1/4 的植株开白花，分离比接近 3∶1．即：

P（亲本 纯种红花和白花）	正交（红花×白花）	反交（白花×红花）
F1（子一代）	红花	红花
F2（子二代）	红花 3∶白花 1	红花 3∶白花 1

孟德尔共进行了 7 对相对性状的杂交试验，其结果大同小异，即

在 F1 代中只出现显性性状，在 F2 代中出现 3：1 的分离，说明这一分离现象具有普遍性.

表 1-1　孟德尔共进行了 7 对相对性状的杂交试验的结果

性状	杂交组合	F1 代性状	F2 代性状	F2 代分离比
花的颜色	红花×白花	红花	红花 705+白花 224	3.15：1
种子形状	圆形×皱缩	圆形	圆形 5474+皱缩 1850	2.96：1
种子颜色	黄色×绿色	黄色	黄色 6022+绿色 2001	3.01：1
豆荚形状	饱满×不饱满	饱满	饱满 882+不饱满 299	2.95：1
豆荚颜色	绿色×黄色	绿色	绿色 428+黄色 152	2.82：1
花的位置	腋生×顶生	腋生	腋生 651+顶生 207	3.14：1
植株高度	高×矮	高	高 787+矮 277	2.84：1

孟德尔由此发现了遗传学的分离定律和自由组合定律，他的成功很大程度上得益于统计学方法的应用.

例 1.4　小儿麻痹症疫苗的临床试验

1954 年，为了确定新发明的预防小儿麻痹症疫苗的疗效，统计学家和科学家进行了一个庞大的临床试验，共 40 万个孩子参与了该疫苗的临床试验. 在这些参与者中随机地抽取一半人分配了该疫苗，另一半人给予不含该疫苗的安慰剂. 通过公立学校的接种活动，对这 40 万参与者进行了处理（接种疫苗或安慰剂），然后经过一个夏天的观察得出患小儿麻痹症的人数. 尽管临床试验中的 40 万人只出现了不到 200 例的小儿麻痹症，但其中获得安慰剂的患病人数是获得疫苗患病人数的 3 倍还要多. 这些结果加上一些统计计算，足以说明该疫苗的疗效.

以上这些都是统计学应用的例子. 事实上，统计学已经广泛应用于各个领域，这包括：地理学、语言学、遗传学、临床医学、保险精算、人口统计学、经济学、金融学、物理学、化学、生物学、管理科学、质量控制、市场营销、审计学、心理学、社会学、教育学、考古学、人类学、牙医学、气象学、地质学、历史研究、植物学、动物学、生态学等.

上述的几个统计应用例子，都是以现实世界待解决的问题为目标，通过各种直接和间接的手段来收集数据，根据得到的数据提出可以解释这些观测的理论模型或假说，然后利用一些方法来整理、分析数据，检验和修正提出的理论模型，发现数据背后的规律性，最后得出结论. **统计学是一门收集、整理、显示和分析数据的科学，其目的是探索数据内在的数量规律性**. 按照《不列颠百科全书》关于统计的定义，**统计学是"收集、分析、展示和解释**

数据的科学". 这个定义,包含了从数据中学习和获取知识的四个步骤:①设计收集数据的方案;②准备分析用的数据(概括、理论建模);③分析数据;④报告并展示从数据分析中得到的结论. 总之,**统计学是一门处理数据的科学**. 根据数据分析方法的不同,统计学又可以分为描述统计学和推断统计学.

描述统计学(descriptive statistics)是研究数据收集、处理、描述和展示的统计学分支. 描述统计学的内容包括统计数据的收集方法、数据的加工处理和展示方法、数据分布特征的概括和分析方法等. 描述统计用直观的图形、汇总的表格和概括性的数字表示数据的分布、形状等特征,并为进一步的统计推断提供依据.

推断统计学(inferential statistics)是研究如何利用样本数据来推断总体特征的统计学分支. 推断统计学是现代统计学的基本内容. 推断统计学的各种推算方法和推算结果的精确性和可靠性是以概率论为基础的. 统计研究过程的起点是数据,终点是探索到客观事物总体内在的数量规律性. 描述统计是统计研究工作的起点和基础,推断统计则是根据描述统计取得的数据和信息,利用概率论的理论,对总体数量规律性做出科学的推断,是统计研究工作的核心和关键环节.

例1.5 产品的次品率

某荧光灯厂每天大约生产10万只的荧光灯,质量控制部门必须检验荧光灯的次品率. 这个任务可以通过检验每一只荧光灯来完成,但是这样做成本太高. 另一方法就是从每天生产的10万只荧光灯中随机选出500只,然后检验这500只荧光灯. 如果这500只荧光灯是以正确的方式被选出来的,那么从中检验出的次品比例,可以用于估计全天所有产品的次品比例. 推断统计学告诉我们,这个被检查的500只荧光灯的样本的次品率可能与全天生产的10万只荧光灯这个总体的次品率很接近.

在这个例子中,产品质量检验的数据的获得,往往需要破坏性的试验,此时如果要对每个产品进行一一测量,这是不可能的. 这就需要抽取部分个体即样本进行测量,然后根据样本数据来对所研究的总体特征进行推断,这就是推断统计学所要解决的问题.

人物传记

统计质量控制(SQC)之父——休哈特

沃特·阿曼德·休哈特(1891—1967),出生于美国伊利诺伊州的新坎顿,1917年获得加州大学伯克利分校的物理学博士学位，1918—1924年在西方电气公司(Western Electric)任工程师，1925—1956年任贝尔实验室研究员，其间曾先后在伦敦大学、斯蒂文理工学院、美国农业部研究生院和印度讲学．休哈特基于对西方电气公司所制造产品的特性变异的关注和对抽样结果的研究，创立了统计过程控制(SPC)理论．1924年5月16日，他提出了世界上第一张控制图，1931年他出版了经典著作《制成品质量的经济控制》，并将控制图应用在西方电气公司霍桑工厂的熔丝、加热控制和电站装置的生产上．

休哈特在研究中观测到，自然界以及工业产品中的所有事物都会发生变异，研究这些变异并减少变异是质量改进的主要手段．虽然不存在完全相同的两件事物，但大量的观测会形成可预测的形态，他总结出两条重要的原理：①变异是不可避免的；②单一的观测几乎不能构成客观决策的依据．为了判断观测值的形态，可以将观测值以若干方式描绘出来，如将观测值绘制成直方图，这可以展示出观测值的分布情况；或按照观测值的顺序在图上打点，便形成线状图，这对于观察数据的趋势和周期非常有用．休哈特主张用链状图来观测数据，他进一步指出存在两类引起变异的原因．一是偶然原因，指只会引起数据的很小波动的那些偶然性因素，其影响较小，但会大量聚集呈现出某种形态，根据中心极限定理和观测经验推断，它们通常近似服从正态分布．二是系统性原因．系统性原因导致数据发生特殊变异．休哈特控制图基于偶然原因所形成的正态分布的3σ原则建立了一组控制界限，任何落在这些界限之外的或者呈某种异常趋势的观测值都表明可能存在系统性原因，由于观测数据是按所发生顺序描点，因此若存在趋势或异常形态很容易被观测到．所以，控制图是对过程所产生的统计量的变异的一种图示描述，运用控制图进行生产过程监控，可以及早发现不合格的萌芽，并采取措施予以预防和控制．休哈特的PDCA(计划—执行—检查—处置)循环的观点被戴明等人广泛应用，至今仍然是质量管理中最经典的持续改进管理模式和思维方式．

1.2 统计学的基本概念

1.2.1 总体与个体

总体(population)是在一定的研究目的下，所研究对象的所有测量值的集合．它是由客观存在的、具有某种共同性质的众多个别事物构成的整体,总体规模用 N 表示. 通常情况下,统计意义下的总体是一组观测数据,而不是一群人或一些物品的集合.

构成总体的个别事物称为个体或总体单位.

总体具有以下特点:

(1) 总体具有同质性. 即构成总体的每个个体在某一方面的特征是相同的. 同质性是构成总体的基础.

(2) 总体具有大量性. 即构成总体的个体必须足够多. 只有构成总体的个体足够多时,才能从大量的统计数据中发现数据背后的统计规律性. 大量性是构成总体的条件.

(3) 总体具有差异性. 即构成总体的每个个体的属性或特征一般是不一样的. 例如,所研究的总体是某大学的全体学生,则每个学生个体的身高、体重、颜值、智力、个性特征都是不同的. 差异性是构成总体的前提.

1.2.2 变量

在研究总体时,重点关注的是总体单位具有哪些特征或属性,我们把这些特征或属性称为变量(variable). 变量是总体中的每个个体所具有的特征或属性. 例如,某大学的每个学生个体的性别、籍贯、民族、身高、体重、颜值、智力等属性特征都是各不相同的,这些不同的属性特征就构成了不同的变量. 变量的特点是从一次观察到下一次观察会呈现出差别或变化. 统计数据是变量的具体取值或具体观察值. 根据变量取值的不同,变量可以分成以下几种类型:

(1) 说明事物类别的名称,称为**分类变量**(categorical variable). 分类变量的取值就是分类数据. 例如,学生的"性别"就是一个分类变量,其变量值为"男"或"女";"民族"也可以是一个分类变量,其变量值可以为"汉族""蒙古族""回族"等.

(2) 说明事物有序的名称,称为**顺序变量**(rank variable). 顺序变量的数值取值就是顺序数据. 如"产品等级"就是一个顺序变量,其变量取值可以为"一等品""二等品""三等品""次品"等.

(3) 说明事物数字特征的名称,称为**数值型变量**(metric variable). 数值型变量的取值就是数值型数据. 如一个学生的年龄、身高、体重、成绩等都是数值型变量,这些变量可以取不同的数值. 根据取值的不同,数值型变量又可以分为离散型变量和连续型变量. **离散型变量**的取值只能取整数值,它的取值是一一可数的,如人口数、企业数、机器台数、汽车数等都是离散型变量. **连续型变量**的取值可以连续不断,相邻两个整数变量值之间可以做多次分割,例如,人的身高、体重、产品的成本、利润、利率等都是连续型变量.

1.2.3 样本

从总体中抽取的一部分元素的集合,称为**样本(sample)**. 构成样本的元素的数目,称为**样本容量或样本量(sample size)**. 从总体中抽取的一部分元素作为样本,目的是要根据样本提供的信息去推断总体的特征. 在例 1.5 中,从每天生产的 10 万只荧光灯中随机选出 500 只,这 500 只荧光灯就构成一个样本,其样本容量是 500,然后根据这 500 只荧光灯构成的样本的次品率,可以去推断全天生产的 10 万只荧光灯这个总体的次品率.

1.2.4 参数与统计量

参数(parameter) 是研究者想要了解总体的某种特征值. 例如,总体均值、总体方差、总体标准差、总体比例等,这些都是常见的总体参数.

统计量(statistic) 是根据样本数据计算出来的一个量,其目的是根据样本统计量去估计总体参数,它是关于样本的函数. 例如,用样本均值这个统计量去估计总体均值,用样本方差去估计总体方差,用样本标准差去估计总体标准差,用样本比例去估计总体比例等.

1.3 数据的类型

数据是收集、分析、汇总表述和解释的事实及数字. 数据是通过收集总体中的每个个体的每个变量的度量值而获得的. 对一个特定个体收集的度量集称为一个**观测**. 根据测量尺度的不同,数据可以分为不同的类型.

1.3.1 分类数据、顺序数据、数值型数据

分类数据是对事物进行分类的结果,数据则表现为类别,是用文字来表述的. 例如,学生按照性别分为男、女两类;按出生地可分为北京、上海、河北、福建等,这些均属于分类数据. 对于分类数据可以用数字代码来表示各个类别,例如,用 1 表示"男性",0 表示"女性";用 1 表示"第一产业",2 表示"第二产业",3 表示"第三产业",等等.

顺序数据也是对事物进行分类的结果,但这些类别是有顺序

的. 它是由顺序尺度计量形成的. 例如, 将产品分为一等品、二等品、三等品、次品等; 一个人的受教育程度可以分为小学、初中、高中、大学、研究生等; 考试成绩可以分为优、良、中、及格、不及格等; 一个人对某一事物的态度可以分为非常同意、同意、保持中立、不同意、非常不同意等. 对于顺序数据也可以用数字代码来表示. 例如, 1 表示非常适合, 2 表示适合, 3 表示部分适合, 4 表示不适合.

数值型数据是使用自然或度量衡单位对事物进行测量的结果, 其结果表现为具体的数值. 大多数的数据都是数值型数据. **分类数据和顺序数据**说明的是事物的**品质特征**, 通常是用文字来表述的, 其结果均表现为类别, 因而也统称为**定性数据或品质数据**(qualitative data); 数值型数据说明的是现象的数量特征, 通常是用数值来表现的, 因此也称为**定量数据或数量数据**(quantitative data).

1.3.2 截面数据和时间序列数据

为了统计分析目的, 区分截面数据和时间序列数据是重要的. **截面数据**是在相同或近似相同的时间点上收集的数据. 例如, 我国 2018 年各地区的国内生产总值数据就是截面数据. **时间序列数据**是按时间顺序收集到的, 用于所描述现象随时间而变化的情况. 例如, 2010—2018 年期间我国的国内生产总值数据就是时间序列数据. 1950—2018 年期间福州地区每天的平均气温也是时间序列数据.

1.4 统计数据的来源

统计数据来源于直接调查、观察和科学试验, 称为**第一手数据**或**直接的数据**; 或者来源于已有的数据, 称为**第二手数据**或**间接的数据**.

1.4.1 统计直接调查

统计直接调查是为取得统计数据而专门组织的调查. 统计直接调查是统计数据的主要来源, 统计直接调查的方式主要有两种, 即普查和抽样调查.

1. 普查

普查是为了某一特定目的而专门组织的一次性全面调查, 如人口普查、经济普查、农业普查、工业普查等. 世界各国一般会定期(每 10 年)进行人口普查、农业普查、经济普查等. 普查的数据一般比较准确,规范化程度也比较高,能掌握大量、详细、全面的统计数据. 通过普查可以摸清一国国情、国力的基本统计数据,为一国制定重大决策提供依据. 普查由于调查涉及面广、调查单位多、需要耗费大量的人力、物力、财力和时间,一般需要间隔较长的时间进行一次. 如我国规定,每逢末尾数字为"0"的年份进行人口普查,我国在 2010 年和 2020 年分别进行了第六次和第七次全国人口普查. 而在两次普查之间以抽样调查的方式获得连续的统计数据.

2. 抽样调查

抽样调查是实际中应用最广泛的一种调查方法,它是从调查对象中随机抽取一部分作为样本进行调查,并根据样本信息来推断总体数量特征的一种非全面调查. 抽样调查具有以下几个特点:

(1) 经济性. 这是抽样调查的一个最显著的优点. 由于调查的样本单位通常是总体单位中很小的一部分,调查的工作量小,可以节省大量的人力、物力、财力和时间.

(2) 时效性强. 抽样调查可以迅速、及时地获取所需要的信息. 由于工作量小,调查的准备时间、调查时间、数据处理时间都可以大大缩减,从而提高数据的时效性. 与普查相比,抽样调查可以频繁进行,随着事物的发生和发展及时取得有关信息,以弥补普查的不足. 例如,两次人口普查之间的各年份的人口数据都是通过抽样调查取得的.

(3) 适应面广. 抽样调查可以获得更加广泛的信息,适用于对各个领域、各种问题进行调查. 从适用的范围来看,抽样调查既可以调查全面调查能够调查的对象,也可以调查全面调查不能够调查的对象,如产品质量检验. 抽样调查的内容和指标可以比普查更详细、能获得更全面、更广泛和更深入的数据.

(4) 准确性高. 抽样调查的数据质量有时比全面调查更高,因为全面调查的工作量大、环节多,登记性误差往往很大,而抽样调查由于工作量小,可使各环节的工作做得更细致,误差往往更小. 当然,用样本数据去推断总体时,不可避免地会有推断误差,但这种误差的大小是可以计算并加以控制的,因此推断的结果通常是可靠的.

3. 抽样调查的种类

在抽样调查中,如何才能确保抽取的样本对总体的代表性,以保证后续统计推断的可靠性呢? 这里介绍常见的几种抽样调查的方式.

(1) 简单随机抽样(simple random sampling). 在抽取样本

时,如果总体的每一个个体都有机会被选到样本中,这种抽样称为**简单随机抽样**,而这样得到的样本则称为**简单随机样本**(simple random sample).大小为 N 的总体中产生样本量为 n 的随机样本的一个常用方法就是利用随机数(random number),其步骤为:①先把总体的所有个体编号;②然后产生 n 个 0 到 N 之间的随机数;③与这 n 个随机数一一对应的个体就构成了样本量为 n 的简单随机样本.

例 1.6　70 名学生选修了统计学的课程,现在要随机选出 5 名学生作为样本.如何用随机数 05166 29305 774829 确定样本?

解:共有 70 名学生,先对每名学生进行编号,假定为 0~69.为此,每次取两个随机数,由给定的随机数得到:05,16,62,93,05,77,48,29.由于学生的最大编号是 69,则 93 和 77 显然超出这个范围,应被删掉.05 和 05 出现了两次,取消其中的一个随机数 05.这样一来,编号为 05,16,62,48,29 的学生就是一个简单随机样本.

(2) **系统抽样**(systematic sampling).先对总体中的所有个体编号,然后随机选取其中之一作为抽样开始点进行抽样.根据预定的样本量决定距离 n.在选定开始点之后,通常从开始点开始按照编号进行等距抽样.即如果开始点是 3 号,距离 $n=10$,则下面的调查对象为 13 号、23 号等.如果编号是随机选取的,这和简单随机抽样是等价的.

(3) **分层抽样**(stratified sampling).先把总体分成具有共同特征的组(层),再在各组中分别抽取简单随机样本.例如,有一所 5 万学生的大学,我们想了解学生们对学校是否要建一个音乐厅的看法,假定这个学校男生占 40%,女生占 60%,由于男生和女生对音乐的喜爱程度不一样,如果我们采用简单随机抽样方法取 100 名学生做调查,有可能会出现这样的样本:男生 35 名、女生 65 名,或者 49 名男生、51 名女生.如此一来,我们依据不同样本对是否要建音乐厅的态度的估计会有很大的差异.为了减少样本差异,可以硬性将样本中的男女比例与总体的男女比例保持相等.因此,在所有男生中随机抽取 40 名,在所有女生中随机抽取 60 名,通过这样处理,样本对总体的代表性可能更好.

(4) **整群抽样**(cluster sampling).先把总体划分为若干群,与分层抽样不同,这里的群是由不相似的个体组成的.然后在这些群中,随机抽取几个群,对每个群的个体进行全面调查或抽样调查.例如,在某市进行调查,首先在该市所有小学中随机抽取几个小学,然后对选中的小学的学生进行全面或抽样调查.

1.4.2 观察与实验

通过观察和实验获取数据,是收集数据的另外一个重要来源. 在一项实验性的研究中,一个变量首先被确定,然后控制一个或多个其他变量,以便获得它们如何影响变量的数据. 例如,在例 1.4 的小儿麻痹症疫苗的临床试验,为了确定新发明的预防小儿麻痹症疫苗的疗效,共 40 万个孩子参与了该疫苗的临床试验. 在这些参与者中随机地抽取一半人分配了该疫苗,另一半人给予不含该疫苗的安慰剂. 然后观察这两组孩子中小儿麻痹症患者的数量. 实验数据的统计分析会帮助确定这种预防小儿麻痹症疫苗的疗效是否显著. 而在观察性统计研究中不试图对相关变量进行控制. 在观察研究活动中,研究人员不会对相关变量进行硬性控制,仅仅是观察而已,相当于追溯分析,也就是说,在确定了被研究主体后,再将被研究主体在过去的相关资料收集起来.

1.4.3 间接获取数据

在科学研究和管理决策中,要充分利用各种现成的数据. 这些数据可以来自国家统计部门定期发布的统计公报和统计年鉴,如《中国统计年鉴》《中国人口统计年鉴》《中国农村统计年鉴》《中国工业经济统计年鉴》等,以及各省、市、自治区出版的地区统计年鉴等. 互联网也是获取数据来源的重要渠道,几乎所有的政府机构和大公司都有自己的网站,访问者可以从中获得有用的数据. 常见的获取数据的重要网站有:国家统计局网站、国务院发展研究中心信息网、中国经济信息网、华通数据中心、三农数据网等.

1.5 统计数据的质量

在讲到统计数据质量问题时,先看美国的一家民意调查机构的例子. 美国的《读者文摘》在 1916—1936 年期间对美国总统选举的预测屡屡获胜,但在 1936 年对美国总统大选的预测却遭遇了失败. 当时的两位总统候选人是兰登和罗斯福,为了预测谁会当选,《读者文摘》寄出了 1000 多万张的问卷,结果只回收了 240 万张. 根据对这些收回的问卷的统计,《读者文摘》宣称兰登将获得 57% 的支持,罗斯福将获得 43% 的支持,兰登将以压倒性多数胜出. 事实上后来兰登在那次选举中仅仅赢得了两个州,罗斯福最终当选美国总统,他赢得了 62% 的选票,超过兰登 25 个百分点. 为什么《读者文摘》会出现这么大的错误呢? 其中一个重要原因是《读者文摘》依据的样本没有代表性. 为了抽取样本, 到哪儿去找到 1000 万个姓名和地址呢? 和当时其他许多调查一样,《读者文摘》采用了电话号码簿. 然而在 1936 年所处的经济大萧条期, 电话属于奢侈品, 这使得《读者文摘》的样本大多数来自富人. 可是 1936 年的总统大选, 其焦点问题是经济问题, 那些不富裕的人更多地倾向于投罗斯福的票. 显然,《读者文摘》犯了严重的代表性误差.

统计的整个工作过程就是对数据加工的过程, 从原始数据的收集开始, 经过整理、显示, 然后根据样本信息去推断总体的数量特征, 都有一个减少误差、提高数据质量的问题. 在不同的统计工作阶段, 统计数据误差的原因是不同的. 统计数据误差的来源主要可分为两大类: 登记性误差和代表性误差.

1. 登记性误差

它是指在调查过程中, 由于各种主观或客观的原因而引起的误差. 例如, 由于指标含义不清, 口径不同而造成的误差; 由于被调查者提供不实的资料, 以及在登记、计算、抄写上有差错等而出现的误差. 这种登记性误差不论是在抽样调查还是在其他形式的调查中都有可能产生. 调查的范围越广, 规模越大, 内容越复杂, 产生登记性误差的可能性就越大. 登记性误差来源于调查者和被调查者, 其表现形式是多样的, 产生登记性误差的原因主要有: ① 由于计量手段的局限性所带来的难以绝对符合实际而出现的误差; ② 由于登录、计算、抄报、汇总错误及被调查者所报不实或调查者有意虚报瞒报等所带来的误差; ③ 被调查者因人为因素干扰形成的有意虚报或瞒报, 这种误差在统计调查中应予以特别重视. 从理论上讲, 登记性误差是可以消除的.

2. 代表性误差

它是指在抽样调查中, 样本各单位的结构情况不足以代表总体的状况, 而用部分去推断总体所产生的误差. 代表性误差的发生有以下两种情况: 一种是由于违反了**抽样调查的随机原则**. 例如, 有意识多选好的单位或较差的单位进行调查而造成的**系统性误差**. 可见, 只要遵循了随机原则就可以避免产生系统性误差, 系统性误差和登记性误差一样, 都是抽样组织工作造成的, 应该采取措施预防误差发生或将其减小到最低程度; 另一种情况是指遵循了随机原则, 可能抽到各种不同的样本而产生的抽样误差. 抽样误差在抽样推断中是不可避免的, 是偶然的代表性误差.

(1) 抽样误差. 它是指在遵循了随机原则的条件下, 不包括登记性误差和系统性误差在内的,用样本指标推断总体指标而产生的不可避免的误差. 由于总体平均数、总体成数是确定的,而样本平均数、样本成数是随机变量,因而抽样误差也是一个随机变量. 抽样误差越小,说明样本的代表性越高;反之,样本的代表性越低. 同时抽样误差还说明样本指标与总体指标的相差范围,因此,它是推断总体指标的依据. 抽样误差是统计推断所固有的,虽然无法避免,但可以运用数学公式计算,确定其具体的数量界限,并通过抽样设计程序加以控制,因此抽样误差也可以称为可控制的误差.

(2) 统计数据的质量要求. 就一般的统计数据而言,可将其质量评价标准概括为 6 个方面:①准确性,即最低的代表性误差和系统性误差;②精度,即最低的抽样误差;③关联性,即满足用户决策、管理和研究的需要;④及时性,即在最短时间内取得并公布数据;⑤一致性,即保持时间序列的可比性;⑥最低成本,即在满足以上标准前提下以最经济的方式取得数据.

1.6 统计学与 R 软件

R 软件是伴随着统计学的发展而兴起的一种计算软件,具有自由、免费和开源的特点,自诞生以来,得到越来越多的统计学家和工程技术人员的使用. R 中内置了多种统计学及数值分析功能,其功能还可以通过安装不断更新的程序包得以扩展,国际上统计学术期刊最新发表的论文中介绍的高被引统计方法绝大多数都可以从 CRAN 上自由下载. 因此,R 被国外大量的学术科研机构使用,欧美国家大学的统计系许多都将 R 语言作为学生的必修课程,R 在国际上已经成为统计学教学与科研的主要软件,其应用范围涵盖了几乎所有的统计分支方向和许多交叉学科(如计量金融学、统计遗传学、统计物理学等),统计学课程的教学与 R 软件的紧密结合已成为发达国家统计教学的主流.

R 语言由奥克兰大学的 Ross Ihaka 和 Robert Gentleman 在 20 世纪 90 年代初开发. 它源于 20 世纪 70 年代 John Chambers 在贝尔实验室带头开发的 S 语言. R 软件是一个 GNU 项目,这表明它是一个自由开源软件. 现在的 R 语言和软件由一个 20 人的 R 核心团队开发.

1. R 软件的下载和安装

R 软件的各种版本可以到官方网站 https://cran.r-project.org/ 单击 Download R 下载,当前版本 R-3.6.2. Windows 版本的 R 软件的安装十分方便,只需运行下载的安装程序,按照 Windows 的提示安装即可,如图 1-1 所示.

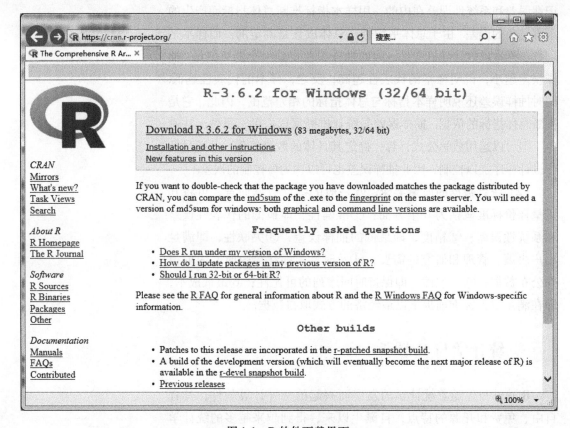

图 1-1　R 软件下载界面

2. 在 Windows 中运行 R

单击 Windows 开始菜单,选择"所有程序",选择 R,或者双击安装目录或桌面上的 R 软件图标,就会出现一个名为 R 控制台(R Console)的文本窗口,用户可通过该文本窗口输入 R 命令,如图 1-2 所示.

3. 程序包的安装与加载

程序包(package)可以理解为由函数、数据、预编译代码构成的集合,而储存程序包的文档称为库(library). R 软件自带了一些基本的程序包,如 stats、graphics 等程序包,这些程序包可以直接使用. 除了基本的程序包外,CRAN 还提供了大量的其他程序包供我们下载使用. 这些程序包下载安装后,需要载入激活后才能使用. 在联网条件下,选择"程序包",单击"安装程序包",或者利用函数 install.packages() 可以完成程序包安装. 如在 R 中,igraph 包是专门用来处理网络图的. 要安装这个程序包 igraph,可以直接输入命令:

```
>install.packages("igraph")
```

即可完成程序包 igraph 的安装.

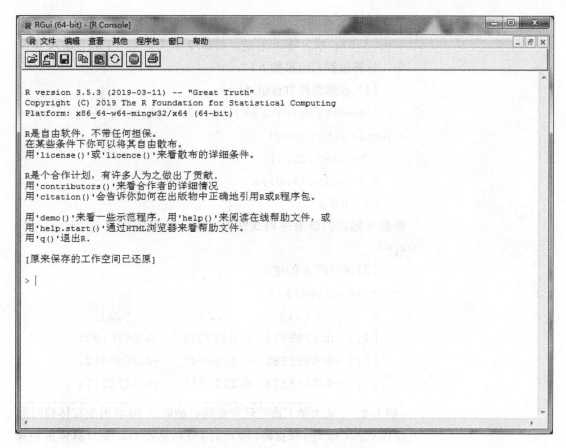

图 1-2 在 Windows 中运行的 R 控制台

程序包仅需安装一次就可一直使用. 同 R 的版本经常更新一样, 程序包也经常被其发布者更新, 选择"程序包", 然后选择"更新程序包"命令或利用函数 updata.packages() 可以完成程序包的更新. 除了 R 自带的程序包外, 其他新安装的程序包在每次使用前必须先载入. 选择"程序包", 然后选择"加载程序包", 或者利用程序 library() 可以完成程序包载入. 例如, 输入命令

>library(igraph)

即可完成程序包 igraph 的载入.

1.7 初识 R 软件

下面用几个例子来认识一下 R 软件.

例 1.7 求解线性方程组 $Ax = b$, 其中

$$A = \begin{pmatrix} 1 & 1 & -2 \\ 5 & -2 & 7 \\ 2 & -5 & 4 \end{pmatrix}, \quad b = \begin{pmatrix} -3 \\ 22 \\ 4 \end{pmatrix}$$

解：在 R 中，求解线性方程组 $Ax = b$，其命令形式为 solve(A,b)；求方阵 A 的逆，其命令形式为 solve(A). 输入 R 命令，计算过程和结果如下：

（1）求解线性方程组 $Ax=b$.

```
> A=matrix(data=c(1,1,-2,5,-2,7,2,-5,4),nrow=3,ncol=3,byrow=T)
> b=c(-3,22,4)
> x=solve(A,B);x
[1] 1 2 3
```

根据 R 输出的结果得到线性方程组 $Ax = b$ 的解为 $x_1 = 1$，$x_2 = 2$，$x_3 = 3$.

（2）求方阵 A 的逆.

```
> B=solve(A);B
         [,1]       [,2]        [,3]
[1,]  0.4285714  0.0952381   0.04761905
[2,] -0.0952381  0.1269841  -0.26984127
[3,] -0.3333333  0.1111111  -0.11111111
```

例 1.8 某大学工商管理专业随机抽取的 10 名男生在体检时测得体重（以 kg 计）和身高（以 m 计）资料见表 1-2. 试计算体重和身高的均值、方差和标准差.

表 1-2 10 名男生体检数据

编号	体重 x_1/kg	身高 x_2/m
1	55	1.68
2	81	1.82
3	65	1.76
4	75	1.65
5	76	1.73
6	60	1.71
7	65	1.74
8	79	1.79
9	90	1.87
10	50	1.66

解：直接在主窗口输入以下命令：

```
> x1<-c(55,81,65,75,76,60,65,79,90,50)
> x2 <- c(1.68,1.82,1.76,1.65,1.73,1.71,1.74,1.79,1.87,1.66)
> mean(x1);var(x1);sd(x1)   #计算体重的均值、方差和标准差
```

[1] 69.6
[1] 159.6
[1] 12.63329
> mean(x2);var(x2);sd(x2)   #计算身高的均值、方差和标准差
[1] 1.741
[1] 0.005032222
[1] 0.07093816

这里，"<-"表示赋值，"c( )"表示数组，"x1<-c( )"表示将一组数据赋给变量 x1.

"mean( )"是求均值函数，"mean(x1)"表示计算数组 x1 的均值.

"var( )"是求方差函数，"var(x1)"表示计算数组 x1 的方差.

"sd( )"是求标准差函数，"sd(x1)"表示计算数组 x1 的标准差.

R 计算结果显示，10 个男生体重的均值是 69.6；方差是 159.6；标准差是 12.63329.

10 个男生身高的均值是 1.741；方差是 0.005032222；标准差是 0.07093816.

上述过程中的">"号，均是计算机提示符.

例 1.9   计算例 1.8 中 10 名男生的体重和身高的最大值、最小值、四分位数、中位数.

解：直接在主窗口输入以下命令：

```
> summary(x1)
   Min.1st Qu.  Median  Mean 3rd Qu.   Max.
   50.00   61.25   70.00   69.60   78.25   90.00
> summary(x2)
   Min.1st Qu.  Median  Mean 3rd Qu.   Max.
   1.650   1.688   1.735   1.741   1.782   1.870
```

这里，用到了函数 summary( )，对于向量、矩阵、因子和数据框给出了一些有用的统计汇总.

结果显示，10 名男生的体重的最大值 90、最小值 50、第一四分位数 61.25、第二四分位数是 78.25、中位数 70；10 名男生身高的最大值 1.87、最小值 1.65、第一四分位数 1.688、第二四分位数 1.782、中位数 1.735.

例 1.10   绘制出例 1.8 中 10 名男生的体重和身高的散点图和身高的直方图.

解：直接在主窗口输入以下命令：

```
> plot(x1,x2)
```
其结果如图 1-3 所示.

再输入
```
> hist(x2)
```
其结果如图 1-4 所示.

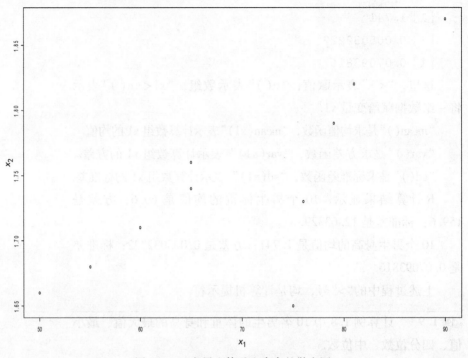

图 1-3　10 名男生体重和身高的散点图

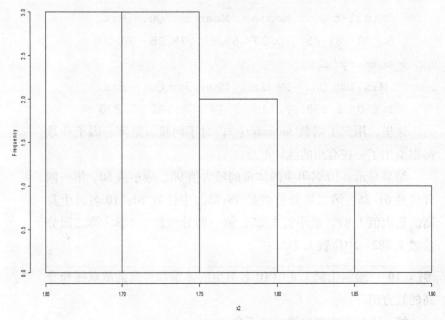

图 1-4　10 名男生身高的直方图

例 1.11 绘制出例 1.8 中 10 名男生的体重和身高的 Q-Q 散点图. 其中,Q-Q 散点图是用来检验数据是否服从正态分布的.

解:直接在主窗口输入以下命令:

> qqnorm(x1);qqline(x1)

> qqnorm(x2);qqline(x2)

其结果如图 1-5 和图 1-6 所示.

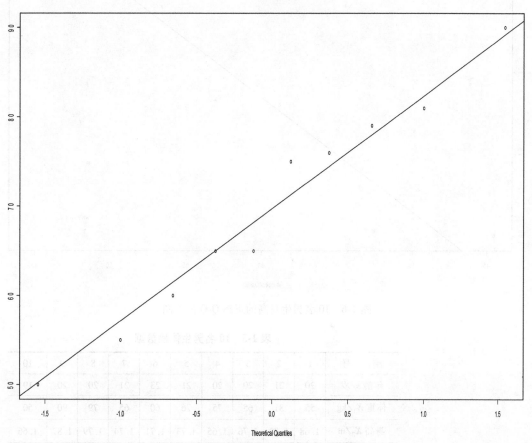

图 1-5 10 名男生体重的正态 Q-Q 散点图

从前面绘制出的 10 名男生的体重和身高的 Q-Q 散点图可以看出,大体上可以认为学生的体重和身高服从正态分布,更加准确地判断还要经过正态性检验.

例 1.12 在例 1.8 基础上再补充上年龄 x(以岁计)的数据,见表 1-3. (1)画出年龄、体重、身高的散点图矩阵. (2)画出年龄、体重、身高的三维散点图.

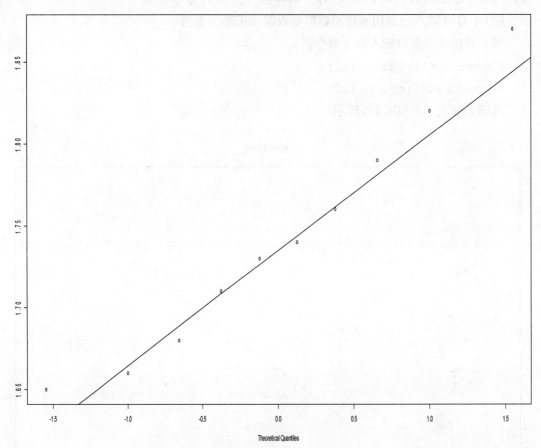

图 1-6 10 名男生身高的正态 Q-Q 散点图

表 1-3 10 名男生体检数据

编　号	1	2	3	4	5	6	7	8	9	10
年龄 x/岁	20	21	20	20	21	23	21	20	20	19
体重 X_1/kg	55	81	65	75	76	60	65	79	90	50
身高 X_2/m	1.68	1.82	1.76	1.65	1.73	1.71	1.74	1.79	1.87	1.66

解：

(1) 画出年龄、体重、身高的散点图矩阵.

直接在主窗口输入以下命令：

> Age<-c(20,21,20,20,21,23,21,20,20,19)

> Weight<-c(55,81,65,75,76,60,65,79,90,50)

> Height<-c(1.68,1.82,1.76,1.65,1.73,1.71,1.74,1.79,1.87,1.66)

> df<-data.frame(Age,Weight,Height)

　　　　　　　# 建立年龄、体重、身高的数据框

```
> pairs(df)          # 年龄、体重、身高的三个向量两两
                       之间绘出散点图
```

其结果如图 1-7 所示.

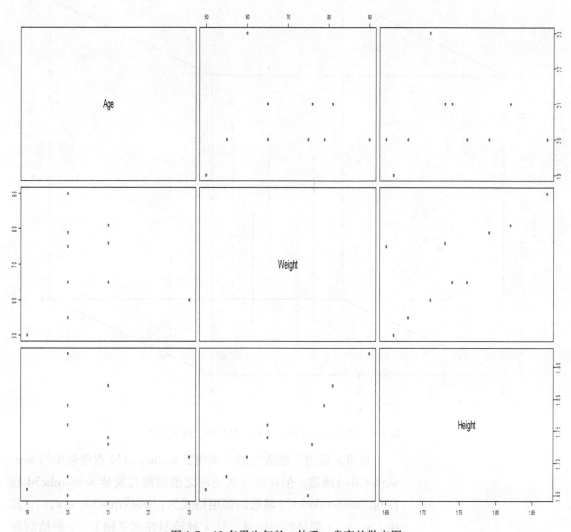

图 1-7 10 名男生年龄、体重、身高的散点图

(2) 画出年龄、体重、身高的三维散点图.

直接在主窗口输入以下命令:

```
> install.packages("scatterplot3d")
                         #安装 scatterplot3d 程序包
> library(scatterplot3d) #载入 scatterplot3d 程序包
> attach(df)
>scatterplot3d(Age,Weight,Height,pch=16,high-
light.3d=TRUE,type="h",main="Basic 3D Scatter
Plot")
```

其结果如图 1-8 所示.

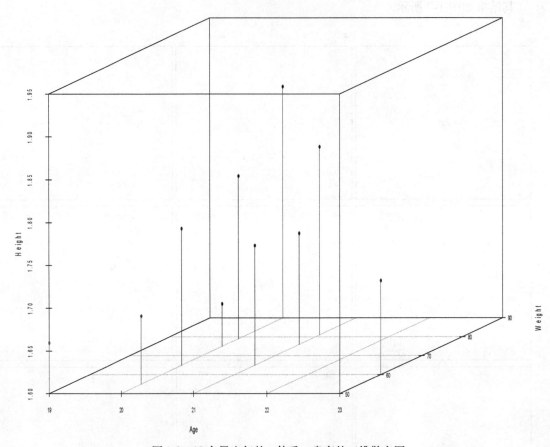

图 1-8　10 名男生年龄、体重、身高的三维散点图

这里，绘出三维散点图，调用了 scatterplot3d 程序包中的 scatterplot3d( ) 函数，但在第一次使用之前需要先安装 scatterplot3d 程序包. scatterplot3d( ) 函数的调用格式为：scatterplot3d(x,y,z). 其中，x, y, z 都是数值向量，且 x 被绘制在水平轴上，y 被绘制在竖直轴上，z 被绘制在透视轴上. scatterplot3d( ) 函数还提供了许多选项，包括设置图形符号、轴、颜色、线条、网格线、突出显示和角度等功能. 本例中，添加了垂直线和阴影的年龄、体重、身高的三维散点图.

例 1.13　用 R 模拟下列随机试验：

（1）抛硬币 10 次的随机试验；

（2）掷骰子 100 次的随机试验；

（3）25 次的伯努利试验，在一次试验中，要么事件 A 发生，要么事件 B 发生. 其中事件 A 发生的概率是 0.7，事件 B 发生的概率是 0.3.

解：这里，调用 sample() 函数，从可能值集合中随机抽取样本，默认值是不放回抽样，若是有放回抽样，需要设置 replace = TRUE：

> sample(set,n,replace=TRUE)

其中 n 是表示样本容量或抽样的次数.

(1) 抛硬币 10 次的随机试验.

直接在主窗口输入以下命令：

> sample(c("H","T"),10,replace=TRUE)
[1] "T" "T" "H" "T" "H" "T" "H" "H" "H" "H"

(2) 掷骰子 100 次的随机试验.

直接在主窗口输入以下命令：

> sample(1:6,100,replace=TRUE)
[1] 2 4 2 3 3 4 6 1 5 5 2 5 3 3 5 4 1 5 2 4 1 5 5 2 2 3 2 6 2
1 1 2 1 1 2 1 4 5 5 6 2 5 5 6 4 2 4 5 6 3 2 4 6 4 4 4 5 3 3 1 3 5
3 4 4 1 6 6 5 1 1 5 1 5 1 5 4 3 6 1 3 1 3 5 1 2 6 3 6 2 5 4 5 5 6
4 2 5 1

(3) 25 次的伯努利试验.

直接在主窗口输入以下命令：

> sample(c("A","B"),25,replace=TRUE,prob=c(0.7,0.3))
[1] "A" "A" "B" "B" "B" "B" "A" "A" "A" "B" "B" "A" "A" "A" "A" "A" "A" "A" "A" "B" "A" "B" "A" "B" "A"

例 1.14 绘制出二维正态分布 $(X,Y) \sim N(0,0,1,1,0)$ 的密度函数图.

解：输入 R 命令，运行过程为

> y=x=seq(-3,3,by=0.05)   # x,y 都从 -3 到 3, 步长为 0.05 取点
> density=function(x,y) 1/(2*pi)*exp(-(x^2+y^2)/2)   # 定义密度函数
> z=outer(x,y,density)   # 计算 z 的值
> persp(x,y,z,theta=45,expand=0.6)   # 绘出密度函数图

其结果如图 1-9 所示.

例 1.15 用 R 绘出一条阿基米德(Archimedes)螺旋曲线.

解：用极坐标方法可以绘制出各种不同的曲线. 这里，通过极坐标绘制出一条阿基米德螺旋曲线. 输入 R 命令，运行过程为

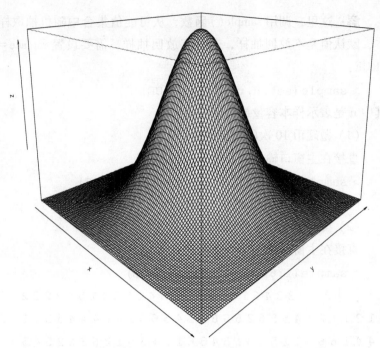

图 1-9 二维正态分布 $(X,Y) \sim N(0,0,1,1,0)$ 的密度函数图

```
> t=10*pi*(0:1000)/1000
> r=0.1+t/(2*pi)+0.5*sin(10*t)
> x=r*cos(t)
> y=r*sin(t)
> par(pin=c(6,6))
> plot(x,y,type='l',lty=1,col='blue')
```

其结果如图 1-10 所示.

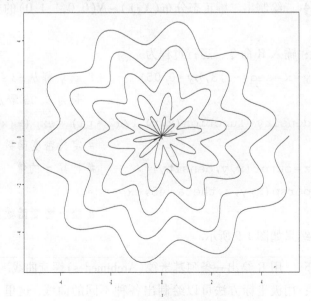

图 1-10 阿基米德螺旋曲线图

人物传记

现代遗传学之父——孟德尔

孟德尔（Mendel，1822年7月20日—1884年1月6日）是遗传学的奠基人，被称为"现代遗传学之父"，于1865年发现遗传定律.

1822年7月20日，孟德尔出生在奥地利帝国西里西亚（现属捷克）海因策道夫村的一个贫寒的农民家庭里，父亲和母亲都是园艺师（外祖父是园艺工人）. 孟德尔童年时受到园艺学和农学知识的熏陶，对植物的生长和开花非常感兴趣. 1840年他考入奥尔米茨大学哲学院，主攻古典哲学，但他还学习了数学.

1843年因家贫而辍学，同年10月年方21岁的孟德尔进入了布隆城奥古斯汀修道院，并在当地教会办的一所中学教书，教的是自然科学. 他由于能专心备课，认真教课，所以很受学生的欢迎. 但在1850年的教师资格考试中，因生物学和地质学的知识过少，孟德尔被教会派到维也纳大学深造，受到相当系统和严格的科学教育和训练，也受到杰出科学家们的影响，如多普勒，孟德尔为他当物理学演示助手；又如依汀豪生，他是一位数学家和物理学家；还有恩格尔，他是细胞理论发展中的一位重要人物. 这些为他后来的科学实践打下了坚实的基础. 孟德尔经过长期思索认识到，理解那些使遗传性状代代恒定的机制更为重要.

1856年，从维也纳大学回到布鲁恩不久，孟德尔就开始了长达8年的豌豆实验. 孟德尔首先从许多种子商那里购买来了34个品种的豌豆，从中挑选出22个品种用于实验. 它们都具有某种可以相互区分的稳定性状，例如高茎或矮茎、圆粒或皱粒、灰色种皮或白色种皮等. 孟德尔通过人工培植这些豌豆，对不同代的豌豆的性状和数目进行细致入微的观察、计数和分析. 运用这样的实验方法需要极大的耐心和严谨的态度. 他酷爱自己的研究工作，经常向前来参观的客人指着豌豆十分自豪地说："这些都是我的儿女！" 8个寒暑的辛勤劳作，孟德尔发现了生物遗传的基本规律，并得到了相应的数学关系式. 人们分别称他的发现为"孟德尔第一定律"（即孟德尔遗传分离规律）和"孟德尔第二定律"（即基因自由组合规律），它们揭示了生物遗传奥秘的基本规律.

习题 1

1. 说明下列变量是品质变量还是数量变量.
A. 年龄；B. 性别；C. 民族；D. 信仰；E. 身高；F. 体重；G. 籍贯.

2. 某机构把工人职业分为：专业人士、白领和蓝领. 数据记录用 1 表示专业人士；用 2 表示白领；用 3 表示蓝领. 变量是工人职业. 它是品质变量还是数量变量？

3. 从北京到伦敦的航班上，一共载有 300 个旅客，为了某种目的进行抽样调查，试说明以下抽样方法的类型：

(1) 根据旅客登机的顺序，每 10 个人当中抽取一个；

(2) 根据办理的登机牌，从头等舱中随机抽取 5 人，从普通舱中随机抽取 25 人；

(3) 从所有座位中按随机方法抽取 30 个座位，对该座位上的旅客进行调查；

(4) 对靠飞机右侧窗口的旅客进行调查.

4.《商业周刊》北美订阅者研究部从一个 2861 名订阅者样本收集数据，59% 的回答表明他们的年收入是 75000 美元以上，50% 报告拥有美国运通信用卡.

(1) 这一研究的总体是什么？

(2) 年收入是一个品质变量还是数量变量？

(3) 拥有美国运通信用卡是一个品质变量还是数量变量？

(4) 这一研究涉及截面数据还是时间序列数据？

(5) 描述在这一调查基础上《商业周刊》可能进行的任何统计推断.

5. 一个公司正致力于测试一个新的电视广告的广告效果. 广告在江苏省的某电视台的傍晚 6：30 播出，两天以后，一市场调查公司进行了电话采访以获取记忆率信息和对广告的印象.

(1) 这一研究的总体是什么？

(2) 这一研究的样本是什么？

(3) 这一情况下为什么使用样本？解释原因.

6. 一所大学某 50 人的班级中随机抽取的 10 名男生的身高数据为：1.68m，1.82m，1.76m，1.65m，1.73m，1.71m，1.74m，1.79m，1.87m，1.66m，下列结论哪个是正确的？哪个太普遍化而应受到怀疑？

(1) 这 10 名男生的样本的平均身高是 1.741m.

(2) 这个班级的学生的平均身高是 1.741m.

(3) 这个班级的男生的平均身高是 1.741m.

(4) 该所大学男生的平均身高是 1.741m.

7. 某公司的市场小组已研制出一种新型节食软饮料，声称它将占领年轻人市场的很大份额.

(1) 在决定投资大笔资金用于在市场上介绍该新产品之前，你将查看那些数据？

(2) 你将预期如何获取(1)中提到的数据？

8. 一家大公司经理已建议对一重要的下属加薪 5 万元，以避免其跳槽到其他公司去，为确定增加薪水是否恰当，可能要用到哪些外部和内部数据来源？

9. 一项小测验有 7 道多项选择题，看过题目后，你估计自己大概有 80% 的可能性答对任何一道题. 答对所有题的可能性有多大？请用 R 语言进行 20 次的模拟实验.

10. 用 R 语言模拟下列随机试验：

(1) 掷骰子 1000 次，绘出这 1000 次的点数的直方图，并求出这 1000 次的点数的平均值和方差；

(2) 16 次的伯努利试验，在一次试验中，要么事件 A 发生，要么事件 B 发生. 其中事件 A 发生的概率是 0.9，事件 B 发生的概率是 0.1.

第 2 章

R语言基础

R 的最美之处在于,能够通过修改很多牛人预先编写好的包的代码,解决你想解决的各种问题,因此,事实上,使用 R,你已经站在了巨人的肩膀上.

——哈尔·罗纳德·范里安

2.1 向量

2.1.1 基本运算

R 中最简单的任务就是输入一个算术表达式并得到结果. 例如:

```
> 1+5
[1] 6
```

R 中可完成各种初等函数的运算,如开方、平方、指数、对数、阶乘、三角函数和反三角函数. 例如:

```
> 12^2
[1] 144
> sqrt(5)
[1] 2.236068
> exp(2)
[1] 7.389056
> log(10)
[1] 2.302585
> log10(100)
[1] 2
> factorial(5)
[1] 120
> sin(2)
[1] 0.9092974
```

```
> 4 * atan(1)
[1] 3.141593
```

表 2-1　R 中各种初等函数

函　数	意　义
abs(x)	x 的绝对值或模
sqrt(x)	x 的开方
exp(x)	指数 e^x
log(x), log10(x), log(x, n)	对数(分别以 $e, 10, n$ 为底)
sin(x), cos(x), tan(x)	三角函数
asin(x), acos(x), atan(x)	反三角函数
factorial(x)	阶乘
choose(n, k)	二项系数 C_n^k
gamma(x)	Gamma 函数

R 中还可以产生随机数. 例如, 从一个标准正态分布中产生 12 个随机数如下:

```
> rnorm(12)
[1] -0.9974352  0.9236214 -0.3648695 -0.9295421  1.0606694  0.2062586
[7]  1.3153152  1.7602670 -0.8620817  0.4771002 -0.9081763  0.6706208
```

2.1.2 赋值

在 R 中, 用"<-"或者"->"为变量赋值, 例如:

```
> x<-3
> x
[1] 3
> y<-z<-6
> y;z
[1] 6
[1] 6
```

给变量 x 赋值 3; 给变量 y 和 z 赋值 6.

2.1.3 向量赋值

设有五个人的体重分别为 65kg、76kg、67kg、89kg、70kg, 生成一个分量分别为 65, 76, 67, 89, 70 的向量, 其赋值命令为:

```
> weight<-c(65,76,67,89,70)
> weight
[1] 65 76 67 89 70
```

其中，weight 为向量名，<-为赋值符号，c( )为连接函数，将各个分量连接成为向量.

```
c(65,76,67,89,70)
```

c( )函数不但可以对数量进行连接，还可以对向量进行连接，例如：

```
> y<-c(weight,0,weight)
> y
 [1] 65 76 67 89 70  0 65 76 67 89 70
```

2.1.4 向量运算

对于向量可以作加(+)、减(-)、乘(*)、除(/)和乘方(^)运算，其含义是对向量的每一个元素进行运算. 还可以对向量作函数运算，如基本初等函数 log, sin, cos, tan, exp, sqrt 等. 当自变量为向量时，函数返回值也是向量，即每个分量取相应的函数值. 例如：

```
> x<-c(-2,1,10,9,7)
> x^2
[1]   4   1 100  81  49
> x^3
[1]   -8    1 1000  729  343
> y<-c(9,8,5,3,2)
> y/x
[1] -4.5000000  8.0000000  0.5000000  0.3333333  0.2857143
> (x+y)*(x-y)
[1] -77 -63  75  72  45
> exp(x)
[1] 1.353353e-01 2.718282e+00 2.202647e+04
8.103084e+03 1.096633e+03
> log(y,10)
[1] 0.9542425 0.9030900 0.6989700 0.4771213 0.3010300
> sqrt(y)
[1] 3.000000 2.828427 2.236068 1.732051 1.414214
```

例 2.1 设随机抽取五个人的体重分别为 65kg、76kg、67kg、89kg、70kg，身高分别为 1.73m、1.76m、1.67m、1.85m、1.71m，已知一个人的体重指数 BMI 定义为体重除以身高的二次方，计算这五个人的体重指数 BMI.

```
> height<-c(1.73,1.76,1.67,1.85,1.71)
```

```
> bmi<-weight/height^2
> bmi
[1] 21.71807  24.53512  24.02381  26.00438  23.93899
```
所以，这五个人的体重指数 BMI 分别为 21.71807、24.53512、24.02381、26.00438、23.93899.

例 2.2 计算例 2.1 中五个人体重和身高的均值、方差和标准差.

```
> sum(weight)
[1] 367
> x<-sum(weight)/length(weight)
> x
[1] 73.4
```
体重的均值为 73.4kg.

计算样本方差的公式为

$$s^2 = \frac{\sum_{i=1}^{n}(x_i - \bar{x})^2}{(n-1)}$$

```
> weight-x
[1] -8.4  2.6  -6.4  15.6  -3.4
```
计算各数据与均值的离差：
```
> (weight-x)^2
[1]  70.56  6.76  40.96  243.36  11.56
> sum((weight-x)^2)
[1] 373.2
```
计算离差平方和为 373.2
```
> sum((weight-x)^2)/(length(weight)-1)
[1] 93.3
```
离差平方和除以 $n-1$，得到样本方差为 93.3.

R 中提供了直接计算均值和方差的函数，计算均值的函数是 mean()，计算方差的函数是 var()，本例中，直接利用这两个函数计算样本均值和方差：
```
> mean(weight)
[1] 73.4
> var(weight)
[1] 93.3
```
计算样本标准差的函数为 sd()，例如：
```
> sd(weight)
```

[1] 9.659193

因此,这五个人体重的均值、方差和标准差分别为 73.4、93.3、9.659193.

同样可以计算五个人身高的均值、方差和标准差:

> mean(height)
[1] 1.744
> var(height)
[1] 0.00458
> sd(height)
[1] 0.0676757

因此,这五个人身高的均值、方差和标准差分别为 1.744、0.00458、0.0676757.

现介绍一些与向量运算有关的函数.

(1) 求和函数、求乘积函数

sum(x)表示求向量 x 分量之和,即 $\sum_{i=1}^{n} x_i$.

prod(x)表示求向量 x 分量的连乘积,即 $\prod_{i=1}^{n} x_i$.

length(x)表示求向量 x 分量的个数,即 n.

(2) 均值、方差、标准差、中位数和顺序统计量

mean(x)表示求向量 x 的均值.

var(x) 表示求向量 x 的方差.

sd(x) 表示求向量 x 的标准差.

median(x) 表示求向量 x 的中位数.

sort(x) 表示求按递增顺序排列的向量,即向量 x 的顺序统计量.

(3) 求向量的最小值、最大值和范围的函数

min(x),max(x),rang(x)分别表示求向量 x 的最小分量、最大分量和向量 x 的范围,which.min()和 which.max()分别表示在第几个分量求到最小和最大值. 例如:

> x<-c(1,1,12,34,58,39,89,72,12,33,78,10,9,7)
> mean(x)
[1] 32.5
> var(x);sd(x)
[1] 927.0385
[1] 30.44731
> median(x)

```
[1] 22.5
> sort(x)
 [1]  1  1  7  9 10 12 12 33 34 39 58 72 78 89
> prod(x)
[1] 1.150815e+17
> min(x);max(x)
[1] 1
[1] 89
> range(x)
[1]  1 89
> which.min(x)
[1] 1
> which.max(x)
[1] 7
```

2.1.5 作图

如果你想研究 weight 和 height 之间的关系,第一个想法就是作图,命令如下:

```
>plot(height,weight)
```

执行后的运算结果如图 2-1 所示.

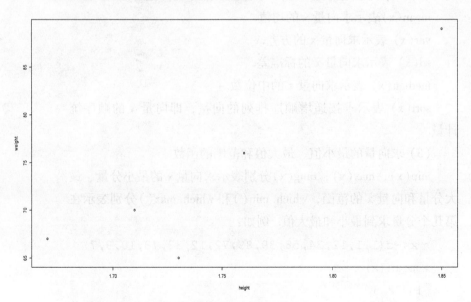

图 2-1 身高与体重的关系

如果其中的点要用三角符号标出,命令如下:

```
>plot(height,weight,pch=2)
```

执行后的运算结果如图 2-2 所示.

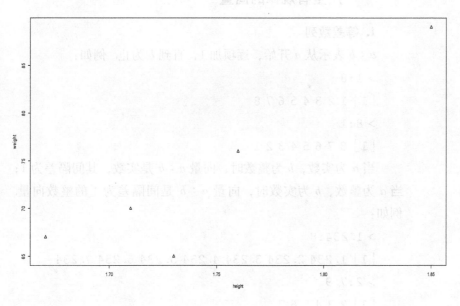

图 2-2　pch=2 的图

如果要做出体重的频数直方图,命令如下:

> hist(weight)

执行后的运算结果如图 2-3 所示.

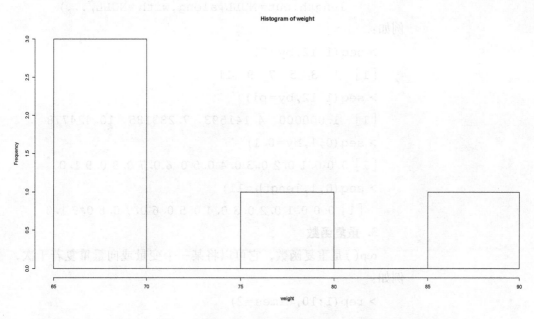

图 2-3　体重的频数直方图

从该频数直方图可以看出,体重在 65~70kg 之间的有三个人,在 75~80kg 和 85~90kg 之间的各有一个人.

2.1.6 产生有规律的向量

1. 等差数列

$a:b$ 表示从 a 开始,逐项加 1,直到 b 为止. 例如:

```
> 1:8
[1] 1 2 3 4 5 6 7 8
> 8:1
[1] 8 7 6 5 4 3 2 1
```

当 a 为实数,b 为整数时,向量 $a:b$ 是实数,其间隔差为 1;当 a 为整数,b 为实数时,向量 $a:b$ 是间隔差为 1 的整数向量. 例如:

```
> 1.234:8
[1] 1.234 2.234 3.234 4.234 5.234 6.234 7.234
> 2:7.9
[1] 2 3 4 5 6 7
```

2. 等间隔函数

seq( ) 函数是更为一般产生等距间隔数列的函数,其使用格式如下:

```
seq(from=1,to=1,by=(to-from)/(length.out-1)),
    length.out=NULL,along.with=NULL,...)
```

例如:

```
> seq(1,12,by=2)
[1]  1  3  5  7  9 11
> seq(1,12,by=pi)
[1]  1.000000  4.141593  7.283185 10.424778
> seq(0,1,by=0.1)
[1] 0.0 0.1 0.2 0.3 0.4 0.5 0.6 0.7 0.8 0.9 1.0
> seq(0,1,length=11)
[1] 0.0 0.1 0.2 0.3 0.4 0.5 0.6 0.7 0.8 0.9 1.0
```

3. 重复函数

rep( ) 是重复函数,它可以将某一个变量或向量重复若干次,例如:

```
> rep(1:10,times=2)
 [1]  1  2  3  4  5  6  7  8  9 10  1  2  3  4
[5]  5  6  7  8  9 10
> rep(1:5,length.out=12)
 [1] 1 2 3 4 5 1 2 3 4 5 1 2
```

```
> rep(1:6,each=3)
 [1] 1 1 1 2 2 2 3 3 3 4 4 4 5 5 5 6 6 6
> rep(1:5,c(1,2,2,3,4))
 [1] 1 2 2 3 3 4 4 4 5 5 5 5
```

其中，times 为默认参数，rep(1:10,times=2) 与 rep(1:10,2) 的意义是相同的.

4. 逻辑向量

逻辑向量与逻辑变量一样，每个分量的取值仅有两种：TRUE(真)或 FALSE(假). 对于向量做逻辑运算，其返回值为逻辑向量. 例如：

```
> x<-c(1,3,6,4,6,7,8,12,2);x<5
 [1]  TRUE  TRUE FALSE  TRUE FALSE FALSE
FALSE FALSE  TRUE
```

如果要判断一个逻辑向量中的每一个元素是否都为 TRUE(真)，可以用 all() 函数；如果要判断一个逻辑向量中是否存在为 TRUE(真) 的元素，可以用 any() 函数，例如：

```
> all(x>5)
[1] FALSE
> any(x>5)
[1] TRUE
```

如果要判断一个逻辑向量中哪些元素为 TRUE(真)，可以用 which() 函数，例如：

```
> which(x>5)
[1] 3 5 6 7 8
```

这里表示向量 x 中的第 3、5、6、7、8 个分量是大于 5 的.

2.1.7 向量的类型

原子型向量就是最简单的包含数据的向量. R 中可以识别六种基本类型的原子型向量，分别为：双整型、整型、字符型、逻辑型、复数类型以及原始类型.

1. 双整型

双整型向量用来存储普通的数值型数据. 数值可以正也可以负，可大可小，可包含小数部分，也可不包含. R 中键入的任何一个数值都会默认以双整型存储. 例如，前面例子中生成的 height 就是一个双整型向量.

```
> height
[1] 1.73 1.76 1.67 1.85 1.71
```

使用 typeof 函数可以查看某个对象到底是什么类型，例如：
```
> typeof(height)
[1] "double"
```

2. 整型

整型向量用来存储整型的数据，整型数据的数值不需要小数点成分．R 中设定整型的方法是在该数值之后加上大写字母 L，例如：
```
> x<-c(23L,25L,56L)
> x
[1] 23 25 56
> typeof(x)
[1] "integer"
```

记住，如果不明确加上 L，R 并不会将一个数值设定为整型．未加 L 的整数将被存储为双整型．3 和 3L 之间的唯一区别就在于它们的存储方式．在计算机内存中，整型的定义方式要比双整型更加精确．

3. 字符型

字符型向量存储一小段文本．在 R 中，字符要加上引号，再组合起来构成一个字符型向量．
```
> X<-c("name","sex")
> X
[1] "name" "sex"
> typeof(X)
[1] "character"
```
字符型向量中的单个元素称为字符串．字符串不仅可以包含英文字母，也可以由数字或者符号组成．"1"和"one"都是字符串，字符串总是被一对双引号所包围．

4. 逻辑型

逻辑型向量用来存储 TRUE 和 FALSE，这是 R 中布尔数据的表现形式．只要在 R 中键入全部大写的 TRUE 或 FALSE(不加双引号)，就会被当作逻辑型向量．R 也会默认把 T 和 F 当作 TRUE 和 FALSE 的简写．
```
> logic<-c(T,T,T,F,F,T)
> logic
[1]  TRUE  TRUE  TRUE FALSE FALSE  TRUE
>  typeof(logic)
[1] "logical"
```

5. 复数类型和原始类型

复数类型向量用来存储复数,例如:

x<-c(1+2i,1+3i,2+i)

原始类型向量用来存储数据的原始字节. 原始类型向量的生成较为复杂,但是如果要生成一个长度为 n 的空原始类型向量,可以用 raw(n). 例如:

```
> raw(6)
[1] 00 00 00 00 00 00
```

2.1.8 向量的下标

如果 x 为向量,x[i]表示向量的第 i 个分量,例如:

```
> x<-c(2,6,7,8)
> x[3]
[1] 7
```

如果 x 是长度为 n 的向量,v 为取值在 1 到 n 之间的数(允许重复)的向量,则 x[v]是向量 x 中由 v 所表示的分量构成的向量,例如:

```
> x<-c(2,6,7,8)
> x[3]
[1] 7
> x<-5:15;x[c(1,2,4,7)]
[1]  5  6  8 11
> x[1:7]
[1]  5  6  7  8  9 10 11
> x[c(1,2,3,2,1,3)]
[1] 5 6 7 6 5 7
> c("x","y","z")[rep(c(2,1,3),times=4)]
 [1] "y" "x" "z" "y" "x" "z" "y" "x" "z" "y" "x" "z"
```

如果 x 是长度为 n 的向量,v 为取值为-n 至-1 之间的向量,则 x[v]是向量 x 中去掉 v 所表示的分量构成的向量,例如:

```
> x<-12:25;x[-(1:5)]       # 去掉向量 x 的前 5 项
[1] 17 18 19 20 21 22 23 24 25
> x[-c(1,3)]               # 去掉向量 x 的第一项和第三项
 [1] 13 15 16 17 18 19 20 21 22 23 24 25
```

在定义向量时,可以同时给元素加上名字,这个名字就称为字符下标,例如:

```
> (height<-c(Liu=1.75,zhao=1.69,wang=1.78))
```

```
Liu  zhao  wang
1.75 1.69  1.78
```

2.2 因子

1. factor( )函数

分类变量在统计数据中是常见的,表明数据的某些细分属性,如产品质量等级、省份、职业、性别等. 通常它们用数字代码输入. 在 R 中,这些变量被指定为因子. 这种数据结构使得不同的分类类别被赋予有意义的名称成为可能. 其中 factor( )函数是一种定义因子的方法,它将一个向量转换成因子,其使用格式为

```
factor(x=character(),levels,labels=levels,
       exclude=NA,ordered=is.ordered(x),
       nmax=NA)
```

其中 x 是向量;levels 是水平,可以自行指定各离散取值,不指定时由 x 的不同值来求得;labels 可以用来指定各水平的标签.

例 2.3 一批产品的质量等级分为优等品 1(Ⅰ)、合格品 2(Ⅱ)和不合格品 3(Ⅲ),用 1 表示优等品、用 2 表示合格品,用 3 表示不合格品,现在随机抽取 10 件产品,抽样结果如下:

(1,1,2,2,2,2,3,2,2,1,3),试用 factor( )函数将数据转换为因子.

```
> q<-c(1,1,2,2,2,2,3,2,2,1,3)
> fq<-factor(q,levels=1:3)
> levels(fq)<-c("Ⅰ","Ⅱ","Ⅲ")
> fq
 [1] Ⅰ Ⅰ Ⅱ Ⅱ Ⅱ Ⅱ Ⅲ Ⅱ Ⅱ Ⅰ Ⅲ
Levels: Ⅰ Ⅱ Ⅲ
```

2. gl( )函数

gl( )函数也可以方便地产生因子,其使用格式为

```
gl(n,k,length=n*k,labels=seq_len(n),ordered=FALSE)
```

其中 n 为水平数;k 为重复的次数;length 为结果的长度;labels 是一个 n 维向量,表示因子水平;ordered 是逻辑变量,表示是否为有序因子,默认值为 FALSE,例如:

```
> gl(2,6,labels=0:1)
 [1] 0 0 0 0 0 0 1 1 1 1 1 1
Levels: 0 1
```

```
> gl(3,1,9,labels=c('I','II','III'))
[1] I   II  III I   II  III I   II  III
Levels: I II III
> gl(3,4)
 [1] 1 1 1 1 2 2 2 2 3 3 3 3
Levels: 1 2 3
> gl(3,1,12)
 [1] 1 2 3 1 2 3 1 2 3 1 2 3
Levels: 1 2 3
```

3. tapply( )函数

设有五个学生的性别、身高和体重的数据如下，分性别求身高、体重的均值和标准差，可以使用 **tapply( )** 函数进行计算：

```
> height=c(174,163,160,180,157)
> weight=c(70,49,45,80,47)
> sex=c("M","F","F","M","F")
> sf=factor(sex);sf
[1] M F F M F
Levels: F M
> tapply(height,sf,mean)
  F   M
 160 177
> tapply(weight,sf,mean)
  F   M
 47  75
> tapply(height,sf,sd)
       F        M
3.000000 4.242641
> tapply(weight,sf,sd)
       F        M
2.000000 7.071068
```

tapply( )函数的使用格式如下：

tapply(X, INDEX, FUN = NULL,..., default = NA, simplify=TRUE)

其中，X 是一对象，通常是向量；INDEX 是与 X 有相同长度的因子；FUN 是需要计算的函数；simplify 是逻辑变量，默认值是 TRUE。

2.3 矩阵和数组

2.3.1 生成矩阵

生成矩阵最简单的方法是使用 matrix() 函数,其使用格式为
matrix(data=NA,nrow=1,ncol=1,byrow=FALSE,
       dimnames=NULL)
matrix 函数默认的排列方式是先排满第一列再排第二列,并以此类推. 如果需要先排满第一行再排第二行,只需要设置参数 byrow=T 即可. 例如:

```
> matrix(1:15,nrow=3,byrow=T)
     [,1] [,2] [,3] [,4] [,5]
[1,]    1    2    3    4    5
[2,]    6    7    8    9   10
[3,]   11   12   13   14   15
```

也可以用 dim() 函数将向量转换成矩阵,例如:

```
> x<-1:15
> dim(x)<-c(3,5);x
     [,1] [,2] [,3] [,4] [,5]
[1,]    1    4    7   10   13
[2,]    2    5    8   11   14
[3,]    3    6    9   12   15
```

2.3.2 矩阵下标

要访问矩阵的某个元素或为该元素赋值,只要写出矩阵名和方括号中用逗号分开的两个下标即可,例如:

```
> A[1,3]
[1] 7
> A[1,3]<-13
> A
     [,1] [,2] [,3] [,4] [,5]
[1,]    1    4   13   10   13
[2,]    2    5    8   11   14
[3,]    3    6    9   12   15
```

矩阵下标可以取负整数,其意义是去掉矩阵中相应的行或列,例如:

```
> A[-2,]
     [,1] [,2] [,3] [,4] [,5]
[1,]   1    4   13   10   13
[2,]   3    6    9   12   15
> A[,-3]
     [,1] [,2] [,3] [,4]
[1,]   1    4   10   13
[2,]   2    5   11   14
[3,]   3    6   12   15
> A[-1,-2]
     [,1] [,2] [,3] [,4]
[1,]   2    8   11   14
[2,]   3    9   12   15
```

若打算访问矩阵的行，或对矩阵的行赋值，则标出行的下标，而列下标默认. 同样，若打算访问矩阵的列，或对矩阵的列赋值，则标出列的下标，而行下标默认. 例如：

```
> A[c(1,2),]
     [,1] [,2] [,3] [,4] [,5]
[1,]   1    4   13   10   13
[2,]   2    5    8   11   14
> A[,4]<-301:303
> A
     [,1] [,2] [,3] [,4] [,5]
[1,]   1    4   13  301   13
[2,]   2    5    8  302   14
[3,]   3    6    9  303   15
```

2.3.3 矩阵的合并

cbind( )函数可以把向量横向合并成一个矩阵，rbind( )函数可以把向量纵向合并成一个矩阵，例如：

```
> x1=c(178,156,163,181,162)
> x2=c(70,45,51,78,52)
> x=c(1,0,0,1,0)
> rbind(x,x1,x2)
   [,1][,2][,3][,4][,5]
x    1   0   0   1   0
```

```
x1      178     156     163     181     162
x2      70      45      51      78      52
> cbind(x1,x2)
     x1 x2
[1,] 178 70
[2,] 156 45
[3,] 163 51
[4,] 181 78
[5,] 162 52
```

2.3.4 定义矩阵的行名和列名

对于矩阵,可以使用 colnames 和 rownames 函数来定义行名和列名. 例如:

```
> x=cbind(x1,x2);x
     x1 x2
[1,] 178 70
[2,] 156 45
[3,] 163 51
[4,] 181 78
[5,] 162 52
> colnames(x)=c("身高","体重")
> x
     身高 体重
[1,] 178  70
[2,] 156  45
[3,] 163  51
[4,] 181  78
[5,] 162  52
> rownames(x)=c("郑力","刘敏","朱启真","林知恩","林娟")
> x
       身高 体重
郑力   178  70
刘敏   156  45
朱启真 163  51
林知恩 181  78
林娟   162  52
```

2.3.5 矩阵转化为向量

函数 as.vector(A) 可以将矩阵 A 转化为向量,例如:
```
> A=matrix(1:30,nrow=5);A
     [,1] [,2] [,3] [,4] [,5] [,6]
[1,]   1    6   11   16   21   26
[2,]   2    7   12   17   22   27
[3,]   3    8   13   18   23   28
[4,]   4    9   14   19   24   29
[5,]   5   10   15   20   25   30
> as.vector(A)
 [1]  1  2  3  4  5  6  7  8  9 10 11 12 13 14 15
16 17 18 19 20 21 22 23 24 25 26 27 28 29 30
```

2.3.6 矩阵的维运算

对于矩阵,如果想对其某一维(或若干维)进行某种运算,可以用 apply() 函数,例如:
```
> A
     [,1] [,2] [,3] [,4] [,5] [,6]
[1,]   1    6   11   16   21   26
[2,]   2    7   12   17   22   27
[3,]   3    8   13   18   23   28
[4,]   4    9   14   19   24   29
[5,]   5   10   15   20   25   30
```
对矩阵 A 每一行求和
```
> apply(A,1,sum)
[1] 81 87 93 99 105
```
对矩阵 A 每一列求均值
```
> apply(A,2,mean)
[1]  3  8 13 18 23 28
```

2.3.7 数组的生成

向量是一维的数组,矩阵是二维的数组,这里的数组是指多维的数组. R 中,使用 array() 函数生成数组,其使用格式为

array(data=NA,dim=length(data),dimnames=NULL)

例如:

```
> A<-array(1:12,dim=c(4,3));A
     [,1] [,2] [,3]
[1,]   1    5    9
[2,]   2    6   10
[3,]   3    7   11
[4,]   4    8   12
>  A<-array(1:30,dim=c(3,5,2));A
,,1

     [,1] [,2] [,3] [,4] [,5]
[1,]   1    4    7   10   13
[2,]   2    5    8   11   14
[3,]   3    6    9   12   15


,,2

     [,1] [,2] [,3] [,4] [,5]
[1,]  16   19   22   25   28
[2,]  17   20   23   26   29
[3,]  18   21   24   27   30
```

也可以用 dim( ) 构造数组，例如：

```
> B<-1:30
> dim(B)<-c(3,5,2);B
,,1

     [,1] [,2] [,3] [,4] [,5]
[1,]   1    4    7   10   13
[2,]   2    5    8   11   14
[3,]   3    6    9   12   15


,,2

     [,1] [,2] [,3] [,4] [,5]
[1,]  16   19   22   25   28
[2,]  17   20   23   26   29
[3,]  18   21   24   27   30
```

2.3.8 数组下标

数组与向量和矩阵一样，可以对数组中的某些元素进行访问或运算. 要访问数组的某一个元素，只要写出数组名和方括号内的用逗号分开的下标即可. 例如：

```
> B<-1:30
> dim(B)<-c(3,5,2);
> B[2,4,1]
[1] 11
```

更进一步，还可以在每一个下标位置写一个下标向量，表示这一维取出所有指定下标的元素. 例如：B[1:2,2:5,1] 取出所有第一维下标为 1~2，第二维下标为 2~5，第三维下标为 1 的元素.

```
> B[1:2,2:5,1]
     [,1] [,2] [,3] [,4]
[1,]   4    7   10   13
[2,]   5    8   11   14
```

另外，若略写某一维的下标，则表示该维全选，例如：

```
> B[2,,]
     [,1] [,2]
[1,]   2   17
[2,]   5   20
[3,]   8   23
[4,]  11   26
[5,]  14   29
```

2.4 列表

列表是将数据组织在一个一维集合中，不同元素不必是同一类型. 例如，创建一个列表，其中第一个元素是一个长度为 21 的数值型向量；第二个元素是一个长度为 1 的字符串，而第三个元素是一个长度为 2 的新列表. 用 **list( )** 函数来创建列表. 例如：

```
> list1<-list(200:220,"Z",list(TRUE,FALSE))
> list1
[[1]]
 [1] 200 201 202 203 204 205 206 207 208 209 210 211
[13] 212 213 214 215 216 217
[19] 218 219 220
```

```
[[2]]
[1] "Z"

[[3]]
[[3]][[1]]
[1] TRUE


[[3]][[2]]
[1] FALSE
```

列表是 R 中的一种基本对象类型，列表的结构可以变得非常复杂. 但正是这种灵活性使得列表成为 R 中全能型的存储工具. 我们可以用它来存储任何类型的数据.

2.5 数据框

2.5.1 数据框的生成

数据框是列表的二维版本，数据框将向量组织在一个二维的表格之中. 每一个向量都是这个表格中的一列. 因此，数据框中的每一列都可以用来存储一种类型的数据，列与列之间的数据类型可以不同，但每一列中的所有元素都必须是同一种类型的数据. 数据框可以用 data.frame() 函数生成. 例如：

```
> df <-data.frame (Name = c (" Seth "," Enosh ",
"Enoch","Methuselah"), Sex = c ("M","M","M","M"),
Age=c(912,905,365,969));df
    Name        Sex    Age
1   Seth        M      912
2   Enosh       M      905
3   Enoch       M      365
4   Methuselah  M      969
```

一个矩阵可以用 data.frame() 转换为一个数据框，如果它原来有列名，则其列名被作为数据框的变量名；否则系统将自动为矩阵的各列起一个变量名. 例如：

```
> x1=c(178,156,163,181,162)
> x2=c(70,45,51,78,52)
> u=cbind(x1,x2);u
```

```
        x1    x2
[1,]   178    70
[2,]   156    45
[3,]   163    51
[4,]   181    78
[5,]   162    52
> colnames(u)=c("身高","体重")
> u
       身高   体重
[1,]   178    70
[2,]   156    45
[3,]   163    51
[4,]   181    78
[5,]   162    52
> data.frame(u)
   身高   体重
1   178    70
2   156    45
3   163    51
4   181    78
5   162    52
```

2.5.2 数据框的引用

引用数据框元素的方法与引用矩阵元素的方法相同，可以使用下标或下标向量，也可以使用列名或列名构成的向量，例如：

```
> df[2:3,1:3]
   Name    Sex   Age
2  Enosh   M     905
3  Enoch   M     365
```

数据框的各变量也可以按列表引用，即用 $ 符号或 [ ] 符号引用，例如：

```
> df$Name
[1] Seth       Enosh      Enoch      Methuselah
Levels: Enoch Enosh Methuselah Seth
> df["Name"]
        Name
1       Seth
```

```
2       Enosh
3       Enoch
```

2.5.3 定义数据框的变量名

数据框的变量名由属性 names 定义,此属性一定是非空的. 数据框的各行可以用 rownames( ) 属性定义,例如:

```
> rownames(u)=c("郑力","刘敏","朱启真","林知恩","林娟")
> u
     身高  体重
郑力  178   70
刘敏  156   45
朱启真 163   51
林知恩 181   78
林娟  162   52
```

2.6 创建 R 数据

2.6.1 在 R 中录入数据

要在 R 中分析数据,可以在 R 中直接录入数据,也可以读取已有的数据文件,假定有 8 名学生五门课程的期末成绩如表 2-2 所示.

表 2-2 8 名学生五门课程的期末成绩数据表

学生姓名	线性代数	统计学	英语	财务管理	运筹学
	x1	x2	x3	x4	x5
张丹红	76	78	92	81	71
卢强	85	89	87	89	56
王智明	67	78	69	87	80
苏哲雄	56	65	72	78	50
丁晓	87	71	81	65	92
谢建国	61	78	87	66	58
李红	70	71	65	86	81
朱国强	90	92	94	89	90

要在 R 中直接录入以上的数据,可以以矩阵的形式,也可以以数据框的形式,具体如下.

1. 以矩阵的形式

```
#   以向量形式录入以上的数据
> x1=c(76,85,67,56,87,61,70,90)
> x2=c(78,89,78,65,71,78,71,92)
> x3=c(92,87,69,72,81,87,65,94)
> x4=c(81,89,87,78,65,66,86,89)
> x5=c(71,56,80,50,92,58,81,90)
#   将向量按列合并成一个矩阵
> cj=cbind(x1,x2,x3,x4,x5);cj
     x1  x2  x3  x4  x5
[1,] 76  78  92  81  71
[2,] 85  89  87  89  56
[3,] 67  78  69  87  80
[4,] 56  65  72  78  50
[5,] 87  71  81  65  92
[6,] 61  78  87  66  58
[7,] 70  71  65  86  81
[8,] 90  92  94  89  90
#   给矩阵的行命名
> rownames(cj)=c("张丹红","卢强","王智明","苏哲雄","丁晓","谢建国","李红","朱国强")
> cj
        x1  x2  x3  x4  x5
张丹红   76  78  92  81  71
卢强     85  89  87  89  56
王智明   67  78  69  87  80
苏哲雄   56  65  72  78  50
丁晓     87  71  81  65  92
谢建国   61  78  87  66  58
李红     70  71  65  86  81
朱国强   90  92  94  89  90
#   给矩阵的列命名
> colnames(cj)=c("线性代数","统计学","英语","财务管理","运筹学")
> cj
        线性代数  统计学  英语  财务管理  运筹学
张丹红      76      78    92      81      71
```

卢强	85	89	87	89	56
王智明	67	78	69	87	80
苏哲雄	56	65	72	78	50
丁晓	87	71	81	65	92
谢建国	61	78	87	66	58
李红	70	71	65	86	81
朱国强	90	92	94	89	90

2. 以数据框的形式

```
> names=c("张丹红","卢强","王智明","苏哲雄","丁晓","谢建国","李红","朱国强")
> n1=data.frame(学生姓名=names,线性代数=x1,统计学=x2,英语=x3,财务管理=x4,运筹学=x5)
> n1
```

	学生姓名	线性代数	统计学	英语	财务管理	运筹学
1	张丹红	76	78	92	81	71
2	卢强	85	89	87	89	56
3	王智明	67	78	69	87	80
4	苏哲雄	56	65	72	78	50
5	丁晓	87	71	81	65	92
6	谢建国	61	78	87	66	58
7	李红	70	71	65	86	81
8	朱国强	90	92	94	89	90

3. 保存数据

在 R 中，根据不同的需要，将已经录入的数据存为不同的格式，例如：

将数据框 n1 存为 RData 格式文件，后缀为 RData，即

```
> save(n1,file="k:/sc.RData")
```

将数据框 n1 存为 csv 格式文件，后缀为 csv，即

```
> write.csv(n1,file="K:/sc.csv")
```

其中，file="K：/sc. csv"指定了文件存放的路径和名称．

4. 读取数据

如果要在下次运行时读取该数据框，可以使用 read.csv( ) 函数，例如：

```
> u=read.csv("K:/sc.csv")
> u
```

	学生姓名	线性代数	统计学	英语	财务管理	运筹学
1	张丹红	76	78	92	81	71

2	卢强	85	89	87	89	56
3	王智明	67	78	69	87	80
4	苏哲雄	56	65	72	78	50
5	丁晓	87	71	81	65	92
6	谢建国	61	78	87	66	58
7	李红	70	71	65	86	81
8	朱国强	90	92	94	89	90

2.6.2 数据的使用和编辑

1. 数据排序

要对数据框中的数据按某个变量进行排序，使用 order( ) 函数可以完成对数据框的排序.

```
# 按运筹学的成绩从低到高排序
> new1=n1[order(n1$运筹学),]
> new1
```

	学生姓名	线性代数	统计学	英语	财务管理	运筹学
4	苏哲雄	56	65	72	78	50
2	卢强	85	89	87	89	56
6	谢建国	61	78	87	66	58
1	张丹红	76	78	92	81	71
3	王智明	67	78	69	87	80
7	李红	70	71	65	86	81
8	朱国强	90	92	94	89	90
5	丁晓	87	71	81	65	92

```
# 按线性代数的成绩从高到低排序
> new2=n1[order(n1$线性代数,decreasing=T),]
> new2
```

	学生姓名	线性代数	统计学	英语	财务管理	运筹学
8	朱国强	90	92	94	89	90
5	丁晓	87	71	81	65	92
2	卢强	85	89	87	89	56
1	张丹红	76	78	92	81	71
7	李红	70	71	65	86	81
3	王智明	67	78	69	87	80
6	谢建国	61	78	87	66	58
4	苏哲雄	56	65	72	78	50

注意，如果设定参数 decreasing=T，则按降序排序，否则默认按升序排序.

2. 使用 apply( )函数对数据做简单计算

```
# 对数据框 n1 的 2:6 列求均值和标准差
> apply(n1[,2:6],2,mean)
线性代数   统计学     英语    财务管理   运筹学
 74.000   77.750   80.875   80.125   72.250
> apply(n1[,2:6],2,sd)
   线性代数      统计学        英语     财务管理      运筹学
12.581165    9.130013   10.973182    9.804336   16.060155
# 对数据框 n1 的 3:7 行的成绩数据求均值
> apply(n1[3:7,-1],1,mean)
   3     4     5     6     7
76.2  64.2  79.2  70.0  74.6
```

apply( )函数也可以用于对矩阵的计算,例如:

```
# 对矩阵 cj 的所有行求和并求均值
> apply(cj,1,sum)
张丹红   卢强  王智明  苏哲雄   丁晓  谢建国   李红  朱国强
  398    406    381    321    396    350    373    455
> apply(cj,1,mean)
张丹红   卢强  王智明  苏哲雄   丁晓  谢建国   李红  朱国强
 79.6   81.2   76.2   64.2   79.2     70   74.6     91
# 对矩阵 cj 的所有列求和并求均值
> apply(cj,2,sum)
线性代数   统计学     英语    财务管理   运筹学
   592      622      647      641      578
> apply(cj,2,mean)
线性代数   统计学     英语    财务管理   运筹学
 74.000   77.750   80.875   80.125   72.250
```

注意,使用 apply( )函数对矩阵或数据框做简单计算,数字"1"代表应用于行,数字"2"代表应用于列.

3. 数据合并

有时候需要把两个数据框的数据合并,当两个数据框的变量相同时,可以将要分析的样本按行合并;当两个数据框的样本相同时,可以将要分析的变量按列合并. 例如,有下列四个数据框:

```
U1
  学生姓名  线性代数  统计学   英语  财务管理  运筹学
1   张丹红      76      78     92      81       71
2    卢强       85      89     87      89       56
```

| | 3 | 王智明 | 67 | 78 | 69 | 87 | 80 |

U2

	学生姓名	线性代数	统计学	英语	财务管理	运筹学
4	苏哲雄	56	65	72	78	50
5	丁晓	87	71	81	65	92
6	谢建国	61	78	87	66	58
7	李红	70	71	65	86	81
8	朱国强	90	92	94	89	90

U3

	学生姓名	线性代数	统计学
1	张丹红	76	78
2	卢强	85	89
3	王智明	67	78
4	苏哲雄	56	65
5	丁晓	87	71
6	谢建国	61	78
7	李红	70	71
8	朱国强	90	92

U4

	学生姓名	英语	财务管理	运筹学
1	张丹红	92	81	71
2	卢强	87	89	56
3	王智明	69	87	80
4	苏哲雄	72	78	50
5	丁晓	81	65	92
6	谢建国	87	66	58
7	李红	65	86	81
8	朱国强	94	89	90

```
# 按行合并数据框 u1 和 u2
> load(file="K:/u1.csv")
> load(file="K:/u2.csv")
>rbind(u1,u2)
```

	学生姓名	线性代数	统计学	英语	财务管理	运筹学
1	张丹红	76	78	92	81	71
2	卢强	85	89	87	89	56
3	王智明	67	78	69	87	80
4	苏哲雄	56	65	72	78	50

5	丁晓	87	71	81	65	92
6	谢建国	61	78	87	66	58
7	李红	70	71	65	86	81
8	朱国强	90	92	94	89	90

```
# 按列合并数据框 u3 和 u4
> load(file="K:/u3.csv")
> load(file="K:/u4.csv")
> cbind(u3,u4[3:5])
```

	学生姓名	线性代数	统计学	英语	财务管理	运筹学
1	张丹红	76	78	92	81	71
2	卢强	85	89	87	89	56
3	王智明	67	78	69	87	80
4	苏哲雄	56	65	72	78	50
5	丁晓	87	71	81	65	92
6	谢建国	61	78	87	66	58
7	李红	70	71	65	86	81
8	朱国强	90	92	94	89	90

4. 数据类型的转换

有时候，需要把数据框转换为矩阵，或者把矩阵转换为数据框，把数据框转换为向量，等等. 例如：

```
# 将数据框 u 转换为矩阵
> matrix1=as.matrix(u[,2:6])
> matrix1
```

	线性代数	统计学	英语	财务管理	运筹学
[1,]	76	78	92	81	71
[2,]	85	89	87	89	56
[3,]	67	78	69	87	80
[4,]	56	65	72	78	50
[5,]	87	71	81	65	92
[6,]	61	78	87	66	58
[7,]	70	71	65	86	81
[8,]	90	92	94	89	90

```
> rownames(matrix1)=u[,1]
> matrix1
```

	线性代数	统计学	英语	财务管理	运筹学
张丹红	76	78	92	81	71
卢强	85	89	87	89	56

王智明	67	78	69	87	80
苏哲雄	56	65	72	78	50
丁晓	87	71	81	65	92
谢建国	61	78	87	66	58
李红	70	71	65	86	81
朱国强	90	92	94	89	90

```
> save(matrix1,file="K:/matrix1.csv")
# 将矩阵 matrix1 转换为数据框 h
> h=as.data.frame(matrix1)
> h
```

	线性代数	统计学	英语	财务管理	运筹学
张丹红	76	78	92	81	71
卢强	85	89	87	89	56
王智明	67	78	69	87	80
苏哲雄	56	65	72	78	50
丁晓	87	71	81	65	92
谢建国	61	78	87	66	58
李红	70	71	65	86	81
朱国强	90	92	94	89	90

```
# 将矩阵和数据框转换为向量
> as.vector(matrix1[1,])    # 将矩阵 matrix1 的第一
                              行转换为向量
[1] 76 78 92 81 71
> as.vector(h[,3])          # 将数据框 h 的第三列转
                              换为向量
[1] 92 87 69 72 81 87 65 94
>  as.vector(h$统计学)      # 将数据框 h 中的统计学
                              分数转换为向量
[1] 78 89 78 65 71 78 71 92
```

2.7 生成随机数和随机样本

2.7.1 随机数

生成 10 个 0~1 之间均匀分布的随机数. 例如:
```
> runif(10)
```

```
[1] 0.15732892  0.76896965  0.94104969  0.01747766
    0.17349646  0.64065442  0.02766483  0.92226073
    0.20888173  0.83537876
```

R 中实现了所有分布都有随机数生成函数,简单地在分布名称前加"r",就可以生成相应的随机数,例如:

```
> runif(5,min=-3,max=3)
[1] 1.0788446 2.2663932 0.3194906 0.7419834 1.6020321
> rnorm(3,mean=100,sd=15)
[1] 99.67988 113.32509 116.77409
> rbinom(2,size=10,prob=0.8)
[1] 9 7
> rpois(3,lambda=5)
[1] 4 9 3
> rexp(1,rate=0.2)
[1] 2.512348
```

2.7.2 随机样本

函数 sample( ) 会随机地从一个向量中选定 n 项,例如:

```
> sample(1:100,10)
[1] 98 47 25 48 89 53 23 32 46 58
```

即从 1~100 这 100 个数中,随机抽取 10 个数,得到一个随机样本.

若要做有放回抽样,可以设置 replace=T 即可,例如:

```
> sample(1:100,10,replace=T)
[1] 56 45  5 39 16 34 70  5  7 47
```

因为做有放回抽样,这里 5 被重复抽取了两次.

扔硬币十次,模拟这个随机试验的结果.

```
> sample(c("H","T"),10,replace=T)
[1] "T" "T" "H" "T" "H" "H" "H" "T" "T" "T"
```

生成一个 18 次伯努利试验的随机试验结果,一次试验中,成功概率为 0.9,失败概率为 0.1,即我们设置 TRUE 的概率为 0.9,FALSE 的概率为 0.1,重复 18 次,结果如下:

```
> sample(c("FALSE","TRUE"),18,replace=T,prob=
c(0.1,0.9))
 [1] "TRUE"  "TRUE"  "TRUE"  "TRUE"  "FALSE"
"TRUE"  "TRUE"  "TRUE"  "TRUE"  "TRUE"  "TRUE"
"TRUE"  "FALSE" "TRUE"  "FALSE" "TRUE"  "TRUE"
"TRUE"
```

模拟随机扔骰子两次的试验结果或是两个人各扔一个骰子的随机试验结果.

> sample(1:6,size=2,replace=T)

[1] 2 2

进一步,模拟随机扔骰子 100 次的试验结果或是 100 个人各扔一个骰子的随机试验结果.

sample(1:6,size=100,replace=T)

[1] 5 5 1 1 3 6 3 1 5 4 2 1 6 3 4 2 1 3 3 2 1 4 5 3 2 3 6 5
2 5 4 6 1 1 3 3 2 4 3 1 2 6 4 5 4 5 4 3 3 3 6 4 1 5 3 6 1 5 1 6 2
3 6 4 5 1 4 4 4 3 2 1 4 6 6 2 1 4 3 3 1 4 4 4 4 3 6 3 6 3 1 2 5 2
3 1 1 1 1 2

模拟随机扔骰子 1000 次,求这 1000 次的点数之和或者 1000 个人各扔一个骰子的点数之和.

> sum(sample(1:6,size=1000,replace=T))

[1] 3501

例 2.4   在一次试验中,求 1000 个人各扔一个骰子的点数之和,现把这个试验重复进行 100 次,观察试验结果.

> replicate(100,sum(sample(1:6,size=1000,replace=T)))

[1] 3473 3452 3530 3501 3424 3426 3409 3474 3525
3532 3533 3460 3472 3398 3438 3613 3531 3486 3500 3526
3561 3502 3514 3528 3592 3389 3453 3518 3555 3557 3528
3598 3468 3581 3594 3520 3650 3562 3495 3506 3470 3509
3526 3517

[45] 3572 3512 3495 3554 3527 3359 3573 3520 3518
3577 3562 3393 3450 3583 3446 3450 3501 3582 3506 3493
3473 3474 3467 3398 3455 3483 3475 3519 3426 3477 3478
3586 3555 3547 3482 3437 3514 3512 3490 3476 3441 3503
3471 3536

[89] 3557 3665 3498 3441 3558 3504 3491 3474 3478
3527 3492 3439

2.8 编写自定义函数

2.8.1 编写函数

现在要编写一个函数,我们所要写的函数叫作 w( ),模拟随

机扔骰子 n 次，每次调用函数 w()，R 都会返回随机扔骰子 n 次的点数之和.

```
> w=function(n){
size=n;sum(sample(1:6,size,replace=T))
}
```

任何一个 R 函数都包含三个部分：函数名、程序主体以及参数集合. 这里要用到 function() 这个函数，并在其后加上一对大括号{}如下：

```
w<-function() {}
```

利用 function() 构建完函数之后，它的使用方法很简单，只需要键入这个函数的名称，跟上一对括号即可. 在本例中：

```
> w(1000)
[1] 3434
> w(500)
[1] 1751
> w(100)
[1] 370
> w(100)
[1] 356
> w(10)
[1] 30
```

2.8.2 循环函数

循环函数有 for, while 和 repeat. 其中，for 函数的使用格式为：for(var in seq){表达式}；while 函数的使用格式为：while(条件){表达式}. 例如，比较下面的两种方法：

方法一：

```
for(i in 1:6){print(1:i)}
[1] 1
[1] 1 2
[1] 1 2 3
[1] 1 2 3 4
[1] 1 2 3 4 5
[1] 1 2 3 4 5 6
```

方法二：

```
> i=1
> while(i<=6){print(1:i)
```

```
+i = i+1}
[1] 1
[1] 1 2
[1] 1 2 3
[1] 1 2 3 4
[1] 1 2 3 4 5
[1] 1 2 3 4 5 6
```

例 2.5 编写一个在 1000 以内的斐波那契(Fibonacci)数列：1, 1, 2, 3, 5, 8, 13, 21, 34, …, 这个数列从第 3 项开始，每一项都等于前两项之和.

```
> f<-c(1,1);i<-1
> while(f[i]+f[i+1]<1000){
+ f[i+2]<-f[i]+f[i+1]
+ i<-i+1;
+ }
> f
 [1]   1   1   2   3   5   8  13  21  34  55  89 144
233 377 610 987
```

函数 repeat( ) 依赖中止语句(break)跳出循环. 例如，用函数 repeat( ) 编写例 2.5 的 1000 以内的斐波那契数列.

```
> f<-c(1,1);i<-1
> repeat{
+ f[i+2]<-f[i]+f[i+1]
+ i<-i+1;
+ if(f[i]+f[i+1]>=1000) break
+ }
> f
 [1]   1   1   2   3   5   8  13  21  34  55  89 144
233 377 610 987
```

2.9 绘制多图

在 R 中，可以利用 par( ) 函数在一个绘图区域上画出多个图，其使用格式为

par(mfrow=c(m,n)) 或者 par(mfcol=c(m,n))

表示将当前的绘图窗口分割为 $m \times n$ 个子窗口，每绘制一个新图，R 就会从左上角开始，按照行或列将其绘制在子窗口中. 其中，

mfrow 是按行绘图,即从第一行开始,先填满第一行,再填第二行,以此类推;mfcol 则按列绘图,即先填满第一列,再填第二列. 例如:

```
> a=par(mfrow=c(2,2))
> x=rnorm(1000)
> y=rchisq(1000,10)
> hist(x);hist(y)
> boxplot(x,horizontal=T)
> boxplot(y,horizontal=T)
> par(a)
```

这里,图形参数的设置保存在第一行的变量 a 里. 如图 2-4 所示,图形生成 2×2 的模式,最后一行的代码 par(a)使得 R 的模式返回缺省位置. 在命令 par(a)后将回复为正常模式,不再是 2×2 的模式. 另一种简单的方法是在 R 生成新的图形前关闭具有四个面板的图形.

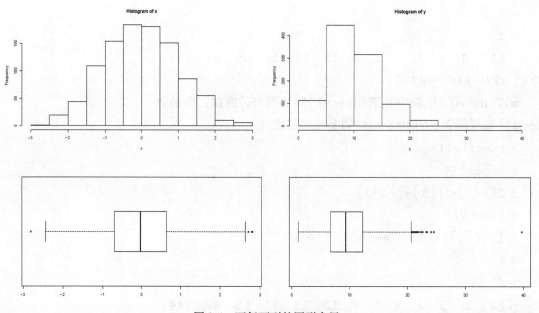

图 2-4　两行两列的图形布局

有时候需要将绘图分为几个大小不同的区域,此时可以使用 layout()函数来布局,例如:

(1) 绘制 2 行 2 列的图形矩阵,其中第 3 个图占据整个第 2 行

```
> layout(matrix(c(1,2,3,3),nrow=2,ncol=2,byrow=T),heights=c(2,1))
> x=rnorm(1000)
> y=rchisq(1000,10)
> hist(x)
```

```
> plot(x,y)
> boxplot(y,horizontal=T)
```
其结果如图 2-5 所示.

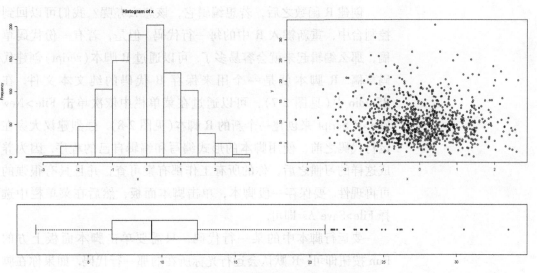

图 2-5　第 3 个图占据整个第 2 行的图形布局

(2) 绘制 2 行 2 列的图形矩阵，其中第 3 个图占据整个第 2 列

```
> layout(matrix(c(1,2,3,3),nrow=2,ncol=2),
heights=c(2,1))
> x=rnorm(1000);y=rchisq(1000,10)
> hist(x)
> boxplot(x,horizontal=T)
> plot(x,y)
```
其结果如图 2-6 所示.

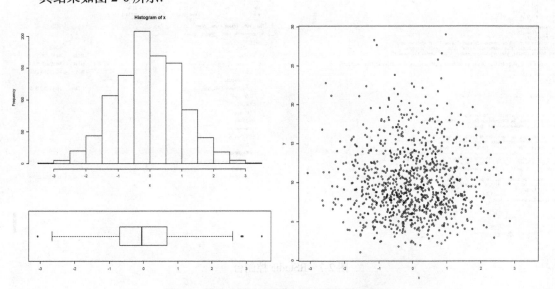

图 2-6　第 3 个图占据整个第 2 列的图形布局

2.10 脚本

创建 R 函数之后，若想编辑它，该怎么办呢？我们可以回到控制台中，重新键入 R 中的每一行代码. 但是，若有一份代码草稿，那么编辑起来就会容易多了. 可以通过 R 脚本(script)创建代码草稿. R 脚本就是一个用来保存 R 代码的纯文本文件. 在 RStudio 中(见图 2-7)，可以通过在菜单栏中依次单击 File>New File>R Script 来创建一个新的 R 脚本(见图 2-8). 强烈建议大家在运行代码之前，使用脚本的形式编写和编辑自己的程序. 因为养成这样的习惯之后，你的所有工作都有案可查，并且具有很强的可再现性. 要保存一段脚本，单击脚本面板，然后在菜单栏中选择 File>Save As 即可.

要运行脚本中的某一行代码，只需要单击脚本面板上方的 Run 按钮即可. R 默认会运行光标所在的那一行代码. 如果你在脚本中选中了一整段代码，R 便会运行这段代码. 或者，通过单击窗口上方的 Source 按钮，可以运行脚本中的所有代码.

图 2-7　RStudio 控制台

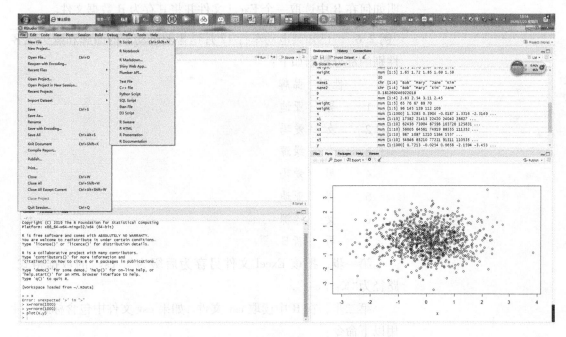

图 2-8 在 RStudio 上创建一个新的 R 脚本

2.11 输入数据与读写数据

1. 输入数据

R 中的函数 edit( ) 会自动调用一个输入数据的文本编辑器. 具体步骤如下:

（1）创建一个空数据框;

（2）针对这个数据对象调用一个输入数据的文本编辑器, 输入你的数据, 并将结果保存在这个数据对象中, 例如:

> mydata <-data.frame (age = numeric (0), gender = character(0),weight=numeric(0))

> mydata<-edit(mydata)

这种输入数据的方式对于小数据集较为有效. 对于较大的数据集, 需要从现有的文本文件、电子表格、统计软件或数据库导入数据.

2. 数据的读入与保存

R 数据文件是以 RData 为后缀的, R 还可以读入 Excel、SPSS、SAS 等多种格式的文件, 但都需要其他函数包的支持. 读取 R 数据文件的命令为:

> load("K:/c.RData")

其中, 在 c.RData 中应该说明文件存放的路径. 现通过一个例子说明如何在 R 中读取一个 Excel 文件并将其存为 R 数据文件.

例 2.6 已知某电动车行 12 月销售的电动车的品牌和购买顾客性别的部分数据如下:

	性别	品牌
1	男	亚迪
2	女	爱玛
3	女	绿源
4	男	爱玛
5	男	亚迪
6	女	绿源
7	男	新日

第一步,把该 Excel 文件另存为后缀为". csv"的数据格式,路径为"K:/c-1".

第二步,在 R 中读取 csv 文件. 如果 csv 文件中包含标题,使用以下命令:

> tbl<-read.csv("K:/c-1.csv")

如果 csv 文件中不包含标题,使用以下命令:

>tbl<-read.csv("K:/c-1.csv",header=FALSE)

第三步,将文件存为 R 数据文件. 使用 save( ) 函数将对象存为一个 R 文件,命令如下:

>save(tbl,file="K:/tbl.RData")

其中,file=""指定文件存放路径和名称,后缀必须是". RData". 这样,例 2.6 的数据就被存为 R 数据文件了. 要对数据进行分析,需要将数据读入 R 中,命令为:

>load("K:/tbl.RData")

如果要在 R 中查看该数据文件,使用命令:

> tbl

结果如下:

	性别	品牌
1	男	亚迪
2	女	爱玛
3	女	绿源
4	男	爱玛
5	男	亚迪
6	女	绿源
7	男	新日

也可以使用 read. table( ) 函数读取数据文件,结果会返回一个数据

框,例如:
```
> tbl<-read.table("K:/c-1.csv",header=FALSE)
> tbl
  性别 品牌
1 男   亚迪
2 女   爱玛
3 女   绿源
4 男   爱玛
5 男   亚迪
6 女   绿源
7 男   新日
```

R 历史简介

R 语言的创始人——Ross Ihaka 和 Robert Gentleman

R 是由来自新西兰奥克兰大学的 Ross Ihaka 和 Robert Gentleman 开发,因两人名字都以 R 开头,所以也因此形象地称为 R. 其实在最早的时候,R 语言还没有发明之前,Ross Ihaka 从一本书中了解到了 Scheme 语言. Ross Ihaka 对 Scheme 非常感兴趣. 大约与此同时,他正好获得一版新 S 语言的源代码. 此时他注意到 Scheme 和 S 语言二者之间的异同点,后来 Ross Ihaka 开始准备用 Shceme 向别人演示词法作用域. 但由于手边没有 Scheme 的书,就采用 S 语言来演示结果却失败了. 由此让他萌生了改进 S 语言的想法. 在相当长的一段时间之后,Ross Ihaka 和 Robert Gentleman 在奥克兰大学成了同事. 他们都对统计计算十分感兴趣,而且试图为他们的实验室寻找一个更好的软件. 因为在商业软件中一直找不到他们想要的,这时 Ross Ihaka 联想到当初使用 S 语言后自己一直想改进 S 语言的想法. 于是他们决定基于此自己开发一种语言. 于是两人开始合作,从而产生了 R 语言.

S 语言是一门用来数据分析和图形化的高级语言,早在 1998 年美国计算机协会 ACM 就授予了 S 语言的主要设计者 John M. chambers "软件系统奖" 用来表彰 S 语言所取得的成就. 这是迄今为止众多统计软件中 "唯一" 被 ACM 授奖的统计系统. 当时 ACM 是这样评价 S 语言的: 永久地改变了人们分析、可视化、处理数据的方式;是一个优雅的、被广泛接受的、不朽的软件系统.

而现在随着数据呈现几何数量级的增加,数据挖掘需求的增长而使R日益得到普及,它虽源于S但其发展却远远地超过了S,其最主要的特点是免费、开源、各种各样的模块十分齐全,在R的综合档案网络CRAN中,提供了大量的第三方功能包,其内容涵盖了从统计计算到机器学习,从金融分析到生物信息,从社会网络分析到自然语言处理,从各种数据库各种语言接口到高性能计算模型等领域,可以说无所不包,无所不容,这也是为什么R正在获得越来越多各行各业的从业人员喜爱的一个重要原因.目前R语言在机器学习、统计计算、高性能计算方面得到了广泛应用.大数据产品销售商,例如数据仓库与Hadoop数据过滤器尤其喜欢R语言.R经过调整后,有利于Hadoop集群的每个节点都可以对Hadoop集群上存储在Hadoop分布式文件系统中的数据进行本地R分析,并对这些计算的结果进行整合,类似MapReduce对非结构化数据的操作.

2012年年初,Oracle也加入了R语言行列,推出Advanced Analytics工具,作为Oracle数据库与R分析引擎之间的桥接.Advanced Analytics是Oracle在其11g R2数据库中部署的Data Mining附件.当R程序员需要运行统计程序时,他们可以在数据挖掘工具箱中调用等同的SQL函数,并在该数据库中运行.如果没有这样的SQL函数,遍历数据库节点(如果为集群)的嵌入式R引擎将运行R例程,收集汇总数据并作为结果将其返回R控制台.另外,Oracle为其Big Data Appliance提供了一个名为R Connector for Hadoop的工具,这是一个在Oracle Exa x86集群上运行的Cloudera CDH3 Hadoop环境.该连接器可让R控制台与在Big Data Appliance运行的Hadoop分布式文件系统和NoSQL数据库进行通信.

随着大数据时代来临,R语言起源于统计分析,现在服务于数据,未来也会逐渐随着数据分布渗透到各个行业.

习题 2

1. 构造一个向量 x,向量是由10个6,7个3和8个9构成,注意用到rep()函数.

2. 在R中进行如下向量运算:输入向量 $x=(3, 6,7,2,0)$,$y=(12,34,12,37,71)$,求:
   (1) x 与 y 的和;
   (2) x 与 y 的积;
   (3) x 与 y 的商;
   (4) x^2+y^3.

3. 在R中进行如下向量运算:输入向量 $x=(18, 29,22,81,78,61)$,$y=(10,45,21,67,87,19)$,求:
   (1) $\log x$ 和 $\log y$;
   (2) $\ln x$ 和 $\ln y$;
   (3) 向量 x 和 y 的长度;
   (4) 向量 x 和 y 的内积;
   (5) 把向量 x 和 y 转化为标准化单位向量.

4. 将1,2,3,…,30构成两个5行6列的矩阵，其中矩阵 A 是按列输入，矩阵 B 是按行输入，并在 R 中进行如下运算：

（1）$C=A+B$；

（2）$D=AB$；

（3）E 是由矩阵 A 的前 4 行和前 5 列构成的矩阵；

（4）F 是由矩阵 B 的各列构成的矩阵，但不包含 B 的第 2 列和第 4 列。

5. 已知一群人的年龄数据为：23，35，56，12，24，32，11，77，21，34，67，22，81，90，33，65，87，建立向量并在 R 中进行如下向量运算：

（1）求这一群人年龄的均值；

（2）求这一群人年龄的方差和标准差；

（3）求这一群人年龄的最大值和最小值。

6. 用 R 产生 40 个标准正态分布的随机数，并分别按行和列排列数据，构成两个 5 行 8 列的矩阵 A 和 B。

7. 运行命令 seq(0, 30, by = 4) 和 seq(0, 30, length.out = 3) 来体会两个参数 by 和 length.out 的差别。

8. 已知 2007—2018 年中国出口货物总额 Y、工业增加值 X_1、人民币汇率 X_2 的数据如表 2-3 所示。

表 2-3　2007—2018 年中国出口货物总额等数据

年份	出口货物总额 Y/亿元	工业增加值 X_1/亿元	人民币汇率 X_2(100 美元)
2007	93627.1	111693.9	760.4
2008	100394.9	131727.6	694.51
2009	82029.7	138095.5	683.1
2010	107022.8	165126.4	676.95
2011	123240.6	195142.8	645.88
2012	129359.3	208905.6	631.25
2013	137131.4	222337.6	619.32
2014	143883.8	233856.4	614.28
2015	141166.8	236506.3	622.84
2016	138419.3	247877.7	664.23
2017	153309.4	278328.2	675.18
2018	164127.8	305160.2	661.74

注：该数据来源于《中国统计年鉴 2019》。

试在 R 中建立：

（1）出口货物总额 Y 的向量；

（2）工业增加值 X_1 的向量；

（3）人民币汇率 X_2 的向量；

（4）用 Y、X_1、X_2 的向量构造一个数据框，并输出该数据框。

第 3 章
统计数据的描述性分析

> 在终极的分析中,一切知识都是历史;在抽象的意义下,一切科学都是数学;在理性的基础上,所有的判断都是统计学.
> ——C. R. Rao

3.1 统计数据的整理与显示

3.1.1 统计数据的分组

统计分组是统计整理的第一步,它是按照统计研究的目的,将数据分别列入不同的组内. 在分组时,如果按照性别、民族等定性指标分组,称为按品质标志分组;如果按照数量或数值等定量指标分组,称为按数量标志分组. 例如,对某大学经济学院的教师进行调查,可将老师按性别分为男老师和女老师两个组,分组结果如表 3-1 所示.

表 3-1 某大学经济学院老师按性别分组

老师按性别分组	人 数	百 分 比
男老师	45	45%
女老师	55	55%
合计	100	100%

也可以将老师按职称分组,则分组结果如表 3-2 所示.

表 3-2 某大学经济学院老师按职称分组

老师按职称分组	人 数	百 分 比
教授	14	14%
副教授	37	37%
讲师	49	49%
合计	100	100%

以上两组都属于按品质标志分组. 如果对老师按年龄分组,

则分组结果如表 3-3 所示.

表 3-3 某大学经济学院老师按年龄分组

老师按年龄分组	人　数	百　分　比
50 周岁以上	19	19%
40~50 周岁	34	34%
30~40 周岁	37	37%
30 周岁以下	10	10%
合计	100	100%

显然,按年龄分组是按数量标志分组.

3.1.2 次数分配与频数分布图

将数据按其分组标志进行分组的过程,就是次数分配形成的过程. 次数分配,就是观察值按其分组标志分配在各组内的次数.

例 3.1 2019 年某单位共 51 名员工的年龄数据如下:

42　31　27　39　51　55　31　36　37　31　59　56　26　59　47　28　35
41　34　26　52　33　49　38　53　30　24　31　37　58　38　46　24　35
32　59　26　48　36　24　41　35　47　46　37　56　46　31　23　46　43

对这组数据适当分组,计算各组的频数,观察该单位员工的年龄分布结构.

要对以上 51 名员工的年龄进行分组,先要决定分成多少组,每一组的范围(上、下限)是多少,即确定组数和组距. 组数是分组的个数,组距是每一组最大值和最小值的差. 要确定这两个数值,一般是先要找出全部数据的最大值和最小值. 在本例中,年龄最大的是 59 岁,年龄最小的是 23 岁. 如果采取简单分组,即 5 岁为一组,则可分为 8 组,即 (20,25]、(25,30]、(30,35]、(35,40]、(40,45]、(45,50]、(50,55]、(55,60],然后计算各组的频数. 分组的目的是找出数据分布的数量规律性,一般情况下,组数不应少于 5 组,也不应多于 15 组. 某单位 51 名员工按年龄分组的频数分布如表 3-4 所示.

表 3-4 某单位 51 名员工按年龄分组的频数分布

按年龄段分组	频　数
(20, 25]	4
(25, 30]	6
(30, 35]	11
(35, 40]	8

(续)

按年龄段分组	频　数
(40, 45]	4
(45, 50]	8
(50, 55]	4
(55, 60]	6
合计	51

在 R 中，可以使用 cut() 函数将数据分组，其使用格式如下：
```
cut(x,...)
cut(x,breaks,labels=NULL,
    include.lowest=FALSE,right=TRUE,dig.lab=3,
    ordered_result=FALSE,...)
```
其中 x 是要分组的向量数据，breaks 是确定各组的范围.

在 R 中，table() 函数可以计算各组的频数. 其使用格式如下：
```
table(...,
    exclude=if (useNA=="no") c(NA,NaN),
    useNA=c("no","ifany","always"),
    dnn=list.names(...),deparse.level=1)
```
参数 ... 为一个或者多个对象，如因子、列表或数据框等.

解：本例中，使用 cut() 函数进行分组，生成频数分布表，然后用 table() 函数计算各组的频数.

```
> c<-c(42,31,27,39,51,...,56,46,31,23,46,43)
                            #首先将已知的数据赋予向量 c
> b=c(20,25,30,35,40,45,50,55,60)
                            #确定各组的范围
> u=table(cut(c,breaks=b));u
                            #计算各组的频数
```

R 运行的结果如下：

(20,25]	(25,30]	(30,35]	(35,40]	(40,45]	(45,50]	(50,55]	(55,60]
4	6	11	8	4	8	4	6

为了统计分析的需要，有时要观察某一数值以上或某一数值以下次数之和. 在例 3.1 中，可以使用 **cumsum( )** 函数计算累积次数.

```
> u=table(cut(c,breaks=b))
> cumsum(u)    #计算累积次数
```

(20,25]	(25,30]	(30,35]	(35,40]	(40,45]	(45,50]	(50,55]	(55,60]
4	10	21	29	33	41	45	51

累积次数的分配表如表 3-5 所示.

表 3-5 累积次数的分配表

按年龄段分组	人　　数	向下累积	向上累积
(20, 25]	4	4	51
(25, 30]	6	10	47
(30, 35]	11	21	41
(35, 40]	8	29	30
(40, 45]	4	33	22
(45, 50]	8	41	18
(50, 55]	4	45	10
(55, 60]	6	51	6
合计	51	51	

例 3.2 已知某电动车车行在 12 月销售的电动车的消费者的性别(sex)及其购买的品牌(brand)的统计数据如下：

	性别	品牌		性别	品牌
1	男	亚迪	26	男	爱玛
2	女	爱玛	27	女	绿源
3	女	绿源	28	男	亚迪
4	男	爱玛	29	女	新日
5	男	亚迪	30	男	新日
6	女	绿源	31	女	爱玛
7	男	新日	32	女	新日
8	女	爱玛	33	男	亚迪
9	男	亚迪	34	男	绿源
10	女	新日	35	男	新日
11	男	绿源	36	女	亚迪
12	女	爱玛	37	女	新日
13	女	新日	38	男	新日
14	男	亚迪	39	女	亚迪
15	女	绿源	40	女	绿源
16	男	亚迪	41	男	爱玛
17	女	绿源	42	女	新日
18	男	爱玛	43	女	新日
19	女	新日	44	女	亚迪
20	男	亚迪	45	女	爱玛
21	女	爱玛	46	男	绿源
22	女	绿源	47	男	亚迪
23	男	新日	48	女	绿源
24	男	亚迪	49	男	亚迪
25	女	绿源			

对这组数据适当分组，计算各组的频数，观察消费者的性别及其偏好的品牌.

解：这里涉及两个类型变量，一个是消费者的性别，一个是购买的电动车品牌，分别计算这两个变量的频数分布表.

（1）消费者性别的频数分布表

```
>c=read.csv("K:/c3.1.csv")     #从计算机中读取该例
                                题的数据并赋值给c
> y=table(c$sex)               #计算第一列按性别分
                                组的频数
> y

男   女
24   25
> prop.table(y)                #计算第一列按性别分
                                组的频率

      男            女
 0.4897959    0.5102041
```

（2）消费者购买的电动车品牌的频数分布表

```
> l=table(c$brand)    #计算第二列按品牌分组的频数
> l

爱玛  绿源  新日  亚迪
 10    12    13    14
> prop.table(l)       #计算第二列按品牌分组的频率

      爱玛         绿源        新日        亚迪
  0.2040816   0.2448980   0.2653061   0.2857143
```

（3）消费者的性别及其偏好的品牌的列联表

```
> u=table(c)
> addmargins(u)
       brand
sex   爱玛  绿源  新日  亚迪  Sum
男      4     3     5    12    24
女      6     9     8     2    25
Sum    10    12    13    14    49
```

3.1.3 条形图和饼图

1. 条形图

条形图(bar chart)是用宽度相同的条形来表示数据多少的图形,用于观察不同类别频数的多少或分布状况. 在 R 中, 可以用 barplot( )函数画出条形图. 下面继续讨论例 3.2.

这里给出绘制消费者按性别及其偏好的品牌分类的条形图.

```
> barplot(y)
> barplot(l)
> barplot(u)
> barplot(u,beside=T)
```

其结果如图 3-1~图 3-4 所示.

图 3-1 消费者按性别分类的条形图

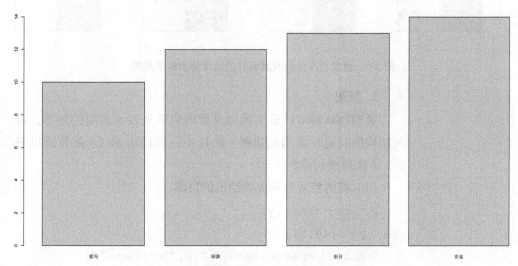

图 3-2 消费者按其偏好的品牌分类的条形图

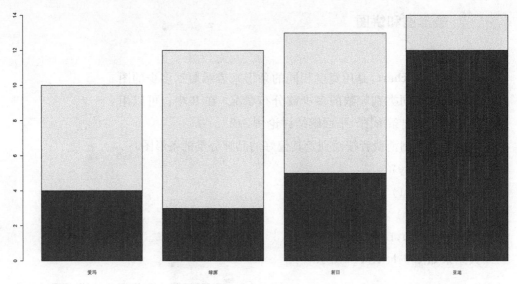

图 3-3 消费者按性别及其偏好的品牌分类的条形图

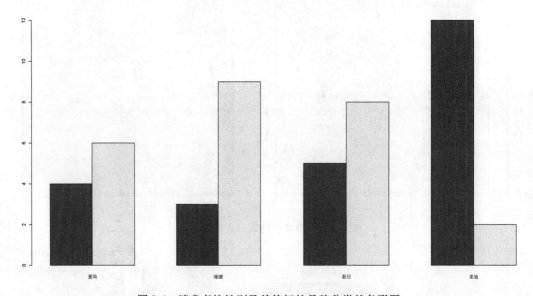

图 3-4 消费者按性别及其偏好的品牌分类的条形图

2. 饼图

饼图(pie chart) 是用圆形及圆内扇形来表示各组的频率, 研究结构性问题时常用到饼图. 在 R 中, 可以用 pie( )函数画出饼图. 下面继续讨论例 3.2.

(1) 按消费者性别分类绘出的饼图

```
> name=names(y)
> p=c(49,51)
> label1=paste(name," ",p,"%",sep="")
> pie(y,labels=label1)
```

其结果如图 3-5 所示.

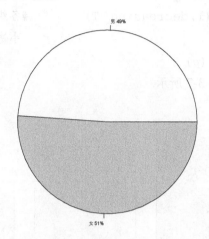

图 3-5 按消费者性别分类绘出的饼图

(2) 按消费者偏好的品牌分类绘出的饼图
> name=names(l)
> p=c(20.4,24.5,26.5,28.6)
> labell=paste(name," ",p,"%",sep="")
> pie(l,labels=labell)

其结果如图 3-6 所示.

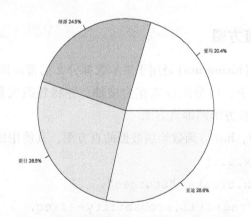

图 3-6 按消费者偏好的品牌分类绘出的饼图

3.1.4 Pareto 图

Pareto 图是由意大利经济学家 Pareto 提出来的一种条形图,按条形的高度从高到低按顺序排列, Pareto 图在统计质量控制中应用较多.

在 R 中,没有直接绘制 Pareto 图的函数,但很容易利用 barplot() 绘制出 **Pareto 图**. 下面继续讨论例 3.2,绘出消费者购买的电动车品牌的 Pareto 图.

```
> l=table(c$brand)
> p=sort(l,decreasing=T)            #各组频数按从大到
                                      小进行排序
> barplot(p)
```
其结果如图 3-7 所示.

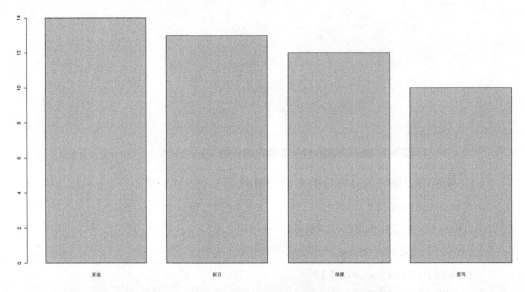

图 3-7　消费者购买的电动车品牌的 Pareto 图

3.1.5　直方图

直方图(histogram) 是用于展示数据分布的常用图形,在平面直角坐标系下,将分组标志作为横轴,并将各组次数作为纵轴,给出各组的长方形图即直方图.

在 R 中, hist( ) 函数绘制数据的直方图,其使用格式为

```
hist(x,...)
hist(x,breaks="Sturges",
    freq=NULL,probability=!freq,
    include.lowest=TRUE,right=TRUE,
    density=NULL,angle=45,col=NULL,
    border=NULL,
    main=paste("Histogram of",xname),
    xlim=range(breaks),ylim=NULL,
    xlab=xname,ylab,
    axes=TRUE,plot=TRUE,labels=FALSE,
    nclass=NULL,warn.unused=TRUE,...)
```

hist( ) 函数中部分参数的名称、取值和意义如表 3-6 所示.

表 3-6 hist( )函数中部分参数的名称、取值和意义

名　称	取值和意义
x	向量,表示直方图的数据
breaks	向量或字符串,表示数据分组的上下限
freq	逻辑变量,T(默认值)表示频数,F 表示频率
labels	逻辑变量,表示是否标出频数或频率,默认值为 F

例 3.3　已知某大学经济学专业某班级统计学期末成绩的数据如下:

78　85　44　90　90　68　75　66　53　74　81　78　64　91　51　43　89
85　45　70　74　60　76　48　50　72　60　82　77　69　81　74　54　68
75　71　70　60　65　59　75　61　91　80　83　87　88　73　89

根据以上的数据绘出该班级成绩分布的频数直方图.

解:
>x=c(78,85,44,...,88,73,89)
　　　　　　　　　　　#首先将已知的数据赋予向量 x
>hist(x,breaks=c(40,50,60,70,80,90,100),labels=T)　　　　　　#确定组的范围,然后画出直方图

其结果如图 3-8 所示.

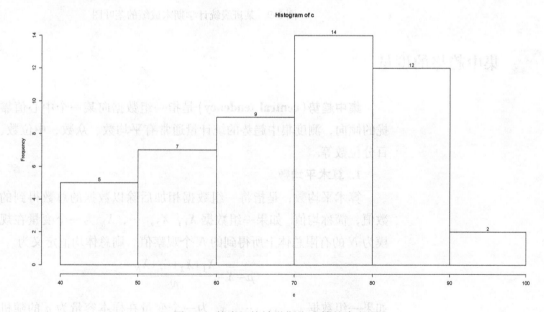

图 3-8　某班级统计学期末成绩的直方图

3.1.6　茎叶图

茎叶图是反映原始数据分布的图形,它由茎和叶两部分构成.

对于该班级统计学期末成绩的数据，第一个同学的成绩 78，茎为 7，叶为 8，中间用"|"隔开. **stem( )函数**是绘制数据茎叶图的命令.

例 3.4　根据例 3.3 的数据绘出该班级成绩分布的茎叶图.

> stem(x)

其结果如图 3-9 所示.

```
The decimal point is 1 digit(s) to the right of the |

  4 | 34
  4 | 58
  5 | 0134
  5 | 9
  6 | 00014
  6 | 56889
  7 | 00123444
  7 | 5556788
  8 | 01123
  8 | 557899
  9 | 0011
```

图 3-9　某班级统计学期末成绩的茎叶图

3.2　集中趋势的度量

集中趋势(central tendency) 是指一组数据向某一个中心值靠拢的倾向，测度集中趋势的统计量通常有平均数、众数、中位数、百分位数等.

1. 算术平均数

算术平均数，是指将一组数据相加后除以数据的总数得到的数值，简称均值. 如果一组数据 $X_1, X_2, \cdots, X_N$ 为一个变量在规模为 N 的有限总体上所得到的 N 个观察值，则总体均值定义为

$$\mu = \overline{X} = \frac{X_1 + X_2 + \cdots + X_N}{N}$$

如果一组数据 $x_1, x_2, \cdots, x_n$ 为一个变量在样本容量为 n 的随机样本上所得到的 n 个观测值，则观测样本的均值定义为

$$\overline{x} = \frac{x_1 + x_2 + \cdots + x_n}{n}$$

观测总体的均值简称总体均值，观测样本的均值简称样本均

值，总体均值为参数，样本均值为统计量.

例 3.5 掷骰子 100 次，得到的点数的观测结果如下：

4 2 3 2 5 2 1 1 5 6 1 6 6 4 5 3 2 4 5 5 3 6 2 1 6 6 1 4 4 3 5 1 1 4 3 5
5 4 5 4 2 4 4 4 4 3 3 2 5 3 6 5 5 6 6 4 6 1 6 2 6 1 5 5 2 1 4 5 6 3 4 2
2 2 6 5 2 5 5 5 4 1 2 2 1 4 4 1 2 4 1 4 1 6 1 1 4 1 1 6

（1）求掷这 100 次的点数的总体均值；

（2）从该总体中随机抽取样本容量为 10 的样本，计算样本均值，用样本均值估计总体均值.

解：（1）掷这 100 次的点数的总体均值为

$$\mu = \bar{X} = \frac{X_1 + X_2 + \cdots + X_N}{N} = \frac{4+2+3+\cdots+1+6}{100} = 3.53$$

本例中，掷骰子 100 次得到随机试验的结果是在 R 中得到的：

```
> c=sample(c(1,2,3,4,5,6),100,replace=T)
> c
 [1] 4 2 3 2 5 2 1 1 5 6 1 6 6 4 5 3 2 4 5 5 3 6 2 1 6 6 1 4 4 3 5 1 1 4 3 5
[37] 5 4 5 4 2 4 4 4 4 3 3 2 5 3 6 5 5 6 6 4 6 1 6 2 6 1 5 5 2 1 4 5 6 3 4 2
[73] 2 2 6 5 2 5 5 5 4 1 2 2 1 4 4 1 2 4 1 4 1 6 1 1 4 1 1 6

> mean(c)      #计算总体均值
[1] 3.53
```

（2）从该总体中随机抽取 4 个样本容量为 10 的样本，计算样本均值如下：

```
> y1=sample(c,10)   #从该总体中随机抽取 1 个样本容量
                      为 10 的样本
> y1
 [1] 3 5 1 1 1 6 1 1 5 3
> mean(y1)     #计算样本均值
[1] 2.7


> y2=sample(c,10)
> y2
 [1] 5 2 1 6 1 2 1 5 4 4
> mean(y2)
[1] 3.1


> y3=sample(c,10)
```

```
> y3
[1] 3 6 4 6 2 6 3 4 2 5
> mean(y3)
[1] 4.1

> y4=sample(c,10)
> y4
[1] 4 1 4 6 3 4 2 1 6 3
> mean(y4)
[1] 3.4
```

4 次抽样的样本均值分别为 2.7, 3.1, 4.1, 3.4. 可以看出, 4 次的样本均值都不相同, 样本均值并不等于总体均值, 第四次抽样得到的样本均值最接近总体均值. 这里, mean( )是计算均值的函数, sample( )是模拟随机抽样的函数.

例 3.6 某个班级随机抽取 10 名男生, 测得他们的身高(以 m 计)分别为

1.76 1.74 1.83 1.67 1.81 1.68 1.90 1.67 1.91 1.68

求这 10 名男生的平均身高.

解: $\bar{X} = \dfrac{X_1 + X_2 + \cdots + X_n}{n} = \dfrac{1.76 + 1.74 + \cdots + 1.68}{10} = 1.765$

```
>c=(1.76,1.74,1.83,...,1.91,1.68)
>mean(c)
[1] 1.765
```

所以, 这 10 名男生的平均身高为 1.765m.

2. 加权算术平均数

对于分组数据, 计算加权算术平均数, 其计算公式为先将各组的标志值乘以各组的频数, 然后除以总频数, 其计算公式为

$$\bar{X} = \dfrac{x_1 f_1 + x_2 f_2 + \cdots + x_n f_n}{f_1 + f_2 + \cdots + f_n}$$

其中, x_i 为第 i 组的标志值, f_i 为第 i 组的频数.

例 3.7 某班级 49 名学生, 根据统计, 18 岁的有 12 人, 19 岁的有 21 人, 20 岁的有 11 人, 21 岁的有 5 人, 求该班级学生的平均年龄.

解:

```
> x=(18:21)
> f=c(12,21,11,5)
```

```
> weighted.mean(x,w=f)
[1] 19.18367
```
所以，该班级学生的平均年龄为 19.18367 岁.

这里，weighted.mean( )函数计算加权算术平均数，其使用格式为

```
weighted.mean(x,w,...,na.rm=FALSE)
```
其中，参数 x 为表示数据的向量，w 为向量，表示对应于 x 各个分量的权重.

3. 几何平均数

几何平均数是 n 个变量的乘积再开 n 次方，其计算公式为

$$\overline{X}_G = \sqrt[n]{X_1 X_2 \cdots X_n}$$

对于分组数据，加权几何平均数的计算公式为

$$\overline{X}_G = \sqrt[\Sigma f_i]{X_1^{f_1} X_2^{f_2} \cdots X_n^{f_n}}$$

在 R 的基本函数中，虽然没有计算几何平均数的函数，但通过对算术平均数和加权算术平均数取对数，可以得到相应的结果.

例 3.8 已知我国 2004—2007 年期间住房公积金贷款五年期以上的年利率分别为 4.23%，4.41%，4.59%，5.22%，计算我国 2004—2007 年期间住房公积金贷款五年期以上的年平均利率.

解：
```
> x=c(4.23,4.41,4.59,5.22)/100
> m=mean(log(1+x))
> p=exp(m)-1;p
[1] 0.04611836
```
我国 2004—2007 年期间住房公积金贷款五年以上的年平均利率为 4.612%.

例 3.9 已知我国 1996—2007 年期间住房商业贷款五年期以上的年利率如表 3-7 所示.

表 3-7 我国 1996—2007 年期间住房商业贷款五年期以上的年利率

年份	年利率(%)
1996	15.12
1998	7.56
2002	5.76
2004	6.12
2007	7.83

试计算我国 1996—2007 年期间住房商业贷款五年期以上的年平均利率.

解:
```
> x=c(15.12,7.56,5.76,6.12,7.83)/100
> f=c(2,4,2,3,1)
> m=weighted.mean(log(1+x),w=f)
> p=exp(m)-1;p
[1] 0.08136733
```
我国 1996—2007 年期间住房商业贷款五年期以上的年平均利率是 8.137%.

4. 调和平均数

调和平均数是各个观察数据倒数的算术平均数的倒数,其计算公式为

$$\overline{X}_H = \frac{n}{\sum_{i=1}^{n}\frac{1}{X_i}}$$

对于分组数据,调和平均数是各分组数据倒数的加权平均数的倒数,其计算公式为

$$\overline{X}_H = \frac{m_1+m_2+\cdots+m_n}{\sum_{i=1}^{n}\frac{m_i}{x_i}}$$

其中,m_i 表示各组的标志值总和,x_i 表示各组的均值.

例 3.10 某水果批发市场某日的苹果、桃子和橘子每斤的价格分别为 5 元、4.3 元和 3 元,成交金额分别为 3.04 万元、2.93 万元和 3.52 万元,试计算这 3 种水果的平均批发价格.

解:

$$\overline{X}_H = \frac{m_1+m_2+\cdots+m_n}{\sum_{i=1}^{n}\frac{m_i}{x_i}}$$

$$= \frac{3.04+2.93+3.52}{\frac{3.04}{5}+\frac{2.93}{4.3}+\frac{3.52}{3}} = 3.85$$

```
> x=c(5,4.3,3)
> f=c(3.04,2.93,3.52)
> p=1/weighted.mean(1/x,w=f)
> p
[1] 3.853449
```

这 3 种水果的平均批发价格为 3.85 元.

5. 众数

众数是一组数据中出现次数最多的标志值,用 M_0 表示.

例 3.11 计算例 3.5 中数据的众数.

```
> c=sample(c(1,2,3,4,5,6),100,replace=T)
> c
 [1] 4 2 3 2 5 2 1 1 5 6 1 6 6 4 5 3 2 4 5 5 3 6 2 1 6 6 1 4 4 3 5 1 1 4 3 5
[37] 5 4 5 4 2 4 4 4 4 3 3 2 5 3 6 5 5 6 6 4 6 1 6 2 6 1 5 5 2 1 4 5 6 3 4 2
[73] 2 2 6 5 2 5 5 5 4 1 2 2 1 4 4 1 2 4 1 4 1 6 1 1 4 1 1 6
> table(c)
```

```
 1  2  3  4  5  6
19 16  9 21 19 16
```

从以上频数计算结果看出,4 出现的频数最多,共 21 次,所以该组数据中众数是 4.

6. 顺序统计量

设 n 个观察值 $x_1, x_2, \cdots, x_n$ 按从大到小的顺序排列为

$$x_{(1)} \leqslant x_{(2)} \leqslant \cdots \leqslant x_{(n)},$$

则称其为顺序统计量. 在 R 中,sort( ) 函数可以给出观测值的顺序统计量.

例 3.12 在例 3.6 中,某个班级随机抽取 10 名男生,测得他们的身高(以 m 计)分别为

1.76 1.74 1.83 1.67 1.81 1.68 1.90 1.67 1.91 1.68

对其按从小到大的顺序排列.

解:

```
>x=(1.76,1.74,1.83,...,1.91,1.68)
>sort(x)
 [1] 1.67 1.67 1.68 1.68 1.74 1.76 1.81 1.83 1.90 1.91
```

如果需要把数据由大到小排列,则用参数 decreasing = T. 本例中,

```
>sort(x,decreasing=T)
 [1] 1.91 1.90 1.83 1.81 1.76 1.74 1.68 1.68 1.67 1.67
```

与 sort( ) 函数相关的函数有:order( ) 给出排序后的下标;rank( ) 给出样本的秩统计量.

7. 中位数

中位数(median)是指将总体各单位标志值按大小顺序排列后,

处于中间位置的那个标志值，用 M_e 表示．确定中位数，首先将总体各单位的标志值按大小顺序排列后，然后按照 $\frac{n+1}{2}$ 来确定中位数的位次，再根据中位数的位次找出对应的标志值即可．在 R 中，使用 median( ) 函数计算一组数据的中位数．

例 3.13　计算例 3.6 中 1.76m、1.74m、1.83m、1.67m、1.81m、1.68m、1.90m、1.67m、1.91m、1.68m 这组身高数据的中位数．

解：先将这组数据按从小到大的次序排列如下：

1.67 1.67 1.68 1.68 1.74 1.76 1.81 1.83 1.90 1.91

中位数的位次为

$$\frac{n+1}{2}=\frac{10+1}{2}=5.5$$

该位次在第 5 位数和第 6 位数之间，第 5 位数是 1.74，第 6 位数是 1.76，取第 5 位数和第 6 位数的算术平均数，即

$$M_e=\frac{1.74+1.76}{2}=1.75$$

在 R 中，median( ) 函数可以给出观测量的中位数．

```
>c=(1.76,1.74,1.83,...,1.91,1.68)
>median (c)
```

结果为 1.75，即这 10 名男生的身高的中位数是 1.75m．

8. 四分位数

中位数是从中间点将全部数据等分为两部分．与中位数类似的还有四分位数、十分位数、百分位数等．它们分别是用 3 个点、9 个点和 99 个点将数据 4 等分、10 等分和 100 等分后各分位点上的值．四分位数（quartile）是一组数据排序后处于 25%、50% 和 75% 位置上的三个数值，分别记为 Q_1、Q_2、Q_3，第一个四分位数叫作"1/4 四分位数"或"下四分位数"；第二个四分位数就是中位数；第三个四分位数也叫作"3/4 分位数"或"上四分位数"．

确定四分位数，先按照确定四分位数位次的公式确定四分位数的位次，然后再根据四分位数的位次找出对应的标志值．三个四分位数的位次分别为

Q_1 的位次 $=\frac{n+1}{4}$，Q_2 的位次 $=\frac{2(n+1)}{4}=\frac{n+1}{2}$，$Q_3$ 的位次 $=\frac{3(n+1)}{4}$

这里，n 是观察值的个数．

对于四分位数的确定，有不同的方法，另外一种方法基于 $(n-1)$ 基础．即

Q_1 的位置 $=1+(n-1)\times 0.25$

Q_2 的位置 $=1+(n-1)\times 0.5$

Q_3 的位置 $=1+(n-1)\times 0.75$

例3.14 计算例3.6中数据的三个四分位数.

解：先将这组数据按从小到大的次序排列如下：

1.67 1.67 1.68 1.68 1.74 1.76 1.81 1.83 1.90 1.91

则三个四分位数的位次分别为

$$Q_1 \text{ 的位次} = \frac{n+1}{4} = \frac{10+1}{4} = 2.75$$

$$Q_2 \text{ 的位次} = \frac{2(n+1)}{4} = \frac{n+1}{2} = \frac{10+1}{2} = 5.5$$

$$Q_3 \text{ 的位次} = \frac{3(n+1)}{4} = \frac{3\times 11}{4} = 8.25$$

即变量数列中的第2.75项、第5.5项和第8.25项为三个四分位数. 所以

$Q_1 = 0.25\times$第二项$+0.75\times$第三项$=1.67\times 0.25+1.68\times 0.75=1.6775$

$Q_2 = 0.5\times$第五项$+0.5\times$第六项$=1.74\times 0.5+1.76\times 0.5=1.75$

$Q_3 = 0.75\times$第八项$+0.25\times$第九项$=0.75\times 1.83+0.25\times 1.90=1.8475$

在R中，用quantile()函数计算一组数据的百分位数，本例中

```
> x=c(1.67,1.67,1.68,1.68,1.74,1.76,1.81,1.83,
  1.90,1.91)
> quantile(x)
   0%    25%    50%    75%   100%
1.670  1.680  1.750  1.825  1.910
```

这里，四分位数是按照第二种方法确定的，所以计算结果有所不同.

quantile()的使用格式是

quantile(x,...)

quantile(x,probs=seq(0,1,0.25),na.rm=FALSE,
        names=TRUE,type=7,...)

如果打算给出每十分之一的十分位数，则选择

```
> quantile(x,probs=seq(0,1,0.1))
   0%    10%    20%    30%    40%    50%    60%    70%    80%    90%   100%
1.670  1.670  1.678  1.680  1.716  1.750  1.780  1.816  1.844  1.901  1.910
```

9. 箱线图

箱线图是一组数据的最大值、最小值、中位数、两个四分位数这五个数值绘制而成的. 它不仅能反映一组数据的分布特征，

如是否对称，是否存在离群点等，还可以进行多组数据的比较，这是箱线图的最大优点之一.

例 3.15 确定下列数据的五数综合：

45，56，78，89，91，24，76，77，56，81，67

并画出箱线图.

解：

```
>x=c(45,56,78,89,91,24,76,77,56,81,67)
                                    #首先将已知的数据赋予向量 x
> summary(x)
   Min.  1st Qu.  Median   Mean  3rd Qu.   Max.
  24.00   56.00    76.00   67.27   79.50   91.00
```

R 计算的结果显示，这组数据的最大值是 91，最小值是 24，中位数是 76，下四分位数是 56，上四分位数是 79.50，均值为 67.27.

```
> boxplot(x,horizontal=T)
```

其结果如图 3-10 所示.

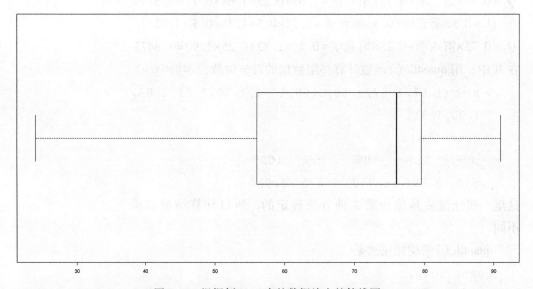

图 3-10 根据例 3.15 中的数据绘出的箱线图

从图中可清晰看出左侧的须明显长于右侧，所以该分布是左偏的.

例 3.16 已知某班级的三个小组期末统计学成绩如下：

第一个小组的成绩：45，56，78，89，91，24，76，77，56，81，67；

第二个小组的成绩：56，77，67，57，77，71，65，67，89，91，95；

第三个小组的成绩：61，71，82，71，67，75，64，62，81，90，76.

（1）分别计算这三个小组的五数综合；
（2）绘制出这三个小组的箱线图.

解：

```
>x=c(45,56,78,89,91,24,76,77,56,81,67)
                  #首先将三个小组的已知数据赋予向量 x,y,z
> y=c(56,77,67,57,77,71,65,67,89,91,95)
> z=c(61,71,82,71,67,75,64,62,81,90,76)
> summary(x) #分别计算这三个小组的五数综合
   Min.  1st Qu.  Median   Mean  3rd Qu.   Max.
  24.00   56.00   76.00   67.27   79.50   91.00
> summary(y)
   Min.  1st Qu.  Median   Mean  3rd Qu.   Max.
  56.00   66.00   71.00   73.82   83.00   95.00
> summary(z)
   Min.  1st Qu.  Median   Mean  3rd Qu.   Max.
  61.00   65.50   71.00   72.73   78.50   90.00

> boxplot(x,y,z)   #绘制出这三个小组的箱线图
```

其结果如图 3-11 所示.

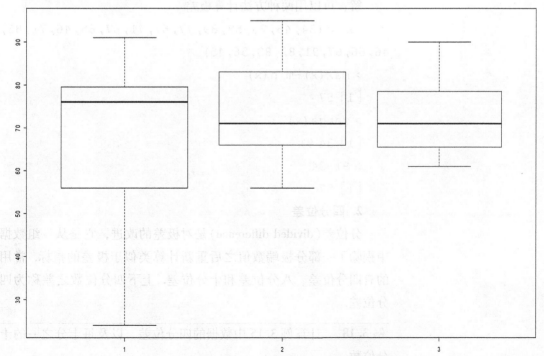

图 3-11　某班级的三个小组期末统计学成绩的箱线图

从图中可以看出，第一个小组成绩分布最为离散，第三个小组的成绩分布最为集中.

3.3 离中趋势的度量

离中趋势是指一组数据偏离其中心值的趋势和程度. 数据的离散程度越大，集中趋势的测度值对该组数据的代表性就越差；离散程度越小，其代表性就越好. 常用极差、四分位差、方差、标准差来描述数据的离散程度.

1. 极差

极差也称为全距，是指数据的最大值与最小值之差，用 R 表示，即

$$R = \max(X_i) - \min(X_i)$$

在 R 中，可以使用 **max( )** 函数和 **min( )** 函数计算极差；也可以使用 **range( )** 函数计算极差，该函数的返回值是一个二维向量，向量的两个分量分别是最大值和最小值.

例 3.17 已知一群人的年龄数据如下：

34，45，78，58，89，77，67，71，67，65，46，

71，83，46，66，67，91，82，83，56，45

计算其极差.

解：可以用两种方法计算极差

```
>x=c(34,45,78,58,89,77,67,71,67,65,46,71,83,46,66,67,91,82,83,56,45)
> max(x)-min(x)
[1] 57
> range(x)
[1] 34 91
> 91-34
[1] 57
```

2. 四分位差

分位差(divided difference)是对极差的改进，它是从一组数据中剔除了一部分极端数值之后重新计算类似于极差的指标. 常用的有四分位差、八分位差和十分位差. 上下四分位数之差称为四分位差.

例 3.18 计算例 3.15 中数据的四分位差，以及每十分之一的十分位数.

解:
```
> quantile(x)
  0%  25%  50%  75% 100%
  34   56   67   78   91
> 78-56
[1] 22
> quantile(x,probs = seq(0,1,0.1))
 0%  10%  20%  30%  40%  50%  60%  70%  80%  90% 100%
 34   45   46   58   66   67   71   77   82   83   91
```

3. 方差和标准差

方差(variance)是各变量值与其平均数离差平方的平均数. 样本方差的计算公式为

$$s^2 = \frac{\sum_{i=1}^{n}(x_i - \bar{x})^2}{n-1}$$

其中, s^2 表示样本方差, $\bar{x}$ 是样本均值, n 是样本容量, $n-1$ 称为自由度. 自由度 $n-1$ 可以解释为 n 个数据中在样本均值 $\bar{x}$ 确定后只有 $n-1$ 个数据可以自由取值, 而第 n 个一定不能自由取值, 这正是自由度的字面解释.

在统计学中, **自由度(degree of freedom, df)** 是指当以样本的统计量来估计总体的参数时, 样本中独立或能自由变化的数据的个数, 称为该**统计量的自由度**. 一般来说, 自由度等于独立变量减掉其衍生量数, 通常 df = $n-k$. 其中 n 为样本含量, k 为被限制的条件数或变量个数. 在样本方差中, n 个数据在样本均值 $\bar{x}$ 确定后, 若 $x_1, x_2, \cdots, x_{n-1}$ 可以自由取值, 则 x_n 不能自由取值, 而只能取

$$x_n = n\bar{x} - x_1 - x_2 - \cdots - x_{n-1}$$

此外, 计算样本方差 s^2 的目的除了分析样本数据外, 还要用来估计总体方差 σ^2, 以自由度 $n-1$ 计算的样本方差 s^2 的数学期望等于 σ^2, 是总体方差的无偏估计量.

另外, 对自由度的理解还可以从离差平方和上进行判断, 即 $\sum_{i=1}^{n}(x_i-\bar{x})^2$ 中的第一项 x_i 的取值有 n 个, 而第二项均值 $\bar{x}$ 是 x_1, $x_2, \cdots, x_n$ 的一个线性组合, 那么就应从自由取值的 n 个数中减去一个线性组合. 如果后一项是 $x_1, x_2, \cdots, x_n$ 的 2 个线性组合, 就从 n 中减去 2, 即自由度取 $n-2$. 例如, 在回归方程中计算回归标准误差时有 $\sum_{i=1}^{n}(y_i-\hat{y}_i)^2 = \sum_{i=1}^{n}(y_i-a-bx_i)^2$, 第一项 y_i 有 n 个数

据时,第二项 $\hat{y}_i=a+bx_i$ 是由 2 个线性回归系数 a 和 b 决定的,则分母取 $n-2$,即自由度为 $n-2$. 若 $\hat{y}_i=a+bx_i+cx_i^2$,则 $\sum_{i=1}^{n}(y_i-\hat{y}_i)^2$ 的自由度就应取 $n-3$.

样本方差的开方称为样本标准差,记为 s,即

$$s=\sqrt{\frac{1}{n-1}\sum_{i=1}^{n}(X_i-\overline{X})^2}$$

在 R 中,使用 **var( )** 函数计算方差,使用 **sd( )** 函数计算标准差.

例 3.19 计算例 3.15 中数据的方差和标准差.

解:
> x = c(34,45,78,58,89,77,67,71,67,65,46,71,83,46,66,67,91,82,83,56,45)
> var(x)
[1] 258.8476
> sd(x)
[1] 16.08874

4. 离散系数

离散系数(coefficient of variation)是标准差与均值的绝对值之比,用来对两组数据的差异程度进行相对比较. 离散系数的计算公式如下:

$$V=\frac{\sigma}{\overline{x}},\quad V=\frac{s}{\overline{x}}$$

其中,上述第一式是总体离散系数,上述第二式是样本离散系数.

例 3.20 已知某班级男生的平均身高为 1.71m,标准差为 0.168,女生的平均身高为 1.59m,标准差为 0.157,问该班级男生的身高差异比女生大吗?

解: 分别计算男生和女生身高的离散系数:

$$\text{男生:}\ V=\frac{0.168}{1.71}=0.0982=9.82\%$$

$$\text{女生:}\ V=\frac{0.157}{1.59}=0.0987=9.87\%$$

从离散系数看,女生的要大于男生的,表明以平均身高为条件时,女生间的身高差异比男生的大.

5. 中心趋势和离散趋势的综合——五数图

五数图是箱线图更为通俗的称法,其数据分布中的五个数分别为:中位数、上下四分位数和最大最小值. 例如,某个社区的居民中,年龄最大的 96 岁,最小的 1 岁,中位数是 54 岁,下四

分位数是 37.5 岁，上四分位数是 71 岁，我们把这五个数字表示为：

最大值	96
上四分位数	71
中位数	54
下四分位数	37.5
最小值	1

在 R 中，summary( )函数可以计算一组数据的五个数，例如：

```
>x=c(23,23,56,58,37,32,49,48,78,76,77,89,34,
33,38,39,71,1,96,54,55,64,71,45,49,56,78)
> summary(x)
   Min.  1st Qu.  Median  Mean  3rd Qu.  Max.
   1.00   37.50    54.00  52.96  71.00   96.00
```

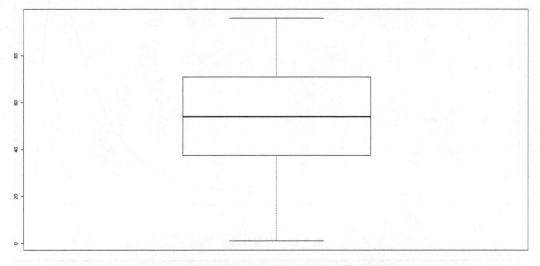

图 3-12　某社区居民年龄数据分布的五数图（箱图）

通过五数图，我们能够对一组数据进行全面性的认识. 在本例中，该社区的居民中，年龄最大的 96 岁，最小的 1 岁，中位数年龄是 54 岁，平均年龄是 52.96 岁，大于 71 岁的不超过 25%，小于 37.5 岁的也不超过 25%.

3.4 分布形状的度量

1. 偏度系数

偏度（skewness）是指数据分布的不对称性. 在不对称分布中，密度函数瘦长的一端通常称为分布的尾部，如果左端比较瘦长，这样的分布叫作左偏分布（见图 3-13），如果右端比较瘦长，这样的分布叫作右偏分布(见图 3-14). 样本的偏度系数主要用来描述统计数据分布偏斜方向和程度, 是统计数据分布非对称程度的特征数, 其定义为

$$sk = \frac{B_3}{s^3}$$

其中, s 是样本标准差, $B_3 = \sum_{i=1}^{n}(x_i - \bar{x})^3/n$ 是样本的三阶中心矩. 若保证偏度系数具有无偏性, 样本的偏度系数可以定义为

$$sk = \frac{n^2 B_3}{(n-1)(n-2)s^3}$$

对于对称数据, 偏度系数接近 0, 左偏的数据偏度系数为负, 右偏的数据偏度系数为正.

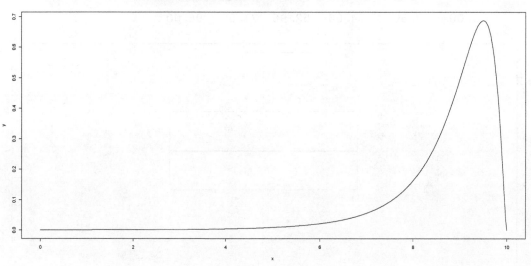

图 3-13 左偏分布

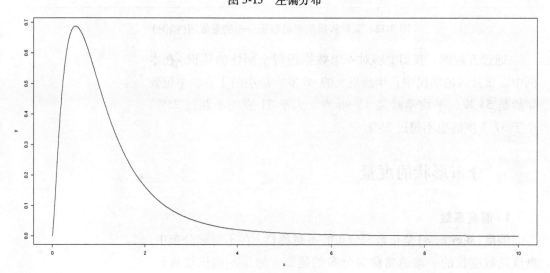

图 3-14 右偏分布

2. 峰度系数

峰度(kurtosis)是数据分布峰值的高低. 测量一组数据分布峰值高低的统计量是峰度系数. 样本的峰度系数可以定义为

$$ku = \frac{n^2(n+1)B_4}{(n-1)(n-2)(n-3)s^4} - \frac{3(n-1)^2}{(n-2)(n-3)}$$

其中,s 是样本标准差,$B_4 = \sum_{i=1}^{n}(x_i - \bar{x})^4/n$ 是样本的四阶中心矩.

当数据的总体分布为正态分布时,峰度系数近似为 0; 当分布较正态分布的尾部更分散时,峰度系数为正,否则为负. 当峰度系数为正时,两侧极端数据较多; 当峰度系数为负时,两侧极端数据较少.

在 R 中,可以利用程序包 agricolae 中的函数 skewness() 和 kurtosis() 来求解数据的偏度和峰度. 例如:

```
>install.packages("agricolae")
> library(agricolae)
> x=c(12,32,45,33,44,56,78,69,79,91,43,23,28,29)
> skewness(x)
[1] 0.5076666
> kurtosis(x)
[1] -0.8265452
```

这组数据的偏度系数为 0.5076666,表明数据的分布为右偏分布,且偏斜程度较大. 峰度系数为 -0.8265452,说明这组数据分布的峰值比标准正态分布的峰值要低.

```
>hist(x)
```

其结果如图 3-15 所示.

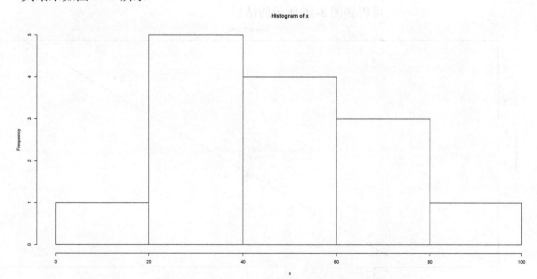

图 3-15 某组数据绘出的直方图

3.5 数据分布的正态性检验和分布拟合检验

1. 正态性检验（正态 W 检验方法）

一组样本是否来自正态分布的总体，可以利用夏皮罗-威尔克(Shapiro-Wilk) W 统计量做正态性检验. 在 R 中，Shapiro.test() 函数提供 W 统计量和相应的 p 值，当 p 值小于某一个显著性水平(0.05)时，则认为样本不是来自正态分布的总体；否则，认为样本是来自正态分布的总体. 例如，对某班级 15 名学生的线性代数的期末成绩的数据做正态性检验：

```
> x=c(98,90,73,90,68,69,78,72,82,84,78,89,69,77,65)
> shapiro.test(x)

        Shapiro-Wilk normality test

data:  x
W=0.9492,p-value=0.512
```

由此可知，$p\text{-value}=0.512>0.05$，因此认为样本数据是来自正态分布的总体.

2. 正态 Q-Q 图

若在正态 Q-Q 图上的点近似地在一条直线附近，则可以认为样本数据来自正态总体. 在 R 中，qqnorm(x) 和 qline(x) 可以绘出一组数据 x 的正态 Q-Q 图及相应直线，上述例子也可以利用正态 Q-Q 图做直观的正态性检验. 因此，输入如下命令：

```
> qqnorm(x);qqline(x)
```

可得到图 3-16 所示的结果.

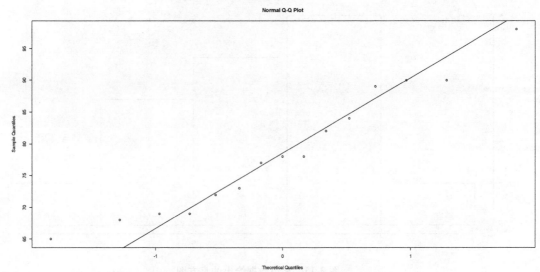

图 3-16　某班级 15 名学生的线性代数的期末成绩的正态 Q-Q 图

从图中可见，这组数据来自正态总体，这与 W 统计量检验法一致.

再看下面一个例子：

```
> x=runif(150,min=-2,max=2)
> shapiro.test(x)

        Shapiro-Wilk normality test

data:  x
W=0.96299,p-value=0.0004665
```

得到的 p-value=0.0004665，小于 0.05，为样本数据不是来自正态分布的总体. 因为，这是来自均匀分布的随机数. 如果输入如下命令：

```
> qqnorm(x);qqline(x)
```

则可得到图 3-17 所示的结果.

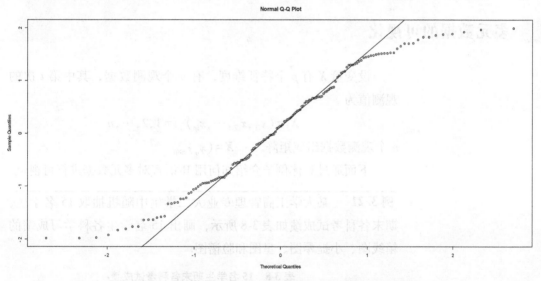

图 3-17　来自均匀分布的 150 个随机数的正态 Q-Q 图及相应直线

从图中可见，这组数据并不来自正态总体.

3. 分布拟合检验

经验分布函数 $F_n(x)$ 是总体分布函数 $F(x)$ 的估计. 经验分布拟合检验的方法是检验经验分布函数 $F_n(x)$ 与假设的总体分布函数 $F(x)$ 之间的差异. K-S(Kolmogorov-Smirnov)统计量是计算 $F_n(x)$ 与 $F(x)$ 的距离 D，即

$$D = \sup_{-\infty<x<\infty} |F_n(x) - F(x)|$$

R 中，ks.test()函数给出了 K-S 检验方法，其使用格式为

$$\text{ks.test}(x,y,\cdots)$$

其中，x 是待检验的样本构成的向量，y 是原假设的数据向量或是描述原假设的字符串.

例如：
```
> x=rt(150,7)
> ks.test(x,"pf",2,7)

        One-sample Kolmogorov-Smirnov test

data:  x
D=0.5373,p-value < 2.2e-16
alternative hypothesis: two-sided
```

因为 x 是来自 $t(7)$ 的随机数，对 x 做 $F(2,7)$ 检验（即认为来自总体的第一自由度是 2，第二自由度是 7 的 F 分布），其结果是拒绝的，即不认为 x 服从 $F(2,7)$ 的分布.

3.6 多元数据的可视化

设变量 X 有 p 个特征维度，有 n 个观测数据，其中第 i 次的观测值为
$$X_i = (x_{i1}, x_{i2}, \cdots, x_{ip}), i=1,2,\cdots,n$$
n 个观测数据组成矩阵　　$X = (x_{ij})_{n \times p}$

下面通过具体例子介绍如何用 R 语言对多元数据进行可视化.

例 3.21　某大学工商管理专业大二学生中随机抽取 15 名学生，期末各科考试成绩如表 3-8 所示，画出 15 名学生各科学习成绩的箱线图、小提琴图、星图和脸谱图.

表 3-8　15 名学生期末各科考试成绩

序号	线性代数	英语	运筹学	宏观经济学	统计学
1	98	96	94	95	90
2	90	89	90	89	92
3	73	77	78	72	77
4	90	81	89	83	64
5	68	76	67	88	78
6	69	75	58	67	49
7	78	65	72	71	75
8	72	59	67	45	51
9	82	71	88	78	71
10	84	77	81	59	66
11	78	67	76	80	67

(续)

序 号	线性代数	英 语	运 筹 学	宏观经济学	统 计 学
12	89	62	69	49	69
13	69	83	60	78	79
14	77	78	78	67	81
15	65	77	72	84	67

解：先将数据输入 R 中，并构建数据框 sc：

> x1=c(98,90,73,90,68,69,78,72,82,84,78,89,69,77,65)

> x2=c(96,89,77,81,76,75,65,59,71,77,67,62,83,78,77)

> x3=c(94,90,78,89,67,58,72,67,88,81,76,69,60,78,72)

> x4=c(95,89,72,83,88,67,71,45,78,59,80,49,78,67,84)

> x5=c(90,92,77,64,78,49,75,51,71,66,67,69,79,81,67)

> sc=data.frame(线性代数=x1,英语=x2,运筹学=x3,宏观经济学=x4,统计学=x5)

1. 箱线图

> boxplot(sc)

其结果如图 3-18 所示.

从图中可以看出，15 名学生五门课程的期末考试中，线性代数平均成绩最高，统计学的平均成绩最低. 英语的成绩较为集中，而宏观经济学的成绩最为分散(箱子较长). 英语成绩有一个离群点，即最高分 96 分是个离群点.

2. 小提琴图

从箱线图不易看出每科成绩分布的实际形状. 小提琴图作为箱线图的一种变种，将分布的核密度估计曲线与箱线图结合一起，它在箱线图上以镜像方式叠加一条核密度估计曲线，从该曲线可以看出数据分布的大致形状.

绘制小提琴图，可以使用 vioplot 包中的 vioplot() 函数，但在第一次使用之前需要先安装 vioplot 包.

> install.packages("vioplot")

> library(vioplot)

> vioplot(sc)

其结果如图 3-19 所示.

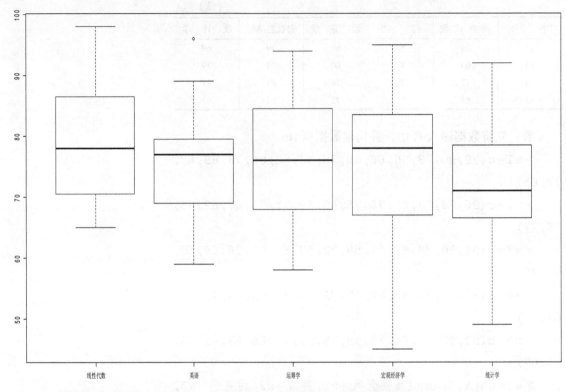

图 3-18 15 名学生期末各科考试成绩的箱线图

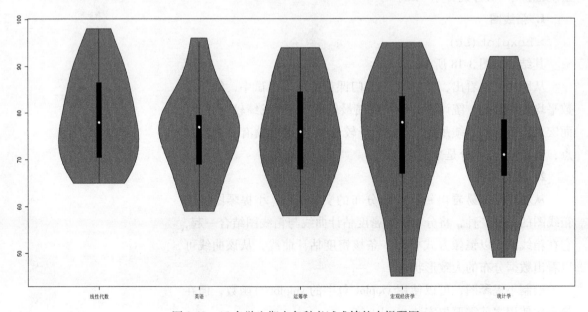

图 3-19 15 名学生期末各科考试成绩的小提琴图

图 3-19 中,白点是中位数,黑色盒子的范围是下四分位数到上四分位数,外部形状为核密度估计曲线. 容易看出,英语和统计学的期末成绩呈对称分布,而宏观经济学成绩为左偏分布,线性代数和运筹学的成绩为右偏分布.

3. 星图

星图的作图步骤为:

1) 做一圆,并将圆周 p 等分;

2) 连接圆心和各分点,把这 p 条半径依次定义为变量的坐标轴,并标以适当的刻度;

3) 对给定的一次观测值,把 p 个变量值分别取在相应的坐标轴上,然后将它们连接成一个 p 边形;

4) n 次观测值可画出 n 个 p 边形.

R 中的 stars( )函数可以画出星图,输入如下命令:

stars(sc,labels=1:15)

可得到图 3-20 所示的结果.

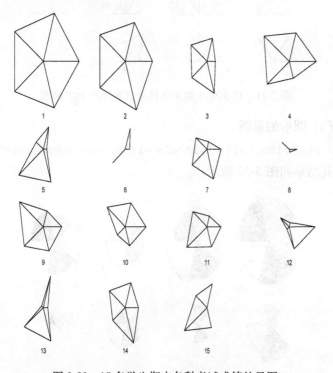

图 3-20　15 名学生期末各科考试成绩的星图

从图中可以看出,1 号和 2 号学生各科学习成绩优秀,6 号和 8 号学生学习成绩较差,而 12 号学生偏科.

在 R 中,stars( )函数的使用格式为

stars(x,full=TRUE,scale=TRUE,radius=TRUE,
　　　labels=dimnames(x)[[1]], draw.segments=
　　　FALSE,...)

其中,x 为数值矩阵或数据框,full=TRUE 为圆形,full=FALSE 为半圆形,labels 为图形的标签,draw. segments 为分支形状:

draw.segments=T 为圆形，draw.segments=FALSE 为半圆.

(1) 180°范围内的星图

> stars(sc,full=F,labels=1:15)

其结果如图 3-21 所示.

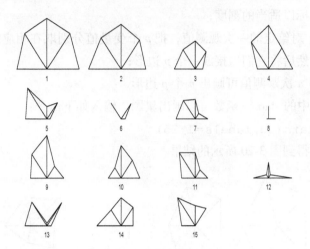

图 3-21 15 名学生期末各科考试成绩的 180°星图

(2) 圆形的星图

> stars(sc,full=T,labels=1:15,draw.segments=T)

其结果如图 3-22 所示.

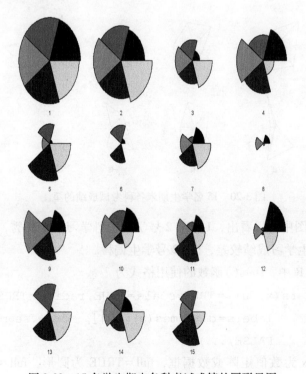

图 3-22 15 名学生期末各科考试成绩的圆形星图

（3）半圆形的星图

> stars(sc,full=F,labels=1:15,draw.segments=T)

其结果如图 3-23 所示.

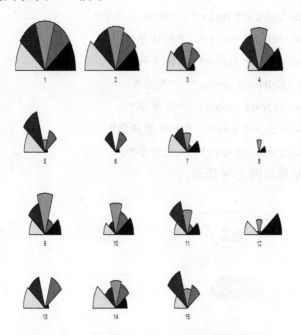

图 3-23　15 名学生期末各科考试成绩的半圆形星图

4. 脸谱图

1973 年，Chernooff 提出了将每个指标用人的脸型的某一个部位的形状或大小来表达，这样，利用 p 个指标的数值就可以勾画出一个人的脸谱，而这些脸谱之间的差异，反映了所对应的样品之间的差异特性，利用脸谱的直观性，可以给我们的数据分析带来很大的方便.

绘制脸谱图需要先安装 aplpack 程序包，然后利用 **faces( )** 函数绘图.

> install.packages("aplpack")
> library(aplpack)
> faces(sc)
effect of variables:
 modified item   Var
 "height of face"   "线性代数"
 "width of face"   "英语"
 "structure of face" "运筹学"
 "height of mouth" "宏观经济学"
 "width of mouth"   "统计学"

```
"smiling"          "线性代数"
"height of eyes"   "英语"
"width of eyes"    "运筹学"
"height of hair"   "宏观经济学"
"width of hair"    "统计学"
"style of hair"    "线性代数"
"height of nose"   "英语"
"width of nose"    "运筹学"
"width of ear"     "宏观经济学"
"height of ear"    "统计学"
```

其结果如图 3-24 所示.

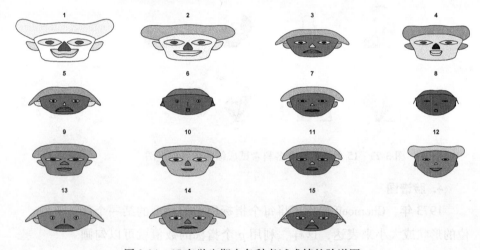

图 3-24　15 名学生期末各科考试成绩的脸谱图

下面是两个成绩优秀的同学和两个成绩较差的同学的比较.
```
> faces(sc[c(1,2,6,8),])
```
其结果如图 3-25 所示.

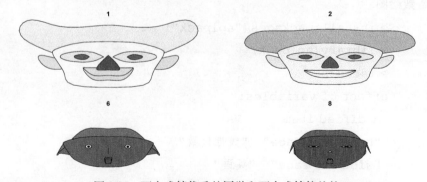

图 3-25　两个成绩优秀的同学和两个成绩较差的
同学的相互比较脸谱图

例 3.22 某大学经济学院随机抽取 15 名学生的年龄、身高、体重的数据如表 3-9 所示.

表 3-9 15 名学生的年龄、身高、体重数据表

年龄 x_1/岁	20	21	23	21	20	20	20	21	19	22	22	22	20	20	20
身高 x_2/cm	175	176	168	165	156	181	170	172	160	156	185	162	171	173	175
体重 x_3/kg	70	75	52	49	47	85	65	69	50	49	89	56	68	72	70

试用 R 语言展示以上数据.

解:(1) 先把已知数据输入 R 中, 构建向量 x1, x2, x3

```
> x1=c(20,21,23,21,20,20,20,21,19,22,22,22,20,20,20)
> x2=c(175,176,168,165,156,181,170,172,160,156,185,162,171,173,175)
> x3=c(70,75,52,49,47,85,65,69,50,49,89,56,68,72,70)
```

(2) 创建矩阵

可以用 rbind( ) 函数和 cbind( ) 函数把以上三个向量合并起来, 其中 rbind( ) 函数是按行合并, cbind( ) 函数是按列合并.

```
> rbind(x1,x2,x3)
   [,1] [,2] [,3] [,4] [,5] [,6] [,7] [,8] [,9] [,10] [,11] [,12] [,13] [,14] [,15]
x1   20   21   23   21   20   20   20   21   19    22    22    22    20    20    20
x2  175  176  168  165  156  181  170  172  160   156   185   162   171   173   175
x3   70   75   52   49   47   85   65   69   50    49    89    56    68    72    70

> cbind(x1,x2,x3)
      x1  x2  x3
[1,]  20 175  70
[2,]  21 176  75
[3,]  23 168  52
[4,]  21 165  49
[5,]  20 156  47
[6,]  20 181  85
[7,]  20 170  65
[8,]  21 172  69
[9,]  19 160  50
```

```
[10,]  22  156  49
[11,]  22  185  89
[12,]  22  162  56
[13,]  20  171  68
[14,]  20  173  72
[15,]  20  175  70
```

(3) 生成数据框

```
> u=data.frame(年龄=x1,身高=x2,体重=x3);u
   年龄  身高  体重
1   20  175  70
2   21  176  75
3   23  168  52
4   21  165  49
5   20  156  47
6   20  181  85
7   20  170  65
8   21  172  69
9   19  160  50
10  22  156  49
11  22  185  89
12  22  162  56
13  20  171  68
14  20  173  72
15  20  175  70
```

5. 散点图

下面画出 15 名学生身高和体重的散点图.

```
> plot(x2,x3)
```

其结果如图 3-26 所示.

从图中可以看出，身高和体重之间存在线性关系，身高增加，体重也相应增加.

6. Q-Q 散点图

下面分别画出 15 名学生身高和体重的 Q-Q 散点图.

```
> qqnorm(x2);qqline(x2)
> qqnorm(x3);qqline(x3)
```

其结果分别如图 3-27 和图 3-28 所示.

从图中可以看出，学生的身高和体重服从正态分布. 当然，还需要进一步做 Shapiro 的正态性检验进行验证.

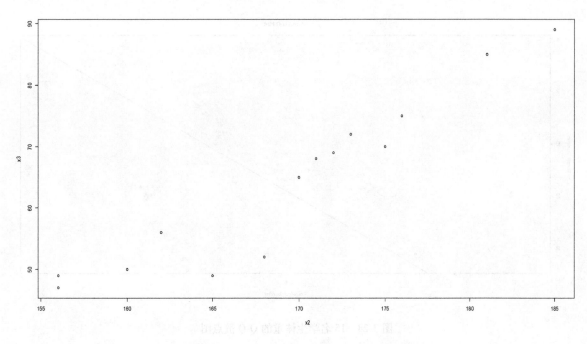

图 3-26　15 名学生身高和体重的散点图

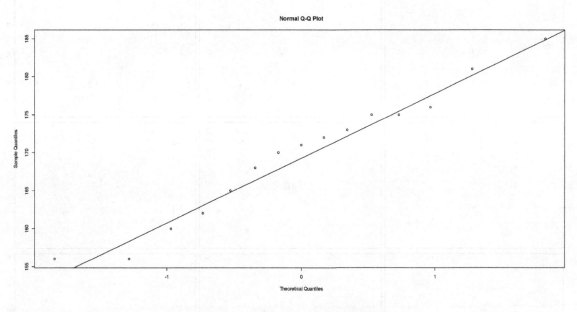

图 3-27　15 名学生身高的 Q-Q 散点图

7. 散点图矩阵

下面画出 15 名学生年龄、身高和体重的散点图矩阵.

> pairs(u)

其结果如图 3-29 所示.

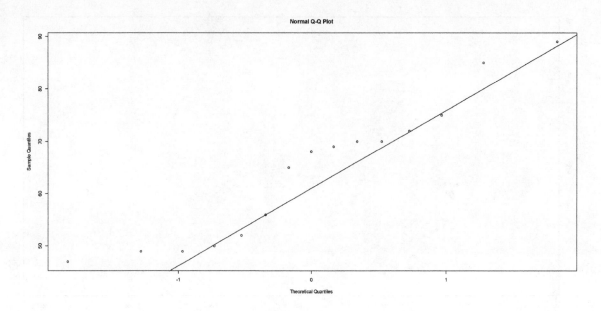

图 3-28　15 名学生体重的 Q-Q 散点图

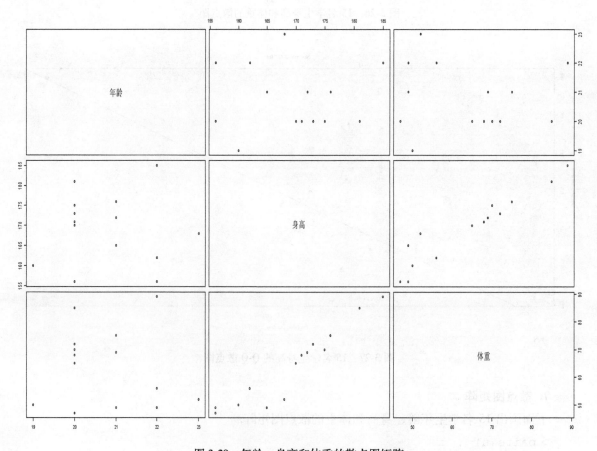

图 3-29　年龄、身高和体重的散点图矩阵

8. 点图

点图是一种简单的描述数据的图形,只要将数据中每个数字沿着一条轴线用点表示出来即可. R 中,可以用 lattice 包的 dotchart() 函数绘制点图. 下面画出 15 名学生的点图.

```
>install.packages("lattice")
> library(lattice)
> dotchart(x1,x2,col='blue',pch=19)
> dotchart(x1,x3,col='blue',pch=19)
> dotchart(x2,x3,col='blue',pch=19)
```

其结果如图 3-30a、b、c 所示.

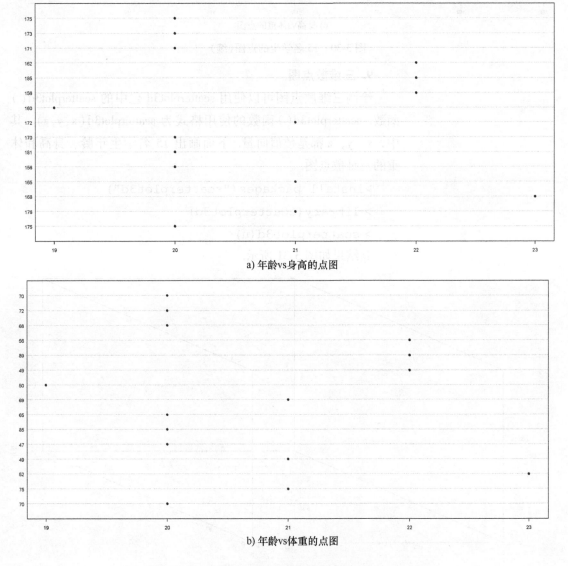

a) 年龄vs身高的点图

b) 年龄vs体重的点图

图 3-30　15 名学生的点图

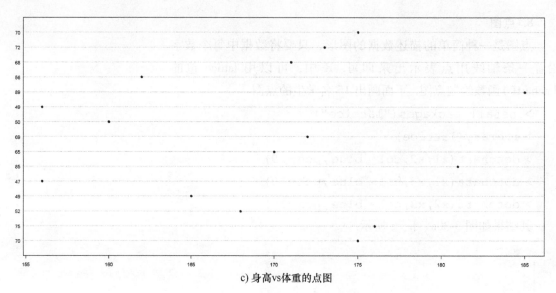

c) 身高vs体重的点图

图 3-30   15 名学生的点图(续)

9. 三维散点图

绘制三维散点图可以使用 scatterplot3d 包中的 scatterplot3d( ) 函数. scatterplot3d( ) 函数的使用格式为 scatterplot3d(x,y,z). 其中, x, y, z 都是数值向量. 下面画出 15 名学生年龄、身高和体重的三维散点图.

```
>install.packages("scatterplot3d")
> library(scatterplot3d)
> scatterplot3d(u)
```

其结果如图 3-31 所示.

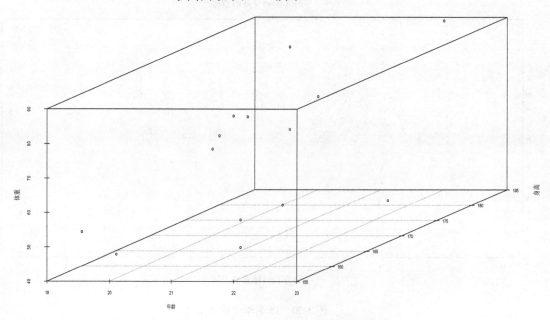

图 3-31   年龄、身高和体重的三维散点图

第 3 章 统计数据的描述性分析

下面画出添加了垂线的年龄、身高和体重的三维散点图.

```
> scatterplot3d(u,pch=16,highlight.3d=T,type='h')
```

其结果如图 3-32 所示.

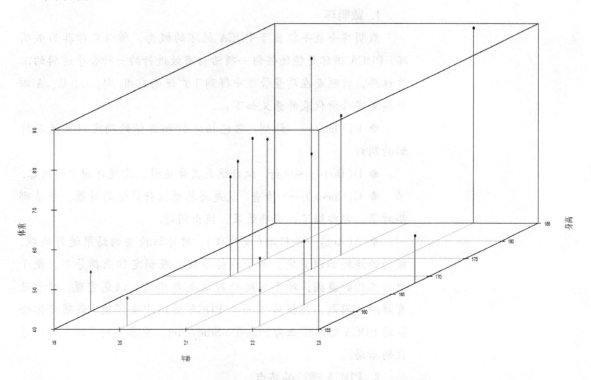

图 3-32 添加垂线的年龄、身高和体重的三维散点图

人物传记

质量管理大师——威廉·爱德华兹·戴明

威廉·爱德华兹·戴明(W. Edwards Deming)于 1900 年 10 月 14 日出生于艾奥瓦州的苏城, 几次搬家后定居于怀俄明州的鲍威尔. 戴明就读于怀俄明大学, 1921 年获工程学士学位. 1925 年他继续在科罗拉多大学深造并获数学及物理学硕士学位. 1928 年获耶鲁大学物理学博士学位. 在 1940 年人口统计的准备工作中, 统计过程控制代替了正常的办公运作, 这样把一些过程的生产效率提高了 6 倍. 1946 年日本科学家与工程师联合会(JUSE)成立后, 他开始与此组织建立联系, 戴明由此逐渐成名并应 JUSE 之邀为日本人讲述他的统计方法. 1956 年, 美国质量协会授予戴明"休哈特奖章"(Shewhart Medal). 20 世纪 70 年代末, 戴明开始同美国主要组织合作, 但是直到 1980 年 6 月, "如果日本可以, 为什么我们不能?"一文被美国全国广播公司(NBC)播出, 戴明因此一举成

名,在质量界享有很高的声誉. 1986 年他的第一本畅销书《转危为安》出版. 1993 年 12 月 20 日,戴明博士以 93 岁的高龄在他华盛顿的家中与世长辞.

1. 戴明环

戴明博士最早提出了 PDCA 循环的概念,所以又称其为戴明环. PDCA 循环是能使任何一项活动有效进行的一种合乎逻辑的工作程序,特别是在质量管理中得到了广泛的应用. P、D、C、A 四个英文字母所代表的意义如下:

◆ P(Plan)——计划. 它包括方针和目标的确定以及活动计划的制订.

◆ D(Do)——执行. 执行就是具体运作,实现计划中的内容.

◆ C(Check)——检查. 就是要总结执行计划的结果,分清哪些对了,哪些错了,明确效果,找出问题.

◆ A(Act)——行动(或处理). 对总结检查的结果进行处理,成功的经验加以肯定,并予以标准化,或制定作业指导书,便于以后工作时遵循;对于失败的教训也要总结,以免重现. 对于没有解决的问题,应提给下一个 PDCA 循环中去解决. 戴明将休哈特的 PDCA 循环修正为 Plan-Do-Study-Act,更真实地反映了这个过程的活动.

2. PDCA 循环的特点

(1) 周而复始. PDCA 循环的四个过程不是运行一次就完结,而是周而复始地进行. 一个循环结束了,解决了一部分问题,可能还有问题没有解决,或者又出现了新的问题,再进行下一个 PDCA 循环,依次类推.

(2) 大环带小环. 类似行星轮系,一个公司或组织的整体运行体系与其内部各子体系的关系,是大环带动小环的有机逻辑组合体.

(3) 阶梯式上升. PDCA 循环不是停留在一个水平上的循环,不断解决问题的过程就是水平逐步上升的过程.

(4) 统计的工具. PDCA 循环应用了科学的统计观念和处理方法. 作为推动工作、发现问题和解决问题的有效工具,典型的模式被称为四个阶段、八个步骤和七种工具.

3. 质量管理七种工具

戴明提出的质量管理(QC)七种工具主要包括控制图、因果图、相关图、排列图、统计分析表、数据分层法、散布图,也称品质管理七大手法. 运用这些工具,可以从经常变化的生产过程中,系统地收集与产品质量有关的各种数据,并用统计方法对数据进行整理、加工和分析，进而画出各种图表，计算某些数据指标，从中找出质量变化的规律，实现对质量的控制．日本著名的质量管理专家石川馨曾说过，企业内95%的质量管理问题，可通过企业上上下下全体人员活用这QC七工具而得到解决．全面质量管理的推行，也离不开企业各级、各部门人员对这些工具的掌握与灵活应用．

戴明博士有一句颇富哲理的名言：质量无须惊人之举．他平实的见解和骄人的成就之所以受到企业界的重视和尊重，是因为若能有系统地、持久地将这些观念付诸行动，几乎可以肯定在全面质量管理上就能够取得突破．

习题3

1. 从报纸、杂志或网络上找一篇有平均数计算及其结果的文章，然后回答：
   （1）该文章中测算一般水平使用的方法是什么？
   （2）使用的平均水平计算方法是否适合文章所讨论的问题？

2. 从报纸、杂志或网络上找一篇有离散性测度的文章，然后回答：
   （1）该文章中测度离散性使用的方法是什么？
   （2）使用的离散性的计算方法是否适合文章所讨论的问题？

3. 对下列变量，讨论一下可能存在的分布形状（单峰与多峰、对称与不对称）：
   （1）你所在班级每个同学的兄弟姐妹数；
   （2）大学男生的每分钟心跳数；
   （3）掷骰子100次，每一面出现的次数．

4. 某服装车间30位工人在某一天内定额完成率(%)的统计数据如下：

```
 99  98 112 114 123  94
123 112 125 101  92  97
 89  92 114 106 109 110
 99  89 101 100  93 112
121 135  90  97 105 102
```

把该组数据输入R，并计算这30位工人在这一天内定额完成率(%)的均值、方差、标准差、最大值、最小值、极差、变异系数、偏度、峰度．

5. 根据习题4的数据，用R绘出习题4数据的直方图．组距划分为80~90、90~100、100~110、110~120、120~130、130~140．

6. 根据习题4的数据，用R绘出这组数据的茎叶图、箱线图，并计算五数综合．

7. 根据习题4的数据，用R绘出这组数据的条形图．

8. 根据习题4的数据，计算这组数据的众数、中位数．

9. 某大学管理学院大二的工商管理专业和金融学专业两个班级学生期末线性代数成绩（以分计）分别为：

工商管理专业班级学生期末线性代数成绩如下：

```
78 89 65 66 71 90 49 58 77 61 88
82 83 80 91 77 73 66 68 72 81 90
99 32 71 77 76 57 61 66 69 70 75
72 81 83 85
```

金融学专业班级学生期末线性代数成绩如下：

```
56 78 81 88 84 91 85 83 79 77
78 69 66 91 89 81 84 83 88 76
65 66 67 69 42 61 67 56 72 75
78 90 97
```

把这两组数据输入R，分别计算这两个班级学生期末线性代数成绩的均值、方差、标准差、最大值、最小值、极差、偏度、峰度．

10. 比较习题9中这两个班级的标准差系数（或离散系数），并说明哪个班级学生的成绩差异性更大.

11. 根据习题 9 的数据，用 R 绘出这两个班级学生成绩的茎叶图、箱线图，并计算五数综合.

12. 根据习题 9 的数据，用 R 绘出这两个班级学生成绩的直方图. 组距划分为：60 分以下、60~70、70~80、80~90、90~100 分.

13. 根据习题 9 的数据，用 R 求出这两个班级学生成绩的累积次数的分配表.

14. 根据习题 9 的数据，用 R 绘出这两个班级学生成绩的箱线图、小提琴图，并比较这两个班级学生的成绩.

15. 根据习题 9 的数据，用 R 绘出这两个班级学生成绩的星图和脸谱图.

16. 某国疾病控制与预防中心公布了 2006 年因病死亡人数的情况，表 3-10 所示是统计结果.

表 3-10 2006 年某国因病死亡人数情况统计表

死亡原因	占比（%）
心脏病	26.6
癌症	22.8
循环系统疾病与中风	5.9
意外死亡	4.8
呼吸系统疾病	5.3

（1）能否说 2006 年心脏病和呼吸系统疾病导致的死亡人数比例为 32%？

（2）除了上述死亡病因外，其他病因导致死亡的人数比例是多少？

（3）运用适当的图像描述上述资料.

17. 1998—2008 年期间某国每年因飓风死亡的人数为 130，94，40，40，555，54，35，38，67，81，125. 试用 R 中的函数计算均值、中位数、上下四分位数、极差和四分位差.

18. 已知我国 2018 年 31 个地区的地区生产总值数据如表 3-11 所示.

表 3-11 我国 2018 年 31 个地区的地区生产总值数据 （单位：亿元）

序号	地区	地区生产总值	序号	地区	地区生产总值
1	北京市	30319.98	17	湖北省	39366.55
2	天津市	18809.64	18	湖南省	36425.78
3	河北省	36010.27	19	广东省	97277.77
4	山西省	16818.11	20	广西壮族自治区	20352.51
5	内蒙古自治区	17289.22	21	海南省	4832.05
6	辽宁省	25315.35	22	重庆市	20363.19
7	吉林省	15074.62	23	四川省	40678.13
8	黑龙江省	16361.62	24	贵州省	14806.45
9	上海市	32679.87	25	云南省	17881.12
10	江苏省	92595.40	26	西藏自治区	1477.63
11	浙江省	56197.15	27	陕西省	24438.32
12	安徽省	30006.82	28	甘肃省	8246.07
13	福建省	35804.04	29	青海省	2865.23
14	江西省	21984.78	30	宁夏回族自治区	3705.18
15	山东省	76469.67	31	新疆维吾尔自治区	12199.08
16	河南省	48055.86			

注：该数据来源于《中国统计年鉴 2019》.

（1）将地区生产总值重新命名为 2018-GDP，并存为 R 格式数据；

（2）按地区生产总值多少进行升序和降序排序；

（3）计算 31 个地区的地区生产总值的均值和方差；

（4）分别筛选出 31 个地区的地区生产总值中小于 2 万亿元和大于 5 万亿元的地区.

第 4 章
总量指标和相对指标

数据科学家=统计学家+程序员+讲故事的人+艺术家.

——Shlomo Aragmon

4.1 总量指标

1. 总量指标的意义

总量指标是反映在一定时间、空间条件下某种现象的总体规模、总水平或总成果的统计指标. 例如, 2018 年我国国内生产总值为 900309 亿元, 年末全国内地总人口 139538 万人, 年末国家外汇储备 30727 亿美元, 全年粮食产量 65789 万 t 等都是总量指标. 这些总量指标反映了我国经济发展水平、人口规模、粮食产量规模等国情国力的基本情况. 总量指标也可以表现为现象总量之间的绝对差额, 即增加量和减少量. 例如, 2018 年年末全国内地总人口 139538 万人, 比上年末增加 530 万人, 它反映了我国总人口在一年内增加的绝对量.

例 4.1 2018 年各国 GDP(以亿美元计)排名前 20 名的国家及其 GDP 总量如表 4-1 所示.

表 4-1 2018 年排名前 20 名的国家的 GDP 总量

名次	国家	GDP/亿美元	名次	国家	GDP/亿美元
1	美国	205130.00	11	韩国	16556.08
2	中国	134572.67	12	俄罗斯	15764.88
3	日本	50706.26	13	西班牙	14370.47
4	德国	40291.40	14	澳大利亚	14277.67
5	英国	28088.99	15	墨西哥	11992.64
6	法国	27946.96	16	印度尼西亚	10052.68
7	印度	26899.92	17	荷兰	9098.87
8	意大利	20869.11	18	沙特阿拉伯	7698.78
9	巴西	19093.86	19	土耳其	7135.13
10	加拿大	17337.06	20	瑞士	7091.18

注: 该数据来源于世界银行.

在本例中,通过 GDP 这个总量指标可以反映各国的基本国情和国力.

例 4.2 根据 2010 年第六次全国人口普查数据,我国 60 后、70 后、80 后、90 后、00 后各年龄段的人口总数如表 4-2 所示.

表 4-2 2010 年第六次全国人口普查数据各年龄段人口总数

按出生时间划分的各年龄段	人口总数/亿人
00 后(2000.1.1—2009.12.31 期间出生)	1.46414159
90 后(1990.1.1—1999.12.31 期间出生)	1.74797576
80 后(1980.1.1—1989.12.31 期间出生)	2.28426370
70 后(1970.1.1—1979.12.31 期间出生)	2.15164162
60 后(1960.1.1—1969.12.31 期间出生)	2.30348517

注:数据来源于国家统计局.

在本例中,我们看到,我国 90 后和 00 后的人口总数比 60 后、70 后、80 后少了很多,我国人口老龄化的形势十分严峻.

总量指标在统计中具有重要的意义. 第一,总量指标是认识现象总体的起点,反映国情国力的重要数值;第二,总量指标是实现宏观经济调控和重大决策的基本依据;第三,总量指标是进行统计分析、计算其他统计分析指标的基础,相对指标和平均指标归根结底都是通过总量指标计算得到的.

2. 总量指标的分类

(1) 时期数指标和时点数指标

总量指标按其反映的时间状况不同,可以分为时期数指标和时点数指标. 时期数是反映总体在某一段时间内连续变化过程中达到的总数量,在经济数量分析中通常称为流量. 例如:产品产量、商品销售量、国内生产总值等. 时点数反映总体在某一时刻所存在的总数量,在经济数量分析中通常称为存量. 例如:人口总数、库存量、存款总额、外汇储备等.

(2) 总体标志总量和总体单位总量

总量指标按其反映总体的内容不同,分为总体标志总量和总体单位总量. 总体标志总量是指总体各单位某一标志值的总和,表明现象其总体在一定时间、空间条件下达到的水平. 总体单位总量是总体单位数总和,表明现象其总体在一定时间、空间条件下达到的总规模,其数值为正整数. 例如,某大学教职工月工资总额为 3000 万元就是总体标志总量,该大学教职工总数为 2671 人就是总体单位总量.

(3) 实物指标、价值指标、劳动指标

实物指标是以实物单位来表示的统计总量指标. 例如, 2018 年我国全年货物运输总量 515 亿 t, 货物运输周转量 205452 亿 t·km, 全年规模以上港口完成货物吞吐量 133 亿 t, 其中外贸货物吞吐量 42 亿 t. 规模以上港口集装箱吞吐量 24955 万标准箱. 这些都是反映我国货运情况的实物指标.

例 4.3 我国主要工业品 2018 年的统计总量实物指标如表 4-3 所示.

表 4-3　2018 年我国主要工业品产量及其增长速度

产品名称	单位	产量	比上年增长(%)
纱	万 t	2958.9	-7.3
布	亿 m	657.3	-4.9
化学纤维	万 t	5011.1	2.7
成品糖	万 t	1524.1	3.5
卷烟	亿支	23358.7	-0.4
彩色电视机	万台	18834.8	18.2
其中: 液晶电视机	万台	18825.2	19.5
家用电冰箱	万台	7993.2	-3.9
房间空气调节器	万台	20486.0	14.7
一次能源生产总量	亿 t 标准煤	37.7	5.0
原煤	亿 t	36.8	4.5
原油	万 t	18910.6	-1.3
天然气	亿 m^3	1602.7	8.3
发电量	亿 kW·h	71117.7	7.7
其中: 火电	亿 kW·h	50738.6	6.7
水电	亿 kW·h	12342.3	3.0
核电	亿 kW·h	2943.6	18.7
粗钢	万 t	92800.9	6.6
钢材	万 t	110551.7	5.6
十种有色金属	万 t	5702.7	3.7
其中: 精炼铜(电解铜)	万 t	902.9	0.7
原铝(电解铝)	万 t	3580.2	7.5
水泥	亿 t	22.1	-5.3
硫酸(折 100%)	万 t	9129.8	-0.9
烧碱(折 100%)	万 t	3420.2	2.7
乙烯	万 t	1841.0	1.1
化肥(折 100%)	万 t	5424.4	-7.9
发电机组(发电设备)	万 kW	10600.5	-10.3

(续)

产品名称	单位	产量	比上年增长(%)
汽车	万辆	2781.9	-4.1
其中：基本型乘用车(轿车)	万辆	1160.1	-2.9
运动型多用途乘用车(SUV)	万辆	927.4	-7.7
大中型拖拉机	万台	24.3	-29.3
集成电路	亿块	1739.5	11.2
程控交换机	万台	1006.6	7.3
移动通信手持机	万台	179846.4	-4.8
微型计算机设备	万台	30700.2	0.1
工业机器人	万台(套)	14.8	6.4

注：资料来源于《中华人民共和国2018年国民经济与社会发展统计公报》.

按实物指标计量的指标，其最大特点是直接反映现象的具体内容及其使用价值，因而能够具体地表明现象的规模和水平. 在统计中，实物指标由于计量单位不同，无法进行汇总和比较，因而不能用来综合反映现象的总规模、总水平或总成果.

价值指标是指用价值单位(货币单位)来度量现象的总量，如国内生产总值、外汇储备总额、固定资产投资总额、工资总额等都是以价值量计量的总量指标.

例4.4 2018年我国全年社会消费品零售总额380987亿元，比上年增长9.0%. 按经营地统计，城镇消费品零售额325637亿元，增长8.8%；乡村消费品零售额55350亿元，增长10.1%. 按消费类型统计，商品零售额338271亿元，增长8.9%；餐饮收入额42716亿元，增长9.5%. 粮油、食品类零售额比上年增长10.2%，饮料类增长9.0%，烟酒类增长7.4%，服装、鞋帽、针纺织品类增长8.0%，化妆品类增长9.6%，金银珠宝类增长7.4%，日用品类增长13.7%，家用电器和音像器材类增长8.9%，中西药品类增长9.4%，文化办公用品类增长3.0%，家具类增长10.1%，通信器材类增长7.1%，建筑及装潢材料类增长8.1%，石油及制品类增长13.3%，汽车类下降2.4%.

以上社会消费品零售总额若按实物指标无法进行汇总和比较，因为各类消费品的计量单位不同，但可以用价值量指标进行汇总和比较. 价值量指标的特点是具有广泛的综合性和概括性，可以表示现象的总规模、总水平或总成果. 但它脱离了物质内容，较为抽象，有时甚至不能正确反映实际现象，故常常需要把价值指标和实物指标结合起来使用.

劳动类指标是指采用劳动时间来反映现象的总量，如工时、工日等.一个人工作一个小时叫一个工时,一个人工作八小时或八个人工作一小时都是八工时.劳动指标是编制和检查企业生产作业计划和实行劳动定额管理的重要依据.

4.2 相对指标

4.2.1 相对指标的种类和计算方法

相对指标是指有联系的指标间的对比,用以反映现象之间在数量方面的联系程度和对比关系,也称为相对数.常用的相对指标有计划完成程度相对指标、结构相对指标、比例相对指标、比较相对指标、强度相对指标、动态相对指标六种.

1. 计划完成程度相对指标

计划完成程度相对指标简称"计划完成程度指标""计划完成百分比",是社会经济现象在某时期内实际完成数值与计划任务数值对比的结果,一般用百分数来表示.计划完成程度相对指标是用来检查、监督计划执行情况的相对指标.它以现象在某一段时间内的实际完成数与计划数对比,来观察计划完成程度.其计算公式为

$$计划完成程度相对指标 = \frac{实际完成数}{计划任务数} \times 100\%$$

例 4.5 某企业 2018 年计划完成工业产值为 3000 万元,实际完成 3120 万元,其计划完成程度相对指标为

$$工业产值计划完成程度相对指标 = \frac{3120}{3000} \times 100\% = 104\%$$

该企业 2018 年工业产值超额完成 4%.

例 4.6 某企业计划 2018 年劳动生产率比 2017 年的提高 5%,实际上 2018 年的比 2017 年的提高 8%,则

$$2018 年劳动生产率计划完成程度相对指标 = \frac{100+8}{100+5} \times 100\% \approx 102.857\%$$

该企业劳动生产率超额完成 2.857%.

在检查中长期计划的完成情况时,根据计划指标的性质不同,计算可分为水平法和累计法.

(1) 水平法 用水平法检查计划完成程度就是根据计划末期(最后一年)实际达到的水平与计划规定的同期应达到的水平相比较,来确定全期是否完成计划.其计算公式为

$$\text{计划完成程度相对指标} = \frac{\text{计划期末实际达到的水平}}{\text{计划规定期末应达到的水平}} \times 100\%$$

例 4.7　某企业生产发展的五年规划规定,在最后一年 2018 年的产量应达到 1600 万件,实际完成情况如表 4-4 所示.

表 4-4　某企业五年规划完成情况

年　份	2014 年	2015 年	2016 年	2017 年			2018 年			
				第一季度	第二季度	第三季度	第一季度	第二季度	第三季度	第四季度
产量/万件	892	987	1246	345	378	385	412	423	435	442	456

则该企业产量五年规划计划完成程度相对指标为

$$\text{计划完成程度相对指标} = \frac{\text{第五年实际完成数}}{\text{第五年计划完成数}} \times 100\%$$

$$= \frac{1756}{1600} \times 100\% = 109.75\%$$

采用水平法计算,只要有连续一年时间(可以跨年度)实际完成水平达到最后一年计划水平,就算完成了五年计划,余下的时间就是提前完成计划时间. 在本例中,该企业实际从五年计划的第四年第三季度到第五年第二季度连续一年时间的产量达到了计划期最后一年计划产量 1655 万件水平,完成了五年计划,那么第五年下半年这半年时间就是提前完成计划的时间.

(2) 累计法　累计法就是整个计划期间实际完成的累计数与同期计划数相比较,来确定计划完成程度. 计算公式如下:

$$\text{计划完成程度相对指标} = \frac{\text{计划期间累计实际完成数}}{\text{计划规定的累计数}} \times 100\%$$

例 4.8　某地区"十一五"规划准备固定资产投资为 400 亿元,实际上固定资产投资情况如表 4-5 所示.

表 4-5　某地区"十一五"规划实际固定资产投资情况表

年　份	2006 年	2007 年	2008 年	2009 年	2010 年
实际投资	93	103	112	125	134

该地区"十一五"规划固定资产投资计划完成程度相对指标为

$$\text{计划完成程度相对指标} = \frac{\text{计划期间累计实际完成数}}{\text{计划规定的累计数}}$$

$$= \frac{567}{400} \times 100\% = 141.75\%$$

本例中超额完成固定资产投资计划 41.75%. 采用累计法计

算,只要从中长期计划开始至某一时期止,所累计完成数达到计划数,就是完成了计划. 本例中,前四年投资额为433亿元,已完成五年计划,比计划时间提前一年.

2. 结构相对指标

结构相对指标也称"**结构相对数**". 它指以总体内部一部分与总体对比所得到的相对数. 一般用百分数或系数表示. 其计算公式为

$$结构相对数 = \frac{总体中某一部分数值}{总体全部数值} \times 100\%$$

例4.9 我国2018年年末人口数据的结构相对数指标如表4-6所示.

表4-6 2018年年末我国人口数及其构成

指标	年末数/万人	比重(%)
全国总人口	139538	100.0
其中:城镇	83137	59.58
乡村	56401	40.42
其中:男性	71351	51.1
女性	68187	48.9
其中:0~15岁(含不满16周岁)	24860	17.8
16~59岁(含不满60周岁)	89729	64.3
60周岁及以上	24949	17.9
其中:65周岁及以上	16658	11.9

注:资料来源于《中华人民共和国2018年国民经济与社会发展统计公报》.

3. 比例相对指标

比例相对指标又称"**比例相对数**"或"**比例指标**",是总体内部不同部分数量对比的相对指标,用以分析总体范围内各个局部、各个分组之间的比例关系和协调平衡状态. 它是同一总体中某一部分数值与另一部分数值静态对比的结果. 其计算公式为

$$比例相对指标 = \frac{总体中某一部分数值}{总体中另一部分数值} \times 100\%$$

以例4.9为例,2018年年末我国0~15岁(含不满16周岁)为24860万人,60周岁及以上为24949万人,则未成年人占老年人口比例为(24860/24949)×100%≈99.64%.

例4.10 2018年我国货物进出口总额305050亿元,其中,出口164177亿元,进口140874亿元,货物进出口顺差23303亿元,进口货物占出口货物比重为

(140874/164177)×100%≈85.806%;2014—2018年我国货物进出口总额对比如图4-1所示.

图 4-1 2014—2018 年我国货物进出口总额

注：资料来源于《中华人民共和国 2018 年国民经济与社会发展统计公报》.

4. 比较相对指标

比较相对指标又称"**比较相对数**"或"**同类相对数**"，就是将不同地区、单位或企业之间的同类指标数值做静态对比而得出的综合指标，表明同类事物在不同空间条件下的差异程度或相对状态. 一般用百分数或倍数表示. 其计算公式为

$$比较相对数指标 = \frac{甲地区某类指标数值}{乙地区同类指标数值} \times 100\%$$

例 4.11 （**中美经济实力对比**）2018 年中国经济规模达 13.6 万亿美元，美国经济规模为 20.5 万亿美元，中国相当于美国的 66.34%；以购买力平价计算的中国经济规模 2018 年达到 25.2 万亿国际元，美国为 20.4 万亿国际元，中国相当于美国的 123.53%；2018 年中国人均 GDP 达到 9769 美元，美国人均 GDP 为 62590 美元，中国仅相当于美国的 15.61%.

5. 强度相对指标

强度相对指标是两个性质不同但又有密切联系的总量指标的对比，用以反映现象的强度、密度和普遍程度的综合指标. 其表现形式多为有名数，但当分子、分母为同一计量单位时，也可用百分数或千分数表示，如商品流通费用率、人口出生率、人口死亡率等. 其计算公式为

$$强度相对指标 = \frac{某一指标的数值}{另一有联系的不同指标的数值} \times 100\%$$

例 4.12 （**研发强度**）国际上常用研究与试验发展（R&D）经费占 GDP 比重来衡量一个地区的研发强度. 2016 年，北京以 5.94% 的研发强度高居榜首，甩开上海、深圳一个身段，深圳的研发经费总量虽不如上海，但研发强度超过了上海，达 4.1%. 研发强度超

过3%的城市还有厦门、武汉、合肥、杭州、南京、天津,显示这些城市较高的研发强度(见表4-7).

表 4-7　2016 年我国城市研发强度排名

城市	R&D 经费/亿元	占 GDP 比重(%)
北京	1479.8	5.94
深圳	800	4.10
上海	1030	3.80
厦门	118	3.11
武汉	370	3.10
杭州	343	3.10
合肥	194	3.09
南京	320	3.05
天津	537	3.00
长沙	270	2.90
青岛	263.7	2.84
无锡	260	2.82
苏州	416	2.70
佛山	224	2.60
宁波	214	2.50
东莞	157	2.50
广州	451	2.30
济南	142.5	2.18
成都	258	2.12
郑州	142	1.78
重庆	300	1.70

注:该数据根据 2016 年各地统计公报统计汇总得出.

6. 动态相对指标

动态相对指标又称"**动态相对数**"或"**时间相对指标**",就是将同一现象在不同时期的两个数值进行动态对比而得出的相对数,借以表明现象在时间上发展变动的程度. 通常以百分数(%)或倍数表示,**也称为发展速度**. 其计算公式为

$$动态相对指标 = \frac{报告期指标数值}{基期指标数值} \times 100\%$$

通常,作为比较标准的时期称为基期,与基期对比的时期称为报告期. 例如,2001 年我国国内生产总值为 95533 亿元,2000 年为 89404 亿元,如果 2000 年选作基期,亦即将 2000 年国内生产总值作为 100,则 2001 年的国内生产总值与 2000 年的国内生产总值对比,得出动态相对数为 106.9%,它说明在 2000 年基础上 2001 年国内生产总值的发展速度. 动态相对指标将在"时间序列分析"一章中详细介绍.

4.2.2 运用相对数指标的原则

在计算和应用相对数指标时,一般必须遵循以下几个原则:

1. 要注意指标的可比性

相对数是两个互相联系指标的比率. 可比性原则是指对比的两个指标应有相互对比的共同基础,要比得合理,符合研究对象的客观规律. 比的结果要有明确的含义,并恰当反映出现象的数量关系.

(1) 对比基数的选择 基数是相对数用来对比的依据和标准,选择不当就失去对比的作用,正确选择基数是保证指标可比的前提. 在实际工作中,一个指标究竟应该和哪些指标对比,选择什么样的基数完全取决于研究目的和研究对象的特征.

(2) 总体范围可比 计算相对指标时,分子和分母指标的计算范围应该是一致的,否则就没有可比性. 例如,计算动态相对数时,基期水平和报告期水平必须一致. 在计算人口密度时,人口数与土地面积必须是同一地理范围上的指数.

(3) 计算方法上的可比性 计算方法上的可比性是在计算动态相对数和比较相对数时需要注意的问题. 特别是同类指标在不同时间空间下进行对比时,要注意将指标的计算内容、计算方法认真加以分析,进行必要的调整,以保证资料的可比性.

2. 相对数与绝对数结合运用

相对数往往是由有联系的两个统计绝对数对比形成的,它把现象的绝对水平抽象化,使许多不便于直接对比的现象可以进行比较,反映出现象之间的相互联系和对比关系. 但是,由于相对指标抽象了绝对数的差异,只能反映相对程度的不同,所以只有相对数和绝对数的结合运用,才能较为全面客观地反映客观现象的数量特征.

3. 多种相对数指标结合运用

不同的相对数指标有不同的作用,可以从不同的角度来说明问题. 在对较为复杂的现象进行分析时,仅仅运用单个的相对数还不能满足要求,应根据研究目的及分析现象的特点综合运用各种相对数. 这样才能全面客观地反映客观现象的数量特征. 例如,衡量一个城市房价是否合理,有两大指标. 一个是房价收入比,即住房总价与家庭年度可支配收入之比;另一个是租金回报率,即房屋年租金与房价之比. 一般而言,房价收入比越高,购房负担越重;租金回报率越低,泡沫程度越高. 综合运用这两个相对数指标,可以衡量对比不同城市房价泡沫程度高低.

人物传记

2019 年考普斯会长奖获得者——哈德利·维克汉姆

新西兰的软件开发者、统计学家哈德利·维克汉姆（Hadley Wickham）赢得了 2019 年考普斯会长奖. 该奖项设于 1976 年，由"统计学会会长委员会"（Committee of Presidents of Statistical Societies，简称 COPSS，音译考普斯）提名颁奖. 考普斯会长奖被誉为统计学的诺贝尔奖，每年颁发给 40 岁以下的统计学家，以表彰他们对统计专业做出的杰出贡献. 此前，该奖项主要表彰了对统计学的高度理论贡献，2019 年是首次被授予实际应用. 维克汉姆是 RStudio 的首席科学家，也是斯坦福大学奥克兰分校的副教授. 他在新西兰汉密尔顿长大，在奥克兰大学学习医学之前就读于费尔菲尔德大学. 他发现医学并不适合他，于是去了美国. 在攻读博士学位之前，他学习了统计学和计算机科学. 该奖项表彰了维克汉姆"在统计计算、可视化、图形和数据分析方面具有影响力的工作"，包括"使统计思维和计算面向广大观众". 全世界每天都有成千上万的人使用他的作品，他的工作建立在 R 编程语言的基础上，并为 R 语言的成功做出了贡献. R 语言是由 Ross Ihaka 和 Robert Gentleman 在奥克兰大学创建的一种面向统计的开源编程语言. 维克汉姆为 R 语言开发了很多工具，包括：著名图形可视化软件包 ggplot2，以及 dplyr、tidyverse 等. 维克汉姆把自己描述成一个工具制造者，不是像锤子和螺钉旋具这样的物理工具，而是以同样方式工作的软件工具.

习题 4

1. 总量指标在统计上有何意义？

2. 什么是时期指标和时点指标？它们各自有何特点？举出一两个时期指标和时点指标的例子.

3. 计算总量指标采用哪些计量单位？各种计量单位有何特点？

4. 常用的相对指标有哪几种？各有什么作用？请列出它们的计算公式.

5. 强度相对指标与其他相对指标的主要区别是什么？

6. (**租金回报率与房价泡沫程度**) 衡量一个城市房价是否合理，有两大指标. 一个是房价收入比，即住房总价与家庭年度可支配收入之比；另一个是租金回报率，即房屋年租金与房价之比. 一般而言，房价收入比越高，购房负担越重；租金回报率越低，泡沫程度越高. 相比而言，租金回报率则与所有居民息息相关. 房价取决于有钱人，房租取决于普通居民. 房价可以无限高，房租却很难一直涨. 显然，无论供求关系多么紧张，房租都脱离不了就业和收入的基本面. 因此，租金回报率的高低，或者说房价与租金之比，可以作为城市房价泡沫程度高低的参考指标之一. 表 4-8 所示是 2019 年一季度 50 个典型城市的租金收益率排行表.

表 4-8 2019 年一季度 50 个典型城市的租金收益率排行表

排名	城市	租金回报率	排名	城市	租金回报率
1	西宁	3.7%	26	蚌埠	2.3%
2	乌鲁木齐	3.7%	27	洛阳	2.2%
3	韶关	3.6%	28	武汉	2.2%
4	牡丹江	3.4%	29	郑州	2.2%
5	银川	3.4%	30	南昌	2.2%
6	长春	3.2%	31	烟台	2.1%
7	哈尔滨	3.2%	32	温州	2.1%
8	桂林	3.2%	33	杭州	2.0%
9	锦州	3.2%	34	大理	2.0%
10	湛江	3.2%	35	合肥	1.9%
11	宜昌	3.1%	36	唐山	1.9%
12	贵阳	2.9%	37	广州	1.9%
13	兰州	2.9%	38	无锡	1.8%
14	南宁	2.9%	39	宁波	1.8%
15	长沙	2.9%	40	济南	1.8%
16	沈阳	2.8%	41	天津	1.8%
17	大连	2.7%	42	北京	1.8%
18	海口	2.6%	43	上海	1.8%
19	重庆	2.6%	44	三亚	1.7%
20	赣州	2.6%	45	南京	1.7%
21	昆明	2.5%	46	石家庄	1.7%
22	呼和浩特	2.4%	47	深圳	1.6%
23	成都	2.4%	48	福州	1.5%
24	太原	2.3%	49	青岛	1.4%
25	西安	2.3%	50	厦门	1.2%

注：数据来源于易居研究院、CRIC、各地统计局.

根据以上的数据，试对我国 50 个典型城市房价泡沫程度高低进行排名.

7. 表 4-9 和表 4-10 所示的数据是我国在不同时期三大产业的产值比例和就业情况对比.

表 4-9 我国在不同时期三大产业的产值比例

国内生产总值（生产法）	1978 年	1990 年	2000 年	2017 年
第一产业占比	27.7	26.6	14.7	7.9
第二产业占比	47.7	41.0	45.5	40.5
第三产业占比	24.6	32.4	39.8	51.6
合计	100	100	100	100

注：数据来源于《中国统计年鉴 2018》.

表 4-10 我国在不同时期三大产业的就业情况对比

就业	1978 年	1990 年	2000 年	2017 年
第一产业占比	70.5	60.1	50.0	27.0
第二产业占比	17.3	21.4	22.5	28.1
第三产业占比	12.2	18.5	27.5	44.9
合计	100	100	100	100

注：数据来源于《中国统计年鉴 2018》.

根据以上数据，能否给出我国 1978 年以来劳动生产率提高的原因.

第 5 章

概率论基础

模型皆有误，或尤建奇功．

——George E. P. Box

5.1 随机事件与概率

5.1.1 随机试验与随机事件

1. 随机试验

在自然界中，有一类现象，在一定条件下必然会发生，例如向上抛一个石头必然下落，这类现象称为**确定性现象**．而另外一类现象，在一定条件下，可能出现这样的结果，也可能出现那样的结果．这种在个别试验中其结果呈现出不确定性，在大量重复试验中其结果又具有统计规律性的现象，我们称之为**随机现象**．统计学是研究和揭示随机现象统计规律性的一门学科．

在统计学中，将具有下列三个特点的试验称为**随机试验**：

1）试验可以在相同条件下重复进行；

2）每次试验的可能结果不止一个，并且能事先明确试验所有可能的结果；

3）进行一次试验之前不能确定哪一个结果会出现．

因此，扔硬币和掷骰子的试验都是随机试验．

2. 随机事件

我们将随机试验的所有可能的结果称为随机试验的**样本空间**，记为 Ω，样本空间的元素，即随机试验的每一个结果，称为**样本点**，记为 ω．称 Ω 中满足一定条件的子集为**随机事件**，用大写字母 A，B，C，$\cdots$ 表示．由一个样本点组成的单点集，称为**基本事件**．

在随机试验中，称一个事件发生是指构成该事件的一个样本点出现．由于**样本空间** Ω 包含了所有的样本点，所以在每次试验中，它总是发生，因此称 Ω 为**必然事件**；空集 $\varnothing$ 不包含任何样本点,且在每次试验中总不发生,所以称 $\emptyset$ 为**不可能事件**.

3. 随机事件之间的关系

设随机试验的样本空间为 Ω,而 A,B,$A_k(k=1,2,\cdots)$ 是其子集.

1) 若事件 A 的发生必然导致事件 B 的发生,则称事件 A 包含于事件 B,记为 $A \subset B$.

若 $A \subset B$ 且 $B \subset A$,即 $A=B$,则称事件 A 与事件 B 相等.

2) 若事件 A 与事件 B 至少有一个发生,则称为事件 A 与事件 B 的和事件,记为 $A \cup B$.

若 n 个事件 A_1,A_2,$\cdots$,A_n 至少有一个发生,则称为 n 个事件的和,记为

$$A_1 \cup A_2 \cup \cdots \cup A_n \text{ 或 } \bigcup_{i=1}^{n} A_i.$$

同样,可列个无穷事件的和 $A_1 \cup A_2 \cup \cdots \cup A_n \cup \cdots$ 或 $\bigcup_{i=1}^{\infty} A_i$,表示可列个无穷事件至少有一个要发生.

3) 若事件 A 与 B 同时发生,则称为事件 A 与 B 的积,记为 $A \cap B$ 或 AB.

若 n 个事件 A_1,A_2,$\cdots$,A_n 同时发生,则称为 n 个事件的积,记为

$$A_1 \cap A_2 \cap \cdots \cap A_n \text{ 或 } \bigcap_{i=1}^{n} A_i$$

同样,可列个无穷事件的积 $A_1 \cap A_2 \cap \cdots \cap A_n \cap \cdots$ 或 $\bigcap_{i=1}^{\infty} A_i$ 表示无穷个事件同时发生.

4) 若事件 A 与 B 不能同时发生,则称事件 A 与 B 为**互斥事件**或**互不相容事件**,记为 $AB = \emptyset$. 在一次试验中,基本事件是两两互不相容的.

5) 若 A 为随机事件,称"事件 A 不发生"的事件为事件 A 的**对立事件**或**逆事件**,记为 $\overline{A}$.

事件与其对立事件有如下关系:

$$A \cup \overline{A} = \Omega, \quad A\overline{A} = \emptyset$$

6) 设试验 E 中有一事件组 A_1,A_2,$\cdots$,A_n,它们两两互不相容且 $\bigcup_{i=1}^{n} A_i = \Omega$,则 A_1,A_2,$\cdots$,A_n 称为 E 的一个**完备事件组**,或称 A_1,A_2,$\cdots$,A_n 为样本空间 Ω 的一个**有限划分**.

设试验 E 中有一事件组 A_1,A_2,$\cdots$,A_n,$\cdots$,它们两两互不

相容且 $\bigcup_{i=1}^{\infty} A_i = \Omega$,则 A_1, A_2, $\cdots$, A_n, $\cdots$ 也称为 E 的一个**完备事件组**,或称 A_1, A_2, $\cdots$, A_n, $\cdots$ 为样本空间 Ω 的一个**可列无穷划分**.

4. 随机事件的运算律

(1) 交换律 $A \cup B = B \cup A$, $AB = BA$

(2) 结合律
$$(A \cup B) \cup C = A \cup (B \cup C), \quad (A \cap B) \cap C = A \cap (B \cap C)$$

(3) 分配律
$$(A \cup B)C = (AC) \cup (BC), \quad A \cup (BC) = (A \cup B)(A \cup C)$$

(4) 德摩根律
$$\overline{A_1 \cup A_2} = \overline{A_1} \cap \overline{A_2}, \quad \overline{A_1 \cap A_2} = \overline{A_1} \cup \overline{A_2}$$

对于 n 个事件或可列个事件有
$$\overline{\bigcup_{k=1}^{n} A_k} = \bigcap_{k=1}^{n} \overline{A_k}, \quad \overline{\bigcup_{k=1}^{\infty} A_k} = \bigcap_{k=1}^{\infty} \overline{A_k}$$
$$\overline{\bigcap_{k=1}^{n} A_k} = \bigcup_{k=1}^{n} \overline{A_k}, \quad \overline{\bigcap_{k=1}^{\infty} A_k} = \bigcup_{k=1}^{\infty} \overline{A_k}$$

(5) 减法满足
$$A - B = A\overline{B} \quad \text{或} \quad A - B = A \cap \overline{B}$$

5.1.2 概率

1. 频率的定义

在相同条件下,进行 n 次试验,在这 n 次试验中,事件 A 发生的次数 n_A 称为事件 A 发生的**频数**,比值 n_A/n 称为事件 A 发生的**频率**,并记成 $f_n(A)$.

频率具有下述基本性质:

1) $0 \leqslant f_n(A) \leqslant 1$

2) $f_n(\Omega) = 1$

3) 若 A_1, A_2, $\cdots$, A_k 是两两互不相容的事件,则有
$$f_n(A_1 \cup A_2 \cup \cdots \cup A_k) = f_n(A_1) + f_n(A_2) + \cdots + f_n(A_k)$$

上述事件 A 发生的频率,随着试验次数 n 的不断增加,频率会无限接近一个常数,这个常数我们称为事件 A 发生的**概率**.

2. 概率的公理化定义

设 E 是随机试验,Ω 是它的样本空间.对于 E 的每一个事件 A 赋予一个实数,记为 $P(A)$,称为事件 A 的**概率**,如果集合函数 $P(\cdot)$ 满足下述条件:

(1) 非负性　对于每一个事件 A，有 $0 \leq P(A) \leq 1$；

(2) 规范性　对于必然事件 Ω，有 $P(\Omega) = 1$；

(3) 可列可加性　设 A_1, A_2, $\cdots$ 是两两互不相容的事件，即对于 $i \neq j$，$A_i A_j = \varnothing$，i, $j = 1, 2, \cdots$，则有

$$P(A_1 \cup A_2 \cup \cdots) = P(A_1) + P(A_2) + \cdots$$

3. 概率的性质

性质 1　$P(\varnothing) = 0$

性质 2　对任一事件 A，均有

$$P(\bar{A}) = 1 - P(A)$$

性质 3　对于两个事件 A 和 B，若 $A \subset B$，则有

$$P(B - A) = P(B) - P(A), \quad P(B) \geq P(A)$$

性质 4（加法公式）　对任意两个事件 A 和 B，有

$$P(A \cup B) = P(A) + P(B) - P(AB)$$

设对任意三个事件 A、B 和 C，则有

$$P(A \cup B \cup C) = P(A) + P(B) + P(C) - P(AB) - P(AC) - P(BC) + P(ABC)$$

一般地，对于任意 n 个事件 A_1, A_2, $\cdots$, A_n，可用数学归纳法证得

$$P(A_1 \cup A_2 \cup \cdots \cup A_n) = \sum_{i=1}^{n} P(A_i) - \sum_{1 \leq i < j \leq n} P(A_i A_j) + \sum_{1 \leq i < j < k \leq n} P(A_i A_j A_k) + \cdots + (-1)^{n-1} P(A_1 A_2 \cdots A_n)$$

5.1.3　古典概型

设随机试验 E 的样本空间中只有有限个样本点，即 $\Omega = \{\omega_1, \omega_2, \cdots, \omega_n\}$，其中 n 为样本点总数，且有 $P(\omega_1) = P(\omega_2) = \cdots = P(\omega_n)$，并且每次试验有且仅有一个样本点发生，则称这类现象为古典概型，若事件 A 包含 m 个样本点，则事件 A 的概率定义为

$$P(A) = \frac{A \text{ 中所包含的基本事件数}}{\Omega \text{ 中所包含的基本事件总数}} = \frac{m}{n}$$

例 5.1(分球入箱) 将 m 个球随意地放入 n 个箱子中($n \geq m$),假设每个球都等可能地放入任意一个箱子,求每个箱子最多放入一个球的概率.

解:将 m 个球随意地放入 n 个箱子中,共有 n^m 种放法.

记事件 $B = \{$每个箱子最多放入一个球$\}$,它等价于先从 n 个箱子中任选出 m 个,然后每个箱子中放入一个球,其放法有 $C_n^m m!$ 种,故

$$P(B) = \frac{C_n^m m!}{n^m}$$

有许多问题与例 5.1 具有相同的数学模型,譬如**生日问题**,即求 $m(m \leq 365)$ 个人中至少有两个人生日相同的概率.

分析:设该事件为 A,一年有 365 天,每天都可以看成一个"箱子",m 个人好比 m 个球,考虑事件 A 的对立事件:m 个人生日全不相同,它相当于 m 个球装入 365 个箱子中且每个箱子中最多装入一个球,由例 5.1 可得 $P(\bar{A}) = \frac{C_{365}^m m!}{365^m}$,所以 $P(A) = 1 - \frac{C_{365}^m m!}{365^m}$. 不难计算,当 $m = 50$ 时,$P(A) = 0.97$;当 $m = 60$ 时,$P(A) = 0.994$. 这个结果是很有意思的,一个有 60 个学生的班级至少有两个同学生日相同的概率几乎达到百分之百. 本例的计算可以在 R 中实现.

R 中计算组合的命令为 choose(n,k),计算的是 C_n^k 的值;计算阶乘的命令为 factorial( ).

例如求 10! 的命令为

```
> factorial(10)
[1] 3628800
```

因此,在本例中,当 $m = 50$ 时,R 中计算的命令为

```
> 1-choose(365,50) * factorial(50)/365^50
[1] 0.9703736
```

当 $m = 60$ 时,R 中计算的命令为

```
> 1-choose(365,60) * factorial(60)/365^60
[1] 0.9941227
```

进一步地,在上述问题中,一个有 m 个学生的班级至少有两个同学生日相同的概率问题,可以在 R 中编写一个名为 sr( ) 的程序,具体如下:

```
> sr<-function(m){
+ 1-choose(365,m) * factorial(m)/365^m
```

+ }

当班级人数 m 分别为 30 人、40 人、50 人、60 人、70 人时，代入 sr( ) 函数，则分别有

```
> sr(30)
[1] 0.7063162
> sr(40)
[1] 0.8912318
> sr(50)
[1] 0.9703736
> sr(60)
[1] 0.9941227
> sr(70)
[1] 0.9991596
```

5.1.4 几何概型

当随机试验 E 的样本空间为一可度量的区域 Ω，定义试验 E 的随机事件 A 为"任掷的一点落入 Ω 中某子域 A"（这里 A 既表示子域也表示事件），则事件 A 的概率为

$$P(A) = \frac{A \text{ 的度量}}{\Omega \text{ 的度量}} = \frac{m(A)}{m(\Omega)}$$

对于度量，在欧氏空间中，一维度量是指线段的长度，二维度量是指平面区域的面积，三维度量是指空间区域的体积. 这种概率模型称为几何概型.

例 5.2（会面问题） 甲、乙二人约定在上午 7 点到 8 点之间在某地会面，先到者等候另一人 20min，过时即离去. 设二人在这段时间内的各时刻到达是等可能的，且二人互不影响，求二人能会面的概率.

分析：因为二人都是在 7 点至 8 点之间会面，若二人到达的时刻分别用 x，y 来表示，则不妨设 $0 \leq x \leq 60$，$0 \leq y \leq 60$（x, y 以 min 计），即样本空间 Ω 是一个边长为 60 的正方形. 又二人若能会面，则到达的时刻相差不能超过 20min，即能会面的充要条件是 $|x-y| \leq 20$. 当样本点 (x,y) 落在直线 $y=x+20$、$y=x-20$ 与正方形 Ω 所围成的区域之间时，二人才能会面（见图 5-1）.

解：设 $A = \{$二人能会面$\}$，则由以上分析可知，所求概率为

$$P(A) = \frac{m(A)}{m(\Omega)} = \frac{60^2 - 40^2}{60^2} = \frac{5}{9}$$

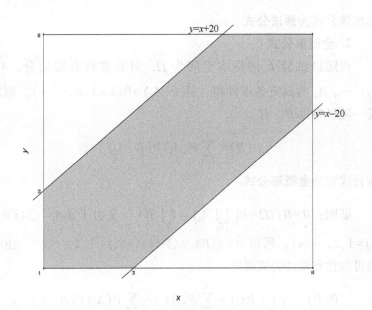

图 5-1 会面问题的几何概型图

5.1.5 条件概率

设 A, B 是某试验 E 中的两个事件,且 $P(B)>0$,则称 $\dfrac{P(AB)}{P(B)}$ 为事件 B 发生的条件下事件 A 的**条件概率**,记为 $P(A|B)$.

易知,条件概率符合概率的公理化定义的三条公理化条件:设 A, B 是某试验 E 中的两个事件,且 $P(B)>0$,则有:

(1) 非负性　$P(A|B) \geqslant 0$

(2) 规范性　$P(\Omega|B) = 1$

(3) 可列可加性　设 A_1, A_2, $\cdots$ 是可列个两两互不相容的事件,则

$$P\Big(\bigcup_{i=1}^{\infty} A_i \,\Big|\, B\Big) = \sum_{i=1}^{\infty} P(A_i | B)$$

5.1.6 乘法公式、全概率公式、贝叶斯公式

1. 乘法公式

由条件概率的定义可得:设有两个事件 A, B,若 $P(A)>0$,则 $P(AB)=P(A)P(B|A)$,或者当 $P(B)>0$ 时,有 $P(AB)=P(B)P(A|B)$ 成立,称它们为**乘法公式**.

加以推广,设有 n 个事件 A_1, A_2, $\cdots$, A_n,且 $P(A_1A_2\cdots A_{n-1})>0$,则

$$P(A_1A_2\cdots A_n)=P(A_1)P(A_2|A_1)P(A_3|A_1A_2)\cdots P(A_n|A_1A_2\cdots A_{n-1})$$

也称该公式为**乘法公式**.

2. 全概率公式

设随机试验 E 的样本空间为 Ω，对它进行有限划分，A_1, A_2, $\cdots$, A_n 为其完备事件组，且 $P(A_i)>0(i=1,2,\cdots,n)$，则对任一随机事件 B，有

$$P(B)=\sum_{i=1}^{n}P(A_i)P(B|A_i)$$

该公式称为**全概率公式**.

证明：$B=B\cap\Omega=B(\bigcup_{i=1}^{n}A_i)=\bigcup_{i=1}^{n}BA_i$，又由于 $A_iA_j=\varnothing(i\neq j, i,j=1,2,\cdots,n)$，所以 $BA_i\cap BA_j=\varnothing\ (i\neq j,i,j=1,2,\cdots,n)$，由有限可加性和乘法公式可知

$$P(B)=P\big(\bigcup_{i=1}^{n}BA_i\big)=\sum_{i=1}^{n}P(BA_i)=\sum_{i=1}^{n}P(A_i)P(B|A_i)$$

例5.3 设一台机器正常时，生产合格品的概率为95%，当机器有故障时，生产合格品的概率为50%，而机器无故障的概率为95%.问某天上班时，工人生产的第一件产品是合格品的可能性是多少？

解：设 $A=\{$机器正常工作$\}$，则 $\bar{A}=\{$机器出现故障$\}$，则 A 与 $\bar{A}$ 构成了样本空间的一个划分，再设 B 表示"生产出来的产品为合格品"，根据题意有

$$P(A)=0.95,\ P(\bar{A})=0.05,\ P(B|A)=0.95,\ P(B|\bar{A})=0.5$$

于是由全概率公式可得

$$P(B)=P(A)P(B|A)+P(\bar{A})P(B|\bar{A})=0.95\times0.95+0.05\times0.5=0.9275$$

3. 贝叶斯公式

设随机试验 E 的样本空间为 Ω，对它进行有限划分，A_1, A_2, $\cdots$, A_n 为其完备事件组，$P(A_i)>0(i=1,2,\cdots,n)$，则对一随机事件 B 且 $P(B)>0$，有

$$P(A_i|B)=\frac{P(A_i)P(B|A_i)}{\sum_{i}P(A_i)P(B|A_i)},\quad i=1,2,\cdots,n$$

该公式称为**贝叶斯(Bayes)公式**.

证明：由条件概率的定义以及全概率公式即得

$$P(A_i|B)=\frac{P(A_iB)}{P(B)}=\frac{P(A_i)P(B|A_i)}{\sum_{i}P(A_i)P(B|A_i)},\ i=1,2,\cdots,n$$

例 5.4(续例 5.3) 问某天上班时,工人生产的第一件产品是合格品,问能以多大把握判断该机器是正常的?

解:与例 5.3 有相同的假设,由贝叶斯公式可得

$$P(A\mid B)=\frac{P(A)P(B\mid A)}{P(A)P(B\mid A)+P(\overline{A})P(B\mid \overline{A})}=\frac{0.95\times 0.95}{0.95\times 0.95+0.05\times 0.5}=0.973$$

贝叶斯公式在实际中有很多应用,它可以帮助人们确定某结果(事件 B)发生的最可能原因.

5.1.7 事件的独立性

设随机试验 E 的样本空间为 Ω,A,B 是两个随机事件,若满足 $P(AB)=P(A)P(B)$,则称事件 A 与事件 B **相互独立**.

性质 若四对事件 A 与 B,A 与 $\overline{B}$,$\overline{A}$ 与 B,$\overline{A}$ 与 $\overline{B}$ 中有一对是相互独立的,则其余各对也是相互独立的.

加以推广,设 A_1,A_2,$\cdots$,$A_n(n\geqslant 2)$ 是 n 个事件,若 A_i,$A_j(i\neq j,i,j=1,2,\cdots,n)$ 是其中任意两个事件,有 $P(A_iA_j)=P(A_i)P(A_j)$,则称**这 n 个事件是两两相互独立的事件**,简述为 A_1,A_2,$\cdots$,A_n **任意两个事件是相互独立的**.

设 A_1,A_2,$\cdots$,$A_n(n\geqslant 2)$ 是 n 个事件,若对其中任意 $k(2\leqslant k\leqslant n)$ 个事件 A_{i_1},A_{i_2},$\cdots$,A_{i_k},有

$$P(A_{i_1}A_{i_2}\cdots A_{i_k})=P(A_{i_1})P(A_{i_2})\cdots P(A_{i_k})$$

则称**这 n 个事件** A_1,A_2,$\cdots$,$A_n(n\geqslant 2)$ **是相互独立的**,简述为 A_1,A_2,$\cdots$,A_n **相互独立**,它是指其中任意有限个事件都相互独立.

可以看出,若 A_1,A_2,$\cdots$,A_n 相互独立,一定有 A_1,A_2,$\cdots$,A_n 两两独立.但是两两独立能不能推出相互独立呢?答案是不一定的,伯恩斯坦(Bernstein)反例就可以说明这个问题.

例 5.5(伯恩斯坦反例) 在一个均匀的正四面体的四个面上分别涂上红色、蓝色、黄色和红、蓝、黄三间色,抛掷该四面体,设事件 A 为"有红色一面着地",事件 B 为"有蓝色一面着地",事件 C 为"有黄色一面着地",则

$$P(A)=P(B)=P(C)=\frac{1}{2},\ P(AB)=P(AC)=P(BC)=\frac{1}{4},\ P(ABC)=\frac{1}{4}$$

且

$$P(AB)=P(A)P(B)=\frac{1}{4},\ P(AC)=P(A)P(C)=\frac{1}{4},$$

$$P(BC)=P(B)P(C)=\frac{1}{4}$$

但是 $P(ABC)=\dfrac{1}{4}\neq P(A)P(B)P(C)=\dfrac{1}{8}$

本题说明事件 A,B,C 是两两独立的但不是相互独立的.

人物传记

托马斯·贝叶斯

托马斯·贝叶斯(Thomas Bayes, 1702—1761), 18 世纪英国神学家、数学家、数理统计学家和哲学家, 概率论理论创始人, 贝叶斯统计的创立者, "归纳地"运用数学概率, "从特殊推论一般、从样本推论全体"的第一人. 贝叶斯曾是对概率论与统计的早期发展有重大影响的两位人物[另一位是布莱斯·帕斯卡(Blaise Pascal)]之一.

贝叶斯在数学方面主要研究概率论. 他首先将归纳推理法用于概率论基础理论, 并创立了贝叶斯统计理论, 对于统计决策函数、统计推断、统计的估算等做出了贡献. 1763 年发表了这方面的论著, 对于现代概率论和数理统计都有很重要的作用. 贝叶斯的另一著作《机会的学说概论》发表于 1758 年. 贝叶斯所采用的许多术语被沿用至今.

他对统计推理的主要贡献是使用了"逆概率"这个概念, 并把它作为一种普遍的推理方法提出来. 贝叶斯定理原本是概率论中的一个定理, 这一定理可用一个数学公式来表达, 这个公式就是著名的贝叶斯公式.

1763 年由理查德·普莱斯(Richard Price)整理发表了贝叶斯的成果 An Essay towards solving a Problem in the Doctrine of Chances, 提出了贝叶斯公式. 假定 $B_1,B_2,\cdots$ 是某个过程的若干可能的前提, 则 $P(B_i)$ 是人们事先对各前提条件出现可能性大小的估计, 称之为验前概率; 如果这个过程得到了一个结果 A, 那么贝叶斯公式提供了我们根据 A 的出现而对前提条件做出新评价的方法; $P(B_i|A)$ 即是对前提 B_i 的出现概率的重新认识, 称 $P(B_i|A)$ 为验后概率. 经过多年的发展与完善, 贝叶斯公式以及由此发展起来的一整套理论与方法, 已经成为概率统计中的一个冠以"贝叶斯"名字的学派, 在自然科学及国民经济的许多领域中有着广泛应用.

5.2 随机变量及其分布

5.2.1 随机变量的定义及分布函数

1. 随机变量的定义

设 E 为一随机试验,Ω 为其样本空间,如果对每一个样本点 ω 都有一个实数 $X=X(\omega)$ 与之相对应,这就得到一个定义在 Ω 上的单值实值函数 $X=X(\omega)$,称此函数为**随机变量**.

随机变量 X 是一个随机函数,与普通函数有本质的不同. 主要表现在两点:第一,X 的定义域是样本空间,自变量为样本点,而普通函数的定义域为实数域;第二,X 的取值具有随机性,它随试验结果的不同而取不同的值,且它的取值有一定的随机性.

随机变量 X 的引入,使我们能够用随机变量来描述各种随机现象. 例如,对于任意的实数 x_1,x_2,$\{X=x_1\}$,$\{X\leqslant x_1\}$,$\{X<x_2\}$,$\{x_1<X\leqslant x_2\}$ 等均可以用来表示随机事件. 一般地,若 L 是一个实数集合,将随机变量 X 在 L 上的取值写成 $\{X\in L\}$. 它表示事件 $A=\{\omega\mid X(\omega)\in L\}$,即 A 是由 Ω 中使得 $X(\omega)\in L$ 的所有样本点 ω 所组成的事件,此时有

$$P\{X\in L\}=P(A)=P\{\omega\mid X(\omega)\in L\}$$

随机变量是随机试验结果的数值描述,通常用大写英文字母 X,Y,Z 来表示随机变量,也可用希腊字母 ξ,η,ζ 等表示. 而表示随机变量所取的确定值,一般采用小写字母 x,y,z 等.

2. 随机变量的分布函数

如果 X 是一个随机变量,对于任意实数 x,有

$$F(x)=P\{X\leqslant x\},\quad x\in(-\infty,+\infty)$$

则称 $F(x)$ 为随机变量 X 的分布函数,也称为累积分布函数.

5.2.2 离散型随机变量

1. 离散型随机变量的概率分布

定义 1 如果随机变量 X 只取有限个值 x_1,x_2,$\cdots$,x_n 或可列无穷多个值 x_1,x_2,$\cdots$,则称随机变量 X 是离散型随机变量.

定义 2 设随机变量 X 所有可能取值为 x_1,x_2,$\cdots$,且 $P\{X=x_k\}=p_k(k=1,2,\cdots)$,则称

$$P\{X=x_k\}=p_k\quad(k=1,2,\cdots)$$

> 为离散型随机变量 X 的概率分布律或概率分布，简称分布律.

分布律常常用表格形式表示为

X	x_1	x_2	⋯	x_k	⋯
概率 p	p_1	p_2	⋯	p_k	⋯

显然地，由概率的定义，分布律满足如下两个**性质**：

1) $p_k \geq 0$, $k = 1, 2, \cdots$

2) $\sum_{k=1}^{\infty} p_k = 1$

离散型随机变量的分布函数为

$$F(x) = P\{X \leq x\} = \sum_{x_k \leq x} P\{X = x_k\} = \sum_{x_k \leq x} p_k$$

例 5.6 假设 100 件产品中，有 4 件是次品，现在从中随机抽取一个样本容量为 16 的样本，求次品数的分布律.

解：设 X 表示该样本中的次品数，X 的所有可能值为 0，1，2，3，4，则有

$$P\{X = k\} = \frac{C_4^k C_{96}^{16-k}}{C_{100}^{16}}, \quad k = 0, 1, 2, 3, 4$$

R 中的计算程序如下：

```
> p<-numeric(5)
> for(k in 0:4){
+ p[k+1]<-choose(4,k) * choose(96,16-k)/choose(100,16)
+ }
> p
[1] 0.4920658723 0.3887927880 0.1066809479 0.0119962512
0.0004641407
```

2. 数学期望

> **定义 3** 设离散型随机变量 X 的概率分布律为
>
> $$P\{X = x_i\} = p_i, \quad i = 1, 2, \cdots$$
>
> 若级数 $\sum_{i=1}^{\infty} x_i p_i$ 绝对收敛，则称级数 $\sum_{i=1}^{\infty} x_i p_i$ 的和为随机变量 X 的数学期望，记为 $E(X)$，即 $E(X) = \sum_{i=1}^{\infty} x_i p_i$，简称为**期望**.

例 5.7 求例 5.6 中的次品数 X 的数学期望.

解：调用例 5.6 的计算结果，再做加权平均计算.

```
> mc<-weighted.mean(x=0:4,w=p)
> mc
[1] 0.64
```

3. 方差

定义 4 设 X 是一个随机变量，若 $E\{[X-E(X)]^2\}$ 存在，则称之为随机变量 X 的**方差**，记为 $D(X)$，$\sigma^2(X)$ 或 $\mathrm{Var}(X)$，即
$$D(X)=\sigma^2(X)=\mathrm{Var}(X)=E\{[X-E(X)]^2\}$$
称 $\sigma(X)=\sqrt{D(X)}$ 为 X 的**标准差**或**均方差**.

当 X 是离散型随机变量时，其方差为
$$D(X)=\sum_{i=1}^{\infty}[x_i-E(X)]^2 p_i$$
其中 $P\{X=x_i\}=p_i$，$i=1,2,\cdots$ 是 X 的概率分布律.

例 5.8 求例 5.6 中的次品数 X 的方差.

解：调用例 5.6 的计算结果，再做加权平均计算.

```
> vc<-weighted.mean((0:4-mc)^2,w=p)
> vc
[1] 0.5213091
```

4. 几种常用的离散型随机变量及其概率分布律

(1) 两点分布

定义 5 设随机变量只可能取 0 与 1 两个值，它的分布律是
$$P\{X=1\}=p,\ P\{X=0\}=q,\ p+q=1,\quad p,\ q>0,$$
则称随机变量 X 服从参数为 p 的**两点分布**，有时也称 **0—1 分布**.

随机变量 X 服从参数为 p 的两点分布也可写成
$$P\{X=k\}=p^k q^{1-k},\quad k=0,1$$
或列表成

X	0	1
概率 p	$1-p$	p

凡是只有两个试验结果的随机试验，即它的样本空间可描述为 $\Omega=\{\omega_1,\omega_2\}$，我们总能定义一个服从两点分布的随机变量

$$X = X(\omega) = \begin{cases} 0, & \omega = \omega_1 \\ 1, & \omega = \omega_2 \end{cases}$$

从而用这个随机变量描述随机试验的结果.

0—1 分布的数学期望和方差分别为
$$E(X) = p$$
$$D(X) = \text{Var}(X) = pq$$

(2) 二项分布 $B(n,p)$

1) 二项试验. 假设试验 E 只有两个可能结果事件 A 出现(称为试验成功)和 $\overline{A}$ 出现(称为试验失败),且 $P(A) = p$,$P(\overline{A}) = 1-p = q$ 时,则称 E 为**伯努利试验**. 将 E 独立地重复进行 n 次,则称这一串重复的独立试验为 n **重伯努利试验**.

> **定理** 对于 n 重伯努利试验,已知 $P(A) = p$,则事件 A 在 n 次试验中出现 $k (k = 0, 1, \cdots, n)$ 次的概率为
> $$P\{X=k\} = C_n^k p^k (1-p)^{n-k} \text{ 且 } \sum_{k=0}^{n} P\{X=k\} = 1$$
> 其中 X 代表事件 A 在 n 次试验中出现的次数.

2) 二项分布的概念.

> **定义 6** 设随机变量 X 有如下的分布律:
> $$P\{X=k\} = C_n^k p^k q^{n-k}, \quad k = 0, 1, 2, \cdots, n$$
> 其中 p,$q > 0$,$p + q = 1$,则称 X 服从参数为 n 和 p 的**二项分布**,记作 $X \sim B(n,p)$.

若 $X \sim B(n,p)$,则其概率分布律也可列表成

X	0	1	$\cdots$	k	$\cdots$	n
概率 p	$C_n^0 p^0 q^n$	$C_n^1 p^1 q^{n-1}$	$\cdots$	$C_n^k p^k q^{n-k}$	$\cdots$	$C_n^n p^n q^0$

值得注意的是,称它为二项分布的原因是 $C_n^k p^k q^{n-k}$ 可看作是二项展开式 $(p+q)^n = \sum_{k=0}^{n} C_n^k p^k q^{n-k}$ 的第 $k+1$ 项.

上述定理和定义表明了在 n 重伯努利试验中,某随机事件 A 出现的次数 X 服从的是参数为 n 和 p 的二项分布. 特别地,当 $n = 1$ 时,即在一次试验中事件 A 要么发生要么不发生,它服从了二项分布 $B(1,p)$,实质上它是两点分布,两点分布是二项分布的特殊情形,故通常记两点分布为 $X \sim B(1,p)$.

3) R 中的函数. 在 R 中,binom 表示二项分布,加上不同的

前缀表示不同的函数,加 d 表示概率密度函数;加 p 表示分布函数;加 q 表示分位函数,即给定概率 p 后,求其下分位点;加 r 表示产生相同分布的随机数. 函数的使用格式如下:

dbinom(x,size,prob,log=FALSE)

pbinom(q, size, prob, lower.tail = TRUE, log.p = FALSE)

qbinom(p, size, prob, lower.tail = TRUE, log.p = FALSE)

rbinom(n,size,prob)

参数名称、取值及意义如表 5-1 所示.

表 5-1 binom( )函数中的参数名称、取值及意义

名称	取值及意义
x	数值或向量,表示试验中成功的次数
p	数值或向量,表示分位点的概率
size	数值或向量,二项分布中 $B(n,p)$ 的参数 n
prob	数值或向量,二项分布中 $B(n,p)$ 的参数 p
log, log.p	逻辑向量,当取值为 TRUE 时,函数的返回值不是概率 p,而是 log(p)
lower.tail	逻辑向量,当取值为 TRUE 时,分布函数为概率 $P\{X \leq x\}$,对应的分位数为下分位数;当取值为 FALSE 时,分布函数为概率 $P\{X>x\}$,对应的分位数为上分位数
n	产生二项分布随机数的个数

图 5-2 给出了二项分布的分布律,其参数为 $n=20$, $p=0.4$.

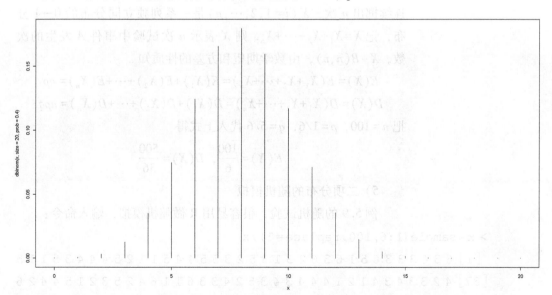

图 5-2 二项分布的分布律($n=20, p=0.4$)

在 R 中画出这个图的代码为

```
> x=0:20
> plot(x,dbinom(x,size=20,prob=0.4),type="h")
```

4) 二项分布的数学期望和方差. 二项分布 $B(n,p)$ 的数学期望和方差分别为

$$E(X)=np$$
$$D(X)=\text{Var}(X)=npq$$

这是因为，二项试验是 n 次独立的伯努利试验，现在设 $X_i(i=1,2,\cdots,n)$ 是一系列独立同分布的 0—1 分布，记为

$$X_i=\begin{cases}1, & \text{第 } i \text{ 次事件 } A \text{ 发生}\\ 0, & \text{第 } i \text{ 次事件 } A \text{ 不发生}\end{cases}$$

并设第 i 次事件 A 发生的概率为 p，记 $X=X_1+X_2+\cdots+X_n$. 则 X 表示 n 次试验中事件 A 发生的次数，$X\sim B(n,p)$，由数学期望和方差的性质知

$$E(X)=E(X_1+X_2+\cdots+X_n)=E(X_1)+E(X_2)+\cdots+E(X_n)=np$$
$$D(X)=D(X_1+X_2+\cdots+X_n)=D(X_1)+D(X_2)+\cdots+D(X_n)=npq$$

例 5.9　掷骰子连续 100 次，设随机变量 X 表示这 100 次中掷出 6 点的总次数，求 $E(X)$，$D(X)$.

解：设事件 A 表示在一次掷骰子中掷出 6 点，则一次试验中事件 A 发生的概率为 $p=1/6$，不发生的概率为 $1-p=q=5/6$，则有

$$X_i=\begin{cases}1, & \text{第 } i \text{ 次事件 } A \text{ 发生}\\ 0, & \text{第 } i \text{ 次事件 } A \text{ 不发生}\end{cases}$$

连续掷出 n 次，$X_i(i=1,2,\cdots,n)$ 是一系列独立同分布的 0—1 分布，记 $X=X_1+X_2+\cdots+X_n$. 则 X 表示 n 次试验中事件 A 发生的次数，$X\sim B(n,p)$，由数学期望和方差的性质知

$$E(X)=E(X_1+X_2+\cdots+X_n)=E(X_1)+E(X_2)+\cdots+E(X_n)=np$$
$$D(X)=D(X_1+X_2+\cdots+X_n)=D(X_1)+D(X_2)+\cdots+D(X_n)=npq$$

把 $n=100$，$p=1/6$，$q=5/6$ 代入上式得

$$E(X)=\frac{100}{6},\ D(X)=\frac{500}{36}$$

5) 二项分布的随机模拟

例 5.9 的随机试验，很容易用 R 做随机模拟，输入命令：

```
> x=sample(1:6,100,replace=T);x
 [1] 6 3 4 3 3 3 6 5 1 6 5 6 2 3 1 3 5 2 3 5 5 4 4 5 1 1 2 5 4 4 4 3 5 1 1 5
[37] 4 2 3 3 4 3 4 1 2 1 4 4 4 3 4 3 5 2 4 3 3 6 1 1 6 4 2 5 3 2 1 5 4 4 2 6
[73] 5 1 4 3 4 2 1 3 1 4 6 4 2 1 2 1 1 6 5 1 5 5 4 2 2 3 1 1
> table(x)
```

```
x
  1  2  3  4  5  6
 20 14 19 22 16  9
```

这里,调用 sample 函数,从可能值集合中取样,并且设置 replace=T:

```
sample(set,n,replace=T)
```

函数 sample( )会随机地从一个向量中选定项,它通常是不放回抽样,这意味着它不会两次选定相同的项. 然而,设置 replace=T 变成有放回抽样,这样可生成长的随机序列. 例如,掷硬币 10 次的模拟随机序列:

```
> sample(c("H","T"),10,replace=T)
[1] "T" "H" "H" "T" "H" "T" "T" "H" "H" "T"
```

假设我们需要生成 30 个伯努利试验,一次试验中事件 A 发生的概率为 p=0.7,不发生的概率为 1−p=0.3,事件 A 发生令 X=1,不发生令 X=0:

```
> sample(c(1,0),30,replace=T,prob=c(0.7,0.3))
[1] 1 0 1 1 1 0 1 1 1 0 1 1 1 0 1 0 1 1 1 1 0 1 0 1 0 1 1
```

也可以调用 rbinom 函数来实现:

```
> rbinom(30,1,0.7)
[1] 1 0 1 1 0 1 0 1 1 1 0 1 1 1 1 1 1 1 0 1 1 1 1 0 1 1 1 1
```

例 5.10 掷骰子连续 6000 次,设随机变量 X 表示这 6000 次中掷出 6 点的总次数. 重复这个试验 100 次,用 R 模拟观察这 100 次试验中随机变量 X 的取值.

解:$X \sim B(6000, 1/6)$,调用 rbinom( ) 函数来实现:

```
> rbinom(100,6000,1/6)
 [1] 1012 1021  945  964 1068 1033  993 1028 1004  926  995  981 1050  974
[15] 1017  978  990 1016 1014 1015  988  990 1000 1043 1008 1045 1025  996
[29] 1007 1022 1042 1008 1018 1016  986  949 1000 1071 1007  963  965  945
[43] 1010  953  994 1010  998  968 1048 1009  968  995 1049 1023  954  949
[57]  979  991 1024 1010 1012 1015  971 1026  974  987 1015  950  983 1003
[71]  995  998 1018 1009  954  990  994 1040  963  969  973  979  958  950
[85]  963  995 1062  982  966  995 1013 1023  988 1026 1027  996 1011 1016
[99] 1000 1064
```

可以看出,二项分布的随机变量 X 的取值在 $E(X) = np = 6000 \times 1/6 = 1000$ 附近来回摆动;事实上,根据中心极限定理,当 n 较大时,随机变量 X 近似服从均值为 np,方差为 npq 的正态分布,即 $X \sim N(np, npq)$,因此,二项分布的极限分布是正态分布.

图 5-3 所示是 n 分别取 5, 10, 20, 30, 50, 100 时, $p=0.4$ 的二项分布图, 当 n 取值越大时, 二项分布图越接近正态分布.

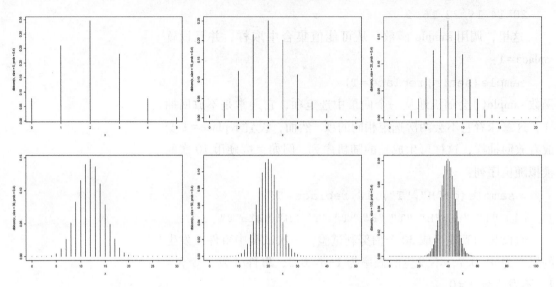

图 5-3　当 $n=5, 10, 20, 30, 50, 100$, $p=0.4$ 时的二项分布图

例 5.11　设某企业生产的一大批产品中其次品率是 8%, 一批发商去购买该企业产品, 约定从这批产品中随机抽取一个样本容量为 5 的样本(做有放回抽样), 样本中次品数不超过一个, 即接受该批产品, 否则拒收该批产品, 问: 这批产品被拒收的概率有多大?

解: 设 X 表示该样本中的次品数, 则每次抽样抽到次品的概率为 0.08, 试验重复 5 次, 所以 X 服从二项分布 $B(5, 0.08)$. 于是有

$$P\{X>1\} = 1-P\{X=0\}-P\{X=1\}$$
$$= 1-C_5^0(0.08)^0(0.92)^5-C_5^1(0.08)^1(0.92)^4$$
$$= 0.054$$

采用 pbinom 分布函数, 输入命令, 计算结果如下:

```
> 1-pbinom(1,size=5,prob=0.08)
[1] 0.05436129
```

(3) 泊松分布

定义 7　如果随机变量 X 有如下的分布律:

$$P\{X=k\} = \frac{\lambda^k}{k!}e^{-\lambda}, \ k=0, 1, 2, \cdots,$$

其中 $\lambda>0$ 为常数, 则称 X 服从参数为 λ 的**泊松分布**, 简记为 $X \sim P(\lambda)$.

X 服从参数为 λ 的**泊松分布的**分布律也可列表成

X	0	1	2	...	k	...
概率 p	$e^{-\lambda}$	$\lambda e^{-\lambda}$	$\dfrac{\lambda^2}{2!}e^{-\lambda}$	...	$\dfrac{\lambda^k}{k!}e^{-\lambda}$	...

容易求得

$$\sum_{k=0}^{\infty} P\{X=k\} = \sum_{k=0}^{\infty} \frac{\lambda^k e^{-\lambda}}{k!} = e^{-\lambda} \sum_{k=0}^{\infty} \frac{\lambda^k}{k!} = e^{-\lambda} \cdot e^{\lambda} = 1$$

即上表中的各项概率值之和为 1.

泊松分布是以法国数学家西莫恩·德尼·泊松(Simeon-Denis Poisson, 1781—1840)命名的. 泊松分布适用于近似描述单位时间或空间内随机事件发生的次数,如某一服务设施一段时间内到达的人数、某块产品上的缺陷数、某放射性物质 1min 内发射出的 α 粒子数等.

泊松分布的形状取决于 λ 的大小. λ 的值越小,右偏越明显;随着 λ 值变大,随机变量取 0 的可能性变小,分布迅速趋近于对称;当 $\lambda=15$ 时,泊松分布已经近似于正态分布. 图 5-4 所示为当 λ 的值分别取 1,4,10,15 时,泊松分布的概率分布图.

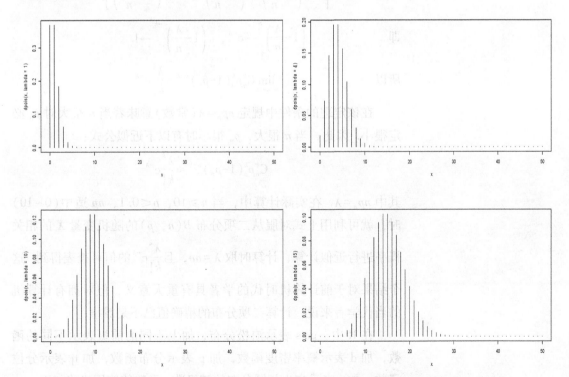

图 5-4　当 λ 的值分别取 1,4,10,15 时,泊松分布的概率分布图

若 X 服从参数为 λ 的泊松分布,容易求出 X 的数学期望和方

差分别为
$$E(X) = \lambda$$
$$D(X) = \lambda$$

泊松分布与二项分布关系密切,下面介绍一个用泊松分布来逼近二项分布的定理.

泊松定理 设 $X_n \sim B(n, p_n)$,$np_n = \lambda > 0$(λ 为常数),$0 < p_n < 1$,$n = 1, 2, \cdots$,则对任一个固定的非负整数 k,有

$$\lim_{n \to +\infty} P\{X_n = k\} = \lim_{n \to +\infty} C_n^k p_n^k (1-p_n)^{n-k} = \frac{\lambda^k}{k!} e^{-\lambda}$$

证明: 由 $p_n = \lambda/n$,有

$$C_n^k p_n^k (1-p_n)^{n-k} = \frac{n(n-1)\cdots(n-k+1)}{k!} \left(\frac{\lambda}{n}\right)^k \left(1-\frac{\lambda}{n}\right)^{n-k}$$

$$= \frac{\lambda^k}{k!} \left[1 \cdot \left(1-\frac{1}{n}\right) \cdot \left(1-\frac{2}{n}\right) \cdot \cdots \cdot \left(1-\frac{k-1}{n}\right)\right] \cdot$$

$$\left(1-\frac{\lambda}{n}\right)^n \cdot \left(1-\frac{\lambda}{n}\right)^{-k}$$

对于任意固定的 k,当 $n \to +\infty$ 时,

$$\left[1 \cdot \left(1-\frac{1}{n}\right) \cdot \left(1-\frac{2}{n}\right) \cdot \cdots \cdot \left(1-\frac{k-1}{n}\right)\right] \to 1$$

即
$$\left(1-\frac{\lambda}{n}\right)^n \to e^{-\lambda}, \quad \left(1-\frac{\lambda}{n}\right)^{-k} \to 1$$

所以
$$\lim_{n \to +\infty} C_n^k p_n^k (1-p_n)^{n-k} = \frac{\lambda^k}{k!} e^{-\lambda}$$

在该定理的条件中规定 $np_n = \lambda$(常数)意味着当 n 很大时 p_n 必定很小. 因此,当 n 很大,p_n 很小时有以下近似公式:

$$C_n^k p_n^k (1-p_n)^{n-k} \approx \frac{\lambda^k}{k!} e^{-\lambda}$$

其中 $np_n = \lambda$. 在实际计算中,当 $n \geq 10$,$p \leq 0.1$,np 适中($0 \sim 10$)时,就可利用上式对服从二项分布 $B(n, p)$ 的随机变量 X 的相关概率进行近似计算,计算时取 $\lambda = np$,且 $\frac{\lambda^k}{k!} e^{-\lambda}$ 的值可查表得到. 这个结果对于前计算机时代的学者具有重大意义,但对拥有计算机的当代学者来说,计算二项分布的精确值已不是难事.

在 R 中,pois 表示泊松分布,加上不同的前缀表示不同的函数,加 d 表示概率密度函数,加 p 表示分布函数,加 q 表示分位函数,加 r 表示产生相同分布的随机数. 函数的使用格式如下:

```
dpois(x,lambda,log=FALSE)
ppois(q,lambda,lower.tail=TRUE,log.p=FALSE)
```

```
qpois(p,lambda,lower.tail=TRUE,log.p=FALSE)
rpois(n,lambda)
```
其中,参数 lambda 为泊松分布的参数 λ.

例 5.12 某半导体公司制造的某种芯片,次品率为 0.1%,各个芯片为次品相互独立. 求在 1000 只产品中至少有 2 只次品的概率.

解法 1:设随机变量 X 表示 1000 只产品中的次品数,显然
$$X \sim B(1000, 0.001)$$
所求的概率为
$$P\{X \geqslant 2\} = 1 - P\{X = 0\} - P\{x = 1\}$$
利用泊松分布的近似公式做近似计算,$\lambda = 1000 \times 0.001 = 1$. 因此,所求概率为
$$P\{X \geqslant 2\} = 1 - P\{X = 0\} - P\{X = 1\} = 1 - e^{-1} - e^{-1} \approx 0.2642411$$
或者输入泊松分布的 R 命令做近似计算:
```
> 1-ppois(1,lambda=1000*0.001)
[1] 0.2642411
```
解法 2:可以利用 R 计算该二项分布概率的精确值.
```
>1-pbinom(1,1000,0.001)
[1] 0.2642411
```
两种方法结果相同. 一般地,当 $n \geqslant 20$,$p \leqslant 0.05$ 时,用 $\frac{\lambda^k}{k!} e^{-\lambda}$($\lambda = np$)作为 $C_n^k p_n^k (1-p_n)^{n-k}$ 的近似效果颇佳.

(4) 超几何分布 $H(n, M, N)$

二项分布主要用于计算有限总体重复抽样的概率,但很多实际问题中,抽样往往不重复,如产品质量检验中,检验完某种产品一般不放回,这时要用到超几何分布. 一般地,如果一批产品共有 N 个,分成两部分,其中有 M 个次品,有 $(N-M)$ 个正品. 现在从中随机取出一个样本容量为 n 的样本(设 $n \leqslant N-M$),则这个样本中所含的次品数 X 是一个离散型随机变量,且服从超几何分布.

定义 8 若随机变量 X 的分布律为
$$P\{X=k\} = \frac{C_M^k C_{N-M}^{n-k}}{C_N^n}, \quad k = 0, 1, 2, \cdots, \min\{M, n\}, \quad M \leqslant N, \quad n \leqslant N$$
则称 X 服从参数为 n,M,N 的**超几何分布**,记为 $X \sim H(n, M, N)$.

超几何分布的数学期望为
$$E(X) = n \cdot \frac{M}{N}$$

方差为

$$D(X)=\frac{nM(N-M)(N-n)}{N^2(N-1)}$$

例 5.13 一批产品 200 件，其中有 4 件是次品，从中随机抽取一个样本容量为 20 的样本，求其中恰好有 2 件次品的概率.

解：$N=200$，$M=4$，$n=20$，$k=2$，于是有

$$P\{X=2\}=\frac{C_4^2 C_{196}^{18}}{C_{200}^{20}}=0.0473$$

或者输入 R 命令，计算如下：

```
> choose(4,2)*choose(196,18)/choose(200,20)
[1] 0.04732013
```

或者

```
> dhyper(2,4,196,20)
[1] 0.04732013
```

在 R 中，**hyper( )** 函数表示超几何分布，加上不同的前缀表示不同的函数，函数的使用格式为

```
dhyper(x,m,n,k,log=FALSE)
phyper(q,m,n,k,lower.tail=TRUE,log.p=FALSE)
qhyper(p,m,n,k,lower.tail=TRUE,log.p=FALSE)
```

部分参数的名称、取值及意义如表 5-2 所示.

表 5-2 hyper( ) 函数部分参数的名称、取值及意义

名称	取值及意义
x（或 q）	整数（或实数），表示样本中的次品数
m	整数，表示这批产品中的次品数
n	整数，表示这批产品中的正品数
k	整数，表示样本容量

5.3 连续型随机变量

1. 连续型随机变量的定义

定义 1 如果对于随机变量 X 的分布函数 $F(x)$，存在一个非负可积函数 $f(x)$，使对于任意实数 x，有

$$F(x)=P\{X\leqslant x\}=\int_{-\infty}^{x}f(t)\mathrm{d}t$$

则称 X 为**连续型随机变量**，称 $f(x)$ 是 X 的**概率密度函数**，简称**概率密度**或**密度**.

概率密度函数 $f(x)$ 具有以下性质：

1) 非负性　$f(x) \geq 0$　$(-\infty < x < +\infty)$
2) 规范性　$\int_{-\infty}^{+\infty} f(x) \mathrm{d}x = 1$
3) 对于任意实数 $x_1, x_2 (x_1 < x_2)$，有

$$P\{x_1 < X \leq x_2\} = F(x_2) - F(x_1) = \int_{x_1}^{x_2} f(x) \mathrm{d}x$$

4) 对于 $f(x)$ 的连续点 x，有　　$f(x) = F'(x)$
5) 对任意实数 a，总有　　　　　$P\{X = a\} = 0$

连续型随机变量的数学期望和方差分别定义为

$$E(X) = \int_{-\infty}^{+\infty} x f(x) \mathrm{d}x$$

$$\mathrm{Var}(X) = \int_{-\infty}^{+\infty} (x-\mu)^2 f(x) \mathrm{d}x$$

2. 几种常用的连续型随机变量的分布

(1) 均匀分布 $U[a,b]$

定义 2　设随机变量 X 的概率密度函数为

$$f(x) = \begin{cases} \dfrac{1}{b-a}, & x \in [a,b] \\ 0, & \text{其他} \end{cases}$$

则称 X 在 $[a,b]$ 上服从**均匀分布**，记作 $X \sim U[a,b]$.

均匀分布的分布函数是

$$F(x) = \begin{cases} 0, & x < a \\ \int_a^x \dfrac{\mathrm{d}x}{b-a} = \dfrac{x-a}{b-a}, & a \leq x < b \\ 1, & x \geq b \end{cases}$$

均匀分布的数学期望和方差分别为

$$E(X) = \frac{a+b}{2}$$

$$\mathrm{Var}(X) = \frac{(b-a)^2}{12}$$

在 R 中，unif() 函数表示均匀分布，加上不同的前缀表示不同的函数，其使用格式为

dunif(x,min=0,max=1,log=FALSE)

punif(q, min = 0, max = 1, lower.tail = TRUE, log = FALSE)

qunif(p, min = 0, max = 1, lower.tail = TRUE, log =

FALSE)

```
runif(n,min=0,max=1)
```

部分参数的名称、取值及意义如表 5-3 所示.

表 5-3　unif( )函数部分参数的名称、取值及意义

名　称	取值及意义
x(或 q)	数值或向量，表示概率密度函数或分布函数的自变量
p	数值或向量，表示分位点的概率
n	整数，表示产生的均匀分布的随机数的个数
min	数值，表示区间的左端点，默认值为 0
max	数值，表示区间的右端点，默认值为 1

例 5.14　43 路公交车的起点站每隔 5min 发出一辆车，一位乘客随机到站点等车.

1) 写出该乘客候车时间 X 的概率密度；

2) 求该乘客候车时间超过 3min 的概率.

解：1) 由题意知，X 服从 $[0,5]$ 上的均匀分布，其概率密度为

$$f(x)=\begin{cases}\dfrac{1}{5},&0\leqslant x\leqslant 5\\0,&\text{其他}\end{cases}$$

2) $P\{X>3\}=\int_3^{+\infty}f(x)\mathrm{d}x=\dfrac{2}{5}$

或用 punif( )函数计算，程序及结果为

```
> p=1-punif(3,0,5);p
[1] 0.4
```

(2) 指数分布 $E(\lambda)$

> **定义 3**　设连续型随机变量 X 的概率密度函数为
>
> $$f(x)=\begin{cases}\lambda e^{-\lambda x},&x\geqslant 0,\\0,&x<0,\end{cases}$$
>
> 其中 $\lambda>0$ 为常数，则称 X 服从参数为 λ 的指数分布，记为 $X\sim E(\lambda)$.

指数分布的分布函数为

$$F(x)=\begin{cases}1-e^{-\lambda x},&x>0\\0,&x\leqslant 0\end{cases}$$

指数分布应用范围较为广泛，主要用来描述一类寿命问题，如：电子元件的寿命、计算机软件使用寿命、电话的通话时间以及排

队论中每次服务的时间等，这些都可以认为是服从指数分布．

指数分布的数学期望和方差分别为

$$E(X) = \frac{1}{\lambda}$$

$$\mathrm{Var}(X) = \frac{1}{\lambda^2}$$

在 R 中，exp()函数表示指数分布，加上不同的前缀表示不同的函数，其使用格式为

```
dexp(x,rate=1,log=FALSE)
pexp(q,rate=1,lower.tail=TRUE,log=FALSE)
qexp(p,rate=1,lower.tail=TRUE,log=FALSE)
rexp(n,rate=1)
```

参数 rate 为指数分布的参数 λ，默认值为 1．

例 5.15 假设某种热水器首次发生故障的时间 X（以 h 计）服从指数分布 $E(0.002)$，求该热水器在 100h 内需要维修的概率．

解：X 的概率密度函数为

$$f(x) = \begin{cases} 0.002\mathrm{e}^{-0.002x}, & x \geq 0 \\ 0, & x < 0 \end{cases}$$

则 100h 内需要维修的概率为

$$P\{X \leq 100\} = \int_{-\infty}^{100} f(x)\mathrm{d}x = \int_{0}^{100} 0.002\mathrm{e}^{-0.002x}\mathrm{d}x = 1-\mathrm{e}^{-0.2} = 0.1813$$

或用 pexp()函数计算，程序及结果为

```
> p=pexp(100,0.002);p
[1] 0.1812692
```

（3）正态分布 $N(\mu,\sigma^2)$

定义 4 设连续型随机变量 X 的概率密度函数为

$$f(x) = \frac{1}{\sqrt{2\pi}\sigma}\mathrm{e}^{-\frac{(x-\mu)^2}{2\sigma^2}} \quad (-\infty < x < +\infty)$$

其中 μ 为常数，$\sigma>0$ 为常数，则称 X 服从参数为 μ 和 σ 的**正态分布**，记为 $X \sim N(\mu,\sigma^2)$，并称 X 为正态变量．

正态分布最早由高斯（Gauss）在研究测量误差时得到，所以正态分布有时也称为高斯分布．正态分布是最重要的、应用最广泛的一种分布，在统计学中有特殊的重要地位．事实表明，产品的许多质量指标、生物的许多生理指标等都服从或近似服从正态分布．还有，在第 6 章中会提到大量的相互独立且有相同分布的随机变量的和也近似服从正态分布．

$X \sim N(2,1)$ 的正态分布概率密度函数的图形如图 5-5 所示, 正态分布的密度函数呈倒钟形, 所以有人也把它称为钟形分布, 其具有下列几个性质:

1) $f(x)$ 关于 $x=\mu$ 对称, 即有
$$P\{X<\mu\} = P\{X\geqslant\mu\} = 0.5$$

2) $f(x)$ 在 $x=\mu$ 处取到最大值
$$f(\mu) = 1/\sqrt{2\pi\sigma^2}.$$

3) $f(x)$ 在 $x=\mu\pm\sigma$ 处有拐点.

4) 以 x 轴为水平渐近线.

5) 正态分布曲线中, 中位数、众数和均值三数同时在 $x=\mu$ 处取到.

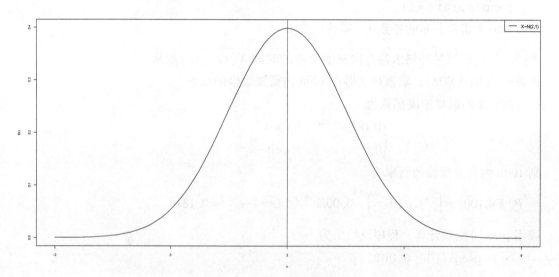

图 5-5 $X \sim N(2,1)$ 的正态分布概率密度函数的曲线图

正态分布的数学期望和方差分别为 $E(X)=\mu$, $D(X)=\sigma^2$. 此外, 若 μ 值发生变动, σ 值不变, 则函数 $f(x)$ 的图形沿着 x 轴平移, 但形状不发生改变, 故正态分布的概率密度函数 $y=f(x)$ 的图形位置是由参数 μ 所确定的, μ 称为**位置参数**(见图 5-6); 若 μ 值不变, σ 值越大, 曲线越平坦, σ 值越小, 曲线越陡峭, σ 决定了图形中峰的陡峭程度(见图 5-7).

若 $X \sim N(\mu,\sigma^2)$, 则 X 的分布函数是一个变上限积分函数
$$F(x) = \frac{1}{\sqrt{2\pi}\sigma}\int_{-\infty}^{x} e^{-\frac{(t-\mu)^2}{2\sigma^2}} dt, \quad -\infty<x<+\infty$$

特别地, 当 $X \sim N(0,1)$ 时, 称 X 服从**标准正态分布**, X 为**标准正态变量**. 标准正态分布的密度函数具有特殊的地位, 所以用一个特定的符号 $\varphi(x)$ 表示, 即

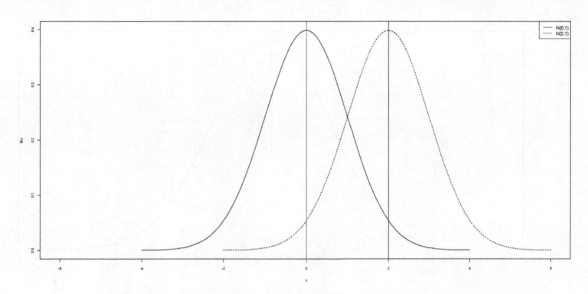

图 5-6 当 μ 值分别取 0 和 2 时，而 σ 值不变，$\sigma=1$ 时的正态分布曲线

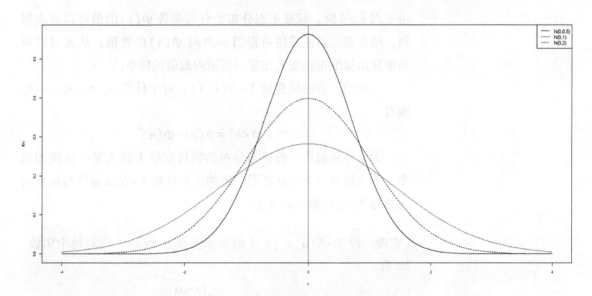

图 5-7 当 μ 值取 0，而 σ 取不同值时的正态分布曲线

$$\varphi(x)=\frac{1}{\sqrt{2\pi}}e^{-\frac{x^2}{2}}(-\infty<x<+\infty)$$

标准正态分布的分布函数也用一个特定的符号 $\Phi(x)$ 表示，即

$$\Phi(x)=\frac{1}{\sqrt{2\pi}}\int_{-\infty}^{x}e^{-\frac{t^2}{2}}dt \quad -\infty<x<+\infty$$

显然 $\varphi(x)$ 的图形关于 y 轴对称（见图 5-8），其分布函数 $\Phi(x)$ 具有如下性质：

1) $\Phi(0)=0.5$
2) $\Phi(-x)=1-\Phi(x)$

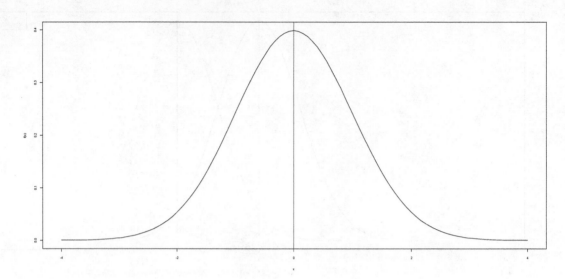

图 5-8 X 服从标准正态分布时的概率密度曲线图

由于当 $x \geqslant 0$ 时,标准正态分布的分布函数 $\Phi(x)$ 的值可以查表得到,结合第二条性质便可得当 $x<0$ 时 $\Phi(x)$ 的数值,从而可以容易地算出标准正态变量在某一范围内取值的概率.

一般地,若随机变量 $X \sim N(0,1)$,对于任意 $a, b \in \mathbf{R}$,$a<b$,则有

$$P\{a<X<b\} = \Phi(b) - \Phi(a)$$

为了计算服从一般正态分布的随机变量 X 落入某一区间的概率,下面给出一个定理证明一般的正态分布 $X \sim N(\mu, \sigma^2)$ 与标准正态分布 $N(0,1)$ 的一种关系.

定理 设 $X \sim N(\mu, \sigma^2)$,X 的分布函数为 $F(x)$,则对每个实数 x 有

$$F(x) = \Phi\left(\frac{x-\mu}{\sigma}\right)$$

证明:由分布函数的定义可得

$$F(x) = P\{X \leqslant x\} = \int_{-\infty}^{x} \frac{1}{\sqrt{2\pi}\,\sigma} e^{-\frac{(t-\mu)^2}{2\sigma^2}} dt$$

令 $y = \dfrac{t-\mu}{\sigma}$,则得

$$F(x) = \int_{-\infty}^{\frac{x-\mu}{\sigma}} \frac{1}{\sqrt{2\pi}} e^{-\frac{y^2}{2}} dy = \Phi\left(\frac{x-\mu}{\sigma}\right)$$

命题得证.

推论 若 $X \sim N(\mu, \sigma^2)$,对任意 $a, b \in \mathbf{R}$,$a<b$,有

$$P\{a<X\leqslant b\}=F(b)-F(a)=\varPhi\left(\frac{b-\mu}{\sigma}\right)-\varPhi\left(\frac{a-\mu}{\sigma}\right)$$

在 R 中，norm( )函数表示正态分布，加上不同的前缀表示不同的函数，其使用格式为

```
dnorm(x,mean=0,sd=1,log=FALSE)
pnorm(q,mean=0,sd=1,lower.tail=TRUE,log=FALSE)
qnorm(p,mean=0,sd=1,lower.tail=TRUE,log=FALSE)
rnorm(n,mean=0,sd=1)
```

其中，参数 mean 表示均值，默认值为 0；参数 sd 表示标准差或均方差，默认值为 1.

例 5.16 计算以下概率值：

1) $P\{-1\leqslant X\leqslant 1\}$，$X\sim N(0,1)$
2) $P\{X\geqslant 1.5\}$，$X\sim N(0,1)$
3) $P\{-3\leqslant X\leqslant 3\}$，$X\sim N(4,3)$
4) $P\{X\geqslant 18\}$，$X\sim N(16,9)$

解：输入 R 命令，计算过程和结果如下：

1) > pnorm(1)-pnorm(-1)

   [1] 0.6826895

2) > 1-pnorm(1.5)

   [1] 0.0668072

3) > pnorm(3,4,sqrt(3))-pnorm(-3,4,sqrt(3))

   [1] 0.2818249

4) > 1-pnorm(18,16,sqrt(9))

   [1] 0.2524925

注意，在本例的 3)4)中，由于 pnorm( )函数中参数 sd 是表示标准差或均方差，而不是方差，所以在 3)中 sd=sqrt(3)，而在 4)中，sd=sqrt(9).

例 5.17 设 $X\sim N(\mu,\sigma^2)$，试分别计算：$P\{|X-\mu|\leqslant\sigma\}$，$P\{|X-\mu|\leqslant 2\sigma\}$，$P\{|X-\mu|\leqslant 3\sigma\}$.

解：当 $X\sim N(\mu,\sigma^2)$ 时，$Z=\dfrac{X-\mu}{\sigma}\sim N(0,1)$，所以用标准正态分布计算即可. 输入 R 命令，计算过程和结果如下：

> x=1:3;p=pnorm(x)-pnorm(-x);p

[1] 0.6826895 0.9544997 0.9973002

这就是通常所说的 3σ 法则，即正态分布的随机变量 X 落在

1σ、2σ 和 3σ 区间内的概率分别约为 68.27%、95.45% 和 99.73%. 例如，若告知我国成年男性的身高 $X \sim N(171,16)$，则可以知道，大约 68.27%的我国成年男性的身高在 167~175cm 之间，大约 95.45% 的我国成年男性的身高在 163~179cm 之间，大约 99.73%的我国成年男性的身高在 159~183cm 之间.

例5.18 某地区 18 岁的女青年身高服从 $X \sim N(159,16)$，问：
1) 该地区 18 岁的女青年身高在 158~165cm 的比例？
2) 该地区 18 岁的女青年身高在 163cm 以上的比例？

解：由已知 $X \sim N(159,16)$，所以有

$$\frac{X-159}{4} \sim N(0,1)$$

输入 R 命令，计算过程和结果如下：

1) > pnorm(165,159,4)-pnorm(158,159,4)
   [1] 0.5318991
2) > 1-pnorm(163,159,4)
   [1] 0.1586553

(4) $\Gamma(\alpha,\beta)$ 分布（Gamma 分布） 设 α 是正常数，定义一个含有参数 α 的广义积分如下：

$$\Gamma(\alpha) = \int_0^{+\infty} x^{\alpha-1} e^{-x} dx$$

称之为 Γ 函数. Γ 函数具有如下性质：

1) 对任意的 $\alpha>0$，$\Gamma(\alpha+1) = \alpha\Gamma(\alpha)$
2) $\Gamma(1) = 1$，$\Gamma\left(\frac{1}{2}\right) = \sqrt{\pi}$
3) 若 n 为正整数，则 $\Gamma(n) = (n-1)!$

定义 5 设 $\alpha>0$，$\beta>0$ 是常数，若随机变量 X 的概率密度函数为

$$f(x) = \begin{cases} \dfrac{\beta}{\Gamma(\alpha)} (\beta x)^{\alpha-1} e^{-\beta x}, & x>0 \\ 0, & x \leq 0 \end{cases}$$

则称 X 服从参数为 α，β 的 Γ 分布，记作 $X \sim \Gamma(\alpha,\beta)$.

Γ 分布也是一个重要分布，Γ 分布既在推导数理统计中有重要地位的 χ^2 分布、t 分布和 F 分布时很有用，又在现实当中经常碰到，譬如在气象学中干旱地区的年、季或月降水量被认为服从 Γ 分布，指定时间段内的最大风速等也被认为服从 Γ 分布.

下面我们介绍 Γ 分布的特殊情形：

1) 当 $\alpha=1$ 时，$f(x)=\begin{cases}\beta e^{-\beta x}, & x>0 \\ 0, & x\leq 0\end{cases}$，此时 $X\sim E(\beta)$，也就是说指数分布是 Γ 分布的一种特例.

2) 当 $\alpha=\dfrac{n}{2}$，$\beta=\dfrac{1}{2}$，则

$$f(x)=\begin{cases}\dfrac{1}{2^{\frac{n}{2}}\Gamma\left(\dfrac{n}{2}\right)}x^{\frac{n}{2}-1}e^{-\frac{x}{2}}, & x>0 \\ 0, & x\leq 0\end{cases}$$

我们称此分布为**自由度为** n **的** χ^2 **分布**，记作 $\chi^2(n)$，它是数理统计学中重要的分布之一.

(5) χ^2 分布

定义 6 设随机变量 $X_1, X_2, \cdots, X_n$ 独立同分布，且 $X_i\sim N(0,1)$ $(i=1,2,\cdots,n)$，则称随机变量

$$\chi^2=\sum_{i=1}^{n}X_i^2$$

服从自由度为 n 的 χ^2 **分布**，记为 $\chi^2\sim\chi^2(n)$.

$\chi^2(n)$ 分布的概率密度函数为

$$f(x,n)=\begin{cases}\dfrac{1}{2^{\frac{n}{2}}\Gamma\left(\dfrac{n}{2}\right)}x^{\frac{n}{2}-1}e^{-\frac{x}{2}}, & x>0 \\ 0, & x\leq 0\end{cases}$$

χ^2 分布的数学期望和方差分别为

$$E(X)=n,\quad D(X)=2n$$

(6) t 分布

定义 7 设随机变量 $X\sim N(0,1)$、$Y\sim\chi^2(n)$，且 X 与 Y 独立，则称随机变量

$$t=\dfrac{X}{\sqrt{Y/n}}$$

服从自由度为 n 的 t 分布(或称学生氏(student)分布)，记为 $t\sim t(n)$.

t 分布的概率密度函数为

$$f(x,n)=\dfrac{\Gamma\left(\dfrac{n+1}{2}\right)}{\sqrt{n\pi}\,\Gamma\left(\dfrac{n}{2}\right)}\left(1+\dfrac{x^2}{n}\right)^{-\frac{n+1}{2}},\quad -\infty<x<+\infty$$

t 分布的数学期望和方差分别为

$$E(X) = 0, \quad D(X) = \frac{n}{n-2}$$

(7) F 分布

> **定义 8** 设随机变量 $X \sim \chi^2(n_1)$, $Y \sim \chi^2(n_2)$, 且 X 与 Y 独立, 称随机变量 $F = \dfrac{X/n_1}{Y/n_2}$ 服从第一自由度为 n_1、第二自由度为 n_2 的 F 分布, 记为 $F \sim F(n_1, n_2)$.

F 分布的概率密度函数为

$$f(x, n_1, n_2) = \begin{cases} \dfrac{\Gamma\left(\dfrac{n_1+n_2}{2}\right)}{\Gamma\left(\dfrac{n_1}{2}\right) \cdot \Gamma\left(\dfrac{n_2}{2}\right)} \dfrac{n_1}{n_2}\left(\dfrac{n_1}{n_2}x\right)^{\frac{n_1}{2}-1}\left(1+\dfrac{n_1}{n_2}x\right)^{-\frac{n_1+n_2}{2}}, & x>0 \\ 0, & x \leq 0 \end{cases}$$

F 分布的数学期望和方差分别为

$$E(X) = \frac{n_2}{n_2-2}, \ n_2>2; \ D(X) = \frac{2n_2^2(n_1+n_2-2)}{n_1(n_2-2)^2(n_2-4)}, \ n_1>2, \ n_2>4$$

(8) 对数正态分布 $X \sim LN(\mu, \sigma^2)$ 表示随机变量 X 服从参数为 μ, σ^2 的对数正态分布, 即 $\ln X \sim N(\mu, \sigma^2)$, X 的密度函数为

$$f(x) = \frac{1}{\sqrt{2\pi}\sigma x} e^{-\frac{(\ln x - \mu)^2}{2\sigma^2}} \ (x>0)$$

对数正态分布的数学期望和方差分别为

$$E(X) = e^{\mu+\frac{\sigma^2}{2}}, \ D(X) = e^{\sigma^2}(e^{\sigma^2}-1)e^{2\mu}$$

(9) 柯西分布 $X \sim \text{Cauchy}(a, b)$ 表示随机变量 X 服从参数为 a, b 的柯西分布, 其密度函数为

$$f(x) = \frac{1}{\pi\left[1+\left(\dfrac{x-a}{b}\right)^2\right]}$$

其中参数 $a \geq 0$, $b > 0$. 柯西分布的数学期望和方差都不存在.

(10) 威布尔分布 $X \sim \text{Weibull}(a, b)$ 表示随机变量 X 服从参数为 a, b 的威布尔分布, 其密度函数为

$$f(x) = \frac{a}{b}\left(\frac{x}{b}\right)^{a-1} e^{-\left(\frac{x}{b}\right)^a}, \ x>0$$

其中参数 $a > 0$, $b > 0$. 威布尔分布的数学期望和方差分别为

$$E(X) = b\Gamma\left(1+\frac{1}{a}\right), \ D(X) = b^2\left\{\Gamma\left(1+\frac{2}{a}\right) - \left[\Gamma\left(1+\frac{1}{a}\right)\right]^2\right\}$$

(11) 逻辑斯谛分布 $X \sim L(a,b)$ 表示随机变量 X 服从参数为 a, b 的逻辑斯谛分布, 其分布函数为

$$F(x) = (1+e^{-\frac{x-a}{b}})^{-1}$$

逻辑斯谛分布的密度函数为

$$f(x) = \frac{1}{b}e^{-\frac{x-a}{b}}(1+e^{-\frac{x-a}{b}})^{-2}, \quad x>0$$

逻辑斯谛分布的数学期望和方差分别为

$$E(X) = a, \quad D(X) = \frac{\pi^2 b^2}{3}$$

(12) 贝塔分布 $X \sim \text{Beta}(a,b)$ 表示随机变量 X 服从参数为 a, b 的贝塔分布, 其密度函数为

$$f(x) = \frac{1}{\text{Beta}(a,b)} x^{a-1}(1-x)^{b-1}, \quad 0<x<1$$

其中参数 $a>0$, $b>0$. 贝塔分布的数学期望和方差分别为

$$E(X) = \frac{a}{a+b}, \quad D(X) = \frac{ab}{(a+b)^2(a+b+1)}$$

5.4 常用随机变量分布的 R 实现

在 R 中, 通常有四个基本函数对应于一个随机变量的概率分布, 分别为概率密度函数、分布函数、分位数函数和随机数函数. 分别在 R 软件中的函数名称前加上不同的前缀表示不同的意义.

表 5-4 列出了各种常用的分布函数、概率密度函数或分布律, 以及 R 软件中的函数名称和调用函数用到的参数.

表 5-4 各种常用的分布函数及 R 软件中的名称

概率分布的名称	R 函数名	附加参数
0—1 分布	-binom	size=1, prob
二项分布	-binom	size, prob
泊松分布	-pois	lambda
几何分布	-geom	prob
超几何分布	-hyper	m, n, k
均匀分布	-unif	min, max
正态分布	-norm	mean, sd
指数分布	-exp	rate
Gamma 分布	-gamma	shape, scale
卡方分布	-chisq	df, ncp
t 分布	-t	df, ncp
F 分布	-f	df1, df2, ncp

(续)

概率分布的名称	R 函数名	附加参数
对数正态分布	-lnorm	meanlog, sdlog
柯西分布	-cauchy	Location, scale
逻辑斯谛分布	-logis	Location, scale
贝塔分布	-beta	Shape1, shape2, ncp
威布尔分布	-weibull	Shape, scale
Wilcoxon 统计量	-wilcox	m, n

表 5-4 所列的分布中,加上不同的前缀表示不同的意义. 具体有:
1) 加上 d, 表示概率密度函数 $f(x)$;
2) 加上 p, 表示分布函数 $F(x)$;
3) 加上 q, 表示分位数函数,即分布函数的反函数 $F^{-1}(p)$,给定概率 p 后,可求其下分位点;
4) 加上 r, 表示随机数函数,进行随机模拟,可产生相同分布的随机数.

1. 概率密度函数

在 R 函数名前加上前缀"d"即可得到 R 的密度函数,例如,画出 0 到 17 的对数正态分布的密度曲线,如图 5-9 所示,由下列命令实现:

> x=seq(0,17,0.01)
> plot(x,dlnorm(x,0,1),type="l")

其中, dlnorm(x) 的返回值为 x 对应的对数正态分布密度值向量, type="l" 中的符号"l"是 lines 的首字母, 表示绘出来的散点用直线相连.

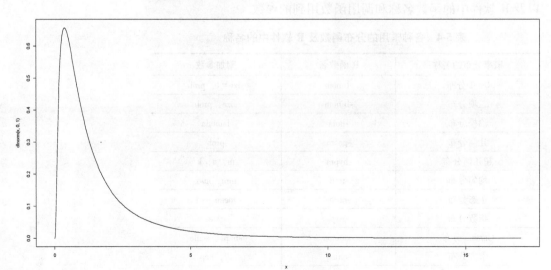

图 5-9 对数正态分布的密度曲线

2. 分布函数

在 R 函数名前加上前缀"p"即可得到 R 的分布函数. 例如, 已知某电子元器件的使用寿命服从参数为 $\lambda = 1500(\mathrm{h})$ 的指数分布, 计算任意一个元件寿命超过 1000h 的概率, 可以由如下命令实现:

```
> 1-pexp(1000,1/1500)
[1] 0.5134171
```

其中, pexp(1000,1/1500)表示寿命不超过 1000h 的概率.

又如, 在假设检验问题中, 经常需要计算某个抽样分布检验的 p 值, 如要计算服从卡方分布, 自由度为 10, 检验统计量值为 $\chi^2 = 21.97$ 的 χ^2 检验的 p 值, 可以由如下命令实现:

```
> 1-pchisq(21.97,10)
[1] 0.01525816
```

其中, pchisq(21.97,10)等价于 pchisq(21.97,df=10), 返回值为自由度为 10 的卡方分布函数在 21.97 的值.

3. 分位数函数

分位数函数是分布函数的反函数, 在 R 函数名前加上前缀 "q" 即可得到 R 的分位数函数. 例如, 计算第一自由度为 3、第二自由度为 5 的 F 分布的上 0.01、0.05、0.10 分位数, 可以由如下命令实现:

```
> p=c(0.01,0.05,0.10)
> qf(1-p,3,5)
[1] 12.059954   5.409451   3.619477
```

其中, qf(1-p,3,5)等价于 qf(1-p,df1=3,df2=5), 返回值为第一自由度为 3、第二自由度为 5 的 F 分布的 0.99、0.95 和 0.90 分位数, 即该 F 分布的上 0.01、0.05、0.10 分位数.

4. 随机数产生函数

利用随机数产生函数可以进行随机模拟, 产生相应分布的"伪随机数". 在 R 函数名前加上前缀"r"即可得到 R 的随机数产生函数. 例如, 产生 1000 个 (0,1) 上均匀分布的随机数, 并画出散点图, 可以由如下命令实现:

```
> h=runif(1000,0,1)
> plot(h)
```

其结果如图 5-10 所示.

再如, 产生 1000 个标准正态分布随机数, 并画出散点图, 可以由如下命令实现:

```
> k=rnorm(1000)
```

```
> plot(k)
```
其结果如图 5-11 所示.

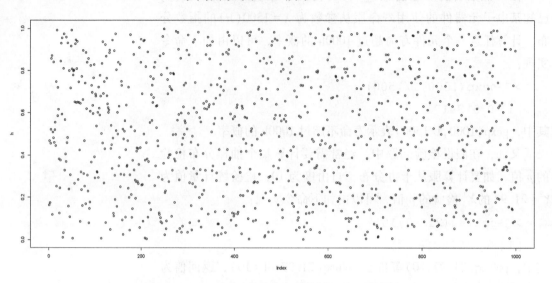

图 5-10　1000 个 (0,1) 上均匀分布随机数的散点图

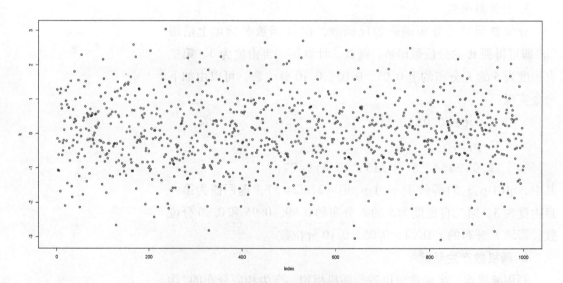

图 5-11　1000 个标准正态分布随机数的散点图

人物传记

数学王子——高斯

约翰·卡尔·弗里德里希·高斯(德语：Johann Carl Friedrich Gauß，英语：Gauss，拉丁语：Carolus Fridericus Gauss，1777 年 4 月 30 日—1855 年 2 月 23 日)，生于布伦瑞克，卒于哥廷根. 德国著名数学家、物理学家、天文学家、几何学家、大地测量学家.

享有"数学王子"的美誉. 17 岁的高斯发现了质数分布定理和最小二乘法. 通过对足够多的测量数据的处理后,可以得到一个新的、概率性质的测量结果. 在这些基础之上,高斯随后专注于曲面与曲线的计算,并成功得到了高斯钟形曲线(正态分布曲线). 其函数被命名为标准正态分布(或高斯分布),并在概率计算中大量使用. 次年,仅用尺规便构造出了 17 边形. 并为流传了 2000 年的欧氏几何提供了自古希腊时代以来的第一次重要补充. 高斯总结了复数的应用,并且严格证明了每一个 n 阶的代数方程必有 n 个实数或者复数解. 在他的第一本著名的著作《算术研究》中,做出了二次互反律的证明,成为数论继续发展的重要基础. 在这部著作的第一章,导出了三角形全等定理的概念. 高斯在最小二乘法基础上创立了在测量平差理论的帮助下测算天体的运行轨迹的方法. 他用这种方法,测算出了小行星谷神星的运行轨迹. 19 世纪 30 年代,高斯发明了磁强计. 他辞去了天文台的工作,而转向物理的研究. 他与韦伯(1804—1891)在电磁学领域共同工作. 他比韦伯年长 27 岁,以亦师亦友的身份与其合作. 1833 年,通过受电磁影响的罗盘指针,他向韦伯发送出电报. 这不仅是从韦伯的实验室与天文台之间的第一个电话电报系统,也是世界第一个电话电报系统,尽管线路才 8km 长. 1840 年,他和韦伯画出了世界第一张地球磁场图,并且定出了地球磁南极和磁北极的位置. 次年,这些位置得到美国科学家的证实.

高斯在数个领域进行了研究,但只把他认为已经成熟的理论发表出来. 他经常对他的同事表示,该同事的结论已经被自己以前证明过了,只是因为基础理论的不完备而没有发表. 批评者说他这样做是因为喜欢抢风头. 事实上高斯把他的研究结果都记录起来了. 他去世后,他的 20 部记录着他的研究结果和想法的笔记被发现,证明高斯所说的是事实. 一般人认为,20 部笔记并非高斯笔记的全部. 下萨克森州和哥廷根大学图书馆已经将高斯的全部著作数字化,并放置于互联网上. 高斯的肖像曾被印刷在从 1989 年至 2001 年流通的 10 元德国马克纸币上.

习题 5

1. 十片药片中有五片是安慰剂.
  (1) 从中任意抽取 5 片,求其中至少有 2 片是安慰剂的概率.
  (2) 从中每次取一片,做不放回抽样,求前三次都取到安慰剂的概率.

2. 将 3 个球随机地放入 4 个杯子中,求杯子中球的最大个数分别为 1,2,3 的概率.

3. 在 11 张卡片上分别写上 probability 这 11 个

字母，从中任意取出 7 张，求其排列结果为 ability 的概率．

4. 10 层楼的一部电梯上同载 7 个乘客，且电梯可停在 10 层楼的每一层，试求不发生两位及两位以上乘客在同一层离开电梯的概率．

5. 袋中装有编号 1，2，…，n 的 n 个球，每次从中任意摸一球．若按下面的方式，试求第 k 次摸球时，首次摸到 1 号球的概率：
(1) 有放回方式摸球；
(2) 不放回方式摸球．

6. 袋内放有两个伍分的，三个贰分的，五个壹分的钱币，任取其五个，求钱额总数超过壹角的概率．

7. 有 5 双不同型号的鞋子，从中任取 4 只，求下列各事件的概率：
(1) 取出的 4 只鞋恰好是两双；
(2) 取出的 4 只鞋都是不同型号的；
(3) 取出的 4 只鞋恰好有两只配成一双．

8. 若一年按 365 天计算，试问 500 人中，至少有一个人的生日在 7 月 1 日的概率？

9. 某种产品的商标为"MAXAM"，其中有 2 个字母脱落，有人捡起随意放回，求放回后仍为"MAXAM"的概率．

10. 在 1400 个产品中有 400 个次品，1000 个正品．现任取 200 个，试求：
(1) 恰有 100 个次品的概率；
(2) 至少有两个次品的概率．

11. 已知 40 件产品中有 3 件次品，现从中随意依次取出两件产品，取后不放回．
(1) 第一次取到次品的概率是多少？第二次取到次品的概率是多少？第二次才取到次品的概率是多少？
(2) 取出两件产品至少有一件是次品的概率是多少？
(3) 取出两件产品中至少有一件是次品，那么另一件也是次品的概率是多少？
(4) 已知取出两件产品中第一件是次品，那么第二件也是次品的概率是多少？

12. 三人独立地破译一个密码，他们能单独译出的概率分别为 1/5，1/3，1/4，试求此密码被译出的概率．

13. 一工人看管 3 台机床，在 1h 内甲、乙、丙 3 台机床不需要工人照看的概率分别是 0.9，0.8 和 0.85，试求在 1h 中：
(1) 3 台机床都需要照看的概率；
(2) 至少有 1 台机床需要照看的概率；
(3) 至多只有 1 台机床不需要照看的概率．

14. 袋子中有 m 枚正品硬币，n 枚次品硬币（次品硬币的两面均印有国徽），在袋子中任取一枚，将它投掷 r 次，已知都得到国徽．问这枚硬币是正品的概率是多少？

15. 某机场每天有 200 架飞机降落，任意一架飞机在某时刻降落的概率为 0.02，且各飞机降落是相互独立的．问：该机场需配备多少条跑道，才能保证某一时刻飞机需要立刻降落而没有空闲跑道的概率小于 0.01？

16. 一次投掷两枚硬币，若同时出现正面朝上，则赢 1 元，否则输 0.25 元．某人玩此游戏 100 次，求他恰好不输不赢的概率．

17. 设一盒子中有 5 个纪念章，编号为 1，2，3，4，5，在其中等可能地任意抽取 3 个，以 X 表示抽取出的 3 个纪念章上的最大号码，求：
(1) X 的分布律；
(2) $P\{X<5\}$．

18. 一汽车沿一街道行驶，需要通过三个均设有红绿信号灯的路口，每个信号灯为红或绿与其他信号灯为红或绿相互独立，且红绿两种信号灯显示的时间相等，以 X 表示该汽车首次遇到红灯前已通过的路口的个数，求 X 的分布律．

19. 设某种型号的电阻 1000 只中，有次品 20 只．现从这些产品中任意抽取 6 只，试求：
(1) 6 只产品中次品的分布律与分布函数；
(2) 6 只产品中至少有 2 只次品的概率．

20. 一幢楼装有 5 个同类型的供水设备，调查表明，在任一时刻，每个设备被使用的概率为 0.1，试问在同一时刻：
(1) 恰有两个设备被使用的概率是多少？
(2) 至少有 3 个设备被使用的概率是多少？
(3) 至多有 3 个设备被使用的概率是多少？
(4) 至多有 1 个设备被使用的概率是多少？

21. 某航空公司宣称，某两地的飞行时间为

2h5min. 假设实际飞行时间服从 2h 至 2h20min 的均匀分布.

（1）试求飞行时间晚点不超过 5min 的概率；

（2）试求飞行时间晚点不超过 10min 的概率；

（3）试问飞行时间的期望值和方差分别是多少？

22. 某次英语考试，已知考生的考试得分服从均值为 500，标准差为 100 的正态分布. 试计算：

（1）参加这次考试的人得分低于 350 的比例；

（2）参加这次考试的人得分高于 600 的比例；

（3）所有分数中最低的 10% 和最高的 10%.

23. 设随机变量 X 的分布函数为

$$F(x)=A+B\arctan x, \quad -\infty<x<+\infty$$

试求：

（1）系数 A 与 B；

（2）X 落在区间 $(-1,1)$ 内的概率；

（3）X 的概率密度函数（此时称 X 服从柯西分布）.

24. 在区间 $[0,a]$ ($a>0$) 上任意投掷一个质点，以 X 表示这个质点的坐标，设这个质点落在 $[0,a]$ 中任意小区间内的概率与这个小区间的长度成正比例，试求 X 的分布函数.

25. 设随机变量 $X\sim U[0,5]$，试求方程 $4x^2+4Xx+K+2=0$ 有实根的概率.

26. 某公共汽车站从上午 7 时起，每 15min 来一班车，即 7：00，7：15，7：30，7：45 等时刻有汽车到达此站，如果乘客到达此站时间 X 是 7：00 到 7：30 之间的均匀随机变量，试求他候车时间少于 5min 的概率.

27. 设计算机在进行加法运算时，每个加数按四舍五入取整数，试计算它们 5 个中至少有 3 个加数的取整误差绝对值不超过 0.3 的概率.

28. 研究了英格兰于 1875—1951 年期间，矿山发生导致 10 人或 10 人以上死亡的事故的频繁程度，得知相继两次事故之间的时间 X（以日计）服从指数分布，其概率密度函数为

$$f(x)=\begin{cases}\dfrac{1}{241}e^{-\frac{x}{241}}, & x>0 \\ 0, & x\leqslant 0\end{cases}$$

求其分布函数，并试求概率 $P\{50<X<100\}$.

29. 已知随机变量 $X\sim N(1,0.9^2)$，试求：

（1）$P\{2.539<X<3.259\}$，$P\{X<-0.9^2\}$，$P\{X>2.8\}$；

（2）$P\{1-0.9k<X<1+0.9k\}$ （$k=1,2,3$）.

30. 设我国某城市男子的身高（以 cm 计）服从正态分布 $N(168,36)$.

（1）试求：该市男子身高在 170cm 以上的概率；

（2）为了使 99% 以上的男子上公共汽车不致在车门上沿碰头，当地的公共汽车门框应设计成多少厘米的高度？

31. 设测量误差 $X\sim N(0,10^2)$，试求 100 次独立重复测量中至少有 3 次测量误差的绝对值大于 19.6 的概率（用泊松分布近似计算）.

32. 一工人生产的电子管的寿命（以 h 计）服从正态分布 $N(160,\sigma^2)$，若要求 $P\{120<X\leqslant 200\}\geqslant 0.8$，试问允许 σ 最大为多少？

33. 用 R 绘出逻辑斯谛分布的概率密度函数和分布函数的图像.

34. 用 R 绘出贝塔分布的概率密度函数和分布函数的图像.

35. 用 R 绘出威布尔分布的概率密度函数和分布函数的图像.

36. 用 R 计算服从卡方分布，自由度为 12，检验统计量值为 $\chi^2=22.37$ 的 χ^2 检验的 p 值.

37. 用 R 计算服从 t 分布，自由度为 6，检验统计量值为 $T=4.92$ 的 t 检验的 p 值.

38. 用 R 产生 1000 个在 $(2,4)$ 上服从均匀分布的伪随机数，并画出散点图.

第 6 章
样本与抽样分布

你不必吃完整头牛,才知道它的肉是咬不动的.

——Samel Johnson

第 5 章简单介绍了概率论的主要内容. 在概率论中,一般是在随机变量的分布是已知的情况下,研究随机变量的各种性质. 在实际问题中,很多随机变量的分布和数字特征常常是未知的. 如何根据观测到的数据推断总体的分布类型, 如何确定总体的某些未知参数等都是数理统计学所要研究的内容. 数理统计学是以概率论为基础, 研究如何合理地收集数据, 如何对观测的数据进行整理和分析, 从而对总体的分布类型和某些数字特征做出合理估计和判断的一门学科.

6.1 样本与统计量

6.1.1 总体与样本

研究对象的全体称为**总体**,构成总体的每一个成员称为**个体**. 例如,在研究某厂生产的一大批荧光灯构成的一个总体时,每一个荧光灯就是个体. 按照总体中个体的数量不同, 总体可分为**有限总体**及**无限总体**两类. 若一个总体只有有限个个体, 就称该总体为有限总体, 否则称为无限总体.

在实际问题中, 往往不是研究总体的一切属性, 而是研究总体的某些数量指标, 譬如考察一批荧光灯的质量, 关心的是它的使用寿命, 荧光灯的使用寿命就是这样一个数量指标. 如果我们采用随机抽取的方法来观察荧光灯的使用寿命, 那么使用寿命可看成是一个随机变量 X. 一般来说, 我们总可以把所考察的总体(本章只考虑包含一个数量指标的情况, 即所谓一维总体.)用一个随机变量来代表, 于是, **总体就是一个具有确定概率分布的随机变量**, 而一个个体则是随机变量的一次观察值, 即一个实数. 以后, 我们可以说总体 X 或总体 $F(x)$, 其含义就是, 总体是一个

以 $F(x)$ 为分布函数的随机变量 X，而对总体的研究，就是对相应的随机变量 X 的分布的研究．

为了了解总体，就要从总体中抽取一个或若干个个体进行观察，这一抽取过程称为**抽样**．这样抽出的个体就称为总体的样本．设从总体 X 中随机抽取一部分个体 $X_1, X_2, \cdots, X_n$，称抽取的 n 个个体 $X_1, X_2, \cdots, X_n$ 为**来自总体的容量为 n 的一个样本**．我们已知总体是随机变量 X 所取的全体可能值，所以抽取一个个体就是对 X 的取值做一次观察（一次试验），并记录其结果，抽取 n 个个体就是 n 次观察的结果．一个个体究竟取什么值在具体观察之前是不能确定的，但它可能取总体 X 所可能取的一切数值，所以我们有理由把样本看成是与总体具有相同分布的随机变量．另一方面，当它一旦被观察完毕，样本就是一个具体数值，称之为**样本观察值**，或**样本值**，因此，若将 n 次观察结果依次记为 X_1, $X_2, \cdots, X_n$，则**样本就是 n 个与总体具有相同分布的随机变量组成的随机变量 $(X_1, X_2, \cdots, X_n)$**，而样本值是随机变量的观察值，以小写字母记之，它是一组实数 $x_1, x_2, \cdots, x_n$．

为了使样本能充分地代表总体，要求抽样必须满足两个条件：

(1) 随机性　即每一个个体都有均等的机会被抽取到，这就是前面所说的样本必须是与总体同分布的随机变量．

(2) 独立性　即要求 n 次抽样必须是独立的，每次抽样既不影响其他各次抽样的结果，又不受其他各次抽样结果的影响．

所以样本 $X_1, X_2, \cdots, X_n$ 是相互独立且与总体具有同分布的随机变量．这样的样本称为**简单随机样本**，现将其概述成如下定义．

定义 1　设 X 是具有分布函数 $F(x)$ 的随机变量，$X_1, X_2, \cdots,$ X_n 是来自总体 X 的容量为 n 的样本，若 $X_1, X_2, \cdots, X_n$ 相互独立，且每一个都与总体 X 同分布，则称其为总体 X 的**简单随机样本**，简称为**样本**．它们的观察值 $x_1, x_2, \cdots, x_n$ 称为 X 的 n **个独立观察值**或**样本值**．

这时，我们便认为 n 个事件

$$X_1 = x_1, X_2 = x_2, \cdots, X_n = x_n$$

都已发生．今后凡未另加声明，所提到的样本都指简单随机样本．

为了获得简单随机样本必须做**简单随机抽样**，即对总体做重复、独立的随机观察或试验．为此，在有限总体时应采用放回抽样．在无限总体时，放回抽样或不放回抽样都不会改变总体的成分,可以采用不放回抽样. 不过在实际问题中,即使总体是有限的,只要抽取的个体数目 n 与总体的个体总数 N 的比值 $\frac{n}{N} \leq 0.1$,仍然采取不放回抽样,所得到的样本性质近似于简单随机抽样,为了简便,就当作简单随机样本使用.

显然,$(X_1, X_2, \cdots, X_n)$ 的**分布函数**为

$$F^*(x_1, x_2, \cdots, x_n) = \prod_{i=1}^{n} F(x_i)$$

按随机变量类型分,可具体描述如下:

1) 若总体 X 为离散型随机变量,其分布律为 $P\{X=x\} \triangleq p(x)$,则 $(X_1, X_2, \cdots, X_n)$ 的概率分布律为

$$P\{X=x_1, X=x_2, \cdots, X=x_n\} = \prod_{i=1}^{n} p(x_i)$$

2) 若总体 X 为连续型随机变量,有密度函数 $f(x)$,则 $(X_1, X_2, \cdots, X_n)$ 的概率密度函数为

$$f^*(x_1, x_2, \cdots, x_n) = \prod_{i=1}^{n} f(x_i)$$

在 R 中,可以用 sample() 函数模拟抽样,其使用格式为

sample(x, size, replace=FALSE, prob=NULL)

参数的名称、取值及意义如表 6-1 所示.

表 6-1 sample() 函数中的参数的名称、取值及意义

名称	取值及意义
X	向量,表示抽样的总体,或者是正整数 n,表示总体为 $1:n$
Size	非负整数,表示抽样的个数
Replace	逻辑变量,表示是否为有放回抽样,默认值为 FALSE
prob	数值向量(在 0~1 之间),长度与参数 X 相同,其元素表示 X 中元素出现的概率

例如,从 1~18 个数中间随机地抽取 5 个,其程序如下:

> sample(1:18,5)

[1] 6 15 8 16 10

又如,做 12 次掷硬币试验的程序如下:

> sample(c("H","T"),12,re=T)

[1] "T" "H" "T" "H" "T" "H" "T" "T" "H" "H" "H" "H"

再如,用 sample() 函数模拟连续掷骰子 50 次的随机试验:

> sample(1:6,50,re=T)

[1] 4 1 1 6 3 6 3 5 6 2 5 2 1 2 3 6 4 3 3 1 2 3 2 4 3 3 4 2 2 3 4 1 2 3 1 1 5 2 5 3 5 4 6 3 5 4 5 5 5 2

再如，用 sample( ) 函数模拟 12 重的伯努利试验，在一次试验中事件 S 发生的概率是 0.8，不发生的概率是 0.2：

```
> sample(c("S","F"),12,re=T,prob=c(0.8,0.2))
[1] "F" "S" "S" "S" "S" "S" "S" "S" "S" "S" "S" "S"
```

6.1.2 统计量

抽样的目的是利用样本观察值来推断总体的情况，样本是进行统计推断的依据. 在实际应用时，针对不同的问题构造样本的适当函数，利用这些样本的函数进行统计推断.

定义 2 设 $X_1, X_2, \cdots, X_n$ 为来自总体 X 的一个容量为 n 的样本，$g(X_1, X_2, \cdots, X_n)$ 是 $X_1, X_2, \cdots, X_n$ 的函数，若 g 中不含有任何未知参数，则称这样的函数为**统计量**. 如果 $x_1, x_2, \cdots, x_n$ 是样本 $X_1, X_2, \cdots, X_n$ 的观察值，则称 $g(x_1, x_2, \cdots, x_n)$ 是统计量 $g(X_1, X_2, \cdots, X_n)$ 的一个**观察值**.

1. 几个常用的统计量

下面介绍一些常用的统计量，设 $X_1, X_2, \cdots, X_n$ 是来自总体 X 的一个样本，$x_1, x_2, \cdots, x_n$ 是该样本的样本观察值，定义：

(1) 样本均值

$$\overline{X} = \frac{1}{n} \sum_{i=1}^{n} X_i$$

样本均值反映了总体均值的有关信息，常用来估计总体均值.

(2) 样本方差

$$S^2 = \frac{1}{n-1} \sum_{i=1}^{n} (X_i - \overline{X})^2 = \frac{1}{n-1} \left(\sum_{i=1}^{n} X_i^2 - n\overline{X}^2 \right)$$

样本方差表示样本取值的离散程度，也反映总体方差的有关信息，常用来估计总体方差.

(3) 样本标准差

$$S = \sqrt{S^2} = \sqrt{\frac{1}{n-1} \sum_{i=1}^{n} (X_i - \overline{X})^2}$$

(4) 样本 k 阶原点矩

$$A_k = \frac{1}{n} \sum_{i=1}^{n} X_i^k, \quad k = 1, 2, \cdots$$

样本 k 阶原点矩反映了总体 k 阶原点矩的信息，显然样本均值是样本一阶原点矩.

(5) 样本 k 阶中心矩

$$B_k = \frac{1}{n} \sum_{i=1}^{n} (X_i - \bar{X})^k, \quad k = 1, 2, \cdots$$

样本 k 阶中心矩反映了总体 k 阶中心矩的信息. 为了以后叙述方便, 样本的二阶中心矩有时也用 S_n^2 表示, 于是

$$S_n^2 = B_2 = \frac{1}{n} \sum_{i=1}^{n} (X_i - \bar{X})^2$$

(6) 样本比例

$$\bar{p} = \frac{m}{n}$$

其中 m 为样本中具有某种属性或特征的单位数, n 为样本容量.

这些统计量的观察值分别为

$$\bar{x} = \frac{1}{n} \sum_{i=1}^{n} x_i$$

$$s^2 = \frac{1}{n-1} \sum_{i=1}^{n} (x_i - \bar{x})^2 = \frac{1}{n-1} \left(\sum_{i=1}^{n} x_i^2 - n\bar{x}^2 \right)$$

$$s = \sqrt{\frac{1}{n-1} \sum_{i=1}^{n} (x_i - \bar{x})^2}$$

$$a_k = \frac{1}{n} \sum_{i=1}^{n} x_i^k, \quad k = 1, 2, \cdots$$

$$b_k = \frac{1}{n} \sum_{i=1}^{n} (x_i - \bar{x})^k, \quad k = 1, 2, \cdots$$

$$s_n^2 = \frac{1}{n} \sum_{i=1}^{n} (x_i - \bar{x})^2 = \frac{1}{n} \sum_{i=1}^{n} x_i^2 - \bar{x}^2$$

$$\bar{p} = \frac{m}{n}$$

这些观察值与相应的统计量有相同的称谓.

我们指出, 若总体 X 的 k 阶矩 $E(X^k) = \mu_k$ 存在, 则当 $n \to +\infty$ 时, 则样本的 k 阶原点矩 A_k 依概率收敛于总体 X 的 k 阶矩 μ_k, $k = 1, 2, \cdots$. 这是因为 $X_1, X_2, \cdots, X_n$ 是相互独立且与总体 X 具有相同分布的随机变量, 所以 $X_1^k, X_2^k, \cdots, X_n^k$ 独立且与 X^k 同分布, 故有

$$E(X_1^k) = E(X_2^k) = \cdots E(X_n^k) = \mu_k$$

从而由下一节的辛钦大数定律知:

$$A_k = \frac{1}{n} \sum_{i=1}^{n} X_i^k \xrightarrow{P} \mu_k, \quad k = 1, 2, \cdots$$

进而由依概率收敛的性质可知

$$g(A_1, A_2, \cdots, A_k) \xrightarrow{P} g(\mu_1, \mu_2, \cdots, \mu_k)$$

其中 g 为连续函数,这就是下一章所要介绍的矩估计法的理论依据.

2. 统计量的性质

$X_1, X_2, \cdots, X_n$ 是来自总体 X 的样本,不论总体 X 服从什么样的分布,若总体 X 的期望为 μ,方差为 σ^2,则有

$$E(\overline{X}) = E(X) = \mu$$

$$D(\overline{X}) = \frac{D(X)}{n} = \frac{\sigma^2}{n}$$

$$E(S^2) = D(X) = \sigma^2$$

证明: 由于 $X_1, X_2, \cdots, X_n$ 是来自总体 X 的样本,且 $E(X) = \mu$, $D(X) = \sigma^2$,故 $E(X_i) = \mu$, $D(X_i) = \sigma^2 (i = 1, 2, \cdots, n)$,则

$$E(\overline{X}) = E\left(\frac{1}{n}\sum_{i=1}^n X_i\right) = \frac{1}{n}\sum_{i=1}^n E(X_i) = \frac{1}{n}\sum_{i=1}^n \mu = \mu$$

$$D(\overline{X}) = D\left(\frac{1}{n}\sum_{i=1}^n X_i\right) = \frac{1}{n^2}\sum_{i=1}^n D(X_i) = \frac{1}{n^2}\sum_{i=1}^n \sigma^2 = \frac{\sigma^2}{n}$$

$$E(S^2) = E\left[\frac{1}{n-1}\sum_{i=1}^n (X_i - \overline{X})^2\right]$$

$$= \frac{1}{n-1} E\left\{\sum_{i=1}^n \left[(X_i - \mu) - (\overline{X} - \mu)\right]^2\right\}$$

$$= \frac{1}{n-1} E\left\{\sum_{i=1}^n (X_i - \mu)^2 - 2(\overline{X} - \mu)\sum_{i=1}^n (X_i - \mu) + n(\overline{X} - \mu)^2\right\}$$

$$= \frac{1}{n-1} E\left\{\sum_{i=1}^n (X_i - \mu)^2 - n(\overline{X} - \mu)^2\right\}$$

$$= \frac{1}{n-1}\left\{\sum_{i=1}^n D(X_i) - nD(\overline{X})\right\}$$

$$= \frac{1}{n-1}\left[nD(X) - nD(\overline{X})\right] = \frac{1}{n-1}\left(n\sigma^2 - n \cdot \frac{\sigma^2}{n}\right) = \sigma^2$$

例 6.1 我们来看每次掷 5 次骰子的随机试验(样本容量 $n = 5$),表 6-2 记录了前 10 次试验得到的样本观察值及对应的样本均值.

表 6-2 10 次试验的结果

试验编号	掷 5 次骰子的随机试验的结果					样本均值 $\overline{X}$
	X_1	X_2	X_3	X_4	X_5	
1	2	6	5	1	2	3.2
2	4	1	2	1	5	2.6
3	5	1	5	5	4	4.0

(续)

试验编号	掷5次骰子的随机试验的结果					样本均值 $\bar{X}$
	X_1	X_2	X_3	X_4	X_5	
4	3	3	4	2	6	3.6
5	4	5	3	6	6	4.8
6	2	3	1	3	2	2.2
7	4	1	4	5	1	3.0
8	5	5	6	4	5	5.0
9	6	3	3	2	2	3.2
10	5	1	4	6	6	4.4

显然，这些样本均值与总体均值 $E(X)=\mu=3.5$ 有差别. 但这10个样本均值的均值为3.6，比表中的任意一次的均值都更接近于总体均值.

若总体 X 的均值为 μ，方差为 σ^2，通常这两个总体参数是未知的. 我们要估计总体的均值，设 X_1，X_2，$\cdots$，X_n 是来自总体 X 的一个样本，从这个样本，我们可以计算样本均值 $\bar{X}$ 和样本方差 S^2. 样本均值可以用来估计总体均值 μ 的值，这种估计的好坏，依赖于样本均值的抽样分布. 样本均值作为随机变量具有如下性质：

1) 样本均值的数学期望正好等于总体均值 μ；

2) 样本均值的方差等于 σ^2/n；

3) 随着样本容量的增加，样本均值这个随机变量会越来越接近于总体均值 μ 这个常数，且与总体均值 μ 的偏差越来越小，即样本均值依概率收敛于总体均值 μ. 这就是所谓的大数定律.

4) 不论总体 X 服从什么样的分布（不一定是正态分布），随着样本容量的增加，当样本容量 $n \to +\infty$ 时，$\bar{X}$ 的分布趋近于正态分布 $N(\mu, \sigma^2/n)$. 这就是所谓的中心极限定理.

6.1.3 经验分布函数

定义3 设 X_1，X_2，$\cdots$，X_n 是来自总体 $F(x)$ 的一个样本，用 $S(x)(-\infty<x<+\infty)$ 表示 X_1，X_2，$\cdots$，X_n 中不大于 x 的随机变量的个数，定义经验分布函数 $F_n(x)$ 为

$$F_n(x) = \frac{1}{n}S(x), \quad -\infty<x<+\infty$$

对于一个样本值，经验分布函数 $F_n(x)$ 的观察值是很容易得

到的($F_n(x)$的观察值仍以$F_n(x)$表示),例如:

设总体$F(x)$具有一个样本值1,1,2,则经验分布函数$F_3(x)$的观察值为

$$F_3(x) = \begin{cases} 0, & x<1 \\ \dfrac{2}{3}, & 1 \leq x < 2 \\ 1, & x \geq 2 \end{cases}$$

一般地,设$x_1, x_2, \cdots, x_n$是总体$F(x)$的一个容量为n的样本值,先将$x_1, x_2, \cdots, x_n$按自小到大的次序排列,并重新编号.设为

$$x_{(1)} \leq x_{(2)} \leq \cdots \leq x_{(n)}$$

则经验分布函数$F_n(x)$的观察值为

$$F_n(x) = \begin{cases} 0, & x < x_{(1)} \\ \dfrac{k}{n}, & x_{(k)} \leq x < x_{(k+1)}, \quad k=1, 2, \cdots, n-1 \\ 1, & x \geq x_{(n)} \end{cases}$$

易知经验分布函数$F_n(x)$具有下列性质:

1) $0 \leq F_n(x) \leq 1$;
2) $F_n(x)$是非减函数;
3) $F_n(-\infty) = 0$, $F_n(+\infty) = 1$;
4) $F_n(x)$在每个样本值$x_{(k)}$处是右连续的,点$x_{(k)}$是$F_n(x)$的跳跃间断点.

经验分布函数$F_n(x)$的图形如图6-1所示.

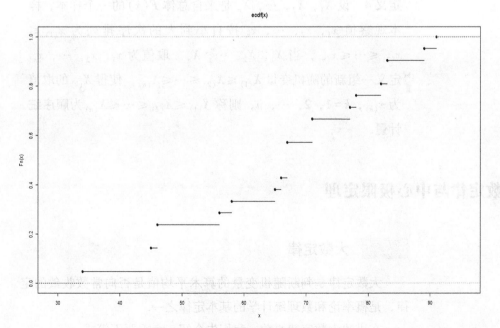

图6-1 例6.2的经验分布函数$F_n(x)$

在 1933 年，格里文科(Glivenko)证明了以下的结论：对于任一实数 x，当 $n\to+\infty$ 时，$F_n(x)$ 以概率 1 一致收敛于分布函数 $F(x)$，即

$$P\{\lim_{n\to+\infty}\sup_{-\infty<x<+\infty}|F_n(x)-F(x)|=0\}=1$$

因此，对于任一实数 x，当 n 充分大时，经验分布函数的任一个观察值 $F_n(x)$ 与总体分布函数 $F(x)$ 只有微小的差别，从而在实际上可当作 $F(x)$ 来使用.

例 6.2 设总体 $F(x)$ 具有一个样本观察值如下：

34　45　78　58　89　77　67　71　67　65　46　71　83
46　66　67　91　82　83　56　45

用 R 绘出其经验分布函数 $F_n(x)$.

解：R 中 ecdf(x) 函数求的是样本值的经验分布函数，因此输入 R 命令如下：

```
>x=c(34,45,78,58,89,77,67,71,67,65,46,71,83,
46,66,67,91,82,83,56,45)
> sort(x)
 [1] 34 45 45 46 46 56 58 65 66 67 67 67 71 71 77 78 82 83 83 89 91
plot(ecdf(x))
```

其结果如图 6-1 所示.

> **定义 4** 设 X_1, X_2, $\cdots$, X_n 是来自总体 $F(x)$ 的一个样本，样本观察值 x_1, x_2, $\cdots$, x_n 按自小到大的次序排列为 $x_{(1)}\leqslant x_{(2)}\leqslant\cdots\leqslant x_{(n)}$，当 X_1, X_2, $\cdots$, X_n 取值为 x_1, x_2, $\cdots$, x_n. 定义一组新的随机变量 $X_{(1)}\leqslant X_{(2)}\leqslant\cdots\leqslant X_{(n)}$，使得 $X_{(k)}$ 的取值为 $x_{(k)}$，$k=1$, 2, $\cdots$, n，则称 $X_{(1)}\leqslant X_{(2)}\leqslant\cdots\leqslant X_{(n)}$ 为**顺序统计量**.

6.2 大数定律与中心极限定理

6.2.1 大数定律

大数定律是判断随机变量的算术平均值是否向常数收敛的定律，是概率论和数理统计学的基本定律之一.

在讲述大数定律之前，我们先介绍一个重要不等式.

定理 1 设随机变量 X 具有数学期望 $E(X)=\mu$，方差 $D(X)=\sigma^2$，则对于任意 $\varepsilon>0$，恒有

$$P\{|X-\mu|\geq\varepsilon\}\leq\frac{\sigma^2}{\varepsilon^2}$$

这一不等式称为**切比雪夫不等式**.

定义 设 X_1，X_2，$\cdots$，X_n，$\cdots$ 是一个随机变量序列，a 为常数，若对任意 $\varepsilon>0$，有 $\lim\limits_{n\to+\infty}P\{|X_n-a|<\varepsilon\}=1$，则称 X_1，X_2，$\cdots$，X_n，$\cdots$ 依概率收敛于 a，记为 $X_n\xrightarrow{P}a$.

1. 切比雪夫大数定律

设 X_1，X_2，$\cdots$，X_n，$\cdots$ 是独立同分布的随机变量序列，且具有相同的数学期望和方差，$E(X_i)=\mu$，$D(X_i)=\sigma^2(i=1,2,\cdots)$，做前 n 个变量的算术平均 $\frac{1}{n}\sum\limits_{i=1}^{n}X_i$，则对于任意给定的正数 $\varepsilon>0$，必有

$$\lim_{n\to+\infty}P\left\{\left|\frac{1}{n}\sum_{i=1}^{n}X_i-\mu\right|<\varepsilon\right\}=1$$

证明：$E\left(\frac{1}{n}\sum\limits_{i=1}^{n}X_i\right)=\frac{1}{n}\sum\limits_{i=1}^{n}E(X_i)=\frac{1}{n}(n\mu)=\mu$

又由独立性得

$$D\left(\frac{1}{n}\sum_{i=1}^{n}X_i\right)=\frac{1}{n^2}\sum_{i=1}^{n}D(X_i)=\frac{1}{n^2}(n\sigma^2)=\frac{\sigma^2}{n}$$

由切比雪夫不等式有

$$1-\frac{\sigma^2/n}{\varepsilon^2}\leq P\left\{\left|\frac{1}{n}\sum_{i=1}^{n}X_i-\mu\right|<\varepsilon\right\}\leq 1$$

上式令 $n\to+\infty$，即得

$$\lim_{n\to+\infty}P\left\{\left|\frac{1}{n}\sum_{i=1}^{n}X_i-\mu\right|<\varepsilon\right\}=1$$

定理得证.

若记 $Y_n=\frac{1}{n}\sum\limits_{i=1}^{n}X_i$，则上式可写为 $\lim\limits_{n\to+\infty}P\{|Y_n-\mu|<\varepsilon\}=1$，即当 n 很大时，Y_n 以很大的概率接近 μ，即随机变量序列 Y_n 依概率收敛于 μ.

切比雪夫大数定律告诉我们，当 n 很大时，X_1，X_2，$\cdots$，X_n 的平均值 Y_n 可以以很大的概率与均值 $E(X_1)=E(X_2)=\cdots$

$=E(X_n)=\mu$ 很接近. 于是若把独立同分布的随机变量 X_1, X_2, $\cdots$, X_n 看成是对某一随机变量 X 的 n 次重复独立观察的结果, 则大数定律指出 X 的 n 次观察的平均值依概率收敛于 X 的数学期望 $E(X)$. 由此我们可以更深刻地了解数学期望作为用来描述随机变量取值平均水平的数字特征的意义, 这也是用样本均值估计总体均值的理论依据.

作为切比雪夫大数定律的推论在理论方面的直接应用, 我们用它来推导该推论的一个重要且常用的特例, 即伯努利大数定律.

2. 伯努利大数定律

设 n 次伯努利试验中, 事件 A 发生的次数为 n_A, 在每次试验中 A 发生的概率为 $p(0<p<1)$, 即 $n_A \sim B(n,p)$, 则对任意的 $\varepsilon>0$, 有

$$\lim_{n \to +\infty} P\left\{\left|\frac{n_A}{n}-p\right|<\varepsilon\right\}=1$$

证明: 引入 n 个随机变量

$$X_i = \begin{cases} 1, & \text{在第 } i \text{ 次试验中 } A \text{ 出现} \\ 0, & \text{在第 } i \text{ 次试验中 } A \text{ 不出现} \end{cases}, \quad i=1, 2, \cdots, n$$

则 X_1, X_2, $\cdots$, X_n 是 n 个相互独立且服从参数为 p 的 0—1 分布的随机变量, 并且

$$n_A = \sum_{i=1}^{n} X_i, \quad E(X_i)=p, \quad D(X_i)=p(1-p), \quad i=1, 2, \cdots, n$$

于是由切比雪夫大数定律就有

$$\lim_{n \to +\infty} P\left\{\left|\frac{1}{n}\sum_{i=1}^{n} X_i -p\right|<\varepsilon\right\} = \lim_{n \to +\infty} P\left\{\left|\frac{n_A}{n}-p\right|<\varepsilon\right\}=1$$

这就证明了伯努利大数定律.

上式也等价于 $\quad \lim\limits_{n \to +\infty} P\left\{\left|\dfrac{n_A}{n}-p\right| \geqslant \varepsilon\right\}=0$

前面已经指出频率是概率的反映, 随着观察次数 n 的增大, 频率将会逐渐稳定到概率. 当 n 很大时, 频率与概率会非常"靠近", 还曾经指出这里所说的"逐渐稳定"和非常"靠近"等都只是一种直观的说法. 事实上, 现在伯努利大数定律证明了, 当 n 很大时, 在 n 次重复独立试验中, 随机事件 A 发生的频率 $\dfrac{n_A}{n}$ 与一次试验中随机事件 A 发生的概率 p 有较大偏差的可能性很小, 当 n 很大时, 频率 $\dfrac{n_A}{n}$ 依概率收敛于 p, 我们可以用频率来推断概率, 这就给出了随机事件频率稳定性和随机事件概率的统计定义的实际

内涵和理论依据.

切比雪夫大数定律的证明以切比雪夫不等式为基础,所以要求随机变量应具有方差. 但是进一步地研究表明, 方差存在这个条件并不是必要的, 下面将要介绍的独立同分布的辛钦大数定律, 就不要求随机变量具备方差存在这一前提.

3. 辛钦(Khinchine)大数定律

设 $X_1, X_2, \cdots, X_n, \cdots$ 是相互独立且具有相同分布的随机变量序列, 其数学期望存在, $E(X_i) = \mu$, $i = 1, 2, \cdots$, 则对于任意给定的 $\varepsilon > 0$, 必有

$$\lim_{n \to +\infty} P\left\{\left|\frac{1}{n}\sum_{i=1}^{n}X_i - \mu\right| < \varepsilon\right\} = 1$$

辛钦大数定律表明, 当 n 很大时, 随机变量在 n 次观察中的算术平均值 $\frac{1}{n}\sum_{i=1}^{n}X_i$ 会"靠近"它的数学期望值, 这就为当随机变量的总体方差未知的情况下, 对总体 X 的数学期望 μ 进行估计提供了一条实际可行的途径.

例 6.3 在掷骰子的试验中, 设随机变量 X 表示掷出的点数, 易知它的数学期望 $E(X) = 3.5$, 用 R 模拟随机地掷骰子 n 次, 观察随机变量在 n 次观察中的算术平均值 $\frac{1}{n}\sum_{i=1}^{n}X_i$ 是否会接近它的数学期望值 3.5?

解: 用 R 模拟随机地掷骰子 n 次, 并求出 n 次观察中的算术平均值 $\frac{1}{n}\sum_{i=1}^{n}X_i$, 编写一个函数来模拟上述试验如下:

```
> p=function(n)
+ {
+ x=sample(1:6,n,replace=T)
+ return(sum(x)/n)
+ }
```

然后分别令 $n = 10, 50, 100, 1000, 10000, 1000000$ 时, 求出 n 次观察中的算术平均值 $\frac{1}{n}\sum_{i=1}^{n}X_i$, 于是有

```
> p(10)
[1] 3
> p(50)
[1] 3.58
> p(100)
```

```
[1] 3.47
> p(1000)
[1] 3.48
> p(10000)
[1] 3.5226
> p(1000000)
[1] 3.500335
```

从 R 输出的结果可以看出，随着试验次数 n 的不断增加，其 n 次观察中的算术平均值 $\frac{1}{n}\sum_{i=1}^{n} X_i$ 越来越接近于 3.5，这也就验证了大数定律.

例 6.4 若总体 X 的 k 阶矩 $E(X^k)=\mu_k$ 存在，则当 $n\to+\infty$ 时，则样本的 k 阶原点矩 A_k 依概率收敛于总体 X 的 k 阶矩 μ_k，$k=1, 2, \cdots$.

证明： 因为 $X_1, X_2, \cdots, X_n$ 是相互独立且与总体 X 具有相同分布的随机变量，所以 $X_1^k, X_2^k, \cdots, X_n^k$ 独立且与 X^k 同分布，故有

$$E(X_1^k)=E(X_2^k)=\cdots=E(X_n^k)=\mu_k$$

从而由辛钦大数定律知

$$A_k=\frac{1}{n}\sum_{i=1}^{n} X_i^k \xrightarrow{P} \mu_k, \quad k=1, 2, \cdots$$

6.2.2 中心极限定理

在客观实际中有许多随机变量，它们是由大量的相互独立的随机因素的综合影响所形成的，而其中每一个别的因素在总的影响中所起的作用都是微小的，这种随机变量往往近似地服从正态分布，这种现象就是中心极限定理的客观背景，本节仅介绍两个常用的中心极限定理.

1. 独立同分布的中心极限定理

定理 2 设随机变量序列 $X_1, X_2, \cdots$ 相互独立，服从同一分布，且数学期望和方差存在，设为 $E(X_i)=\mu$，$D(X_i)=\sigma^2 \neq 0$，$i=1, 2, \cdots$，则随机变量之和 $\sum_{i=1}^{n} X_i$ 的标准化变量 $Y_n = \dfrac{\sum_{i=1}^{n} X_i - n\mu}{\sqrt{n}\sigma}$ 的分布函数 $F_n(x)$ 依概率收敛于标准正态分布函数，即对任意实数 x，有

$$\lim_{n\to\infty} F_n(x) = \lim_{n\to\infty} P\left\{\frac{1}{\sqrt{n}\sigma}\left(\sum_{i=1}^{n} X_i - n\mu\right) \leq x\right\} = \frac{1}{\sqrt{2\pi}}\int_{-\infty}^{x} e^{-\frac{t^2}{2}} dt = \Phi(x)$$

因为随机变量 X_1, X_2, $\cdots$ 相互独立，服从同一分布，有相同的数学期望和方差，即 $E(X_i)=\mu$, $D(X_i)=\sigma^2\neq 0$, $i=1, 2, \cdots$，则

$$E\left(\sum_{i=1}^n X_i\right)=\sum_{i=1}^n E(X_i)=n\mu$$

$$D\left(\sum_{i=1}^n X_i\right)=\sum_{i=1}^n D(X_i)=n\sigma^2$$

则随机变量之和 $\sum_{i=1}^n X_i$ 的标准化变量 $Y_n=\dfrac{\sum_{i=1}^n X_i-n\mu}{\sqrt{n}\sigma}$，当 n 充分大时，$P\left\{\dfrac{1}{\sqrt{n}\sigma}\left(\sum_{i=1}^n X_i-n\mu\right)\leq x\right\}\approx\Phi(x)$，即有

$$\dfrac{\sum_{i=1}^n X_i-n\mu}{\sqrt{n}\sigma}\dot\sim N(0,1)$$

所以上式告诉我们，不论 X_1, X_2, $\cdots$ 原来服从什么分布，当 n 很大时，其部分和 $S_n=\sum_{i=1}^n X_i$ 有

$$S_n\dot\sim N(n\mu,n\sigma^2)$$

或等价地近似为

$$\dfrac{\sum_{i=1}^n X_i-n\mu}{\sqrt{n}\sigma}\dot\sim N(0,1)$$

记 $\overline{X}=\dfrac{1}{n}\sum_{i=1}^n X_i$，则有

$$\dfrac{\overline{X}-\mu}{\sigma/\sqrt{n}}\dot\sim N(0,1)$$

或者

$$\overline{X}\dot\sim N(\mu,\sigma^2/n)$$

它表明，设 X_1, X_2, $\cdots$, X_n 是来自总体 X 的一个样本，不论总体 X 服从什么分布，其样本均值 $\overline{X}$，当样本容量 n 很大时，近似服从 $N\left(\mu,\dfrac{\sigma^2}{n}\right)$，这是数理统计中大样本统计推断的基础。

例 6.5 样本均值的抽样分布的例子：

(1) 设 x_1, x_2, $\cdots$, x_{20} 是来自正态总体 $X\sim N(3,1)$ 的一个样本容量为 20 的样本，则其样本均值近似服从 $N(3,0.05)$ 的正态分布，即有

$$\overline{x}=\dfrac{1}{20}(x_1+x_2+\cdots+x_{20})\sim N(3,0.05)$$

(2) 设 $x_1, x_2, \cdots, x_{25}$ 是来自总体服从泊松分布 $P(\lambda)$ 的一个样本容量为 25 的样本,若 $\lambda = 1$,则该泊松分布的均值和方差分别为

$$E(X) = D(X) = \lambda = 1$$

则其样本均值近似服从 $N(1, 0.04)$ 的正态分布,即有

$$\bar{x} = \frac{1}{25}(x_1 + x_2 + \cdots + x_{25}) \sim N(1, 0.04)$$

(3) 设 $x_1, x_2, \cdots, x_{25}$ 是来自参数为 λ 的指数分布的一个样本,若 $\lambda = 0.04$,则该指数分布的均值和方差分别为

$$E(X) = \frac{1}{\lambda} = 25, \quad D(X) = \frac{1}{\lambda^2} = 625$$

则其样本均值近似服从 $N(25, 25)$ 的正态分布,即有

$$\bar{x} = \frac{1}{25}(x_1 + x_2 + \cdots + x_{25}) \sim N(25, 25)$$

(4) 设 $x_1, x_2, \cdots, x_{100}$ 是来自两点分布 $B(1, p)$ 的一个样本,若 $p = 0.02$,则该两点分布的均值和方差分别为

$$E(X) = p = 0.02, \quad D(X) = p(1-p) = 0.02 \times 0.98 = 0.0196$$

则其样本均值近似服从 $N(0.02, 0.014^2)$ 的正态分布,即有

$$\bar{x} = \frac{1}{100}(x_1 + x_2 + \cdots + x_{100}) \sim N(0.02, 0.014^2)$$

在统计学中样本均值 $\bar{x}$ 的标准差 $\sigma_{\bar{x}}$ 称为**标准误**,它与原标准差 σ 之间有如下关系:$\sigma_{\bar{x}} = \frac{\sigma}{\sqrt{n}}$,即标准误 $\sigma_{\bar{x}}$ 将随样本容量 n 的增加而减少.

最后,为了使样本均值 $\bar{x}$ 获得正态性,样本容量 n 取多少为宜呢?理论上讲,样本容量 n 越大,正态性就越好.实际应用中,要使样本均值 $\bar{x}$ 获得正态性,样本容量至少为 5;当样本容量 n 在 30 左右时,样本均值 $\bar{x}$ 的正态性就很好了.

2. 用 R 模拟独立同分布的 n 个随机变量之和

例 6.6 连续掷骰子 1000 次,观察这 1000 次掷出的点子数之和,用随机变量 X 表示这 1000 次掷出的点子数之和,这表示一次的试验结果,问:

(1) X 介于 3400 到 3600 之间的概率是多少?

(2) 这个试验重复 100 次,使用 R 来模拟这 100 次随机试验的结果,并验证 (1) 的结论.

解:连续掷骰子 1000 次,设 X_i 表示第 i 次掷骰子掷出的点数,$i = 1, 2, \cdots, 1000$,则有 1000 次掷出的点子数之和

$$X = X_1 + X_2 + \cdots + X_{1000}$$

又 X_i 的分布律为

X_i	1	2	3	4	5	6
p	$\frac{1}{6}$	$\frac{1}{6}$	$\frac{1}{6}$	$\frac{1}{6}$	$\frac{1}{6}$	$\frac{1}{6}$

(1) 容易求出

$$E(X_i) = 3.5$$

$$D(X_i) = \frac{35}{12} \quad (i = 1, 2, \cdots, 1000)$$

因为 $X_1, X_2, \cdots, X_{1000}$ 是独立同分布的,有相同的数学期望 3.5 和相同的方差 35/12,根据中心极限定理知:$X = X_1 + X_2 + \cdots + X_{1000}$ 近似服从均值为 3500,方差为 $1000 \times 35/12 \approx 2916.67$ 的正态分布,即有

$$X \sim N(3500, 2916.67)$$

其标准化变量 $\frac{X - 3500}{\sqrt{2916.67}} = \frac{X - 3500}{54}$ 近似服从标准的正态分布,所以有

$$P\{3400 < X < 3600\} = P\left\{\frac{3400 - 3500}{\sqrt{2916.67}} < \frac{X - 3500}{\sqrt{2916.67}} < \frac{3600 - 3500}{\sqrt{2916.67}}\right\}$$

$$= P\left\{-1.85 < \frac{X - 3500}{54} < 1.85\right\}$$

$$= \Phi(1.85) - \Phi(-1.85) = 2\Phi(1.85) - 1$$

$$= 2 \times 0.9678 - 1 = 0.9356$$

或者输入 R 计算:

```
> pnorm(3600,3500,54)-pnorm(3400,3500,54)
[1] 0.9359529
```

所以,X 介于 3400 到 3600 之间的概率是 93.5%。

(2) 用 R 编写连续掷骰子 1000 次的点子数之和的 roll() 函数如下,并重复这个试验 100 次:

```
> roll=function(size=1000){
+ dice=sample(1:6,size=1000,replace=T)
+ sum(dice)}
> x=replicate(100,roll())
> x
```

这样就得到了用 R 随机模拟 100 次的随机试验结果如下:

[1] 3444 3583 3359 3523 3558 3532 3446 3585 3490 3509 3516 3455 3501 3547
[15] 3584 3549 3568 3517 3486 3491 3592 3578 3520 3489 3544 3502 3499 3596
[29] 3574 3561 3498 3488 3531 3484 3497 3561 3470 3479 3553 3423 3459 3465
[43] 3461 3494 3465 3466 3461 3461 3478 3565 3444 3475 3529 3536 3488 3475
[57] 3463 3556 3543 3451 3487 3582 3473 3471 3421 3469 3590 3528 3507 3483
[71] 3437 3449 3510 3437 3461 3433 3573 3549 3464 3620 3530 3548 3526 3522
[85] 3404 3471 3512 3450 3580 3483 3425 3485 3436 3471 3585 3447 3489 3446
[99] 3435 3600

试验结果用直方图表示如下：

> hist(x,col="grey",labels=T)

其结果如图 6-2 所示.

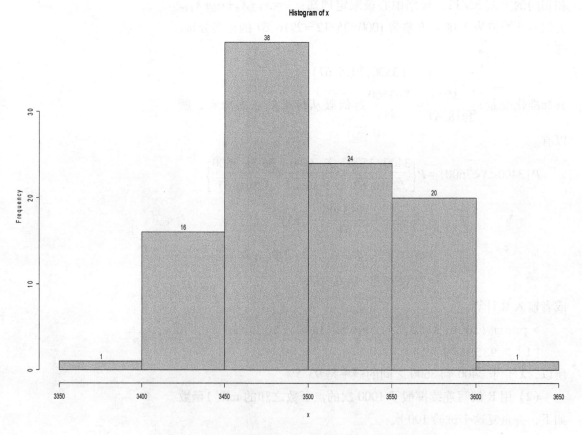

图 6-2 100 次连续掷骰子随机试验结果的直方图

从试验结果可看出，在这 100 次随机试验的结果中，有一次的结果 3359 是小于 3400 点，有一次的结果 3620 是大于 3600 点，其余 98 次的结果是介于 3400 到 3600 之间，这就验证了(1)的结论.

一般地，设连续掷骰子 n 次，先求出这 n 次的点数之和，并

重复该试验 m 次,观察这 m 次随机试验的结果,可以编写一个 R 函数来模拟上述过程:

(1) 编写一个 p(n) 的函数,模拟 n 个人同时掷骰子的点数之和:

```
> p=function(n)
+ {
+ x=sample(1:6,n,replace=T)
+ return(sum(x))
+ }
```

(2) 编写一个 k(m,n) 的函数,重复(1)的随机试验 m 次,n 表示 n 个人同时掷骰子:

```
> k=function(m,n)
+ {
+ t=replicate(m,p(n))
+ return(t)
+ }
```

这里,分别取 $m=15$,$n=1000$,以及 $m=20$,$n=100$,把这两个参数值输入 k 函数,运行结果如下:

```
> k(15,1000)
[1] 3433 3469 3533 3520 3606 3550 3498 3439 3469
3476 3491 3450 3518 3500 3495
> k(20,100)
[1] 321 380 351 365 351 322 325 357 370 358 361 336
376 348 347 360 355 352 355 357
```

3. 棣莫弗-拉普拉斯(De Moirve-Laplace)中心极限定理

定理 3 设 A 是试验 E 的事件,$P(A)=p$,$0<p<1$,在 n 次独立重复试验中把事件 A 出现的次数记为 n_A,即 $n_A \sim B(n,p)$. 则对于任意实数 $x \in \mathbf{R}$,有

$$\lim_{n \to \infty} P\left\{ \frac{n_A - np}{\sqrt{np(1-p)}} < x \right\} = \frac{1}{\sqrt{2\pi}} \int_{-\infty}^{x} e^{-\frac{t^2}{2}} dt$$

证明:做 n 次独立重复试验,并把第 i 次试验中 A 出现的次数记为 $X_i (i=1,2,\cdots)$,则各 X_i 都服从同分布 $B(1,p)$. 注意到试验的独立性,可知 X_1,X_2,$\cdots$,X_n,$\cdots$ 是独立同分布的随机变量序列. 又由于 $E(X_i)=p$,$D(X_i)=p(1-p)$,故按独立同分布中心极限定理(本节定理 2)有

$$\lim_{n\to\infty}P\left\{\frac{1}{\sqrt{np(1-p)}}\left(\sum_{i=1}^{n}X_i-np\right)<x\right\}=\Phi(x)$$

注意到 $\sum_{i=1}^{n}X_i=n_A$，故得 $\lim_{n\to\infty}P\left\{\frac{n_A-np}{\sqrt{np(1-p)}}<x\right\}=\Phi(x)$，定理得证.

$\sum_{i=1}^{n}X_i=n_A$ 服从二项分布，即 $n_A\sim B(n,p)$，这个定理说明，正态分布是二项分布的极限分布. 当 n 很大时，对 n_A 做标准化处理后的随机变量 $Y_n=\frac{n_A-np}{\sqrt{np(1-p)}}$ 近似服从标准正态分布 $N(0,1)$，从而 Y_n 的线性函数 $n_A=\sqrt{np(1-p)}\,Y_n+np$ 必近似服从正态分布 $N(np,[\sqrt{np(1-p)}]^2)$.

由于在 n 次独立重复试验中 A 出现的次数 $n_A\sim B(n,p)$，所以若一个随机变量 $X\sim B(n,p)$，当 n 很大时，则 X 便近似服从 $N(np,[\sqrt{np(1-p)}]^2)$，于是就有

$$P\{a\leq X\leq b\}\approx\Phi\left(\frac{b-np}{\sqrt{np(1-p)}}\right)-\Phi\left(\frac{a-np}{\sqrt{np(1-p)}}\right)$$

上式是一个十分有用的近似计算二项分布 $B(n,p)$ 的概率公式.

例 6.7 设有 2500 个同一年龄段和社会阶层的人参加了某保险公司的人寿保险，假设在一年中每人死亡的概率为 0.002，每人在年初向保险公司交纳保费 120 元，而死亡时家属可以从保险公司领到 20000 元，问：

（1）保险公司亏本的概率是多少？

（2）保险公司获利不少于 10 万元的概率是多少？

（3）如果保险公司希望 99.99% 的可能性保证获利不少于 50 万元，问保险公司至少要发展多少个客户？

解：设 X 表示 2500 人中死亡的人数，则 $X\sim B(2500,0.002)$. 由棣莫弗-拉普拉斯中心极限定理知：X 近似服从正态分布，于是有

$$X\sim N(np,npq)=N(5,4.99)$$

（1）保险公司亏本的概率为

$$P\{2500\times120-20000X<0\}=P\{X>15\}=1-P\{X\leq15\}$$

$$=1-P\left\{\frac{X-2500\times0.002}{\sqrt{2500\times0.002\times0.998}}\leq\frac{15-2500\times0.002}{\sqrt{2500\times0.002\times0.998}}\right\}$$

$$=1-P\left\{\frac{X-5}{\sqrt{4.99}}\leq\frac{10}{\sqrt{4.99}}\right\}\approx1-\Phi\left(\frac{10}{\sqrt{4.99}}\right)$$

$$=1-\Phi(4.4766)=0.000069$$

（2）保险公司获利不少于 10 万元的概率为

$P\{2500\times120-20000X\geqslant100000\}=P\{X\leqslant10\}$

$$=P\left\{\frac{X-2500\times0.002}{\sqrt{2500\times0.002\times0.998}}\leqslant\frac{10-2500\times0.002}{\sqrt{2500\times0.002\times0.998}}\right\}$$

$$=P\left\{\frac{X-5}{\sqrt{4.99}}\leqslant\frac{5}{\sqrt{4.99}}\right\}\approx\Phi\left(\frac{5}{\sqrt{4.99}}\right)$$

$$=\Phi(2.238)=0.9874$$

（3）假设保险公司至少要发展 n 个客户，Y 表示 n 个客户中死亡的人数，则有 $Y\sim B(n,0.002)$. 由棣莫弗-拉普拉斯中心极限定理知

$P\{120n-20000Y\geqslant500000\}=P\{Y\leqslant0.006n-25\}$

$$=P\left\{\frac{Y-0.002n}{\sqrt{n\times0.002\times0.998}}\leqslant\frac{0.006n-25-0.002n}{\sqrt{n\times0.002\times0.998}}\right\}$$

$$=P\left\{\frac{Y-0.002n}{\sqrt{0.001996n}}\leqslant\frac{0.004n-25}{\sqrt{0.001996n}}\right\}\approx\Phi\left(\frac{0.004n-25}{0.04468\sqrt{n}}\right)\geqslant0.999$$

于是有

$$\frac{0.004n-25}{0.04468\sqrt{n}}\geqslant3.01$$

即

$$0.004n-0.13448\sqrt{n}-25\geqslant0$$

所以

$$n\geqslant4770.733$$

所以保险公司至少要发展 4771 个客户.

例 6.8 一生产线生产的产品成箱包装，每箱重量是随机的，假设每箱平均重 50kg，标准差 5kg. 若用最大载重为 5t 的汽车承运，试问每辆最多装多少箱，才能保证不超载的概率大于 0.977？（已知：$\Phi(2)=0.977$）

解：设 X_i 表示装运的第 i 箱的重量，n 为所求箱数，设 n 箱的总重量为

$$X=X_1+X_2+\cdots+X_n=\sum_{i=1}^{n}X_i$$

由已知：$E(X_i)=50$，$\sqrt{D(X_i)}=5$

由独立同分布的中心极限定理知

$P\{X\leqslant5000\}=P\left\{\sum_{i=1}^{n}X_i\leqslant5000\right\}$

$$=P\left\{\frac{\sum_{i=1}^{n}X_i-50n}{5\sqrt{n}}\leqslant\frac{5000-50n}{5\sqrt{n}}\right\}\approx\Phi\left(\frac{1000-10n}{\sqrt{n}}\right)>0.977$$

$$=\Phi(2)\frac{1000-10n}{\sqrt{n}}>2$$

解得 $n < 98.0199$

所以最多可装 98 箱.

6.3 中心极限定理在抽样分布中的应用

设 $X_1, X_2, \cdots, X_n$ 是来自某总体 X 的一个随机样本,根据中心极限定理,其样本均值 $\bar{X}$ 有:

1) 若总体为正态分布 $N(\mu, \sigma^2)$,则其样本均值 $\bar{X}$ 的(精确)分布为 $N\left(\mu, \dfrac{\sigma^2}{n}\right)$;

2) 若总体不是正态分布,但其均值 μ 与方差 σ^2 均存在,则在样本容量 n 较大时,其样本均值 $\bar{X}$ 的抽样分布近似于正态分布 $N\left(\mu, \dfrac{\sigma^2}{n}\right)$,且 n 越大近似程度越好,当 n 较大时,常记为 $\bar{X} \stackrel{.}{\sim} N(\mu, \sigma^2/n)$.

这个结论是深刻的,也是十分重要的,是中心极限定理在样本均值、样本比例的抽样分布中的具体应用,也是后面大样本统计推断的基础.

6.3.1 样本均值的抽样分布

用样本均值 $\bar{X}$ 对总体均值 μ 进行推断是最常用的统计方法之一,在每一次重复抽样中,我们得到不同的样本均值 $\bar{X}$ 的观察值.样本均值 $\bar{X}$ 所有可能值的概率分布称为样本均值 $\bar{X}$ 的抽样分布.

样本均值的中心极限定理表明:如果样本是按随机原则抽取的,并且观察值之间相互独立,不论样本来自的总体服从什么样的分布,随着样本容量的增大,样本均值的抽样分布将越来越接近于正态分布.

根据中心极限定理,样本均值的抽样分布需要遵循以下两个基本假定:

1) 独立性假定,样本观察值之间相互独立;

2) 样本量假定,样本容量必须充分大.

具体而言,可以考察样本均值的抽样分布是否符合以下方面的要求:

1) 随机性.样本是否按随机原则抽取.

2) 10%准则.不重复抽取的样本,其容量 n 应不超过总体规模的 10%.

3）样本容量足够大.

1. 样本均值 $\bar{X}$ 的数学期望

容易证明，样本均值的数学期望与总体均值 μ 相等，即有

$$E(\bar{X}) = \mu$$

2. 样本均值 $\bar{X}$ 的标准差

容易证明，样本均值的标准差为：

1）当总体为有限总体时，样本均值 $\bar{X}$ 的标准差为

$$\sigma_{\bar{x}} = \sqrt{\frac{N-n}{N-1}} \frac{\sigma}{\sqrt{n}}$$

2）当总体为无限总体时，样本均值 $\bar{X}$ 的标准差为

$$\sigma_{\bar{x}} = \frac{\sigma}{\sqrt{n}}$$

对于有限总体，当样本容量小于或等于总体容量的 10% 时，此时有限总体的修正系数 $\sqrt{\frac{N-n}{N-1}}$ 趋近于 1，可以忽略有限总体与无限总体的样本均值 $\bar{X}$ 的标准差之间的差别. 统一用以下公式计算样本均值 $\bar{X}$ 的标准差：

$$\sigma_{\bar{x}} = \frac{\sigma}{\sqrt{n}}$$

3. 样本均值抽样分布的中心极限定理

样本均值抽样分布的中心极限定理：按随机抽样原则，从均值为 μ、标准差为 σ 的总体中抽取样本，当样本足够大时，样本均值 $\bar{X}$ 的抽样分布近似于正态分布，即

$$\bar{X} \sim N\left(\mu, \frac{\sigma}{\sqrt{n}}\right)$$

例 6.9 根据国家卫生部的统计，中国成年男性的平均体重为 130 斤，标准差为 40 斤. 一部电梯的最大载重量相当于 10 个成年男性的体重即约 2000 斤，问：10 个人同时走进电梯，超过电梯的最大载重量的概率是多少？

解：（1）电梯的最大载重量是 2000 斤，如果同时走进电梯的 10 个成年男性的总体重大于 2000 斤，就超过了电梯的载荷. 换句话说，若 10 个人平均体重在 200 斤以上，电梯就不能正常工作了，即仅需要考察 10 个人平均体重在 200 斤以上的概率.

（2）检验是否符合中心极限定理的条件要求. 10 个人占总体

的比例很小，符合"10%"原则. 成年男性的体重服从单峰、对称分布，因此 10 个人的样本不算小. 总之，符合中心极限定理的条件要求.

(3) 确定样本均值抽样分布. 10 个成年男性体重的样本均值服从均值为 $\mu = 130$、标准差为 $\sigma/\sqrt{n} = 40/\sqrt{10} = 12.65$ 的正态分布.

由样本均值抽样分布的中心极限定理得

$$\bar{X} \sim N(130, 12.65)$$

(4) 确定问题发生的概率. 即考察 10 个人平均体重在 200 斤以上的概率. 把 200 斤转换为标准化值得到

$$z = \frac{200-130}{12.65} \approx 5.53$$

这表明，200 斤相当于 3 个标准差之上，因此

$$P\{\bar{x} > 200\} = P\{z > 5.53\} = 1.601 \times 10^{-8}$$

因此，10 个人同时走进电梯，超过电梯的最大载重量的概率是 1.601×10^{-8}，这个概率是非常小的. 如果不是刻意安排，发生这种情况纯属偶然.

6.3.2 样本比例 $\bar{p}$ 的抽样分布

在统计实践中，我们常用样本比例 $\bar{p}$ 对总体比例 p 进行统计推断. 在该过程的每一次重复抽样中，每一次都会得到样本比例 $\bar{p}$ 的不同观察值. 样本比例 $\bar{p}$ 所有可能值的概率分布称为样本比例 $\bar{p}$ 的抽样分布.

样本比例的中心极限定理表明：如果样本是按随机原则抽取的，并且观察值之间相互独立，不论样本来自的总体服从什么样的分布，随着样本容量的增大，样本比例的抽样分布将越来越接近于正态分布.

根据中心极限定理，样本比例 $\bar{p}$ 的抽样分布需要遵循以下两个基本假定：

1) 独立性假定. 样本观察值之间相互独立；
2) 样本量假定. 样本容量必须充分大.

具体而言，可以考察样本比例 $\bar{p}$ 的抽样分布是否符合以下方面的要求：

1) 随机性. 样本是否按随机原则抽取.
2) 10%准则. 不重复抽取的样本，其容量 n 应不超过总体规模的 10%.
3) 样本容量足够大，np 与 nq 都不低于 10. 即在一次抽样中，

至少要保证感兴趣事件在调查样本中出现的次数不低于10. 同样，不感兴趣事件在调查样本中出现的次数也不低于10.

1. 样本比例 $\bar{p}$ 的数学期望

容易证明，样本比例 $\bar{p}$ 的数学期望与总体均值 p 相等，即有

$$E(\bar{p})=p$$

2. 样本比例 $\bar{p}$ 的标准差

容易证明，样本比例 $\bar{p}$ 的标准差为：

1）当总体为有限总体时，样本比例 $\bar{p}$ 的标准差为

$$\sigma_{\bar{p}}=\sqrt{\frac{N-n}{N-1}}\sqrt{\frac{p(1-p)}{n}}$$

2）当总体为无限总体时，样本比例 $\bar{p}$ 的标准差为

$$\sigma_{\bar{p}}=\sqrt{\frac{p(1-p)}{n}}$$

对于有限总体，当样本容量小于或等于总体容量的10%时，此时有限总体的修正系数 $\sqrt{\frac{N-n}{N-1}}$ 趋近于1，可以忽略有限总体与无限总体的样本比例 $\bar{p}$ 的标准差之间的差别. 统一用以下公式计算样本比例 $\bar{p}$ 的标准差：

$$\sigma_{\bar{p}}=\sqrt{\frac{p(1-p)}{n}}$$

3. 样本比例抽样分布的中心极限定理

样本比例抽样分布的中心极限定理：按随机抽样原则，从总体比例为 p 的总体中抽取样本，当样本足够大时，样本比例 $\bar{p}$ 的抽样分布近似于正态分布，即

$$\bar{p} \sim N\left(p,\sqrt{\frac{p(1-p)}{n}}\right)$$

例 6.10 根据国家卫生部的统计，中国19岁女性中，有24%的人的体重指数超过了25. 在一所规模很大的大学中，随机抽取100名19岁女性，检查发现有17名体重指数超过了25. 试据此分析，这所大学体重指数超标女生的占比是不是很小？

解：首先我们检查一下，本例中的样本是否符合样本比例抽样分布的中心极限定理要求的条件. 由于采用的是随机性抽样，因此每个样本观察单位是相互独立的. 这所大学规模很大，19岁女生人数应该不少，则100人的样本占该校19岁女生的比例应该不会超过10%. 体重指数超标的19岁女生的比例为24%，于是有 $100\times24\%=24$，$100\times76\%=76$，符合"np 与 nq 都不低于10"的条

件. 因此, 本例中的样本符合样本比例抽样分布的中心极限定理要求的条件.

根据样本比例抽样分布的中心极限定理: 样本比例 $\bar{p}$ 的抽样分布近似于正态分布, 由于总体比例 $p = 24\%$, 因此有

$$\sigma_{\bar{p}} = \sqrt{\frac{p(1-p)}{n}} = \sqrt{\frac{0.24 \times 0.76}{100}} = 0.043$$

$$\bar{p} \sim N(0.24, 0.043)$$

样本比例 $\bar{p}$ 为

$$\bar{p} = \frac{17}{100} = 0.17 = 17\%$$

17%经过标准化变换后得到

$$z = \frac{\bar{p} - p}{\sigma_{\bar{p}}} = \frac{0.17 - 0.24}{0.043} \approx -1.628$$

z 是标准化变换后的值, 服从均值为 0、标准差为 1 的标准正态分布. -1.628 落在 $(-2, 2)$ 区间之内, 即落在两个标准差之间, 所以不能认为这所大学体重指数超标女生的占比偏小.

6.4 常用统计量的抽样分布

根据统计量的定义, 统计量是随机变量, 它的取值具有随机性, 因此, 用统计量来对总体做推断时会由于这种取值的随机性, 使推断的结论带有一定程度的不确定性. 这种不确定性用概率的大小来衡量, 称在一定概率意义下做出的判断为统计推断.

统计量的分布称为**抽样分布**, 求抽样分布是数理统计的基本问题之一. 由于很多随机变量都是服从正态分布的, 下面讨论在正态总体的统计推断中的一些常用统计量的分布.

6.4.1 三种常用统计分布

下面介绍三种常用连续型随机变量分布, 它们在数理统计中占有十分重要的地位, 而且它们都与正态分布有联系.

1. χ^2 分布

> **定义 1** 设随机变量 $X_1, X_2, \cdots, X_n$ 独立同分布, 且 $X_i \sim N(0, 1)(i = 1, 2, \cdots, n)$, 则称随机变量
>
> $$\chi^2 = \sum_{i=1}^{n} X_i^2$$
>
> 服从自由度为 n 的 χ^2 **分布**, 记为 $\chi^2 \sim \chi^2(n)$.

$\chi^2(n)$ 分布的概率密度函数为

$$f(x,n) = \begin{cases} \dfrac{1}{2^{\frac{n}{2}}\Gamma\left(\dfrac{n}{2}\right)} x^{\frac{n}{2}-1} e^{-\frac{x}{2}}, & x>0 \\ 0, & x \leqslant 0 \end{cases}$$

图 6-3 所示是用 R 绘出的当 $n=3$，5，15 时的 $\chi^2(n)$ 分布的概率密度函数曲线，相应的 R 命令如下：

```
> curve(dchisq(x,3),from=0,to=20,xlim=c(0,20),ylab="f(x)",lty=1,cex.lab=0.7,cex.axis=0.7)
> curve(dchisq(x,5),from=0,to=20,add=T,lty=2,cex.lab=0.7,cex.axis=0.7)
> curve(dchisq(x,15),from=0,to=20,add=T,lty=3,cex.lab=0.7,cex.axis=0.7)
> legend(x="topright",legend=c("n=3","n=5","n=15"),lty=1:3)
```

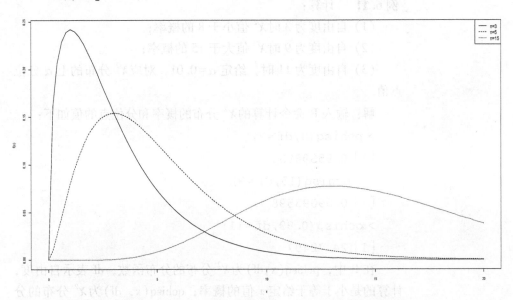

图 6-3 当 $n=3$，5，15 时的 $\chi^2(n)$ 分布的概率密度函数曲线

χ^2 分布具有以下性质：

1) 可加性。设 $\chi_1^2 \sim \chi^2(n_1)$，$\chi_2^2 \sim \chi^2(n_2)$ 且 χ_1^2 与 χ_2^2 独立，则

$$\chi_1^2 + \chi_2^2 \sim \chi^2(n_1 + n_2)$$

一般地，若 $\chi_i^2 \sim \chi^2(n_i)$ 且相互独立（$i=1,2,\cdots,k$），则

$$\sum_{i=1}^{k} \chi_i^2 \sim \chi^2 \left(\sum_{i=1}^{k} n_i \right)$$

2) 若 $\chi^2 \sim \chi^2(n)$，则

$$E(\chi^2) = n, \quad D(\chi^2) = 2n$$

(1) 分位点

> **定义 2** 设连续型随机变量 X 的概率密度函数为 $f(x)$，对于给定的正数 $\alpha(0<\alpha<1)$，若实数 x_α 满足
>
> $$P\{X>x_\alpha\} = \int_{x_\alpha}^{+\infty} f(x)\,dx = \alpha$$
>
> 则称 x_α 是 X (或 X 服从的分布) 的上 α 分位点。

若连续型随机变量 X 的概率密度函数 $f(x)$ 为偶函数，对于给定的正数 $\alpha(0<\alpha<1)$，如果正实数 $x_{\alpha/2}$ 满足

$$P\{|X|>x_{\alpha/2}\} = \int_{x_{\alpha/2}}^{+\infty} f(x)\,dx + \int_{-\infty}^{-x_{\alpha/2}} f(x)\,dx = \alpha$$

则称 $x_{\alpha/2}$ 是 X (或 X 服从的分布) 的双侧 α 分位点。

(2) χ^2 分布的分位点　若对于给定的 α，$0<\alpha<1$，存在 $\chi_\alpha^2(n)$ 使得 $P\{\chi^2>\chi_\alpha^2(n)\}=\alpha$，则称点 $\chi_\alpha^2(n)$ 为 χ^2 分布的上 α 分位点。

例 6.11　计算：

(1) 自由度为 3 时 χ^2 值小于 8 的概率；

(2) 自由度为 9 时 χ^2 值大于 15 的概率；

(3) 自由度为 11 时，给定 $\alpha=0.01$，对应 χ^2 分布的上 α 分位点值。

解：输入 R 命令计算的 χ^2 分布的概率和分位点的值如下：

```
> pchisq(8,df=3)
[1] 0.9539883
> 1-pchisq(15,df=9)
[1] 0.09093598
> qchisq(0.99,df=11)
[1] 24.72497
```

在 R 中，pchisq(x,df) 为 χ^2 分布的分布函数，df 表示自由度，计算的是小于等于给定 x 值的概率；qchisq(x, df) 为 χ^2 分布的分位数函数，计算的是给定的 $(1-\alpha)$ 下的自由度为 df 的 χ^2 分布的上 α 分位点值。

2. t 分布

> **定义 3**　设随机变量 $X\sim N(0,1)$、$Y\sim\chi^2(n)$，且 X 与 Y 独立，则称随机变量
>
> $$t = \frac{X}{\sqrt{Y/n}}$$
>
> 服从自由度为 n 的 t 分布 (或称学生氏 (**student**) 分布)，记为 $t\sim t(n)$。

t 分布的概率密度函数为

$$f(x,n) = \frac{\Gamma\left(\frac{n+1}{2}\right)}{\sqrt{n\pi}\,\Gamma\left(\frac{n}{2}\right)}\left(1+\frac{x^2}{n}\right)^{-\frac{n+1}{2}}, \quad -\infty < x < +\infty$$

图 6-4 所示是用 R 绘出的当 $n=2,5$ 时的 $t(n)$ 分布的概率密度函数曲线和标准正态分布密度函数曲线，相应的 R 命令如下：

```
> curve(dnorm(x,0,1),from=-4,to=4,xlim=c(-4,
4),ylab="f(x)",lty=1,cex.lab=0.7,cex.axis=0.7)
> abline(v=0)
> curve(dt(x,5),from=-4,to=4,add=T,lty=2,
cex.lab=0.7,cex.axis=0.7)
> curve(dt(x,2),from=-4,to=4,add=T,lty=3,
cex.lab=0.7,cex.axis=0.7)
> legend(x="topright",legend=c("N(0,1)",
"t(5)","t(2)"),lty=1:3)
```

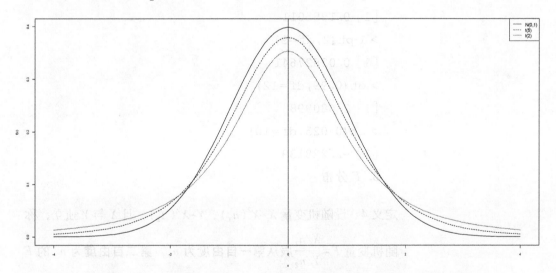

图 6-4　当 $n=2,5$ 时的 $t(n)$ 分布的概率密度函数曲线与标准正态分布密度函数曲线

t 分布具有如下性质：

1) 当 $n=1$ 时，$E(t)$ 不存在，当 $n\geq 2$ 时，$E(t)=0$，当 $n>2$ 时，$D(t)=\dfrac{n}{n-2}$；

2) $\lim\limits_{n\to\infty} f(x,n) = \dfrac{1}{\sqrt{2\pi}} e^{-\frac{x^2}{2}} \quad (-\infty < x < +\infty)$

3) $f(x,n)$ 的图形关于 $x=0$ 对称.

第 2, 3 条性质可直观地由 $f(x,n)$ 的图形看出，图 6-4 画出了

当 $n=2,5$ 时 $f(x,n)$ 的图形. 显然, $f(x,n)$ 的图形关于 $x=0$ 对称, 当 n 充分大时, 其图形接近于标准正态分布概率密度的图形, 故当 n 充分大时, t 分布近似于 $N(0,1)$ 分布, 当 $n>45$ 时这种接近程度就很高了. 但对较小的 n, t 分布与 $N(0,1)$ 分布相差很大.

下面简单讨论 t 分布的分位点.

若对于给定的 α, $0<\alpha<1$, 存在 $t_\alpha(n)$ 使得 $P\{t>t_\alpha(n)\}=\alpha$, 则称点 $t_\alpha(n)$ 为 t 分布的上 α 分位点.

例 6.12 计算:

(1) 自由度为 3 时 t 值小于 -1 的概率;

(2) 自由度为 9 时 t 值大于 2 的概率;

(3) 自由度为 12 时, 给定 $\alpha=0.01$, 对应 t 分布的上 α 分位点值;

(4) 自由度为 10 时, t 分布双尾概率为 0.05 时的 t 值.

解: 输入 R 命令计算的 t 分布的概率和分位点的值如下:

```
> pt(-1,df=3)
[1] 0.1955011
> 1-pt(2,df=9)
[1] 0.03827641
> qt(0.99,df=12)
[1] 2.680998
> qt(0.025,df=10)
[1] -2.228139
```

3. F 分布

定义 4 设随机变量 $X \sim \chi^2(n_1)$, $Y \sim \chi^2(n_2)$, 且 X 与 Y 独立, 称随机变量 $F=\dfrac{X/n_1}{Y/n_2}$ 服从第一自由度为 n_1, 第二自由度为 n_2 的 F 分布, 记为 $F \sim F(n_1,n_2)$.

F 分布的概率密度函数为

$$f(x,n_1,n_2)=\begin{cases}\dfrac{\Gamma\left(\dfrac{n_1+n_2}{2}\right)}{\Gamma\left(\dfrac{n_1}{2}\right)\cdot\Gamma\left(\dfrac{n_2}{2}\right)}\left(\dfrac{n_1}{n_2}\right)\left(\dfrac{n_1}{n_2}x\right)^{\frac{n_1}{2}-1}\left(1+\dfrac{n_1}{n_2}x\right)^{-\frac{n_1+n_2}{2}}, & x>0 \\ 0, & x\leq 0\end{cases}$$

图 6-5 所示是用 R 绘出的对应不同的第一和第二自由度时的 F 分布的概率密度函数曲线, 相应的 R 命令如下:

```
> curve(df(x,10,20),from=0,to=5,xlim=c(0,5),
ylab="f(x)",lty=1,cex.lab=0.7,cex.axis=0.7)
> curve(df(x,5,10),from=0,to=5,add=T,lty=2,
cex.lab=0.7,cex.axis=0.7)
> curve(df(x,3,5),from=0,to=5,add=T,lty=3,
cex.lab=0.7,cex.axis=0.7)
> legend(x="topright",legend=c("F(10,20)",
"F(5,10)","F(3,5)"),lty=1:3)
```

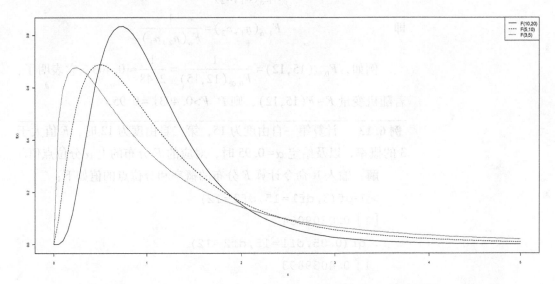

图 6-5 不同的第一和第二自由度时的 F 分布的概率密度函数曲线

F 分布具有的性质是：若 $F \sim F(n_1, n_2)$，则 $\frac{1}{F} \sim F(n_2, n_1)$. 该性质由定义即可得出.

下面简单讨论 F 分布的上 α 分位点.

F 分布的上 α 分位点记为 $F_\alpha(n_1, n_2)$，即若 $F \sim F(n_1, n_2)$，则有

$$P\{F > F_\alpha(n_1, n_2)\} = \int_{F_\alpha(n_1, n_2)}^{+\infty} f(x, n_1, n_2) dx = \alpha$$

$F_{1-\alpha}(n_1, n_2)$ 可由以下公式换算：

$$F_{1-\alpha}(n_1, n_2) = \frac{1}{F_\alpha(n_2, n_1)}$$

这是因为若 $F \sim F(n_1, n_2)$，按定义就有

$$1 - \alpha = P\{F > F_{1-\alpha}(n_1, n_2)\} = P\left\{\frac{1}{F} < \frac{1}{F_{1-\alpha}(n_1, n_2)}\right\}$$

$$= 1 - P\left\{\frac{1}{F} \geq \frac{1}{F_{1-\alpha}(n_1, n_2)}\right\} = 1 - P\left\{\frac{1}{F} > \frac{1}{F_{1-\alpha}(n_1, n_2)}\right\}$$

所以
$$P\left\{\frac{1}{F}>\frac{1}{F_{1-\alpha}(n_1, n_2)}\right\}=\alpha$$

再由 $\frac{1}{F}\sim F(n_2,n_1)$ 和 $F_\alpha(n_2,n_1)$ 的定义知
$$P\left\{\frac{1}{F}>F_\alpha(n_2,n_1)\right\}=\alpha$$

比较上面两式得
$$\frac{1}{F_{1-\alpha}(n_1,n_2)}=F_\alpha(n_2,n_1)$$

即
$$F_{1-\alpha}(n_1,n_2)=\frac{1}{F_\alpha(n_2,n_1)}$$

例如，$F_{0.95}(15,12)=\frac{1}{F_{0.05}(12,15)}=\frac{1}{2.48}\approx 0.403$，它表明了，若随机变量 $F\sim F(15,12)$，则 $P\{F>0.403\}=0.95$.

例 6.13 计算第一自由度为 15，第二自由度为 12 时，F 值大于 3 的概率，以及给定 $\alpha=0.95$ 时，对应的 F 分布的上 α 分位点值.

解：输入 R 命令计算 F 分布的概率和分位点的值如下：
```
> 1-pf(3,df1=15,df2=12)
[1] 0.0309054
> qf(0.05,df1=15,df2=12)
[1] 0.4039893
```

6.4.2 正态总体下常用统计量的分布

定理 1 设 X_1，X_2，$\cdots$，X_n 相互独立，且
$$X_i\sim N(\mu_i,\sigma_i^2)(i=1,2,\cdots,n)$$
则它们的线性函数 $U=\sum_{i=1}^n c_iX_i$（c_i 不全为 0）也服从正态分布，且有
$$U\sim N\left(\sum_{i=1}^n c_i\mu_i,\sum_{i=1}^n c_i^2\sigma_i^2\right)$$

证明略. 由该定理不难推出如下定理 2.

定理 2 设总体 $X\sim N(\mu,\sigma^2)$，X_1，X_2，$\cdots$，X_n 是来自总体 X 容量为 n 的样本，则
$$\overline{X}\sim N\left(\mu,\frac{\sigma^2}{n}\right),\quad \frac{\overline{X}-\mu}{\sigma/\sqrt{n}}\sim N(0,1)$$

例 6.14 设在总体 $X \sim N(1, 2^2)$ 中随机抽取容量为 36 的样本,求样本均值 $\overline{X}$ 落在 0.8 到 3.8 之间的概率.

解：根据定理 2 可知 $\overline{X} \sim N(1, 1/9)$,则样本均值 $\overline{X}$ 落在 0.8 到 3.8 之间的概率为

```
> pnorm(3.8,1,1/9)-pnorm(0.8,1,1/9)
[1] 0.9640697
```

定理 3 设总体 $X \sim N(\mu, \sigma^2)$,$X_1, X_2, \cdots, X_n$ 是来自总体 X 容量为 n 的样本,则

(1) $\overline{X}$ 与 S^2 独立;

(2) $\dfrac{(n-1)S^2}{\sigma^2} \sim \chi^2(n-1)$,或 $\dfrac{1}{\sigma^2} \sum\limits_{i=1}^{n} (X_i - \overline{X})^2 \sim \chi^2(n-1)$.

证明略,该定理是统计学中非常重要的定理,请读者牢记结论.

定理 4 设总体 $X \sim N(\mu, \sigma^2)$,$X_1, X_2, \cdots, X_n$ 是来自总体 X 容量为 n 的样本,则

$$\frac{\overline{X} - \mu}{S / \sqrt{n}} \sim t(n-1)$$

证明：由定理 2 和定理 3 得

$$\frac{\overline{X} - \mu}{\sigma / \sqrt{n}} \sim N(0,1) \text{ 和 } \frac{(n-1)S^2}{\sigma^2} \sim \chi^2(n-1)$$

两者又是相互独立的,再由 t 分布的定义可得

$$\frac{\overline{X} - \mu}{\sigma / \sqrt{n}} \bigg/ \sqrt{\frac{(n-1)S^2}{\sigma^2 (n-1)}} \sim t(n-1)$$

化简即可得结论.

两个正态总体的样本均值和样本方差有以下定理.

定理 5 若两个总体 $X \sim N(\mu_1, \sigma_1^2)$,$Y \sim N(\mu_2, \sigma_2^2)$,$X_1, X_2, \cdots, X_{n_1}$,$Y_1, Y_2, \cdots, Y_{n_2}$ 是分别来自 X 及 Y 的两个相互独立的样本,则统计量

$$\overline{X} - \overline{Y} \sim N\left(\mu_1 - \mu_2, \frac{\sigma_1^2}{n_1} + \frac{\sigma_2^2}{n_2}\right)$$

从而有
$$U=\frac{(\overline{X}-\overline{Y})-(\mu_1-\mu_2)}{\sqrt{\dfrac{\sigma_1^2}{n_1}+\dfrac{\sigma_2^2}{n_2}}}\sim N(0,1)$$

证明：由定理 2 得
$$\overline{X}\sim N\!\left(\mu_1,\frac{\sigma_1^2}{n_1}\right),\ \overline{Y}\sim N\!\left(\mu_2,\frac{\sigma_2^2}{n_2}\right)$$

且由样本的独立性知 $\overline{X}$ 与 $\overline{Y}$ 独立，故由正态分布的可加性得
$$\overline{X}-\overline{Y}\sim N\!\left(\mu_1-\mu_2,\frac{\sigma_1^2}{n_1}+\frac{\sigma_2^2}{n_2}\right)$$

把它标准化即得
$$U=\frac{(\overline{X}-\overline{Y})-(\mu_1-\mu_2)}{\sqrt{\dfrac{\sigma_1^2}{n_1}+\dfrac{\sigma_2^2}{n_2}}}\sim N(0,1)$$

定理 6 若两个总体 $X\sim N(\mu_1,\sigma_1^2)$，$Y\sim N(\mu_2,\sigma_2^2)$，$X_1$, X_2, $\cdots$, X_{n_1}, Y_1, Y_2, $\cdots$, Y_{n_2} 是分别来自 X 及 Y 的两个相互独立的样本，S_1^2 和 S_2^2 分别是样本方差，则有

(1) $$\frac{S_1^2/S_2^2}{\sigma_1^2/\sigma_2^2}\sim F(n_1-1,n_2-1)$$

(2) 特别地，当 $\sigma_1^2=\sigma_2^2=\sigma^2$ 时有
$$T\triangleq\frac{(\overline{X}-\overline{Y})-(\mu_1-\mu_2)}{S_w\sqrt{\dfrac{1}{n_1}+\dfrac{1}{n_2}}}\sim t(n_1+n_2-2)$$

其中
$$S_w=\sqrt{\frac{(n_1-1)S_1^2+(n_2-1)S_2^2}{n_1+n_2-2}}$$

证明：(1) 根据定理 3 有
$$\frac{(n_1-1)S_1^2}{\sigma_1^2}\sim\chi^2(n_1-1),\ \frac{(n_2-1)S_2^2}{\sigma_2^2}\sim\chi^2(n_2-1)$$

且两统计量相互独立，由 F 分布的定义可得
$$\frac{\dfrac{n_1-1}{\sigma_1^2}S_1^2/(n_1-1)}{\dfrac{n_2-1}{\sigma_2^2}S_2^2/(n_2-1)}\sim F(n_1-1,n_2-1)$$

化简即可得结论.

(2) 当 $\sigma_1^2=\sigma_2^2=\sigma^2$ 时，由定理 5 可得

$$U \triangleq \frac{(\overline{X}-\overline{Y})-(\mu_1-\mu_2)}{\sigma\sqrt{\dfrac{1}{n_1}+\dfrac{1}{n_2}}} \sim N(0,1)$$

另外，$\dfrac{(n_1-1)S_1^2}{\sigma^2} \sim \chi^2(n_1-1)$，$\dfrac{(n_2-1)S_2^2}{\sigma^2} \sim \chi^2(n_2-1)$ 且两者独立，于是有

$$V \triangleq \frac{(n_1-1)S_1^2}{\sigma^2}+\frac{(n_2-1)S_2^2}{\sigma^2} \sim \chi^2(n_1+n_2-2)$$

U 与 V 是相互独立的，故由 t 分布的定义可得

$$\frac{U}{\sqrt{V/(n_1+n_2-2)}}=\frac{(\overline{X}-\overline{Y})-(\mu_1-\mu_2)}{S_w\sqrt{\dfrac{1}{n_1}+\dfrac{1}{n_2}}} \sim t(n_1+n_2-2)$$

6.4.3 样本比例的抽样分布

在实际工作中，常常需要通过样本比例来估计总体中具有某种属性或特征的单位在全体单位中所占的比重. 例如，在产品的质量检验中，通过调查样本的合格品率来估计一批产品总体的合格品率.

在大样本条件下，根据中心极限定理，当 $np \geqslant 10$，$n(1-p) \geqslant 10$ 时，且总体容量大于样本量 10 倍以上，此时样本比例 $\overline{p}$ 近似地服从正态分布，即有

$$\overline{p} \sim N(p,p(1-p)/n)$$

其中，$\overline{p}$ 为样本比例，p 为总体比例，n 为样本容量.

图 6-6 所示是连续掷骰子 600 次，观察 600 次中掷出 1 点的次数的试验，这个服从二项分布 $X \sim B(600,1/6)$ 的变量分别取 100、500、5000、50000 个样本时，样本比例的分布图. 可以看出，当样本量增加时，样本比例的分布趋于稳定，并近似正态分布.

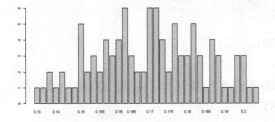
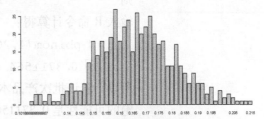

图 6-6　总体 $X \sim B(600,1/6)$ 的样本容量为 100、500、5000、50000 的样本比例分布图

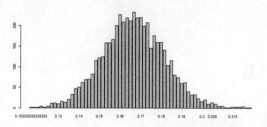
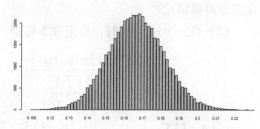

图 6-6　总体 $X \sim B(600, 1/6)$ 的样本容量为 100、500、5000、50000 的样本比例分布图（续）

例 6.15　某企业为其供应商生产电子产品，按合约规定，当产品到货以后，需要抽检 200 件，若样本产品不合格品率超过 2%，供应商将拒绝接受这批产品. 问:

（1）若该批次产品本身不合格品率为 3%，进行 200 件抽检被拒绝的可能性有多大?

（2）若该批次产品本身不合格品率为 2%，进行 200 件抽检被拒绝的可能性有多大?

（3）若该批次产品本身不合格品率为 1%，进行 200 件抽检被拒绝的可能性有多大?

解：设 X 表示抽检 200 件的样本产品中的不合格品数，若想样本产品不合格品率不超过 2%，需要 $X \leq 4$，当 $X > 4$ 时，这批产品被拒收.

（1）若该批次产品本身不合格品率为 3%，易知
$$X \sim B(200, 0.03)$$
则
$$P\{X>4\} = 1 - P\{X \leq 4\}$$
输入 R 命令计算得:

```
> 1-pbinom(4,200,0.03)
[1] 0.7190204
```

所以，若该批次产品本身不合格品率为 3%，进行 200 件抽检被拒绝的可能性是 0.7190204.

（2）若该批次产品本身不合格品率为 2%，易知
$$X \sim B(200, 0.02)$$
则
$$P\{X>4\} = 1 - P\{X \leq 4\}$$
输入 R 命令计算得:

```
> 1-pbinom(4,200,0.02)
[1] 0.3711564
```

所以，若该批次产品本身不合格品率为 2%，进行 200 件抽检被拒绝的可能性是 0.3711564.

（3）若该批次产品本身不合格品率为 1%，易知
$$X \sim B(200, 0.01)$$

则 $P\{X>4\} = 1-P\{X\leq 4\}$

```
> 1-pbinom(4,200,0.01)
[1] 0.05174626
```

若该批次产品本身不合格品率为 1%，进行 200 件抽检被拒绝的可能性是 0.05174626.

从本例可以看出，即使该批次产品本身不合格品率为 1%，仍旧有 5% 的可能被拒收. 在本例中，因为不满足 $np \geq 10$，$n(1-p) \geq 10$ 的条件，所以随机变量 X 的分布不宜用正态分布去近似.

若是要估计两个总体的比例差，类似可得到独立双样本比例差的近似抽样分布：

$$\bar{p}_1 - \bar{p}_2 \sim N\left(p_1 - p_2, \frac{p_1(1-p_1)}{n_1} + \frac{p_2(1-p_2)}{n_2}\right)$$

其中，p_1、p_2 为总体比例，n_1、n_2 为样本容量.

人物传记

大数定律发现者——雅各布·伯努利

1654 年 12 月 27 日，雅各布·伯努利生于巴塞尔，毕业于巴塞尔大学，1671 年 17 岁时获艺术硕士学位. 这里的艺术指"自由艺术"，包括算术、几何学、天文学、数理、音乐和文法、修辞、雄辩术共 7 大门类. 遵照父亲的愿望，他于 1676 年 22 岁时又取得了神学硕士学位. 然而，他也违背父亲的意愿，自学了数学和天文学. 1676 年，他到日内瓦做家庭教师. 从 1677 年起，他开始在那里写内容丰富的《沉思录》. 1678 年和 1681 年，雅各布·伯努利两次外出旅行学习，到过法国、荷兰、英国和德国，接触和交往了许德、波义耳、胡克、惠更斯等科学家，写有关于彗星理论(1682 年)、重力理论(1683 年)方面的科技文章. 1687 年，雅各布在《教师学报》上发表数学论文《用两相互垂直的直线将三角形的面积四等分的方法》，同年成为巴塞尔大学的数学教授，直至 1705 年 8 月 16 日逝世.

值得一提的是，伯努利家族是一个数学家辈出的家族. 除了雅各布·伯努利外，在 17、18 世纪期间，伯努利家族共产生过 11 位数学家. 其中比较著名的还有他的弟弟约翰·伯努利(1667—1748)和侄子丹尼尔·伯努利(1700—1782，在概率论中引入正态分布误差理论，发表了第一个正态分布表). 雅各布·伯努利是科学世家伯努利家族中第一位以数学研究成名的人，雅各布·伯努利对数学最重大的贡献是在概率论研究方面. 他从 1685 年起发表了关于赌博游戏中输赢次数问题的论文，后来写成巨著《猜度术》，这本书在他死后 8 年，即 1713 年才得以出版.

雅各布·伯努利在数学上的贡献涉及微积分、微分方程、无穷级数求和、解析几何、概率论以及变分法等领域. 雅各布·伯努利对数学的最突出的贡献是在概率论和变分法这两个领域中. 他在概率论方面的工作成果包含在他的论文《推测的艺术》之中. 在这篇著作里，他对概率论做出了若干重要的贡献，其中包括现今称为大数定律的发现. 该论文也记载了雅各布·伯努利论述排列组合的工作. 伯努利家族中的人总是喜欢在学术问题上争执抗衡. 在寻找最速降线，即在重力的单独作用下一质点通过两定点的最短路径的问题上，雅各布·伯努利和他的弟弟约翰·伯努利就曾有过激烈的争论. 而这一场严肃辩论的结果就诞生了变分法. 除此之外，雅各布·伯努利在悬链线的研究中也做出过重要贡献，他还把这方面的成果用到了桥梁的设计之中. 1694 年他首次给出直角坐标系和极坐标系下的曲率半径公式，这也是系统地使用极坐标系的开始. 雅各布·伯努利和他的弟弟约翰·伯努利在发展和传播当时刚由牛顿(Newton)和莱布尼茨(Leibniz)发明的微积分学中起了重要的作用，对微积分的创建都有重要贡献. 雅各布·伯努利对微积分学的特殊贡献在于，他指明了应当怎样把这一技术运用到应用数学的广阔领域中去，"积分"一词也是 1690 年他首先使用的.

雅各布·伯努利一生最有创造力的著作就是 1713 年出版的《猜度术》，是组合数学及概率论史的一件大事，他在这部著作中给出的伯努利数有很多应用，提出了概率论中的"伯努利定理"，这是大数定律的最早形式. 由于伯努利兄弟在科学问题上的过于激烈的争论，致使双方的家庭也被卷入，以至于雅各布·伯努利死后，他的《猜度术》手稿被他的遗孀和儿子在外藏匿多年，直到 1713 年才得以出版，几乎使这部经典著作的价值受到损害. 由于"大数定律"的极端重要性，1913 年 12 月彼得堡科学院曾举行庆祝大会，纪念"大数定律"诞生 200 周年.

习题 6

1. 以下是某工厂通过抽样调查得到的 10 名工人一周内生产的产品数：

149 156 160 138 149 153 153 169 156 156

试由这批数据构造经验分布函数，并用 R 作图.

2. 从一批产品中随机抽取 8 件，测得它们的质量(以 kg 计)如下：

143 100 146 130 185 140 128 196

试用 R 计算样本均值、样本方差、二阶原点矩、三阶中心矩.

3. 设总体 $X \sim U[a,b]$，其中 a 已知，b 未知，设 X_1, X_2, X_3 是取自总体 X 的样本，请问 $X_1+X_2+X_3$, X_1+2a, X_2, $\min\{X_1, X_2, X_3\}$, X_2^2, aX_2, $\sum_{i=1}^{3} \dfrac{X_i^2}{b^2}$, $\dfrac{X_2-X_1}{2}$, X_1+b 中哪些是统计量？哪些不是统计量？

4. 随机地掷骰子 6 个，利用切比雪夫不等式估计这 6 个骰子出现点子数之和在 15 点到 27 点的概率.

5. 随机地掷骰子 100 个，分别利用切比雪夫不等式和中心极限定理估计这 100 个骰子出现点子数之和在 330 点到 370 点的概率.

6. 设随机变量 $X_1, X_2, \cdots, X_n$ 是相互独立的，且具有相同分布，它们的均值与方差分别为 μ 与 σ^2，试证样本均值 $\overline{X} = \frac{1}{n}\sum_{i=1}^{n}X_i$，有 $E(\overline{X}) = \mu$，$D(\overline{X}) = \frac{\sigma^2}{n}$，$P\{|\overline{X}-u|\geq\varepsilon\}\leq\frac{\sigma^2}{n\varepsilon^2}$.

7. 历史上科学家皮尔逊进行过抛掷一枚均匀硬币的试验，他当时抛掷 12000 次，正面出现 6019 次，现在我们若重复他的试验.

(1) 求抛掷 12000 次正面出现频率与概率之差的绝对值不超过当年皮尔逊试验偏差的概率；

(2) 要想使我们试验正面出现的频率与概率之差的绝对值不超过当年皮尔逊试验偏差的概率小于 20%，现在我们应最多试验多少次？

8. 在某地区的一家保险公司里有两万人参加了人寿保险，每人每年付 8 元保险费. 若投保人死亡，则保险公司向其家属赔付 2000 元. 设该地区的人口死亡率为万分之五，求：

(1) 该保险公司亏本的概率；

(2) 该保险公司一年的利润不少于 12 万元的概率.

9. 设有一大批种子，其中良好占 $\frac{1}{5}$，现从中任取 5000 粒，求在该 5000 粒中良好种数介于 940 粒与 1060 之间的概率.

10. 设某车间有 400 台同类型的机器各自独立地工作，每台机器在开动时所需的电功率为 QW. 因工艺的原因，每台机器并不是连续开动的，开动的时间只占工作时间的 3/4，问应向车间提供多少电量，才能以 99% 的概率保证不会因供电不足而影响生产？

11. 设 $X_1, X_2, \cdots, X_{10}$ 是总体 $X\sim N(0,4)$ 的样本，试确定 C，使得 $P\{\sum_{i=1}^{10}X_i^2>C\}=0.05$.

12. 设总体 X 服从 0—1 分布，即 $P\{X=x\}=$ $p^x(1-p)^{1-x}(x=0, 1)$，其中 $0<p<1$. 抽取容量为 n 的样本 $X_1, X_2, \cdots, X_n$.

(1) 求样本均值 $\overline{X}$ 的数学期望和方差；

(2) 样本均值 $\overline{X}$ 的概率分布，当样本容量充分大时，$\overline{X}$ 近似地服从什么样的分布？

13. 设 X_1, X_2, X_3, X_4, X_5 是总体 $X\sim N(0,1)$ 的样本，试确定常数 c, d，使得 $c(X_1+X_2)^2+d(X_3+X_4+X_5)^2\sim\chi^2(n)$，并求出 n.

14. 设 X_1, X_2, X_3, X_4, X_5 是总体 $X\sim N(0,1)$ 的样本，试确定常数 c，使得 $c(X_1+X_2)^2/(X_3+X_4+X_5)^2\sim F(m,n)$，并求出 m, n.

15. 在总体 $N(12,4)$ 中随机抽取一容量为 5 的样本 X_1, X_2, X_3, X_4, X_5. 求：

(1) 样本均值与总体均值之差的绝对值大于 1 的概率；

(2) 概率 $P\{\max\{X_1,X_2,X_3,X_4,X_5\}>15\}$，$P\{\min\{X_1,X_2,X_3,X_4,X_5\}<10\}$.

16. 设总体 X 服从正态分布，且有 $X\sim N(20,3)$，从该总体中分别抽取出样本容量分别为 10，15 的两个独立样本，试求这两个样本的样本均值之差的绝对值大于 0.3 的概率.

17. 设总体 X 服从两点分布，$X_1, X_2, \cdots, X_n$ 为取自此总体的一个子样，$\overline{X}$ 为样本均值，若 $p=0.2$，样本容量 n 应满足多大才能使：

(1) $P\{|\overline{X}-p|\leq 0.1\}\geq 0.75$；

(2) $E(|\overline{X}-p|^2)\leq 0.01$.

18. 设总体 $\overline{X}_1$ 和 $\overline{X}_2$ 分别是取自正态总体 $N(\mu,\sigma^2)$ 中容量为 n 的两个样本 $X_{11}, X_{12}, \cdots, X_{1n}$ 和 $X_{21}, X_{22}, \cdots, X_{2n}$ 的样本均值，试确定 n 使两个样本均值之差超过 σ 的概率大约为 0.01.

19. 设总体 X 服从正态分布 $N(\mu,\sigma^2)$，σ^2 已知，从总体中抽取容量 $n=40$ 的样本 $X_1, X_2, \cdots, X_{40}$，试求：$P\{0.5\sigma^2\leq\frac{1}{n}\sum_{i=1}^{n}(X_i-\overline{X})^2\leq 1.435\sigma^2\}$.

20. 设 $X_1, X_2, \cdots, X_{10}$ 为 $N(0,0.3^2)$ 的一个样本，试求 $P\{\sum_{i=1}^{10}X_i^2>1.44\}$.

第 7 章

参数估计

不像其他科学，统计从来不打算使自己完美无缺，统计意味着你永远不需要确定无疑.

——Gudmund R. Iversen

统计推断的基本问题可以分为两大类：一类是估计问题，另一类是假设检验问题. 本章讨论总体参数的点估计和参数估计.

7.1 点估计

设总体 X 的分布函数的形式已知，但它的一个或者多个参数未知，借助总体 X 的一个样本来估计总体未知参数的值的问题称为参数的点估计问题.

例 7.1 设有一大批产品，其总体 X 的合格品率 p 是未知参数，现在从这批产品中随机抽取一个样本容量为 100 的样本，测得其中合格品有 93 件. 用该样本的合格品率 0.93 来作为总体合格品率 p 的一个估计值，这就是点估计.

设总体 X 的分布函数 $F(x;\theta)$ 形式已知，其中 θ 是待估计的参数，点估计问题就是利用样本 $(X_1, X_2, \cdots, X_n)$，构造一个统计量 $\hat{\theta} = \hat{\theta}(X_1, X_2, \cdots, X_n)$ 来估计 θ，我们称 $\hat{\theta}(X_1, X_2, \cdots, X_n)$ 为 θ 的点估计量，它是一个随机变量. 将样本观测值 $(x_1, x_2, \cdots, x_n)$ 代入估计量 $\hat{\theta}(X_1, X_2, \cdots, X_n)$，就得到它的一个具体数值 $\hat{\theta}(x_1, x_2, \cdots, x_n)$，这个数值称为 θ 的点估计值.

1. 矩估计法

矩估计法是由英国统计学家 K. 皮尔逊最早提出的，其基本思想是把样本矩作为相应的总体矩的估计量. 设在总体 X 的分布函数中，$\theta_1, \theta_2, \cdots, \theta_k$ 是 k 个未知的参数. 设总体 X 的前 k 阶原点矩存在，记为 $\mu_l (l=1,2,\cdots,k)$，根据大数定律，若总体 X 的 l 阶原点矩 $E(X^l) = \mu_l$ 存在，则当 $n \to \infty$ 时，样本的 l 阶原点矩 $A_l =$

$\frac{1}{n}\sum_{i=1}^{n}X_i^l$ 依概率收敛于总体的 l 阶原点矩 μ_l，即 $A_l \xrightarrow{P} \mu_l$；进一步地，若 g 为连续实函数，样本原点矩 $A_1, A_2, \cdots, A_k$ 的函数 $g(A_1, A_2, \cdots, A_k)$ 也依概率收敛于总体的相应原点矩 $\mu_1, \mu_2, \cdots, \mu_k$ 的函数值 $g(\mu_1, \mu_2, \cdots, \mu_k)$，即 $g(A_1, A_2, \cdots, A_k) \xrightarrow{P} g(\mu_1, \mu_2, \cdots, \mu_k)$. 当样本容量很大时，我们可以用样本原点矩作为总体原点矩的估计量，用样本原点矩的连续函数作为相应总体原点矩的连续函数的估计量，这就是矩估计法的基本原理. 其具体做法如下：

设在总体 X 的分布函数中含有 k 个未知的参数 $\theta_1, \theta_2, \cdots, \theta_k$，一般地，它的前 k 阶原点矩 $\mu_1, \mu_2, \cdots, \mu_k$ 是这 k 个未知参数的函数，记为

$$\begin{cases} \mu_1 = \mu_1(\theta_1, \theta_2, \cdots, \theta_k) \\ \mu_2 = \mu_2(\theta_1, \theta_2, \cdots, \theta_k) \\ \vdots \\ \mu_k = \mu_k(\theta_1, \theta_2, \cdots, \theta_k) \end{cases}$$

这是一个包含 k 个未知的参数 $\theta_1, \theta_2, \cdots, \theta_k$ 的联立方程组，通常可以从中解出 $\theta_1, \theta_2, \cdots, \theta_k$，得到

$$\begin{cases} \theta_1 = \theta_1(\mu_1, \mu_2, \cdots, \mu_k) \\ \theta_2 = \theta_2(\mu_1, \mu_2, \cdots, \mu_k) \\ \vdots \\ \theta_k = \theta_k(\mu_1, \mu_2, \cdots, \mu_k) \end{cases}$$

以 A_i 分别代替上式中的 μ_i，于是以 $\hat{\theta}_i = \theta_i(A_1, A_2, \cdots, A_k)$，$i = 1, 2, \cdots, k$ 分别作为 θ_i，$i = 1, 2, \cdots, k$ 的估计量，这种估计量称为**矩估计量**，矩估计量的观察值称为**矩估计值**.

例 7.2 设总体 X 的均值 μ 和方差 σ^2 都存在但均未知，设 $X_1, X_2, \cdots, X_n$ 是来自 X 的样本，试求均值 μ 和方差 σ^2 的矩估计量.

解： $\begin{cases} \mu_1 = E(X) = \mu \\ \mu_2 = E(X^2) = D(X) + [E(X)]^2 = \sigma^2 + \mu^2 \end{cases}$

解得 $\begin{cases} \mu = \mu_1 \\ \sigma^2 = \mu_2 - \mu_1^2 \end{cases}$

分别以 A_1, A_2 代替 μ_1, μ_2 得到 μ 和 σ^2 的矩估计量分别为

$$\hat{\mu} = A_1 = \overline{X},$$

$$\hat{\sigma}^2 = A_2 - A_1^2 = \frac{1}{n}\sum_{i=1}^{n}X_i^2 - \overline{X}^2 = \frac{1}{n}\sum_{i=1}^{n}(X_i - \overline{X})^2$$

这一结果表明，总体均值和方差的表达式不因不同的总体分布而变化.

例如：$X \sim N(\mu, \sigma^2)$，μ，σ^2 未知，即得 μ，σ^2 的矩估计量为

$$\hat{\mu} = A_1 = \overline{X}$$

$$\hat{\sigma}^2 = A_2 - A_1^2 = \frac{1}{n}\sum_{i=1}^{n} X_i^2 - \overline{X}^2 = \frac{1}{n}\sum_{i=1}^{n}(X_i - \overline{X})^2$$

例 7.3 设总体 X 服从指数分布，密度函数为

$$f(x) = \begin{cases} \lambda e^{-\lambda x}, & x \geq 0 \\ 0, & x < 0 \end{cases}$$

其中 λ 是未知参数. 若 $X_1, X_2, \cdots, X_n$ 是来自 X 的一个样本，试用矩估计法估计 λ.

解：指数分布的总体一阶矩等于数学期望为 $1/\lambda$，即

$$\mu = E(X) = \frac{1}{\lambda}$$

故

$$\lambda = \frac{1}{\mu}$$

而 μ 的矩估计量为 $\overline{X}$，因此 λ 的矩估计量为 $\hat{\lambda} = \frac{1}{\overline{X}}$.

例 7.4 设总体 X 是区间 $[0, \theta]$ 上的均匀分布，其中 θ 是未知参数，若 $X_1, X_2, \cdots, X_n$ 是来自 X 的一个样本，试用矩估计法估计参数 θ.

解：因为 $\mu = E(X) = \frac{\theta}{2}$，所以 $\theta = 2\mu$，而 μ 的矩估计量为 $\overline{X}$，因此 θ 的矩估计量为 $\hat{\theta} = 2\overline{X}$.

例 7.5 设总体 X 是区间 $[a, b]$ 上的均匀分布，其中 a，b 是未知参数，若 $X_1, X_2, \cdots, X_n$ 是来自 X 的一个样本，试用矩估计法估计参数 a，b.

解：由例 7.2 的结论可知

$$\hat{\mu} = A_1 = \overline{X}$$

$$\hat{\sigma}^2 = A_2 - A_1^2 = \frac{1}{n}\sum_{i=1}^{n} X_i^2 - \overline{X}^2 = \frac{1}{n}\sum_{i=1}^{n}(X_i - \overline{X})^2$$

均值分布的总体均值为 $\frac{a+b}{2}$，方差是 $\frac{(b-a)^2}{12}$，所以令

$$\frac{a+b}{2} = \hat{\mu} = \overline{X}$$

$$\frac{(b-a)^2}{12} = \hat{\sigma}^2 = \frac{1}{n}\sum_{i=1}^{n}(X_i - \overline{X})^2$$

解上述方程组得 a 和 b 的矩估计量为

$$\hat{a} = \overline{X} - \sqrt{\frac{3}{n}\sum_{i=1}^{n}(X_i - \overline{X})^2}$$

$$\hat{b} = \overline{X} + \sqrt{\frac{3}{n}\sum_{i=1}^{n}(X_i - \overline{X})^2}$$

例 7.6 设总体 X 服从二项分布 $B(k,p)$，其中 k，p 为未知参数，若 X_1，X_2，$\cdots$，X_n 是来自 X 的一个样本，试用矩估计法估计参数 k 和 p.

解：由例 7.2 的结论可知

$$\hat{\mu} = A_1 = \overline{X}$$

$$\hat{\sigma}^2 = A_2 - A_1^2 = \frac{1}{n}\sum_{i=1}^{n}X_i^2 - \overline{X}^2 = \frac{1}{n}\sum_{i=1}^{n}(X_i - \overline{X})^2$$

二项分布的总体均值为 kp，总体方差是 $kp(1-p)$，所以令

$$kp = \hat{\mu} = \overline{X}$$

$$kp(1-p) = \hat{\sigma}^2 = S_n^2 = \frac{1}{n}\sum_{i=1}^{n}(X_i - \overline{X})^2$$

解上述方程组得 k 和 p 的估计分别为

$$\hat{p} = 1 - \frac{\hat{\sigma}^2}{\hat{\mu}} = 1 - \frac{S_n^2}{\overline{X}}$$

$$\hat{k} = \frac{\hat{\mu}^2}{\hat{\mu} - \hat{\sigma}^2} = \frac{\overline{X}^2}{\overline{X} - S_n^2}$$

2. 极大似然估计法

极大似然估计法是费希尔(Fisher)在 1912 年提出的一种参数估计方法，它是先利用总体分布信息构造出似然函数，再对似然函数求极大值，从而估计出参数的一种方法.

极大似然估计法的思路符合人们日常生活中的直觉，如有两位射手同时向一目标射击，结果仅有一枪命中，到底是谁打中的呢？通常人们会认为射击技术较好的那位命中了目标.

定义 1 设总体 X 是离散型随机变量，分布律为 $P\{X = x\} \triangleq p(x;\theta)$，其中 $\theta \in \Theta$，θ 是待估参数⊖，Θ 是 θ 可能取值的范围，当样本 X_1，X_2，$\cdots$，X_n 得到一组观察值 x_1，x_2，$\cdots$，x_n 时，由样本的独立同分布性，记

⊖ θ 可以是一维的未知参数，也可是多维的未知参数向量. ——作者注

$$L(\theta) = L(x_1, x_2, \cdots, x_n; \theta) \triangleq P\{X_1 = x_1, X_2 = x_2, \cdots, X_n = x_n\}$$
$$= P\{X_1 = x_1\} P\{X_2 = x_2\} \cdots P\{X_n = x_n\} = \prod_{i=1}^{n} p(x_i; \theta)$$

定义 2 设总体 X 是连续型随机变量,其概率密度函数为 $f(x; \theta)$,其中 $\theta \in \Theta$,θ 是待估参数,Θ 是 θ 可能取值的范围,当样本 $X_1, X_2, \cdots, X_n$ 得到一组观察值 $x_1, x_2, \cdots, x_n$ 时,由样本的独立同分布性,记

$$L(\theta) = L(x_1, x_2, \cdots, x_n; \theta) \triangleq f(x_1, x_2, \cdots, x_n; \theta)$$
$$= f(x_1; \theta) f(x_2; \theta) \cdots f(x_n; \theta) = \prod_{i=1}^{n} f(x_i; \theta)$$

称函数 $L(\theta)$ 或 $L(x_1, x_2, \cdots, x_n; \theta)$ 为**似然函数**.

注意:这里 $x_1, x_2, \cdots, x_n$ 是已知的样本值,它们都是常数,$L(\theta)$ 可看作是参数 θ 的函数,它可作为 θ 将以多大可能产生样本值 $x_1, x_2, \cdots, x_n$ 的一种度量.

关于极大似然估计法,我们有以下的直观想法:现在已经取到样本值 $x_1, x_2, \cdots, x_n$,这表明取到这一样本值的概率 $L(\theta)$ 比较大. 当然,我们不会考虑那些不能使样本 $x_1, x_2, \cdots, x_n$ 出现的 $\theta \in \Theta$ 作为 θ 的估计. 另一方面,如果已知当 $\theta = \theta_0 \in \Theta$ 时,使 $L(\theta)$ 取很大值,而 Θ 中的其他值使 $L(\theta)$ 取很小值,我们自然认为取 θ_0 作为未知参数 θ 的估计值较为合理,由费希尔引进的极大似然估计法就是固定样本观察值 $x_1, x_2, \cdots, x_n$,在 θ 取值的范围 Θ 内挑选使似然函数 $L(x_1, x_2, \cdots, x_n; \theta)$ 达到最大的参数值 $\hat{\theta}$ 作为参数 θ 的估计值,即取 $\hat{\theta}$ 使 $L(x_1, x_2, \cdots, x_n; \hat{\theta}) = \max_{\theta \in \Theta} L(x_1, x_2, \cdots, x_n; \theta)$,这样得到的 θ 与样本值 $x_1, x_2, \cdots, x_n$ 有关,常记为 $\hat{\theta}(x_1, x_2, \cdots, x_n)$,称为**参数 θ 的极大似然估计值**,而相应的统计量 $\hat{\theta}(X_1, X_2, \cdots, X_n)$ 称为**参数 θ 的极大似然估计量**.

具体地,若总体是离散型随机变量,其概率分布律为 $P\{X = x\} \triangleq p(x; \theta)$,其中 θ 为待估参数,$\theta \in \Theta$,则 $X_1, X_2, \cdots, X_n$ 的概率分布律为

$$L(\theta) = L(x_1, x_2, \cdots, x_n; \theta) = \prod_{i=1}^{n} p(x_i; \theta)$$

该值就是随机点 $(X_1, X_2, \cdots, X_n)$ 落在固定点 $(x_1, x_2, \cdots, x_n)$ 处的概率,并求 $\hat{\theta}$ 使

$$L(\theta) = L(x_1, x_2, \cdots, x_n; \theta) = \prod_{i=1}^{n} p(x_i; \theta)$$

达最大.

若总体 X 为连续型随机变量,其概率密度为 $f(x;\theta)$,其中 θ 为待估参数,$\theta \in \Theta$,又 X_1, X_2, $\cdots$, X_n 为其样本,x_1, x_2, $\cdots$, x_n 为样本观察值,于是随机点 X_i 落在点 x_i 的邻域(其长度为 $\mathrm{d}x_i$)内的概率近似于 $f(x_i;\theta)\mathrm{d}x_i$,$i=1$, 2, $\cdots$, n. 按极大似然估计的思想,θ 的估计值 $\hat{\theta}$ 应选择为使概率 $\prod_{i=1}^{n} f(x_i;\theta)\mathrm{d}x_i$ 达到最大值的值,因为 $\mathrm{d}x_i$ 与 θ 无关,故只要 $L(\theta) = L(x_1,x_2,\cdots,x_n;\theta) = \prod_{i=1}^{n} f(x_i;\theta)$ 达到最大值即可,并选取使其达到最大值的参数值 $\hat{\theta}$ 作为 θ 的估计,即极大似然估计.

根据微积分学关于求函数极值的方法可知,要求总体未知参数的极大似然估计,可按下列步骤进行:

1) 写出似然函数 $L(\boldsymbol{\theta}) = L(x_1,x_2,\cdots,x_n;\boldsymbol{\theta})$,其中 $\boldsymbol{\theta} = (\theta_1, \theta_2, \cdots, \theta_k)$ 是 k 维未知参数向量,$L(\boldsymbol{\theta})$ 就是样本 X_1, X_2, $\cdots$, X_n 的概率密度函数或概率分布律,但应将其中的 x_1, x_2, $\cdots$, x_n 理解为已知的样本值.

由于函数 L 与 $\ln L$ 的最大值点相同,故也可将函数写作 $\ln L$,$\ln L$ 也称为**似然函数**.

2) 写出似然方程组. 当 L 或 $\ln L$ 关于 θ_1, θ_2, $\cdots$, θ_k 可微时,要使 L 或 $\ln L$ 取得最大值,θ_1, θ_2, $\cdots$, θ_k 必须满足

$$\begin{cases} \dfrac{\partial L}{\partial \theta_1} = 0 \\ \dfrac{\partial L}{\partial \theta_2} = 0 \\ \vdots \\ \dfrac{\partial L}{\partial \theta_k} = 0 \end{cases} \quad \text{或} \quad \begin{cases} \dfrac{\partial \ln L}{\partial \theta_1} = 0 \\ \dfrac{\partial \ln L}{\partial \theta_2} = 0 \\ \vdots \\ \dfrac{\partial \ln L}{\partial \theta_k} = 0 \end{cases}$$

该方程组称为**似然方程组**.

3) 解似然方程组,可得到 θ_1, θ_2, $\cdots$, θ_k 的估计值

$$\hat{\theta}_i = \hat{\theta}_i(x_1,x_2,\cdots,x_n), \quad i=1, 2, \cdots, k$$

4) 因为 $\hat{\theta}_i = \hat{\theta}_i(x_1,x_2,\cdots,x_n)$ 是统计量 $\hat{\theta}_i = \hat{\theta}_i(X_1,X_2,\cdots,X_n)$ 的观察值,称为参数 θ 的**极大似然估计值**,而相应的统计量 $\hat{\theta}_i = \hat{\theta}_i(X_1,X_2,\cdots,X_n)$,$i=1$, 2, $\cdots$, k 称为参数 θ 的**极大似然估计量**.

例 7.7 设总体 X 服从正态分布 $N(\mu,\sigma^2)$,其中 μ,σ^2 是未知参数,若 X_1, X_2, $\cdots$, X_n 是来自 X 的一个样本,试用极大似然估计法估计参数 μ,σ^2.

解：正态分布的似然函数为

$$L(\mu,\sigma^2;x)=\prod_{i=1}^{n}f(x_i;\mu,\sigma^2)=(2\pi\sigma^2)^{-\frac{n}{2}}\exp\left[-\frac{\sum_{i=1}^{n}(x_i-\mu)^2}{2\sigma^2}\right]$$

两边取对数后，得到对数似然函数为

$$\ln L(\mu,\sigma^2;x)=-\frac{n}{2}\ln(2\pi\sigma^2)-\frac{\sum_{i=1}^{n}(x_i-\mu)^2}{2\sigma^2}$$

分别对 μ，σ^2 求一阶偏导数得

$$\begin{cases}\dfrac{\partial\ln L(\mu,\sigma^2;x)}{\partial\mu}=\dfrac{1}{\sigma^2}\sum_{i=1}^{n}(x_i-\mu)^2=0\\[2mm]\dfrac{\partial\ln L(\mu,\sigma^2;x)}{\partial\sigma^2}=-\dfrac{n}{2\sigma^2}+\dfrac{1}{2\sigma^4}\sum_{i=1}^{n}(x_i-\mu)^2=0\end{cases}$$

解得

$$\mu=\frac{1}{n}\sum x_i=\bar{x},\quad \sigma^2=\frac{1}{n}\sum_{i=1}^{n}(x_i-\bar{x})^2$$

所以参数 μ，σ^2 的极大似然估计量是

$$\hat{\mu}=\frac{1}{n}\sum X_i=\bar{X}$$

$$\hat{\sigma}^2=\frac{1}{n}\sum_{i=1}^{n}(X_i-\bar{X})^2$$

与例 7.2 的矩估计法比较，两者的结果相同.

例 7.8 设总体 X 服从指数分布，密度函数为

$$f(x)=\begin{cases}\lambda e^{-\lambda x},&x\geqslant 0\\0,&x<0\end{cases}$$

其中 λ 是未知参数. 若 X_1，X_2，$\cdots$，X_n 是来自 X 的一个样本，试用极大似然估计法估计 λ.

解：仅考虑 $x_i\geqslant 0$ 的部分，指数分布的似然函数为

$$L(\lambda;x)=\prod_{i=1}^{n}f(x_i;\lambda)=\lambda^n\exp\left[-\lambda\sum_{i=1}^{n}x_i\right]$$

两边取对数后，得到对数似然函数为

$$\ln L(\lambda;x)=n\ln\lambda-\lambda\sum_{i=1}^{n}x_i$$

令

$$\frac{\partial\ln L(\lambda;x)}{\partial\lambda}=\frac{n}{\lambda}-\sum_{i=1}^{n}x_i=0$$

解得

由于
$$\frac{\partial^2 \ln L(\lambda;x)}{\partial \lambda^2} = -\frac{n}{\lambda^2} < 0$$

所以,$\dfrac{n}{\sum_{i=1}^{n} x_i}$ 是 $L(\lambda;x)$ 的极大值点.

所以,λ 的极大似然估计量是
$$\hat{\lambda} = \frac{n}{\sum_{i=1}^{n} X_i}$$

与例 7.3 的矩估计法比较,两者的结果相同.

例 7.9 设总体 x 是区间 $[a,b]$ 上的均匀分布,其中 a,b 是未知参数,若 X_1,X_2,$\cdots$,X_n 是来自 X 的一个样本,试用极大似然估计法估计参数 a,b.

解: 对于样本 X_1,X_2,$\cdots$,X_n,设其观察值为 x_1,x_2,$\cdots$,x_n,则似然函数为

$$L(a,b;x) = \begin{cases} \dfrac{1}{(b-a)^n}, & a \leq x_i \leq b, i=1,2\cdots n \\ 0, & \text{其他} \end{cases}$$

参数 a,b 取何值时才能使得 $L(a,b;x)$ 达到最大呢?此时,$(b-a)$ 应尽可能地小,但 b 不可能小于 $\max\{x_1,x_2,\cdots,x_n\}$,而 a 最大也不可能大于 $\min\{x_1,x_2,\cdots,x_n\}$,所以,参数 a,b 的极大似然估计量为

$$\hat{a} = \min\{X_1,X_2,\cdots,X_n\} = X_{(1)}$$
$$\hat{b} = \max\{X_1,X_2,\cdots,X_n\} = X_{(n)}$$

这里,极大似然估计法与例 7.5 矩估计法得到的估计量不同.

以上介绍了点估计的两种常用方法.对比这两种估计方法可见,矩估计法比较直观也易于掌握,但要求总体存在相应阶数的矩.极大似然估计法是求参数点估计的一般方法,估计效果比较好,但需要知道总体的分布形式.不过,当总体服从正态分布、泊松分布、二项分布时,总体分布中的未知参数的矩估计法和极大似然估计法的结果完全相同.

7.2 估计量的评价标准

从上一节可以看出,对于同一个总体参数,用不同的方法所

求得的估计量可能不相同,如对均匀分布 $U[a,b]$,参数估计的矩估计法与极大似然估计法的估计量就不同. 那么究竟如何选出较好的估计量呢? 这就要求对同一参数的不同估计量做出评判,比较它们的优劣. 下面是在实际问题中常常用到的评价估计量优劣的标准——估计量的无偏性、有效性和相合性.

1. 无偏性

任何一个估计量都是一个随机变量,因此对于不同的样本观察值,参数的估计值就可能取不同的值,因而参数 θ 的估计值与参数的真值之间有一定的误差,对好的估计量一个较为合理的要求是,尽管这些估计值的取值不尽相同,但这些估计值应在参数真值的周围波动,且这些估计值的平均值应与参数真值 θ 充分接近,误差充分小,其平均值近似于 θ 的真值,为此,引入以下定义.

定义1 设 $\hat{\theta}$ 为未知参数 θ 的一个估计量,若对于任意 $\theta \in \Theta$,有
$$E(\hat{\theta}) = \theta$$
则称 $\hat{\theta}$ 为参数 θ 的**无偏估计量**.

无偏性是对估计量的一个常见而重要的要求,无偏性的实际意义是指没有系统性的偏差. 一个估计量如果不是无偏的,则称它是有偏估计量.

例 7.10 证明样本均值 $\bar{X} = \dfrac{1}{n}\sum_{i=1}^{n}X_i$ 是总体 X 数学期望 μ 的无偏估计量.

证明:因为
$$E(\bar{X}) = E\left(\frac{1}{n}\sum_{i=1}^{n}X_i\right) = \frac{1}{n}\sum_{i=1}^{n}E(X_i) = \frac{1}{n} \cdot n \cdot \mu = \mu,$$
所以 $\bar{X}$ 是 μ 的无偏估计量.

一个无偏的点估计值与总体参数之差的绝对值称为**抽样误差**. 当用样本均值估计总体均值时,抽样误差为
$$\text{抽样误差} = |\bar{x} - \mu|$$
由于总体 X 的均值 μ 未知,所以抽样误差的值不能确定. 但是,$\bar{X}$ 的抽样分布可以对抽样误差的大小做出概率度量.

例 7.11 设总体 X 的 k 阶原点矩 $\mu_k = E(X^k)(k \geq 1)$ 存在,X_1, X_2, $\cdots$, X_n 是来自 X 的一个样本,$A_k = \dfrac{1}{n}\sum_{i=1}^{n}X_i^k$ 为样本的 k 阶原点矩. 证明:不论总体 X 服从什么分布,样本的 k 阶原点矩 A_k 是

总体的 k 阶原点矩 μ_k 的无偏估计量.

证明：设 $X_1, X_2, \cdots, X_n$ 与 X 同分布且相互独立，故有
$$E(X_i^k) = E(X^k) = \mu_k, \quad i=1, 2, \cdots, n$$
即有
$$E(A_k) = E\left(\frac{1}{n}\sum_{i=1}^n X_i^k\right) = \frac{1}{n}\sum_{i=1}^n E(X_i^k) = \mu_k$$

例 7.12 证明样本二阶中心矩 $S_n^2 = \frac{1}{n}\sum_{i=1}^n (X_i - \overline{X})^2$ 作为总体 X 方差 σ^2 的估计量是有偏估计量.

证明：由于
$$\hat{\sigma}^2 = S_n^2 = \frac{1}{n}\sum_{i=1}^n (X_i - \overline{X})^2 = \frac{1}{n}\sum_{i=1}^n X_i^2 - \overline{X}^2$$

$$E(\hat{\sigma}^2) = E\left(\frac{1}{n}\sum_{i=1}^n X_i^2\right) - E(\overline{X}^2) = \frac{1}{n}\sum_{i=1}^n E(X_i^2) - E(\overline{X}^2)$$

$$E(X_i^2) = \text{Var}(X_i) + [E(X_i)]^2 = \sigma^2 + \mu^2$$

$$E(\overline{X}^2) = \text{Var}(\overline{X}) + [E(\overline{X})]^2 = \frac{\sigma^2}{n} + \mu^2$$

$$E(\hat{\sigma}^2) = \sigma^2 + \mu^2 - \left(\frac{\sigma^2}{n} + \mu^2\right) = \frac{n-1}{n}\sigma^2 \neq \sigma^2$$

可见 S_n^2 是 σ^2 的有偏估计量.

对于样本方差，有
$$S^2 = \frac{1}{n-1}\sum_{i=1}^n (X_i - \overline{X})^2 = \frac{n}{n-1}\hat{\sigma}^2$$

$$E(S^2) = \frac{n}{n-1}E(\hat{\sigma}^2) = \frac{n}{n-1} \cdot \frac{n-1}{n}\sigma^2 = \sigma^2$$

故 $E(S^2) = \sigma^2$，即 S^2 是总体方差 σ^2 的无偏估计量.

2. 有效性

在许多情况下，总体参数 θ 的无偏估计量不是唯一的，那么如何衡量一个参数的两个无偏估计量哪个更好呢？一个重要标准就是看它们谁的取值更集中于待估参数真值的附近，即哪个估计量的方差更小. 这就是有效性的概念.

定义 2 设 $\hat{\theta}_1, \hat{\theta}_2$ 是总体参数 θ 的两个无偏估计量，若对任意 $\theta \in \Theta$（Θ 是 θ 的取值范围），恒有 $D(\hat{\theta}_1) \leq D(\hat{\theta}_2)$，则称 $\hat{\theta}_1$ 较 $\hat{\theta}_2$ **有效**.

例 7.13 设总体 X 的数学期望及方差存在，$E(X) = \mu$，$D(X) = \sigma^2$，$X_1, X_2, \cdots, X_n$ 是从总体 X 中抽取的一个样本，又设 a_1,

$a_2, \cdots, a_n$ 为一组大于 0 的常数，$\sum_{i=1}^{n} a_i = 1$，试证：

(1) $\sum_{i=1}^{n} a_i X_i$ 是 μ 的无偏估计量；

(2) 在这类无偏估计量中以 $\overline{X}$ 的方差为最小.

证明：(1) 因为

$$E\left(\sum_{i=1}^{n} a_i X_i\right) = \sum_{i=1}^{n} E(a_i X_i) = \sum_{i=1}^{n} a_i E(X_i) = \sum_{i=1}^{n} a_i \mu = \mu \sum_{i=1}^{n} a_i = \mu$$

故 $\sum_{i=1}^{n} a_i X_i$ 是 μ 的无偏估计量.

(2) 因为

$$D\left(\sum_{i=1}^{n} a_i X_i\right) = \sum_{i=1}^{n} D(a_i X_i) = \sum_{i=1}^{n} a_i^2 D(X_i) = \sum_{i=1}^{n} a_i^2 \sigma^2 = \sigma^2 \sum_{i=1}^{n} a_i^2$$

利用已知不等式 $\left(\sum_{i=1}^{n} a_i\right)^2 \leq n \sum_{i=1}^{n} a_i^2$，注意到 $\sum_{i=1}^{n} a_i = 1$，可得 $\frac{1}{n} \leq \sum_{i=1}^{n} a_i^2$，故有

$$\frac{1}{n} \sigma^2 \leq D\left(\sum_{i=1}^{n} a_i X_i\right)$$

又已知 $D(\overline{X}) = \frac{1}{n} \sigma^2$，于是

$$D(\overline{X}) \leq D\left(\sum_{i=1}^{n} a_i X_i\right)$$

故在 μ 的形为 $\sum_{i=1}^{n} a_i X_i$ 的一切无偏估计量中，$\overline{X}$ 的方差最小，从而是此类无偏估计中最有效的.

3. 一致性(相合性)

设 $\hat{\theta}_n = \theta_n(X_1, X_2, \cdots, X_n)$ 是总体参数 θ 的估计量，我们当然希望样本容量 n 越大，$\hat{\theta}_n$ 的估计效果越好，也即希望 n 越大，$\hat{\theta}_n$ 的观察值落在 θ 邻近的概率越大. 为此，我们引入下面的定义.

定义 3 设 $\hat{\theta}_n = \theta_n(X_1, X_2, \cdots, X_n)$ ($n = 1, 2, \cdots$) 为未知参数 θ 的一系列估计量，若对任意 $\theta \in \Theta$，对于给定的 $\varepsilon > 0$，总有

$$\lim_{n \to \infty} P\{|\hat{\theta}_n - \theta| < \varepsilon\} = 1$$

或

$$\lim_{n \to \infty} P\{|\hat{\theta}_n - \theta| \geq \varepsilon\} = 0$$

则称 $\hat{\theta}_n$ 为参数 θ 的**一致估计量**（或**相合估计量**），即若 $\hat{\theta}_n = \theta_n(X_1, X_2, \cdots, X_n)$ 依概率收敛于 θ，则 $\hat{\theta}_n$ 为参数 θ 的**一致估计量**.

可以证明，样本的 k 阶原点矩 A_k 是总体的 k 阶原点矩 μ_k 的相合估计量. 相合性是对一个估计量的基本要求，若估计量不具有相合性，那么不论将样本容量 n 取多大，都不能将 θ 估计得足够准确，这样的估计量是不可取的.

7.3 区间估计

前面介绍的点估计方法是针对总体的某一个未知参数 θ，构造 θ 的一个估计量，一旦给定了样本观察值就能算出 θ 的估计值，但它与 θ 的真值总有偏差，而这个误差究竟有多大？这个估计值的可靠性有多大？对于未知参数 θ，除了求出它的点估计 $\hat{\theta}$ 外，我们还希望估计出一个范围，并希望知道这个范围包含参数 θ 的真实值的可信程度. 这样的范围通常以区间的形式给出，而寻找这种估计区间的问题就是所谓**参数的区间估计**.

定义 1 设总体 X 的分布函数 $F(x;\theta)$ 含未知参数 θ，$\theta \in \Theta$，Θ 是 θ 的可能取值范围. 对给定的 $\alpha(0<\alpha<1)$，若由样本 $X_1, X_2, \cdots, X_n$ 确定的两个统计量 $\underline{\theta} = \underline{\theta}(X_1, X_2, \cdots, X_n)$ 及 $\overline{\theta} = \overline{\theta}(X_1, X_2, \cdots, X_n)$，满足

$$P\{\underline{\theta} < \theta < \overline{\theta}\} = 1 - \alpha$$

则称随机区间 $(\underline{\theta}, \overline{\theta})$ 为未知参数 θ 的**置信度**（**置信水平**）为 $1-\alpha$ 的**置信区间**，并分别称 $\underline{\theta}$ 及 $\overline{\theta}$ 是 θ 的**置信下限**及**置信上限**. 称 $1-\alpha$ 为**置信度**或**置信水平**.

置信区间 $(\underline{\theta}, \overline{\theta})$ 是一个随机区间，对每次的抽样来说，往往有所不同，有时包含了参数 θ 的真实值，有时不包含 θ 的真实值. 此区间包含 θ 的真实值的可信程度（置信度）是 $1-\alpha$.

显然，在置信度一定的前提条件下，置信区间的长度越短，其精度越高，估计就越好.

7.3.1 单个正态总体的情况

设总体 $X \sim N(\mu, \sigma^2)$，$X_1, X_2, \cdots, X_n$ 为总体样本，$\overline{X}$ 为样

本均值，S^2 为样本方差，置信度为 $1-\alpha$.

1. 总体均值 μ 的区间估计

下面分别讨论总体 X 的方差 σ^2 为已知和未知时的两种情况.

1) 当总体 X 的方差 σ^2 为已知时，由于

$$\frac{\overline{X}-\mu}{\sigma/\sqrt{n}} \sim N(0,1)$$

所以给定置信度 $1-\alpha$，有

$$P\left\{\frac{|\overline{X}-\mu|}{\sigma/\sqrt{n}} < u_{\alpha/2}\right\} = 1-\alpha$$

即

$$P\left\{\overline{X}-\frac{\sigma}{\sqrt{n}}u_{\alpha/2} < \mu < \overline{X}+\frac{\sigma}{\sqrt{n}}u_{\alpha/2}\right\} = 1-\alpha$$

故 μ 的置信度为 $1-\alpha$ 的置信区间为

$$\left(\overline{X}-\frac{\sigma}{\sqrt{n}}u_{\alpha/2},\quad \overline{X}+\frac{\sigma}{\sqrt{n}}u_{\alpha/2}\right)$$

这样的置信区间常写成

$$\left(\overline{X}\pm\frac{\sigma}{\sqrt{n}}u_{\alpha/2}\right)$$

其中，u_α 为标准正态分布 $N(0,1)$ 的上 α 分位点，即

$$\Phi(u_\alpha) = 1-\alpha$$

例7.14 设总体 $X \sim N(\mu, \sigma^2)$，其中 $\sigma^2 = 1$，μ 未知. 对于给定的样本 $X_1, X_2, \cdots, X_n$，由极大似然估计知 μ 的点估计为 $\hat{\mu} = \overline{X}$，现求 μ 的区间估计.

解：因为

$$\frac{\overline{X}-\mu}{1/\sqrt{n}} \sim N(0,1), u_{0.05/2} = u_{0.025} = 1.96$$

所以

$$P\left\{\frac{|\overline{X}-\mu|}{1/\sqrt{n}} < 1.96\right\} = 0.95 = 1-0.05$$

或

$$P\{\overline{X}-1.96/\sqrt{n} < \mu < \overline{X}+1.96/\sqrt{n}\} = 0.95$$

于是，我们有 95% 的把握说区间 $(\overline{X}-1.96/\sqrt{n}, \overline{X}+1.96/\sqrt{n})$ 包含了 μ 的真值. 该区间的长度为 $2\times 1.96/\sqrt{n}$，它说明了此估计的精度.

2) 当总体 X 的方差 σ^2 为未知时，由于

$$\frac{\dfrac{\overline{X}-\mu}{\sigma/\sqrt{n}}}{\sqrt{\dfrac{(n-1)S^2}{\sigma^2}/(n-1)}} = \frac{\overline{X}-\mu}{S/\sqrt{n}} \sim t(n-1)$$

又

$$P\{-t_{\alpha/2}(n-1)<t<t_{\alpha/2}(n-1)\}=1-\alpha$$

于是有

$$P\left\{\overline{X}-\frac{S}{\sqrt{n}}t_{\alpha/2}(n-1)<\mu<\overline{X}+\frac{S}{\sqrt{n}}t_{\alpha/2}(n-1)\right\}=1-\alpha$$

因此，所求的 μ 的置信度为 $1-\alpha$ 的置信区间为

$$\left(\overline{X}\pm\frac{S}{\sqrt{n}}t_{\alpha/2}(n-1)\right)$$

例 7.15 设某种清漆的 9 个样品，其干燥时间（以 h 计）分别为

6.0 5.7 5.8 6.5 7.0 6.3 5.6 6.1 5.0

设干燥时间总体 $X \sim N(\mu,\sigma^2)$，求 μ 的置信水平为 95% 的置信区间。

解：干燥时间总体服从正态分布且方差未知，样本均值经标准化后服从自由度为 $(n-1)=8$ 的 t 分布，因此，所求的 μ 的置信度为 $1-\alpha$ 的置信区间为

$$\left(\overline{X}\pm\frac{S}{\sqrt{n}}t_{\alpha/2}(n-1)\right)$$

由已知的样本观察值可求得样本均值和样本标准差分别为 $\overline{x}=6$，$s=0.5744563$，$n=9$，给定的置信水平为 95%，$\alpha=0.05$，$t_{0.025}(8)=2.306004$（利用 R 命令：qt(0.975,8)=2.306004），代入即有

$$\left(6\pm 2.306004\times\frac{0.5744563}{\sqrt{9}}\right)$$

即

$$(5.558434, 6.441566)$$

本例的置信区间可使用 R 中的 t.test() 函数进行计算，具体如下：

```
> x=c(6.0,5.7,5.8,6.5,7.0,6.3,5.6,6.1,5.0)
> t.test(x)

        One Sample t-test

data:  x
t=31.334,df=8,p-value=1.171e-09
```

```
alternative hypothesis: true mean is not equal to 0
95 percent confidence interval:
 5.558434   6.441566
sample estimates:
mean of x
        6
```

得到的置信区间为$(5.558434, 6.441566)$.

其中，t.test()函数的使用格式为

```
t.test(x,y=NULL,
       alternative=c("two.sided","less","greater"),
       mu=0,paired=FALSE,var.equal=FALSE,
       conf.level=0.95,...)
```

其中 x 是向量，conf.level 是显著性水平，其默认值是 0.95.

2. 总体方差 σ^2 的区间估计

下面分别讨论总体 x 的均值 μ 为已知和未知时的两种情况.

1) 当总体 x 的均值 μ 为已知时，设总体 $X \sim N(\mu, \sigma^2)$，μ 已知，又 $X_1, X_2, \cdots, X_n$ 为总体样本，试求 σ^2 的置信度为 $1-\alpha$ 的置信区间.

选取统计量 $\dfrac{1}{\sigma^2} \sum_{i=1}^{n} (X_i - \mu)^2 \sim \chi^2(n)$，则有

$$P\left\{\chi^2_{1-\alpha/2}(n) < \frac{1}{\sigma^2} \sum_{i=1}^{n} (X_i-\mu)^2 < \chi^2_{\alpha/2}(n)\right\} = 1-\alpha$$

从而有

$$P\left\{\frac{\sum_{i=1}^{n} (X_i-\mu)^2}{\chi^2_{\alpha/2}(n)} < \sigma^2 < \frac{\sum_{i=1}^{n} (X_i-\mu)^2}{\chi^2_{1-\alpha/2}(n)}\right\} = 1-\alpha$$

由此求得 σ^2 的置信度为 $1-\alpha$ 的置信区间为

$$\left(\frac{\sum_{i=1}^{n} (X_i-\mu)^2}{\chi^2_{\alpha/2}(n)}, \frac{\sum_{i=1}^{n} (X_i-\mu)^2}{\chi^2_{1-\alpha/2}(n)}\right)$$

2) 当总体 x 的均值 μ 为未知时，设总体 $X \sim N(\mu, \sigma^2)$，μ 未知，又 $X_1, X_2, \cdots, X_n$ 为总体样本，试求 σ^2 及 σ 的置信度为 $1-\alpha$ 的置信区间.

显然 σ^2 的无偏估计是 S^2，选取统计量

$$\frac{(n-1)S^2}{\sigma^2} \sim \chi^2(n-1)$$

所以给定置信水平 $1-\alpha$，我们有

$$P\left\{\chi^2_{1-\alpha/2}(n-1)<\frac{(n-1)S^2}{\sigma^2}<\chi^2_{\alpha/2}(n-1)\right\}=1-\alpha$$

从而有

$$P\left\{\frac{(n-1)S^2}{\chi^2_{\alpha/2}(n-1)}<\sigma^2<\frac{(n-1)S^2}{\chi^2_{1-\alpha/2}(n-1)}\right\}=1-\alpha$$

$$P\left\{\sqrt{\frac{(n-1)S^2}{\chi^2_{\alpha/2}(n-1)}}<\sigma<\sqrt{\frac{(n-1)S^2}{\chi^2_{1-\alpha/2}(n-1)}}\right\}=1-\alpha$$

由此得到 σ^2 及 σ 的置信度为 $1-\alpha$ 的置信区间分别是

$$\left(\frac{(n-1)S^2}{\chi^2_{\alpha/2}(n-1)},\frac{(n-1)S^2}{\chi^2_{1-\alpha/2}(n-1)}\right)$$

及

$$\left(\sqrt{\frac{(n-1)S^2}{\chi^2_{\alpha/2}(n-1)}},\sqrt{\frac{(n-1)S^2}{\chi^2_{1-\alpha/2}(n-1)}}\right)$$

例 7.16 随机地取某种炮弹 9 发做实验,得到炮口速度的样本标准差 $s=11(\text{m/s})$. 设炮口速度服从正态分布,求这种炮弹的炮口速度的标准差 σ 的置信水平为 95% 的置信区间.

解:当总体均值 μ 未知时,总体标准差 σ 的置信度为 $1-\alpha$ 的置信区间是

$$\left(\sqrt{\frac{(n-1)S^2}{\chi^2_{\alpha/2}(n-1)}},\sqrt{\frac{(n-1)S^2}{\chi^2_{1-\alpha/2}(n-1)}}\right)$$

由已知:$n=9$,$s=11(\text{m/s})$,$\alpha=1-0.95=0.05$,$\chi^2_{0.025}(8)=17.53455$,$\chi^2_{0.975}(8)=2.179731$,代入上式得置信区间为

$$(7.430027,21.07348)$$

本例若输入 R 命令,其计算过程和结果如下:

```
> n=9;s=11
> LCI=sqrt((n-1)*s^2/qchisq(0.975,8));LCI
[1] 7.430027
> UCI=sqrt((n-1)*s^2/qchisq(0.025,8));UCI
[1] 21.07348
```

所以,这种炮弹的炮口速度的标准差 σ 的置信水平为 95% 的置信区间为

$$(7.430027,21.07348)$$

7.3.2 两个正态总体参数的区间估计

1. 方差 σ_1^2 和 σ_2^2 均为已知,两个正态总体均值差的区间估计

设总体 $X\sim N(\mu_1,\sigma_1^2)$,总体 $Y\sim N(\mu_2,\sigma_2^2)$,$X_1$,$X_2$,$\cdots$,$X_{n_1}$

和 $Y_1, Y_2, \cdots, Y_{n_2}$ 分别来自总体 X 与 Y 的相互独立的样本,如果两个样本均为大样本,$n_1 \geq 30$,$n_2 \geq 30$,且方差 σ_1^2 和 σ_2^2 均为已知,求 $\mu_1-\mu_2$ 的置信度为 $1-\alpha$ 的置信区间.

μ_1 和 μ_2 的无偏估计分别为 $\bar{X}$ 和 $\bar{Y}$,选取枢轴量

$$\frac{(\bar{X}-\bar{Y})-(\mu_1-\mu_2)}{\sqrt{\sigma_1^2/n_1+\sigma_2^2/n_2}} \sim N(0,1)$$

给定置信度 $1-\alpha$,因为

$$P\left\{\frac{|(\bar{X}-\bar{Y})-(\mu_1-\mu_2)|}{\sqrt{\frac{\sigma_1^2}{n_1}+\frac{\sigma_2^2}{n_2}}} < u_{\alpha/2}\right\} = 1-\alpha$$

于是有

$$P\left\{\bar{X}-\bar{Y}-u_{\alpha/2}\sqrt{\frac{\sigma_1^2}{n_1}+\frac{\sigma_2^2}{n_2}} < \mu_1-\mu_2 < \bar{X}-\bar{Y}+u_{\alpha/2}\sqrt{\frac{\sigma_1^2}{n_1}+\frac{\sigma_2^2}{n_2}}\right\} = 1-\alpha$$

所以 $\mu_1-\mu_2$ 的置信度为 $1-\alpha$ 的置信区间为

$$\left(\bar{X}-\bar{Y} \pm u_{\alpha/2}\sqrt{\frac{\sigma_1^2}{n_1}+\frac{\sigma_2^2}{n_2}}\right)$$

2. $\sigma_1^2=\sigma_2^2=\sigma^2$ 但未知,两个正态总体均值差的区间估计

设总体 $X \sim N(\mu_1,\sigma_1^2)$,总体 $Y \sim N(\mu_2,\sigma_2^2)$,$X_1, X_2, \cdots, X_{n_1}$ 和 $Y_1, Y_2, \cdots, Y_{n_2}$ 分别来自总体 X 与 Y 的互相独立的样本,如果两个样本均为小样本,$n_1 < 30$,$n_2 < 30$,且方差 $\sigma_1^2=\sigma_2^2=\sigma^2$ 但未知,求 $\mu_1-\mu_2$ 的置信度为 $1-\alpha$ 的置信区间.

此时,选取枢轴量为

$$t = \frac{(\bar{X}-\bar{Y})-(\mu_1-\mu_2)}{S_w\sqrt{\frac{1}{n_1}+\frac{1}{n_2}}} \sim t(n_1+n_2-2)$$

其中

$$S_w^2 = \frac{(n_1-1)S_1^2+(n_2-1)S_2^2}{n_1+n_2-2}, \quad S_w = \sqrt{S_w^2}$$

其中,S_1^2 及 S_2^2 分别为 X 及 Y 的样本方差,于是对于给定的置信度 $1-\alpha$,有

$$P\left\{\frac{|(\bar{X}-\bar{Y})-(\mu_1-\mu_2)|}{S_w\sqrt{\frac{1}{n_1}+\frac{1}{n_2}}} < t_{\alpha/2}(n_1+n_2-2)\right\} = 1-\alpha$$

由此求得 $\mu_1-\mu_2$ 的置信度为 $1-\alpha$ 的置信区间为

$$\left(\overline{X}-\overline{Y}\pm t_{\alpha/2}(n_1+n_2-2)S_w\sqrt{\frac{1}{n_1}+\frac{1}{n_2}}\right)$$

3. $\sigma_1^2 \neq \sigma_2^2$ 且未知，两个正态总体均值差的区间估计

设总体 $X \sim N(\mu_1, \sigma_1^2)$，总体 $Y \sim N(\mu_2, \sigma_2^2)$，$X_1, X_2, \cdots, X_{n_1}$ 和 $Y_1, Y_2, \cdots, Y_{n_2}$ 分别来自总体 X 与 Y 的相互独立的样本，如果两个样本均为小样本，$n_1 < 30$，$n_2 < 30$，方差 $\sigma_1^2 \neq \sigma_2^2$ 且未知，求 $\mu_1 - \mu_2$ 的置信度为 $1-\alpha$ 的置信区间.

此时，两个样本均值的差标准化后近似服从自由度为 v 的 t 分布，自由度 v 的计算公式为

$$v = \frac{\left(\dfrac{s_1^2}{n_1} + \dfrac{s_2^2}{n_2}\right)^2}{\dfrac{(s_1^2/n_1)^2}{n_1-1} + \dfrac{(s_2^2/n_2)^2}{n_2-1}}$$

两个总体均值的差 $\mu_1 - \mu_2$ 的置信度为 $1-\alpha$ 的置信区间为

$$(\overline{X}-\overline{Y}) \pm t_{\alpha/2}(v)\sqrt{\frac{S_1^2}{n_1}+\frac{S_2^2}{n_2}}$$

例 7.17 从甲、乙两个生产蓄电池的工厂的产品中，分别独立抽取一些样品，测得蓄电池的电容量（以 A·h 计）如下：

甲厂：144,141,138,142,141,143,138,137

乙厂：142,143,139,140,138,141,140,138,142,136

设两个工厂生产的蓄电池电容量分别服从正态分布 $N(\mu_1, \sigma_1^2)$ 和 $N(\mu_2, \sigma_2^2)$，求总体均值差 $\mu_1 - \mu_2$ 的置信度为 0.95 的置信区间.

(1) 假定 $\sigma_1^2 = \sigma_2^2 = \sigma^2$，但 σ^2 未知；

(2) 假定 $\sigma_1^2 \neq \sigma_2^2$ 且未知.

解：R 中的 t.test( ) 函数可以给出双样本差的区间估计. 输入 R 命令，计算过程和结果如下：

```
> x1=c(144,141,138,142,141,143,138,137)
> x2=c(142,143,139,140,138,141,140,138,142,136)
```

(1) 假设方差相等

```
> t.test(x1,x2,var.equal=TRUE)

        Two Sample t-test

data:   x1 and x2
t=0.53662,df=16,p-value=0.5989
alternative hypothesis: true difference in means
```

is not equal to 0
  95 percent confidence interval:
   -1.770274 2.970274
  sample estimates:
  mean of x mean of y
      140.5   139.9

故所求置信度为 0.95 的置信区间的观察区间为
$$(-1.770274, 2.970274)$$

(2) 假设方差不相等

> t.test(x1,x2)

           Welch Two Sample t-test

  data: x1 and x2
  t=0.52662, df=13.853, p-value=0.6068
  alternative hypothesis: true difference in means is not equal to 0
  95 percent confidence interval:
   -1.846075 3.046075
  sample estimates:
  mean of x mean of y
     140.5   139.9

故所求置信度为 0.95 的置信区间的观察区间为
$$(-1.846075, 3.046075)$$

注意，R 中的 t.test() 函数默认值是两个总体方差不同，如果两个总体方差相同，需要声明，即在变量中给出 var.equal=TRUE。

4. 两个正态总体方差比的区间估计

设总体 $X \sim N(\mu_1, \sigma_1^2)$，总体 $Y \sim N(\mu_2, \sigma_2^2)$，$X_1, X_2, \cdots, X_{n_1}$ 和 $Y_1, Y_2, \cdots, Y_{n_2}$ 分别来自总体 X 与 Y 的相互独立的样本，$\overline{X}, \overline{Y}$ 分别为样本均值，S_1^2, S_2^2 分别为样本方差. $\mu_1, \mu_2, \sigma_1^2, \sigma_2^2$ 均为未知，求 σ_1^2/σ_2^2 的置信度为 $1-\alpha$ 的置信区间.

由于
$$(n_1-1)S_1^2/\sigma_1^2 \sim \chi^2(n_1-1)$$
$$(n_2-1)S_2^2/\sigma_2^2 \sim \chi^2(n_2-1)$$

且相互独立，故由 F 分布的定义有
$$\frac{S_1^2}{S_2^2} \frac{\sigma_2^2}{\sigma_1^2} = \frac{(n_1-1)S_1^2/[\sigma_1^2(n_1-1)]}{(n_2-1)S_2^2/[\sigma_2^2(n_2-1)]} \sim F(n_1-1, n_2-1)$$

上式中不含除 σ_1^2/σ_2^2 之外其他未知参数,故可选为枢轴量,对于给定置信度 $1-\alpha$,可得

$$P\left\{F_{1-\alpha/2}(n_1-1,n_2-1)<\frac{S_1^2\sigma_2^2}{S_2^2\sigma_1^2}<F_{\alpha/2}(n_1-1,n_2-1)\right\}=1-\alpha,$$

即有

$$P\left\{\frac{S_1^2}{S_2^2F_{\alpha/2}(n_1-1,n_2-1)}<\frac{\sigma_1^2}{\sigma_2^2}<\frac{S_1^2}{S_2^2F_{1-\alpha/2}(n_1-1,n_2-1)}\right\}=1-\alpha$$

从而求得 σ_1^2/σ_2^2 的置信度为 $1-\alpha$ 的置信区间为

$$\left(\frac{S_1^2}{S_2^2}\frac{1}{F_{\alpha/2}(n_1-1,n_2-1)},\frac{S_1^2}{S_2^2}\frac{1}{F_{1-\alpha/2}(n_1-1,n_2-1)}\right)$$

例 7.18 计算例 7.17 中的两个正态总体方差比的置信度为 0.95 的置信区间.

解:在 R 中,var.test( ) 函数能够提供双样本方差比的区间估计,计算过程和结果如下:

```
> var.test(x1,x2)

        F test to compare two variances

data:   x1 and x2
F=1.3786,num df=7,denom df=9,p-value=0.6392
alternative hypothesis: true ratio of variances is not equal to 1
95 percent confidence interval:
 0.3284742   6.6493902
sample estimates:
ratio of variances
          1.378621
```

故两个正态总体方差比的置信度为 0.95 的置信区间为
$$(0.3284742,6.6493902).$$

7.4 总体比例的区间估计

1. 总体比例的区间估计

在第 6 章,我们证明了,在大样本条件下,样本比例 $\bar{p}$ 近似地服从正态分布,且样本比例 $\bar{p}$ 是总体比例 p 的无偏估计量. 即当 $np\geqslant10$,$n(1-p)\geqslant10$ 时,根据中心极限定理,此时样本比例 $\bar{p}$ 近

似地服从正态分布，即有

$$\bar{p} \sim N(p, p(1-p)/n)$$

其中，$\bar{p}$ 为样本比例，p 为总体比例，n 为样本容量.

因此，当以样本比例 $\bar{p}$ 估计总体比例 p 时，我们用 $\bar{p}$ 的抽样分布来对抽样误差进行概率解释. 这种情形下，定义 $\bar{p}$ 与 p 之差的绝对值为抽样误差，记作 $|\bar{p}-p|$. 可以用以下形式对比率的抽样误差的大小进行概率解释.

当以样本比例 $\bar{p}$ 估计总体比例 p 时，所产生的抽样误差小于或等于 $z_{\alpha/2}\sigma_{\bar{p}}$ 的概率为 $1-\alpha$.

从而，$z_{\alpha/2}\sigma_{\bar{p}}$ 的值即为比率的边际误差. 与以样本均值估计总体均值相似，我们已知样本比例 $\bar{p}$ 近似地服从正态分布，可以用 $z_{\alpha/2}\sigma_{\bar{p}}$ 来确定边际误差. 从 $\bar{p}$ 加减边际误差 $z_{\alpha/2}\sigma_{\bar{p}}$，即得到总体比率的区间估计，即为

$$(\bar{p} \pm z_{\alpha/2}\sigma_{\bar{p}})$$

其中，$1-\alpha$ 是置信水平.

由于样本比率 $\bar{p}$ 的标准差为 $\sigma_{\bar{p}} = \sqrt{p(1-p)/n}$，这样上式还可以写为

$$(\bar{p} \pm z_{\alpha/2}\sqrt{p(1-p)/n})$$

由于 p 恰好是我们所要估计的，所以我们简略地以样本比例 $\bar{p}$ 来代替 p. 这样，总体比例的置信区间估计的一般表达式为

$$(\bar{p} \pm z_{\alpha/2}\sqrt{\bar{p}(1-\bar{p})/n})$$

其中，$1-\alpha$ 是置信水平，$z_{\alpha/2}$ 是标准正态分布的上 $\alpha/2$ 分位点的值.

例 7.19 某采购商去供应商那里采购一大批产品，该采购商要估计这批产品的次品率，随机地从这批产品中抽取一个样本容量为 2000 的样本，发现其中次品数是 20 个. 求这批产品的次品率的点估计及其置信水平为 95% 的置信区间.

解法 1：因为样本比例 $\bar{p}$ 是总体比例 p 的无偏估计量，样本的次品率是 $20/2000 = 0.01$，因此得到这批产品的次品率的点估计值为 $\bar{p} = 0.01$；这里，因为 $n = 2000$，满足 $np \geq 10$，$n(1-p) \geq 10$ 这个条件，根据中心极限定理，此时可以用样本比例 $\bar{p}$ 去近似正态分布，又 $z_{\alpha/2} = z_{0.025} = 1.96$，$n = 2000$，所以这批产品的次品率的置信水平为 95% 的置信区间为

$$(\bar{p} \pm z_{\alpha/2}\sqrt{\bar{p}(1-\bar{p})/n})$$

$$= (0.01 \pm 1.96\sqrt{0.01 \times 0.99/2000}) = (0.005639, 0.01436).$$

解法 2：R 计算

```
> n=2000
> x=20
> p=x/n
> q=qnorm(0.975)
> LCI=p-q*sqrt(p*(1-p)/n)
> UCI=p+q*sqrt(p*(1-p)/n)
> data.frame(LCI,UCI)
        LCI          UCI
1   0.005639355   0.01436064
```

即这批产品的次品率的置信水平为95%的置信区间为

$$(0.5639\%, 1.436\%)$$

精确的区间宽度为 0.0043606425 的 2 倍,按照抽样调查的通常说法是"误差为±0.4361%". 因此,估计这批产品的次品率约为 1%,误差为±0.4361%.

在实际问题中,很难确定需要多大样本量才能使用正态分布近似. 如果用这个公式计算出来的区间包含了 0 或者 1,则说明样本量不够大. 这是因为总体比例不可能小于 0,也不可能大于 1.

2. 总体比例之差的区间估计

在实际问题中,常常需要比较两个总体的比例之差. 例如,对两家企业产品的合格品率的比较,两个地区大学生比率的比较等.

设两个总体的比例分别为 p_1, p_2,为了估计 p_1, p_2,分别从两个总体中随机抽取样本容量为 n_1 和 n_2 的两个样本,计算两个样本中的比例 $\bar{p}_1$, $\bar{p}_2$. (p_1-p_2) 的点估计很简单,就用 $(\bar{p}_1-\bar{p}_2)$ 即可. 关于区间估计,很难计算精确的置信区间,一般都用正态分布近似即可. 当 $np \geq 10$, $n(1-p) \geq 10$ 时,根据中心极限定理,$(\bar{p}_1-\bar{p}_2)$ 的抽样分布近似服从正态分布,且有

$$\mu = p_1 - p_2, \sigma_{p_1-p_2} = \sqrt{\frac{p_1(1-p_1)}{n_1} + \frac{p_2(1-p_2)}{n_2}}$$

即有

$$\bar{p}_1 - \bar{p}_2 \sim N\left(p_1-p_2, \frac{p_1(1-p_1)}{n_1} + \frac{p_2(1-p_2)}{n_2}\right)$$

因为两个总体的比例 p_1, p_2 均未知,所以标准差由下式来估计:

$$S_{p_1-p_2} = \sqrt{\frac{\bar{p}_1(1-\bar{p}_1)}{n_1} + \frac{\bar{p}_2(1-\bar{p}_2)}{n_2}}$$

从而,对于给定的置信水平 $1-\alpha$,(p_1-p_2) 的置信区间为

$$(\bar{p}_1-\bar{p}_2)\pm z_{\alpha/2}\sqrt{\frac{\bar{p}_1(1-\bar{p}_1)}{n_1}+\frac{\bar{p}_2(1-\bar{p}_2)}{n_2}}$$

例 7.20 某采购商要决定是从供应商 A 还是供应商 B 那里采购一大批产品,该采购商要比较这两家供应商产品的合格品率,随机地从这两家供应商生产的产品中各抽取一个样本容量为 1000 的样本,样本的合格品率分别为 $\bar{p}_1=0.95$,$\bar{p}_2=0.93$. 求这两家供应商产品的合格品率之差 (p_1-p_2) 的置信水平为 95% 的置信区间.

解法 1:由于 $n_1=n_2=1000$,属于大样本量,而 $\bar{p}_1=0.95$,$\bar{p}_2=0.93$,$1-\alpha=0.95$,$z_{\alpha/2}=z_{0.025}=1.96$,$(p_1-p_2)$ 的置信区间为

$$(\bar{p}_1-\bar{p}_2)\pm z_{\alpha/2}\sqrt{\frac{\bar{p}_1(1-\bar{p}_1)}{n_1}+\frac{\bar{p}_2(1-\bar{p}_2)}{n_2}}$$

$$=(0.95-0.93)\pm1.96\sqrt{\frac{0.95\times0.05}{1000}+\frac{0.93\times0.07}{1000}}=(0.02\pm0.0208)$$

$$=(-0.0008, 0.0408)$$

解法 2:R 计算

```
> p1=0.95;p2=0.93
> q=qnorm(0.975)
> LCI=(p1-p2)-q*sqrt(p1*(1-p1)/1000+p2*(1-p2)/1000)
> UCI=(p1-p2)+q*sqrt(p1*(1-p1)/1000+p2*(1-p2)/1000)
> data.frame(LCI,UCI)
        LCI        UCI
1 -0.0007977947 0.04079779
```

因此,我们有 95% 的把握估计这两家供应商产品的合格品率之差在 -0.08%~4.08% 之间. 由于这个区间包含了 0,所以不能断定这两家供应商产品的合格品率有显著差别.

7.5 样本容量的确定

抽样调查中一个经常碰到的问题是"样本容量要多大才行?"样本容量过大不经济,过小又不能保证估计的精度. 那么如何确定合适的样本容量的大小呢?

1. 估计总体均值时样本容量的确定

当用样本均值估计总体均值时,可对抽样误差做出如下叙述.

样本均值产生的抽样误差不大于 $z_{\alpha/2}\sigma/\sqrt{n}$ 的概率为 $1-\alpha$,

$z_{\alpha/2}\sigma/\sqrt{n}$ 称为**边际误差**. 对于给定的置信水平 $1-\alpha$, $z_{\alpha/2}$ 的值就确定了下来. 对于给定的 $z_{\alpha/2}$ 的值和 σ, 我们可以确定任一希望的边际误差所需要的样本容量 n. 样本容量 n 的公式推导如下. 令 E 代表所希望的边际误差

$$E = z_{\alpha/2}\sigma/\sqrt{n}$$

解出 n, 得到总体均值的区间估计所需要的样本容量为

$$n = \frac{z_{\alpha/2}^2 \sigma^2}{E^2}$$

在给定的置信水平下, 该样本容量满足所希望的边际误差. 在上式中, E 值是使用者在给定的置信水平下可接受的边际误差.

最后, 该公式要求总体标准差 σ 必须是已知的. 然而, 在大多数情况下 σ 都是未知的, 因此必须对其进行估计.

1) 用以前相同或类似的样本的样本标准差来代替.

2) 用试验调查的方式选择初始样本, 以该样本的样本标准差作为 σ 的估计值.

3) 利用极差法. 例如, 我们可以分别估计总体的最大值和最小值, 若假定总体近似服从正态分布, 最大值和最小值之间的距离近似为 6σ, 于是可以得到标准差的估计为极差的 $1/6$.

例 7.21 为了估计某袋装盐的生产线这一天生产的袋装盐平均每袋的重量, 要求的置信水平为 99%, 估计精度为 $\pm 0.25g$. 根据以往的样本数据知道, 这条生产线生产的袋装盐平均每袋的重量的标准差是 $0.75g$. 问这一天至少要抽样检查多少袋的盐才能满足估计精度的要求?

解: 根据已知条件, $E = 0.25$, $\sigma = 0.75$, $1-\alpha = 0.99$, 则有 $z_{\alpha/2} = 2.58$, 因此样本容量为

$$n = \frac{z_{\alpha/2}^2 \sigma^2}{E^2} = \frac{2.58^2 \times 0.75^2}{0.25^2} \approx 59.91$$

由此, 这一天至少要抽样检查 60 袋的盐所构成的随机样本, 才能使得估计平均重量的误差在 $\pm 0.25g$ 之内.

2. 估计总体比例时样本容量的确定

在 7.4 节我们得出, 用样本比例 $\bar{p}$ 估计总体比例 p 的抽样误差为

$$z_{\alpha/2}\sqrt{p(1-p)/n}$$

令 E 代表所希望达到的抽样误差或最大容许误差(maximum allowable error), 则

$$E = z_{\alpha/2}\sqrt{p(1-p)/n}$$

解出 n，得到**总体比例区间估计的样本容量**

$$n = \frac{z_{\alpha/2}^2 p(1-p)}{E^2}$$

在给定的置信水平下，该样本容量满足所希望的最大可容许误差. 在上式中，E 值是使用者在给定的置信水平下可接受的最大可容许误差.

这个公式需要知道总体比例 p 的值，但大多数情况下总体比例 p 的值是未知的，可以对该值进行估计.

1）用以前相同或相似样本的样本比例来代替.

2）用试验调查的方式选择初始样本，以该样本的样本比例作为 p 的估计值.

3）使用 p 值的判断或最优猜测.

4）如果上述方法均不适用，则取 $p = 0.5$.

例 7.22 某采购商到一供应商那里采购一大批产品，要对这批产品的合格品率进行抽样检查，根据以往的同类抽样调查的产品合格品率是 90%，要求在产品合格品率最大允许误差不超过 2% 的条件下，在 95.45% 的置信水平下至少要抽查几件产品？

解：根据已知条件，$E = 2\%$　$p = 0.9$，$1 - \alpha = 0.9545$，则有 $z_{\alpha/2} = 2$，因此样本容量为

$$n = \frac{z_{\alpha/2}^2 p(1-p)}{E^2} = \frac{2^2 \times 0.9 \times 0.1}{(2\%)^2} = 900$$

由此，该供应商至少要从这一大批产品中抽样检查 900 件的产品，才能使得估计这批产品合格品率最大允许误差不超过 2%.

人物传记

小样本理论的开创者——戈塞特（1876—1937）

戈塞特（Gosset，1876—1937）早先在牛津温彻斯特公学及牛津大学新学院学习数学和化学，成绩优秀，后来到都柏林市一家酿酒公司担任酿造化学技师，从事统计和实验工作，1906—1907 年，公司派他到伦敦进修，同时在伦敦大学学院生物实验室做研究，也有机会和皮尔逊共同研讨，此后他们经常通信.

戈塞特是小样本统计理论的开创者. 戈塞特在酿酒公司工作中发现，供酿酒的每批麦子质量相差很大，而同一批麦子中能抽样供试验的麦子又很少，每批样本在不同的温度下做实验，其结果相差很大. 这样一来，实际上取得的麦子样本，不可能是大样

本，只能是小样本. 可是，从小样本来分析数据是否可靠？误差有多大？小样本理论就在这样的背景下应运而生. 1905 年，戈塞特利用酒厂里大量的小样本数据写了第一篇论文《误差法则在酿酒过程中的应用》，在此基础上，1907 年戈塞特决心把小样本和大样本之间的差别搞清楚. 为此，他试图把一个总体中的所有小样本的平均数的分布刻画出来. 其做法是，在一个大容器里放了一批纸牌，把它们弄乱，随机地抽取若干张，对这一样本做实验记录观察值，然后再把纸牌弄乱，抽出几张，对相应的样本再做实验观察，记录观察值. 大量地记录这种随机抽样的小样本观察值，就可借以获得小样本观察值的分布函数. 若观察值是平均数，戈塞特把它叫作 t 分布函数. 1908 年，戈塞特以"学生(Student)"为笔名在《生物计量学》杂志上发表了论文《平均数的规律误差》. 这篇论文开创了小样本统计理论的先河，为研究样本分布理论奠定了重要基础. 被统计学家誉为统计推断理论发展史上的里程碑. 戈塞特的这项成果，不仅不再依靠近似计算，而且能用所谓小样本来进行推断，并且还成为使统计学的对象由集团现象转变为随机现象的转机. 换句话说，总体应理解为含有未知参数的概率分布(总体分布)所定义的概率空间；要根据样本来推断总体，还必须强调样本要从总体中随机地抽取，也就是说，一定要是随机样本. 但是，应该指出：戈塞特推导 t 分布的方法是极不完整的，后来费希尔利用 n 维几何方法给出了完整的证明；另外，戈塞特的小样本理论发表之后，一时未获承认.

习题 7

1. 设 $X_1, X_2, \cdots, X_n$ 是来自参数为 λ 的泊松分布总体的一个样本，试求 λ 的矩估计量和极大似然估计量.

2. 随机地取 8 只活塞环，测得它们的直径为 74.001mm、74.005mm、74.003mm、74.001mm、74.000mm、73.998mm、74.006mm、74.002mm，试求总体均值 μ 和方差 σ^2 的矩估计值.

3. 一批产品中含有废品，从中随机地抽取 60 件，发现废品 4 件，试用矩估计法估计这批产品的废品率.

4. 设总体 $X \sim N(\mu, \sigma^2)$，$X_1, X_2, \cdots, X_n$ 是来自总体 X 的一个样本，参数 μ，σ^2 都是未知的，试求 μ 和 σ^2 的矩估计量.

5. 设总体 X 服从参数为 (μ, σ^2) 的对数正态分布，即概率密度函数为

$$f(x, \mu, \sigma^2) = \frac{1}{\sqrt{2\pi}\sigma x}\exp\left[-\frac{(\lg x - \mu)^2}{2\sigma^2}\right] \quad (x > 0)$$

试求参数 μ 和 σ^2 的矩估计量.

6. 设总体 X 的概率密度函数为 $f(x; \theta) = \begin{cases} e^{-(x-\theta)}, & x \geq \theta \\ 0, & x < \theta \end{cases}$. 而 $X_1, X_2, \cdots, X_n$ 是来自总体 X 的简单随机样本，试求未知参数 θ 的矩估计量.

7. 假设总体 X 的方差 $D(X)$ 存在，$X_1, X_2, \cdots, X_n$ 是取自总体 X 的简单随机样本，其均值和方差分别为 $\overline{X}$，S^2，求 $E(X^2)$ 的矩估计量.

8. 设某种元件的使用寿命 X 的概率密度函数为

$$f(x) = \begin{cases} 2e^{-(x-\theta)}, & x \geq \theta \\ 0, & x < \theta \end{cases}$$

其中 $\theta>0$ 为未知参数，而 $x_1, x_2, \cdots, x_n$ 是 X 的一组样本观测值，求参数 θ 的极大似然估计值.

9. 设 $X_1, X_2, \cdots, X_n$ 与 X 同分布且相互独立，设 $E(X)=\mu$, $D(X)=\sigma^2$, 确定常数 c, 使得 $c\sum_{i=1}^{n-1}(X_{i+1}-X_i)^2$ 为 σ^2 的无偏估计.

10. 设有 k 台仪器，用 i 台仪器测量时，测定值总体的标准差为 $\sigma_i(i=1,2,\cdots,k)$, 用这些仪器独立地对某一物理量 θ 各观察一次，分别得到 $X_1, X_2, \cdots, X_k$, 设仪器都没有系统误差，即 $E(X_i)=\theta(i=1,2,\cdots,k)$. 问 $a_1, a_2, \cdots, a_k$ 应取何值时，方能使用 $\hat{\theta}=\sum_{i=1}^{k}a_iX_i$ 估计 θ 时是无偏的，并且 $D(\hat{\theta})$ 最小?

11. 设总体 X 服从区间 $[0,\theta]$ 上的均匀分布，$\theta>0$ 为未知参数，$X_1, X_2, \cdots, X_n$ 为来自总体 X 的样本，试证 $\hat{\theta}=(n+1)\min\{X_1, X_2, \cdots, X_n\}$ 是 θ 的无偏估计.

12. 设总体 X 的概率密度为 $f(x)=\frac{1}{2}e^{-|x|}(-\infty<x<+\infty)$, $X_1, X_2, \cdots, X_n$ 为总体 X 的简单随机样本，其样本方差为 S^2, 求 $E(S^2)$.

13. 已知总体 X 服从瑞利分布，其密度函数为
$$f(x;\theta) = \begin{cases} \frac{x}{\theta}e^{-\frac{x^2}{2\theta}}, & x>0 \\ 0, & x \leq 0 \end{cases}, \theta>0$$
$X_1, X_2, \cdots, X_n$ 为取自总体 X 的简单随机样本，求 θ 的矩估计，并问这个估计是否为无偏估计量?

14. 设总体 $X \sim N(0,\sigma^2)$, 参数 $\sigma>0$ 未知，$X_1, X_2, \cdots, X_n(n>1)$ 是取自总体 X 的简单随机样本，令估计量
$$\hat{\sigma}_1^2 = S^2 = \frac{1}{n-1}\sum_{i=1}^{n}(X_i-\bar{X})^2, \quad \hat{\sigma}_2^2 = \frac{1}{n}\sum_{i=1}^{n}X_i^2$$
(1) 验证 $\hat{\sigma}_1^2$ 与 $\hat{\sigma}_2^2$ 的无偏性;
(2) 求方差 $D(\hat{\sigma}_1^2)$ 和 $D(\hat{\sigma}_2^2)$, 并比较其大小.

15. 设总体 X 在区间 $[0,\theta]$ 上服从均匀分布，$X_1, X_2, \cdots, X_n$ 为取自总体 X 的简单随机样本，$\bar{X}=\frac{1}{n}\sum_{i=1}^{n}X_i$, $X_{(n)}=\max\{X_1, X_2, \cdots, X_n\}$.

(1) 求 θ 的矩估计量和极大似然估计量;
(2) 求常数 a, b, 使 $\hat{\theta}_1=a\bar{X}$, $\hat{\theta}_2=bX_{(n)}$ 均为 θ 的无偏估计，并比较其有效性;
(3) 应用切比雪夫不等式证明 $\hat{\theta}_1$, $\hat{\theta}_2$ 均为 θ 的一致性(相合)估计.

16. 一个容量为 81 的样本来自正态总体，样本均值为 40，样本标准差为 5，试确定总体均值的 95% 的置信区间.

17. 一个加油站的老板想了解每次出售给顾客的平均汽油量，于是他从交易记录中随机抽取了 60 笔交易. 计算得到这 60 笔交易的平均汽油量是 80.6L，标准差是 2.3L.
(1) 总体均值的点估计是多少?
(2) 计算总体均值的 99% 的置信区间.
(3) 解释(2)结果的意义.

18. 某厂用自动包装机包装葡萄糖，每袋净重 $X \sim N(\mu,\sigma^2)$, 现随机抽取 10 袋，测得各袋净重 x_i (以 g 计), $i=1,2,\cdots,10$, 计算得 $\sum_{i=1}^{10}x_i = 5020$, $\sum_{i=1}^{10}x_i^2 = 2520420$.

(1) 已知 $\sigma=5g$, 求 μ 的置信度为 0.95 的置信区间;
(2) σ 未知，求 μ 的置信度为 0.95 的置信区间;
(3) 已知 $\mu=500$, 求 σ^2 的置信度为 0.95 的置信区间;
(4) μ 未知，求 σ^2 的置信度为 0.95 的置信区间.

19. 为研究正常成年男女血液中红细胞的平均数的差别，检查了某地正常成年男子 156 名，正常成年女子 74 名. 计算得男性血液中红细胞平均数为 456.13 万个/mm³，样本标准差为 54.80 万个/mm³，女性血液中红细胞平均数为 422.16 万个/mm³，样本标准差为 49.20 万个/mm³; 试求男、女性血液中红细胞平均之差的置信区间 ($\alpha=0.01$).

20. 随机地从 A 批导线中抽取 4 根，从 B 批导线中抽取 5 根，测得其电阻(以 Ω 计)为
A 批导线: 0.143, 0.142, 0.143, 0.137
B 批导线: 0.140, 0.142, 0.136, 0.138, 0.140

设测试数据分别服从正态分布 $X \sim N(\mu_1, \sigma^2)$, $Y \sim N(\mu_2, \sigma^2)$, 且它们相互独立, 又 μ_1, μ_2, σ^2 未知, 试求 $\mu_1 - \mu_2$ 的置信度为 0.95 的置信区间.

21. 设有两个相互独立的正态分布 $N(\mu_1, \sigma_1^2)$, $N(\mu_2, \sigma_2^2)$, 其中参数均未知, 现从中分别取容量为 25 和 15 的两个样本, 由样本观察值算得样本方差分别为 $s_1^2 = 6.38$ 与 $s_2^2 = 5.15$, 试求方差比 σ_1^2/σ_2^2 的置信度为 0.9 的置信区间.

22. 某大学生记录了自己某个月 31 天所花的伙食费, 经计算这个月平均每天花费 20.2 元, 标准差是 2.4 元. 置信水平是 95%, 试估计该学生每天平均伙食费的置信区间.

23. 一个样本容量为 800 的简单随机样本, 样本比例为 $\bar{p} = 0.7$. 求:

(1) 总体比例的 90% 的置信区间;

(2) 总体比例的 95% 的置信区间.

24. 某调查公司选取 617 个企业为样本, 发现其中 56 个企业要求其雇员放弃他们因商务旅行而获得的航空公司给予的里程奖励.

(1) 试估计所有企业要求其雇员放弃他们因商务旅行而获得的航空公司给予的里程奖励;

(2) 求总体比例的 95% 的置信区间.

25. 某调查公司选取 938 名参加高尔夫运动的女性进行调查, 研究她们对高尔夫球场的个人观点. 调查发现, 其中 397 名女性对开球处次数的有效性感到满意, 307 名女性对会员制感兴趣, 234 名女性对加锁的房间设施感到满意. 求这三种调查结果中, 总体比例的点估计和 95% 置信区间.

26. 在 95% 的置信水平下, 以 0.03 的边际误差求总体比例的区间估计时, 应选用多大的样本容量?

27. 某网站所收集的观众简报数据表明, 26% 的使用者为女性, 该百分比是由 400 名使用者组成的样本计算出来的.

(1) 在 95% 的置信水平下, 与估计女性使用者所占比例相联系的边际误差是多少?

(2) 如果希望边际误差是 3%, 则应选用多大的样本容量?

28. 航空公司的时刻表和价格是商务旅行者选择航班时要考虑的重要因素, 但是《今日美国》的调查发现, 商务旅行者将航空公司的常客优惠程序列为最重要的因素. 一个由 1993 名商务旅行者组成的样本中, 有 618 人将航空公司的常客优惠程序列为最重要的因素.

(1) 求在商务旅行者总体中, 在选择航班时, 将航空公司的常客优惠程序列为最重要的因素的人所占比例的点估计.

(2) 求总体比例的 95% 的置信区间估计.

(3) 当置信水平是 95%, 边际误差是 0.01 时, 要求样本容量应该为多大? 你建议《今日美国》提供这种精度吗? 为什么?

第 8 章

假设检验

> 对统计学的一知半解常常会造成一些不必要的上当受骗,对统计学的一概排斥往往会造成某些不必要的愚昧无知.
>
> ——C. R. Rao

由样本对总体的推断称为统计推断. 英国著名统计学家费希尔认为常用的统计推断有三种基本形式,分别为:①抽样分布;②参数估计;③假设检验. 其中抽样分布与参数估计在前两章已有叙述,本章将叙述假设检验.

本章主要介绍假设检验的概念,假设检验方法的一般步骤,正态总体中各种参数的假设检验方法以及总体分布的假设检验方法.

8.1 假设检验的基本概念

1. 假设检验问题的提出

假设检验研究什么样的问题? 先看下面的例子.

例 8.1 某工厂生产某种铸件,在正常生产情况下,该铸件的重量服从正态分布 $N(54,0.75^2)$,在某天生产的铸件中抽取 10 件,测得重量(以 kg 计)如下:

54.0 55.1 55.8 54.2 52.1 54.2 55.0 55.8 55.1 55.3

如果方差不变,问这天生产是否正常($\alpha = 0.05$)?

在本例中,要判断这天生产是否正常,先要对总体的分布函数的均值提出假设: $\mu = 54$,然后根据样本观察值去判断"假设"是否成立. 若成立,认为这天生产是正常的,否则认为是不正常的. 这种对总体的分布函数或分布函数的某些参数做出某种假设,称为**统计假设**,记为 H_0,也称为**原假设**,把问题的反面,称为**备择假设**,用 H_1 表示.

通常将研究者想收集证据予以反对的假设称为原假设;而备择假设通常是用于支持你自己的看法. 比如你正在做某项研究,并想用假设检验来支持你的说法,就应该把你认为正确的看法作为备择假设.

在例 8.1 中,原假设为 H_0:$\mu=54$,备择假设为 H_1:$\mu\neq54$. 对原假设的正确与否进行判断的方法称为**假设检验**.

2. 假设检验的基本原理

我们以例 8.1 来说明假设检验的基本原理.

以 μ,σ 分别表示这一天铸件生产总体 X 的均值和标准差,已知是方差不变,所以 $\sigma=0.75$,则 $X\sim N(\mu,0.75^2)$,但是总体均值 μ 未知,现在的问题是要判断总体均值 μ 是否等于 54.

为此,提出原假设 H_0:$\mu=54$.

在此假设条件下,$X\sim N(54,0.75^2)$,现在利用抽取的样本观察值来判断 H_0 是否成立,若原假设成立,则认为这天生产是正常的,否则认为是不正常的.

由前面两章知样本均值 $\overline{X}$ 是 μ 的无偏估计量,为检验此假设自然可以利用样本均值 $\overline{X}$. 在 H_0 成立的前提下,$\overline{X}\sim N\left(54,\dfrac{0.75^2}{n}\right)$,这里 $n=10$,则

统计量 $$Z=\dfrac{\overline{X}-54}{0.75/\sqrt{10}}\sim N(0,1)$$

对于给定的 α,查正态分布表可得 $z_{\alpha/2}$,使得
$$P\{|Z|>z_{\alpha/2}\}=\alpha$$

本例中,$\alpha=0.05$,查正态分布表可得 $z_{\alpha/2}=z_{0.025}=1.96$,则
$$P\{|Z|>1.96\}=0.05$$

即有 $$P\left\{\left|\dfrac{\overline{X}-54}{0.75/\sqrt{10}}\right|>1.96\right\}=0.05$$

令事件 $W=\left\{\left|\dfrac{\overline{X}-54}{0.75/\sqrt{10}}\right|>1.96\right\}$,显然事件 W 是小概率事件. 若 $\overline{X}$ 落在 W 中便拒绝 H_0,否则接受 H_0.

现在进行一次试验后得到样本均值的观察值 $\bar{x}=\dfrac{1}{10}(54.0+55.1+55.8+\cdots+55.3)=54.66$,而统计量 Z 相应的值 z 为
$$|z|=\dfrac{|\bar{x}-54|}{0.75/\sqrt{10}}=2.783>1.96$$

即小概率事件在一次试验中竟然发生了,自然会使人认为不正常,究其原因,只能认为最初原假设 H_0:$\mu=54$ 值得怀疑,出现这种小概率事件就应该否定原假设,即认为这一天生产的铸件总体均值不是 54.

3. 假设检验的基本步骤

下面以例 8.1 为例说明假设检验的具体分析过程.

步骤一：建立假设.

例 8.1 中，原假设为 $H_0: \mu = 54$

备择假设为 $H_1: \mu \neq 54$

步骤二：选择合适的统计量.

在 H_0 成立的前提下，$\bar{X} \sim N\left(54, \dfrac{0.75^2}{n}\right)$，则有统计量

$$Z = \frac{\bar{X} - 54}{0.75/\sqrt{10}} \sim N(0,1)$$

步骤三：做出结论.

对于给定的小概率 α，一般取 $\alpha = 1\%$，或 5%，或 10%，查正态分布表可得 $z_{\alpha/2}$，使得

$$P\{|Z| > z_{\alpha/2}\} = \alpha$$

本例中，$\alpha = 0.05$，查正态分布表可得 $z_{\alpha/2} = z_{0.025} = 1.96$，则

$$P\{|Z| > 1.96\} = 0.05$$

也即在 H_0 成立的前提下，$|Z| > 1.96$ 的概率 α 仅有 5%，α 称为检验水平或显著性水平. 显然 $\{|Z| > 1.96\}$ 是个小概率事件. 由**小概率事件的实际推断原理**：一般认为，**小概率事件在一次试验中是基本上不会发生的**. 因此，当小概率事件发生，即样本均值的观察值使 Z 的取值 z 落入区域 $|z| > 1.96$ 时，就拒绝 H_0，把 $\{|z| > 1.96\}$ 表示的区域称为拒绝域，记作 W. 本例中，$W = \{|z| > 1.96\}$ 即

$$W = \left\{\left|\frac{\bar{X} - 54}{0.75/\sqrt{10}}\right| > 1.96\right\}$$

或者 $W = \{\bar{x} < 53.53515 \text{ 或 } \bar{x} > 54.46485\}$. 拒绝域的界限值称为临界值，本例临界值为 -1.96 和 1.96.

总之，假设检验的一般步骤为：

1) 提出原假设 H_0 和备择假设 H_1.

2) 选择合适的统计量：根据 H_0 的内容，选取合适的检验统计量 T，进而确定检验统计量 T 的分布，由样本观察值算出检验统计量 T 的具体值.

3) 做出判定：给定检验水平 α，一般取 $\alpha = 1\%$，或 5%，或 10%，查检验统计量 T 服从的分布所对应的表，确定拒绝域 W. 检验统计量 T 的值落入拒绝域内，则在检验水平 α 下拒绝原假设 H_0，否则不能拒绝 H_0.

4. 两类错误

以上依据小概率事件的实际推断原理进行假设检验，是有可能做出错误判断的. 小概率事件在一次试验中基本上不会发生并非绝对不发生. 譬如在本节例 8.1 中，若 H_0 为真时，即确实有 $X \sim N(54, 0.75^2)$，则因

$$P\left\{\frac{|\bar{x}-54|}{0.75/\sqrt{n}} \geq z_{\alpha/2}\right\} = \alpha > 0$$

所以小概率事件 $\left\{\frac{|\bar{x}-54|}{0.75/\sqrt{n}} \geq z_{\alpha/2}\right\}$ 还是有可能发生的. 如果原假设 H_0 是真的，则样本实际上来自 H_0 所说的总体，但由于抽样的随机性，使得根据样本观察值所计算的检验统计量的观察值落入拒绝域，并据此拒绝了原假设 H_0，我们便犯了"**弃真**"的错误，或者说犯了**第 I 类错误**. 犯这一类错误的概率比较小，它满足

$$P\{拒绝 H_0 | H_0 为真\} \leq \alpha$$

在做出假设检验的统计决策时还有可能犯另一类错误，即当 H_0 实际不真时，但由于在一次抽样中"小概率事件"没有发生，故无充分的理由否定 H_0，从而做出接受 H_0 的错误判断，这便犯了"**取伪**"的错误，或者说犯了**第 II 类错误**. 犯"**取伪**"错误的概率常记为 β，即

$$P\{接受 H_0 | H_0 为假\} = \beta$$

在做假设检验时，不论接受 H_0，还是拒绝 H_0，都有可能犯错误，归纳如表 8-1 所示.

表 8-1 假设检验的可能结果及其相应的概率

	真实情况	H_0 为真	H_0 为假
决策	接受 H_0	正确$(1-\alpha)$	取伪 β
	接受 H_1	弃真 α	正确$(1-\beta)$

我们自然希望使犯两类错误的概率都尽可能较小. 但进一步讨论可知，在样本容量固定时，一般来说，若减小犯一类错误的概率，则犯另一类错误的概率就相应增大. 若要使犯两类错误的概率都减小，除非增加样本的容量. 在给定样本容量的情况下，我们总是控制犯第一类错误的概率，使它小于或等于 α，通常 α 取 0.1, 0.05, 0.01, 0.005 等值. 这种只对犯第一类错误的概率加以控制，而不考虑犯第二类错误的检验问题，称为显著性问题，其中 α 称为显著性水平.

8.2 单个正态总体参数的假设检验

关于总体分布中的未知参数的假设检验,称为**参数检验**,这是最常见的一类假设检验问题. 由于在实际问题中,正态总体很普遍,所以关于正态总体的假设检验问题就显得特别重要. 本节将先介绍单个正态总体的各种参数检验问题.

设总体 $X \sim N(\mu, \sigma^2)$,$x_1, x_2, \cdots, x_n$ 为其样本,$\bar{x}$ 与 s^2 分别表示样本均值和样本方差,显著性水平取为 α.

1. 总体均值 μ 的检验

(1) σ^2 已知,关于总体均值 μ 的检验(z 检验) 我们先来讨论双侧检验问题

$$H_0: \mu = \mu_0,\ H_1: \mu \neq \mu_0$$

取检验统计量 $z = \dfrac{\bar{x} - \mu_0}{\sigma/\sqrt{n}}$,由于样本均值 $\bar{x}$ 是总体均值 μ 的无偏估计,所以当 H_0 为真时,观察值 z 的绝对值 $|z|$ 不应太大.

又因 H_0 为真时,

$$z = \frac{\bar{x} - \mu_0}{\sigma/\sqrt{n}} \sim N(0,1)$$

从而有

$$P\left\{\left|\frac{\bar{x} - \mu_0}{\sigma/\sqrt{n}}\right| \geq z_{\alpha/2}\right\} = \alpha$$

故拒绝域为

$$|z| = \left|\frac{\bar{x} - \mu_0}{\sigma/\sqrt{n}}\right| \geq z_{\alpha/2}$$

也就是说,当统计量的观察值 $\dfrac{\bar{x} - \mu_0}{\sigma/\sqrt{n}}$ 落入 $(-\infty, z_{\alpha/2}]$ 或 $[z_{\alpha/2}, +\infty)$ 时便拒绝 H_0,否则接受 H_0.

对于右侧检验问题:

$$H_0: \mu = \mu_0,\ H_1: \mu > \mu_0$$

和

$$H_0: \mu \leq \mu_0,\ H_1: \mu > \mu_0$$

可得拒绝域为

$$z = \frac{\bar{x} - \mu_0}{\sigma/\sqrt{n}} \geq z_\alpha$$

对于左侧检验问题:

$$H_0: \mu = \mu_0,\ H_1: \mu < \mu_0$$

和
$$H_0: \mu \geq \mu_0, \quad H_1: \mu < \mu_0$$
可得拒绝域为
$$z = \frac{\bar{x} - \mu_0}{\sigma/\sqrt{n}} \leq -z_\alpha$$

上述利用当 H_0 为真时，服从 $N(0,1)$ 分布的统计量 $z = \frac{\bar{x} - \mu_0}{\sigma/\sqrt{n}}$，求得拒绝域的检验法称为 **z 检验法**.

（2）σ^2 未知，关于 μ 的检验（t 检验） 我们来求检验问题
$$H_0: \mu = \mu_0, \quad H_1: \mu \neq \mu_0$$
的拒绝域.

由于 σ^2 未知，现在不能利用 $\frac{\bar{x} - \mu_0}{\sigma/\sqrt{n}}$ 来确定拒绝域. 注意到 s^2 是 σ^2 的无偏估计，我们用 s 来代替 σ，采用
$$t = \frac{\bar{x} - \mu_0}{s/\sqrt{n}}$$
作为检验统计量. 由于 H_0 为真时，$t = \frac{\bar{x} - \mu_0}{s/\sqrt{n}} \sim t(n-1)$，且
$$P\left\{ \frac{|\bar{x} - \mu_0|}{s/\sqrt{n}} \geq t_{\alpha/2}(n-1) \right\} = \alpha$$
而当 H_1 为真时，$|t|$ 将有偏大的趋势，故取拒绝域为
$$|t| = \left| \frac{\bar{x} - \mu_0}{s/\sqrt{n}} \right| \geq t_{\alpha/2}(n-1)$$

对于正态总体 $N(\mu, \sigma^2)$，当 σ^2 未知时，关于 μ 的单侧检验问题可仿照 σ^2 已知时的相应办法得到拒绝域，如表 8-4 中第二栏所示，利用服从 t 分布的统计量得出的检验法称为 **t 检验法**.

（3）p 值法 在传统方法中，通常采用查表的方法来确定临界值，而在计算机软件的计算过程中，通常是计算 p 值，当 p 值小于指定的显著性水平 α，则拒绝原假设.

所谓 p 值就是随机变量 X 大于（或小于）某个指定值的概率.

对于单侧检验比较简单，以正态分布为例，在给定 z 值后，仅需考虑 $\{X \geq z\}$ 的概率，即有
$$p = P\{X \geq z\} = \int_z^{+\infty} f(x)\,dx = 1 - \Phi(z) = 1 - \text{pnorm}(z, 0, 1).$$

对于双侧检验，还是以正态分布为例，在给定 z 值后，需要考虑 $\{X \geq |z|\}$ 和 $\{X \leq |z|\}$ 的概率.

一般地，设构造出来的检验统计量为 T，根据样本观察值计算出检验统计量的值为 T_0.

1) 在原假设 H_0 为真的条件下，若 T 服从标准正态分布或 t 分布等对称型分布，则

$$p = \begin{cases} P\{|T| \geq |T_0|\}, & 双侧检验 \\ P\{T \geq T_0\}, & 右侧检验 \\ P\{T \leq T_0\}, & 左侧检验 \end{cases}$$

2) 在原假设 H_0 为真的条件下，若 T 服从一般形式的分布，如 χ^2 分布或 F 分布，则

$$p = \begin{cases} 2P\{T \geq T_0\}, & 双侧检验且 P\{T \geq T_0\} \leq 0.5 \\ 2P\{T \leq T_0\}, & 双侧检验且 P\{T \leq T_0\} \leq 0.5 \\ P\{T \geq T_0\}, & 右侧检验 \\ P\{T \leq T_0\}, & 左侧检验 \end{cases}$$

对于某个 p 值，若 $p \leq 0.01$，该 p 值或对应的统计量值会附加标记"**"，表示高度显著；若 $p \leq 0.05$，该 p 值或对应的统计量值会附加标记"*"，表示显著；若 $p \leq 0.1$，该 p 值或对应的统计量值会附加标记"(*)"，表示一般显著；否则，该 p 值或对应的统计量值不附加标记，表示不显著.

例 8.2 某厂用自动包装机装葡萄糖，每袋标准重量 500g，每隔一段时间需要检查机器是否正常，现抽得 10 袋，测得其重量为 495, 510, 505, 498, 503, 492, 502, 512, 497, 506（单位：g），假定重量服从正态分布，问机器的工作是否正常？$(\alpha = 0.05)$

解：由于总体方差未知，所以用 t 检验法. 提出假设

$$H_0: \mu = \mu_0 = 500, \quad H_1: \mu \neq \mu_0$$

又

$$\bar{x} = \frac{1}{10}(495 + 510 + \cdots + 506) = 502$$

$$s^2 = \frac{1}{10-1}[(495-502)^2 + (510-502)^2 + \cdots + (506-502)^2] = \frac{380}{9}$$

$$|T| = \left|\frac{\bar{X} - \mu_0}{S/\sqrt{n}}\right| = \left|\frac{502 - 500}{\sqrt{380/3}}\sqrt{10}\right| = \frac{6}{\sqrt{38}} \approx 0.9733$$

对于 $\alpha = 0.05$，有 $t_{0.025}(n-1) = t_{0.025}(9) = 2.2622$，因为 $|T| \approx 0.9733 < 2.2622$，所以应接受原假设，认为 $\mu = 500$，机器工作正常.

本例也可以用 R 中的 t.test() 函数计算，输入命令：

```
> x=c(495,510,505,498,503,492,502,512,497,506)
```

```
> t.test(x,mu=500,conf.level=0.95)
```
显示结果如下：

```
        One Sample t-test

data: x
t=0.97333,df=9,p-value=0.3558
alternative hypothesis:true mean is not equal to 500
95 percent confidence interval:
 497.3517 506.6483
sample estimates:
mean of  x
    502
```

结果中的第三行给出了检验统计量的观察值：

$$|T| = \left|\frac{\overline{X}-\mu_0}{S/\sqrt{n}}\right| = \left|\frac{502-500}{\sqrt{380/3}}\sqrt{10}\right| = \frac{6}{\sqrt{38}} \approx 0.97333$$

这里求得的 p 值为

$$p = 0.3558$$

由于 $p > \alpha = 0.05$，所以接受 H_0.

2. 总体方差 σ^2 的检验

这里仅讨论单个正态总体的情况，即 μ 未知，关于 σ^2 的检验（χ^2 检验）问题，要求检验假设（显著性水平 α）

$$H_0: \sigma^2 = \sigma_0^2, \quad H_1: \sigma^2 \neq \sigma_0^2$$

的拒绝域. 由于 s^2 是 σ^2 的无偏估计，当 H_0 为真时，比值 $\frac{s^2}{\sigma_0^2}$ 一般来说应在 1 附近摆动，而不应过分大于 1 或小于 1. 于是我们取

$$\chi^2 = \frac{(n-1)s^2}{\sigma_0^2}$$

作为检验统计量. 由于 H_0 为真时，$\chi^2 = \frac{(n-1)s^2}{\sigma_0^2} \sim \chi^2(n-1)$，所以有

$$P\left\{\left[\frac{(n-1)s^2}{\sigma_0^2} \leq \chi^2_{1-\alpha/2}(n-1)\right] \cup \left[\frac{(n-1)s^2}{\sigma_0^2} \geq \chi^2_{\alpha/2}(n-1)\right]\right\}$$

$$= P\left\{\frac{(n-1)s^2}{\sigma_0^2} \leq \chi^2_{1-\alpha/2}(n-1)\right\} + P\left\{\frac{(n-1)s^2}{\sigma_0^2} \geq \chi^2_{\alpha/2}(n-1)\right\}$$

$$= \frac{\alpha}{2} + \frac{\alpha}{2} = \alpha$$

故拒绝域为

$$\chi^2 = \frac{(n-1)s^2}{\sigma_0^2} \leqslant \chi_{1-\alpha/2}^2(n-1) \text{ 或 } \chi^2 = \frac{(n-1)s^2}{\sigma_0^2} \geqslant \chi_{\alpha/2}^2(n-1)$$

上述检验法称为 χ^2 **检验法**. 关于方差 σ^2 单侧检验的拒绝域在表 8-4 中第三栏给出.

例 8.3 某厂生产的某种型号的电池, 其寿命长期以来服从方差为 5000 的正态分布. 现随机抽取 26 只电池, 测得其寿命的样本方差 $s^2 = 9200$. 问根据这一数据能否推断这批电池的寿命的波动性较以往有显著性变化?（取 $\alpha = 0.02$）

解: 本题要求在显著性水平 $\alpha = 0.02$ 下检验假设:

$$H_0: \sigma^2 = 5000, \quad H_1: \sigma^2 \neq 5000$$

现在 $n = 26$, $\sigma_0^2 = 5000$, 则有

$$\chi_{1-\alpha/2}^2(n-1) = \chi_{0.99}^2(25) = 11.524$$

$$\chi_{\alpha/2}^2(n-1) = \chi_{0.01}^2(25) = 44.314$$

拒绝域为

$$\chi^2 = \frac{(n-1)s^2}{\sigma_0^2} \geqslant 44.314$$

或

$$\chi^2 = \frac{(n-1)s^2}{\sigma_0^2} \leqslant 11.524$$

由观察值样本方差 $s^2 = 9200$ 得

$$\chi^2 = \frac{(n-1)s^2}{\sigma_0^2} = 46 \geqslant 44.314$$

所以拒绝 H_0, 认为这批电池的寿命的波动性较以往有显著性变化.

8.3 两个正态总体参数的假设检验

设总体 $X \sim N(\mu_1, \sigma_1^2)$, $x_1, x_2, \cdots, x_{n_1}$ 为其样本, 总体 $Y \sim N(\mu_2, \sigma_2^2)$, $y_1, y_2, \cdots, y_{n_2}$ 为其样本, 且两样本相互独立, 又分别记它们的样本均值为 $\bar{x}$, $\bar{y}$, 样本方差为 s_1^2, s_2^2.

1. σ_1^2, σ_2^2 已知, 关于两正态总体均值差的检验（u 检验）

先求检验问题

$$H_0: \mu_1 - \mu_2 = \delta, \quad H_1: \mu_1 - \mu_2 \neq \delta \text{（}\delta \text{ 为常数）}$$

的拒绝域.

取检验统计量

$$u = \frac{(\bar{x} - \bar{y}) - \delta}{\sqrt{\dfrac{\sigma_1^2}{n_1} + \dfrac{\sigma_2^2}{n_2}}}$$

由于 H_0 为真时，便有 $u = \dfrac{(\bar{x}-\bar{y})-\delta}{\sqrt{\dfrac{\sigma_1^2}{n_1}+\dfrac{\sigma_2^2}{n_2}}} \sim N(0,1)$，所以

$$P\left\{ |\bar{x}-\bar{y}-\delta| \Big/ \sqrt{\dfrac{\sigma_1^2}{n_1}+\dfrac{\sigma_2^2}{n_2}} \geq u_{\alpha/2} \right\} = \alpha$$

故该双侧检验问题的拒绝域为

$$|u| = \dfrac{|\bar{x}-\bar{y}-\delta|}{\sqrt{\dfrac{\sigma_1^2}{n_1}+\dfrac{\sigma_2^2}{n_2}}} \geq u_{\alpha/2}$$

关于均值差的其他两个检验问题的拒绝域在表 8-4 中第五栏给出，常用的是 $\delta = 0$ 的情况.

2. $\sigma_1^2 = \sigma_2^2 = \sigma^2$ 未知，关于两正态总体均值差的检验（t 检验）

以下述右侧检验问题为例：

$$H_0: \mu_1 - \mu_2 = \delta,\ H_1: \mu_1 - \mu_2 > \delta\ (\delta\ \text{为常数})$$

为求其拒绝域，令

$$s_w^2 = \dfrac{(n_1-1)s_1^2 + (n_2-1)s_2^2}{n_1+n_2-2}$$

并取检验统计量

$$t = \dfrac{\bar{x}-\bar{y}-\delta}{s_w\sqrt{\dfrac{1}{n_1}+\dfrac{1}{n_2}}}$$

则当 H_0 为真时，便有

$$t = \dfrac{\bar{x}-\bar{y}-\delta}{s_w\sqrt{\dfrac{1}{n_1}+\dfrac{1}{n_2}}} \sim t(n_1+n_2-2)$$

所以

$$P\left\{ (\bar{x}-\bar{y}-\delta) \Big/ \left(s_w\sqrt{\dfrac{1}{n_1}+\dfrac{1}{n_2}}\right) \geq t_\alpha(n_1+n_2-2) \right\} = \alpha$$

故拒绝域为

$$t = \dfrac{\bar{x}-\bar{y}-\delta}{s_w\sqrt{\dfrac{1}{n_1}+\dfrac{1}{n_2}}} \geq t_\alpha(n_1+n_2-2).$$

关于均值差的其他检验问题的拒绝域在表 8-4 第六栏中给出，常用的也是 $\delta = 0$ 的情况.

例 8.4 为比较两种型号的步枪子弹的枪口速度，随机地抽取第一种型号的子弹 10 发，得到枪口速度的平均值为 $\bar{x} = 500\text{m/s}$，标准差 $s_1 = 1.10\text{m/s}$，随机地抽取第二种型号的子弹 20 发，得到

枪口速度的平均值为 $\bar{x} = 496\text{m/s}$，标准差 $s_2 = 1.20\text{m/s}$，假设两个总体都近似服从正态分布，且由生产过程可以认为方差相等，问这两种型号的步枪子弹的枪口速度是否有显著性差异？（取 $\alpha = 0.05$）

解：需要检验假设

$$H_0: \mu_1 - \mu_2 = 0, \quad H_1: \mu_1 - \mu_2 \neq 0$$

由已知： $n_1 = 10$, $\bar{x} = 500\text{m/s}$, $s_1 = 1.10\text{m/s}$

$n_2 = 20$, $\bar{x} = 496\text{m/s}$, $s_2 = 1.20\text{m/s}$

$$s_w^2 = \frac{(10-1)1.10^2 + (20-1)1.20^2}{(10+20-2)} = 1.366093$$

又 $t_{0.025}(28) = 2.0484$，故拒绝域为

$$|t| = \left| \frac{\bar{x} - \bar{y}}{s_w \sqrt{\frac{1}{10} + \frac{1}{20}}} \right| \geq t_{0.025}(28) = 2.0484$$

即 $(-\infty, -2.0484) \cup (2.0484, +\infty)$ 为拒绝域.

现由于样本观察值 $|t| = 8.83637 > 2.0484$，落在拒绝域内，所以拒绝原假设，认为这两种型号的步枪子弹的枪口速度有显著性差异.

例 8.5 在 20 世纪 70 年代后期人们发现，在酿造啤酒时，在麦芽干燥过程中形成致癌物质 NDMA，到了 20 世纪 80 年代初期开发了一种新的麦芽干燥过程. 下面给出分别在新老两种过程中形成的 NDMA 含量（以 10 亿份中的份数计）

老过程： 6 4 5 5 6 5 5 6 4 6 7 4
新过程： 2 1 2 2 1 0 3 2 1 0 1 3

设两个样本分别来自正态总体，且两总体的方差相等，但参数均未知，两个样本独立. 分别以 μ_1, μ_2 记对应于老、新过程的总体的均值，试检验假设：

$$H_0: \mu_1 - \mu_2 \leq 2, \quad H_1: \mu_1 - \mu_2 > 2 \,(取\, \alpha = 0.05)$$

解：本例可以使用 R 中的 t.test() 函数完成两个总体均值差的 t 检验的工作，具体如下：

```
> x=c(6,4,5,5,6,5,5,6,4,6,7,4)
> y=c(2,1,2,2,1,0,3,2,1,0,1,3)
> t.test(x,y,mu=2,var.equal=T,al="g")
```

R 计算的结果如下：

　　　　Two Sample t-test

data: x and y

```
t=4.3616,df=22,p-value=0.0001247
alternative hypothesis: true difference in means
is greater than 2
95 percent confidence interval:
 3.061032      Inf
sample estimates:
mean of x mean of y
   5.25      1.50
```

结果显示，p 值等于 0.0001247，小于给定的显著性水平 0.05，因此拒绝接受原假设，认为 $\mu_1-\mu_2>2$.

R 中的 t.test( )函数的使用格式如下：

```
t.test(x,y=NULL,
       alternative=c("two.sided","less","grea-
       ter"),
       mu=0,paired=FALSE,var.equal=FALSE,
       conf.level=0.95,...)
```

部分参数的名称、取值及其意义如表 8-2 所示.

表 8-2　t.test( )函数的部分参数的名称、取值及其意义

名称	取值及其意义
X, Y	数值向量，由来自总体 X 和 Y 的样本观察值构成
Mu	数值，表示原假设 $\mu_1-\mu_2$ 的差，默认值为 0
Paired	逻辑向量，表示是否完成成对数据的检验，默认值为 FALSE
Var. equal	逻辑变量，表示两样本的总体的方差是否相同，默认值为 FALSE
Alternative	表示备择假设；two.sided(默认)表示双侧检验($H_1: \mu_1 \neq \mu_0$)，Less 表示单侧检验($H_1: \mu_1 < \mu_0$)，greater 表示单侧检验($H_1: \mu_1 > \mu_0$)
conf. level	置信水平，默认值是 0.95

3. 基于成对数据的检验(配对 t 检验)

有时为了比较两种产品、两种仪器，或两种方法等所涉及的某些指标之间的差异，我们常在相同的条件下做对比试验，得到一批成对的观察值. 然后根据观察数据进行分析，并对所关心的问题做出推断. 由于两个总体的样本观察值可以逐一配对，所以对这两个总体的比较有时可以应用下述例题中所介绍的**配对 t 检验法**.

例 8.6　有两台光谱仪 I_x，I_y，用来测量材料中某种金属的含量，为了鉴定它们的测量结果有无显著的差异，制备了 9 个试块(它们的成分、金属含量、均匀性等各不相同)现分别用

这两台仪器对每一试块测量一次,得到 9 对观察值如表 8-3 所示.

表 8-3 9 对试验观察值

x	0.20	0.30	0.40	0.50	0.60	0.70	0.80	0.90	1.00
y	0.10	0.21	0.52	0.32	0.78	0.59	0.68	0.77	0.89
$d=x-y$	0.10	0.09	-0.12	0.18	-0.18	0.11	0.12	0.13	0.11

问能否认为这两台仪器的测量结果有显著差异?(取显著性水平 $\alpha=0.01$)

解法 1:本例中的数据是成对的,即对同一试块测出一对数据. 表中第一行数据不宜看成来自一个总体的样本观察值,对第二行数据也有相同的结论. 但是同一对数据之间的差异可以看成是仅由这两台仪器的差异所引起的. 这样,局限于各对中两个数据来比较就能排除种种其他因素,而只考虑单独由两台仪器的差异所产生的影响.

因此令

$$d = x - y$$

可以把表中最后一行数据视为表示两台仪器测量结果差异的总体 d 的独立观察,并设 $d \sim N(\mu, \sigma^2)$. 于是问题就转化为检验

$$H_0: \mu = 0, \quad H_1: \mu \neq 0$$

因为 σ^2 未知,故考虑 t 检验法. 由表中最后一行数据算得

$$\bar{d} = 0.06, \quad s = 0.1227$$

又 $\alpha = 0.01$,$n = 9$,查表得 $t_{\alpha/2}(8) = 3.3554$,即知拒绝域为

$$|t| = \left| \frac{\bar{d}}{s/\sqrt{n}} \right| \geq 3.3554$$

又

$$|t| = \frac{0.06}{0.1227/\sqrt{9}} = 1.4673 < 3.3554$$

故接受 H_0,即认为这两台仪器的测量结果无显著差异.

解法 2:使用 R 中的 t.test( ) 函数,其计算过程和结果为

```
> x=seq(0.2:1.0,by=0.1)
> y=c(0.10,0.21,0.52,0.32,0.78,0.59,0.68,0.77,0.89)
> t.test(x-y)
```

计算结果显示:

```
        One Sample t-test
data:  x-y
t=1.4673,df=8,p-value=0.1805
alternative hypothesis:true mean is not equal to 0
```

```
95 percent confidence interval:
 -0.034299  0.154299
sample estimates:
mean of x
```

由于 p 值 $=0.1805>0.05$，因此接受 H_0，即认为这两台仪器的测量结果无显著差异.

4. 两个正态总体方差的检验

设 $X_1, X_2, \cdots, X_{n_1}$ 是来自正态总体 $N(\mu_1, \sigma_1^2)$ 的简单随机样本，$Y_1, Y_2, \cdots Y_{n_2}$ 为来自正态总体 $N(\mu_2, \sigma_2^2)$ 的简单随机样本，且相互独立，需检验的假设为

$$H_0: \sigma_1^2 = \sigma_2^2, \quad H_1: \sigma_1^2 \neq \sigma_2^2$$

由于

$$F = \frac{s_1^2/\sigma_1^2}{s_2^2/\sigma_2^2} \sim F(n_1-1, n_2-1)$$

因此当 H_0 成立时，$\sigma_1^2 = \sigma_2^2$，s_1^2/s_2^2 比较接近 1，且有

$$F = \frac{s_1^2}{s_2^2} \sim F(n_1-1, n_2-1)$$

而当 H_1 为真时，s_1^2/s_2^2 可能过分大于 1 或小于 1，故可考虑以下等式

$$P\left\{\left[\frac{s_1^2}{s_2^2} \leq F_{1-\alpha/2}(n_1-1, n_2-1)\right] \cup \left[\frac{s_1^2}{s_2^2} \geq F_{\alpha/2}(n_1-1, n_2-1)\right]\right\} = \alpha$$

确定拒绝域为

$$\frac{s_1^2}{s_2^2} \leq F_{1-\alpha/2}(n_1-1, n_2-1) \text{ 或 } \frac{s_1^2}{s_2^2} \geq F_{\alpha/2}(n_1-1, n_2-1)$$

上述检验法称为 F 检验法，关于 σ_1^2, σ_2^2 的另外两个检验问题的拒绝域在表 8-4 中第八栏给出.

例 8.7 有两台车床生产同一种型号的滚球，根据以往经验可以认为这两台车床生产的滚珠的直径均服从正态分布. 现从这两台车床的产品中分别抽出 8 个和 9 个，测得滚珠的直径（以 mm 计）为

甲车床 15.0 14.5 15.2 15.5 14.8 15.1 15.2 14.8
乙车床 15.2 15.0 15.1 15.2 15.0 14.8 15.1 14.8

问在显著性水平 $\alpha = 0.05$ 下能认为乙车床产品直径的方差是比甲车床的小吗？

解： 本题有两个总体，采用甲车床测得滚珠的直径总体 x 及采用乙车床测得滚珠的直径总体 y. 按题设有 $x \sim N(\mu_1, \sigma_1^2)$，$y \sim$

$N(\mu_2, \sigma_2^2)$，本题所要检验的是

$$H_0: \sigma_1^2 \leqslant \sigma_2^2, \quad H_1: \sigma_1^2 > \sigma_2^2$$

取检验统计量

$$F = \frac{s_1^2}{s_2^2}$$

拒绝域为

$$\frac{s_1^2}{s_2^2} > F_\alpha(n_1-1, \ n_2-1)$$

现在

$$n_1 = 8, \ n_2 = 9, \ \alpha = 0.05, \ F_\alpha(n_1-1, n_2-1) = F_{0.05}(7,8) = 3.50$$

又由样本观察值算得

$$s_1^2 = 0.096, \ s_2^2 = 0.022$$

$$\frac{s_1^2}{s_2^2} = \frac{0.096}{0.022} \approx 4.364 > 3.50$$

即 s_1^2/s_2^2 落在拒绝域中，故应拒绝 H_0，即认为乙车床产品的直径的方差比甲车床的小.

表 8-4 正态总体均值与方差的检验（显著性水平为 α）

序号	原假设 H_0	检验统计量	H_0 为真时统计量的分布	备择假设 H_1	拒绝域
1	$\mu = \mu_0$ (σ^2 已知)	$z = \dfrac{\bar{x} - \mu_0}{\sigma/\sqrt{n}}$	$N(0,1)$	$\mu > \mu_0$ $\mu < \mu_0$ $\mu \neq \mu_0$	$z \geqslant z_\alpha$ $z \leqslant -z_\alpha$ $\lvert z \rvert \geqslant z_{\alpha/2}$
2	$\mu = \mu_0$ (σ^2 未知)	$t = \dfrac{\bar{x} - \mu_0}{s/\sqrt{n}}$	$t(n-1)$	$\mu > \mu_0$ $\mu < \mu_0$ $\mu \neq \mu_0$	$t \geqslant t_\alpha(n-1)$ $t \leqslant -t_\alpha(n-1)$ $\lvert t \rvert \geqslant t_{\alpha/2}(n-1)$
3	$\sigma^2 = \sigma_0^2$ (μ 未知)	$\chi^2 = \dfrac{(n-1)s^2}{\sigma_0^2}$	$\chi^2(n-1)$	$\sigma^2 > \sigma_0^2$ $\sigma^2 < \sigma_0^2$ $\sigma^2 \neq \sigma_0^2$	$\chi^2 \geqslant \chi_\alpha^2(n-1)$ $\chi^2 \leqslant \chi_{1-\alpha}^2(n-1)$ $\chi^2 \geqslant \chi_{\alpha/2}^2(n-1)$ 或 $\chi^2 \leqslant \chi_{1-\alpha/2}^2(n-1)$
4	$\sigma^2 = \sigma_0^2$ (μ 已知)	$\chi^2 = \dfrac{1}{\sigma_0^2} \sum\limits_{i=1}^{n}(x_i - \mu)^2$	$\chi^2(n)$	$\sigma^2 > \sigma_0^2$ $\sigma^2 < \sigma_0^2$ $\sigma^2 \neq \sigma_0^2$	$\chi^2 \geqslant \chi_\alpha^2(n)$ $\chi^2 \leqslant \chi_{1-\alpha}^2(n)$ $\chi^2 \geqslant \chi_{\alpha/2}^2(n)$ 或 $\chi^2 \leqslant \chi_{1-\alpha/2}^2(n)$

(续)

序号	原假设 H_0	检验统计量	H_0 为真时统计量的分布	备择假设 H_1	拒绝域
5	$\mu_1-\mu_2=\delta$ (σ_1^2,σ_2^2 已知)	$u=\dfrac{\bar{x}-\bar{y}-\delta}{\sqrt{\dfrac{\sigma_1^2}{n_1}+\dfrac{\sigma_2^2}{n_2}}}$	$N(0,1)$	$\mu_1-\mu_2>\delta$ $\mu_1-\mu_2<\delta$ $\mu_1-\mu_2\neq\delta$	$u\geq u_\alpha$ $u\leq -u_\alpha$ $\lvert u\rvert\geq u_{\alpha/2}$
6	$\mu_1-\mu_2=\delta$ ($\sigma_1^2=\sigma_2^2=\sigma^2$ 未知)	$t=\dfrac{\bar{x}-\bar{y}-\delta}{s_w\sqrt{\dfrac{1}{n_1}+\dfrac{1}{n_2}}}$ $s_w^2=\dfrac{(n_1-1)s_1^2+(n_2-1)s_2^2}{n_1+n_2-2}$	$t(n_1+n_2-2)$	$\mu_1-\mu_2>\delta$ $\mu_1-\mu_2<\delta$ $\mu_1-\mu_2\neq\delta$	$t\geq t_\alpha(n_1+n_2-2)$ $t\leq -t_\alpha(n_1+n_2-2)$ $\lvert t\rvert\geq t_{\alpha/2}(n_1+n_2-2)$
7	$\mu_d=0$ （成对数据）	$t=\dfrac{\bar{d}-0}{s/\sqrt{n}}$	$t(n-1)$	$\mu_d>0$ $\mu_d<0$ $\mu_d\neq 0$	$t\geq t_\alpha(n-1)$ $t\leq -t_\alpha(n-1)$ $\lvert t\rvert\geq t_{\alpha/2}(n-1)$
8	$\sigma_1^2=\sigma_2^2$ (μ_1,μ_2 未知)	$F=\dfrac{s_1^2}{s_2^2}$	$F(n_1-1, n_2-1)$	$\sigma_1^2>\sigma_2^2$ $\sigma_1^2<\sigma_2^2$ $\sigma_1^2\neq\sigma_2^2$	$F\geq F_\alpha(n_1-1,n_2-1)$ $F\leq F_{1-\alpha}(n_1-1,n_2-1)$ $F\geq F_{\alpha/2}(n_1-1,n_2-1)$ 或 $F\leq F_{1-\alpha/2}(n_1-1,n_2-1)$

8.4 总体比例的假设检验

总体比例是指总体中具有某种特征的个体所占的比例，如不合格品率、男婴出生率、命中率、大学以上人口比率等.

如果用样本比例 $\hat{p}=\dfrac{m}{n}$ 作为总体比例 p 的估计，其中 m 是样本中具有某种特征的个体的个数，n 是样本容量. 当 $np\geq 5$ 和 $nq\geq 5$ ($q=1-p$) 时，由中心极限定理知，样本比例 $\hat{p}$ 近似地服从正态分布，即有

$$\hat{p}\sim N(p,pq/n)$$

对于双侧检验： $H_0: p=p_0$, $H_1: p\neq p_0$

当 H_0 为真时，统计量

$$Z=\dfrac{\hat{p}-p_0}{\sqrt{\dfrac{p_0q_0}{n}}}\sim N(0,1)$$

近似成立，其中 $q_0=1-p_0$.

因此，拒绝域为 $|Z|>z_{\alpha/2}$，其中 α 为显著性水平．

对于单侧检验： $H_0: p \leqslant p_0, H_1: p > p_0$

其拒绝域为 $|Z|>z_{\alpha}$

对于单侧检验： $H_0: p \geqslant p_0, H_1: p < p_0$

其拒绝域为 $|Z|<-z_{\alpha}$

上述方法称为正态检验法．

例 8.8 一种以军事为主题的杂志，声称其读者群中有 80% 是男性．为验证这一说法是否属实，某研究部门抽取了由 200 名读者组成的一个随机样本，发现有 146 名男性．分别取显著性水平 $\alpha=0.05$ 和 $\alpha=0.01$，检验该杂志读者群中男性比例是否为 80%？它们的 p 值各是多少？

解法 1：由已知提出假设：

$$H_0: p = p_0 = 80\%, \quad H_1: p \neq 80\%$$

根据抽样的结果计算样本比例 $\hat{p} = \dfrac{146}{200} = 0.73 = 73\%$，检验统计量为

$$Z = \frac{\hat{p}-p_0}{\sqrt{\dfrac{p_0 q_0}{n}}} = \frac{0.73-0.8}{\sqrt{0.8(1-0.8)/200}} = -2.475$$

根据显著性水平 $\alpha=0.05$，查标准正态分布表得

$$z_{\alpha/2} = z_{0.025} = 1.96$$

由于 $|z|=2.475>1.96$，所以拒绝原假设，认为该杂志说法不属实．

根据显著性水平 $\alpha=0.01$，查标准正态分布表得

$$z_{\alpha/2} = z_{0.005} = 2.58$$

由于 $|z|=2.475<2.58$，所以接受原假设，认为该杂志说法属实．

解法 2：由已知提出假设：

$$H_0: p = p_0 = 80\%, \quad H_1: p \neq 80\%$$

可以调用 R 中的 binom.test( ) 函数对总体比例 p 进行检验：

> binom.test(146,200,p=0.80,conf.level=0.95)

    Exact binomial test

data: 146 and 200
number of successes=146,number of trials=200,p-value=0.01672
alternative hypothesis: true probability of success is not equal to 0.8

```
95 percent confidence interval:
 0.6628474 0.7901967
sample estimates:
probability of success
                0.73
```

由 R 计算出来的 p 值为 0.01672. 当显著性水平 $\alpha=0.05$ 时，$p<\alpha=0.05$，拒绝原假设；而当显著性水平 $\alpha=0.01$ 时，$p>\alpha=0.01$，不能拒绝原假设.

从上述例子中可以看出，对同一个检验，不同的显著性水平将会得出不同的结论. 上述 R 中的 binom.test( ) 函数的使用方法为

```
binom.test(x,n,p=0.5,
          alternative=c("two.sided","less",
          "greater"),
          conf.level=0.95)
```

其中，x 是成功的次数，或是一个由成功次数和失败次数构成的二维向量；n 是试验总数，当 x 是二维向量时，此值无效；p 是原假设的概率.

例 8.9 根据以往经验，新生儿染色体异常率一般为 1%，某医院观察 400 名新生儿，仅有 1 例染色体异常，问该地区新生儿染色体异常率是否低于一般水平？（取显著性水平为 0.05）

解：依据题意，所检验的问题为

$$H_0: p \geqslant p_0 = 0.01, \quad H_1: p < 0.01$$

调用 R 中的 binom.test( ) 函数，则有

```
> binom.test(1,400,p=0.01,al="l")

        Exact binomial test

data:  1 and 400
number of successes=1, number of trials=400, p-value=0.09048
alternative hypothesis: true probability of success is less than 0.01
95 percent confidence interval:
 0.0000000 0.0118043
sample estimates:
probability of success
```

$p = 0.09048 > 0.05 = \alpha$，$p$ 值大于显著性水平，不能拒绝原假设，因此，不能认为该地区新生儿染色体异常率低于一般水平.

8.5 拟合优度检验

前面讨论的总是假定总体服从正态分布，然后对其数字特征(期望、方差等)进行检验. 在实际问题中，随机变量的分布类型往往不知道. 一般地，先根据样本观察值，画出一组数据的直方图，按照实际观察值的分布情况，推断总体可能服从某种分布，其分布函数为 $F(x)$，然后我们利用样本观察值对这种推测进行检验，推断总体分布函数 $F(x)$ 是否为真.

拟合优度检验是检验观察到的样本数据是否与某种理论分布符合的一种方法. χ^2 **拟合优度检验法**是英国统计学家皮尔逊于 1990 年结合检验分类数据的需要而提出来的. χ^2 **拟合优度检验法**是利用 χ^2 统计量来判断某个类别变量中各类别的观察频数与理论频数是否一致，它用于判断各类别的观察频数分布是否符合某一理论分布，如均匀分布、正态分布等. 在讨论 χ^2 拟合优度检验法之前，先看一个遗传学的例子.

例 8.10 19 世纪生物学家孟德尔按颜色与形状把豌豆分为四类：D_1 = 黄而圆的，D_2 = 青而圆的，D_3 = 黄而有角的，D_4 = 青而有角的 孟德尔根据遗传学的理论指出，这四类豌豆个数之比为 9∶3∶3∶1，也就是说，任取一粒豌豆，它属于这四类的概率分别为

$$p_1 = \frac{9}{16}, \quad p_2 = \frac{3}{16}, \quad p_3 = \frac{3}{16}, \quad p_4 = \frac{1}{16}$$

孟德尔在一次收获的 $n = 556$ 粒豌豆的观察中发现这四类豌豆个数分别为

$$F_1 = 315, \quad F_2 = 108, \quad F_3 = 101, \quad F_4 = 32$$

由于随机性的存在，这四类豌豆个数不会恰好呈 9∶3∶3∶1 的比例，因此需要根据这些观察数据对孟德尔的遗传学说进行统计检验.（取显著性水平为 0.05）

上述分类数据的检验问题的一般提法如下：一般地，如果按某种理论，猜测总体 x 的分布函数为 $F(x)$（$F(x)$ 为不含未知参数的已知函数），于是就应该根据样本值对这一猜测做出检验. 假设

H_0：x 的分布函数为 $F(x)$⊖

⊖ 这里备择假设 H_1 可以不必写出. ——作者注

χ^2 拟合优度检验法的原理与步骤如下:

1) 设总体 X 可以分为 k 类,记为 $D_1, D_2, \cdots, D_k$,如今要检验的假设为
$$H_0: P(D_i) = p_i \quad (i=1,2,\cdots,k)$$
其中,各个 $p_i > 0$, $\sum_{i=1}^{k} p_i = 1$.

2) 设 $x_1, x_2, \cdots, x_n$ 为总体的样本容量为 n 的样本,把样本值落入 D_i 的频数记为 F_i, F_i 当然是随机变量. 具体抽样后,可通过唱票的方法得到 F_i 的观察值 f_i.

3) 当 H_0 为真且样本容量 n 很大时,则据伯努利大数定律,$(F_i - np_i)^2$ 的观察值 $(f_i - np_i)^2$ 一般来说应该较小,即各观察频数 f_i 对期望频数 $E_i = np_i$ 的偏差不应该太大. 根据这个想法,皮尔逊提出了一个检验统计量
$$\chi^2 = \sum_{i=1}^{k} \frac{(f_i - np_i)^2}{np_i}$$
明显地,若 χ^2 的观察值小,则在 Ω 上,$F(x)$ 适合作 x 的分布函数,从而接受 H_0;若 χ^2 的观察值大,则在 Ω 上,$F(x)$ 不适合作 x 的分布函数,从而拒绝 H_0.

4) χ^2 的观察值的临界值是多少,才使 χ^2 的观察值 $\geqslant$ 临界值时,便可认为 χ^2 的观察值太大,从而拒绝 H_0;χ^2 的观察值 < 临界值时,便可认为 χ^2 的观察值不大,从而接受 H_0,为此应知道 χ^2 服从的分布. 皮尔逊于 1900 年证明了如下定理.

> **定理** 当 $p_1, \cdots, p_k$ 为原假设 H_0 成立的情况下随机变量 x 落入每个子集的概率时,则统计量 $\chi^2 = \sum_{i=1}^{k} \frac{(f_i - np_i)^2}{np_i}$ 的渐近分布是自由度为 $(k-1)$ 的 χ^2 分布,即当 n 充分大时,
> $$\chi^2 = \sum_{i=1}^{k} \frac{(f_i - np_i)^2}{np_i} \dot{\sim} \chi^2(k-1)$$

在此基础上,引进一个大样本检验:给定显著性水平 α,

当 $\sum_{i=1}^{k} \frac{(f_i - np_i)^2}{np_i} \geqslant \chi_\alpha^2(k-1)$ 时,拒绝 H_0

当 $\sum_{i=1}^{k} \frac{(f_i - np_i)^2}{np_i} < \chi_\alpha^2(k-1)$ 时,接受 H_0

这就是奈曼-皮尔逊(**Neyman-Pearson**)拟合优度 χ^2 检验. 在计算出 χ^2 值后,可计算出 p 值为

$$p = P\{\chi^2(k-1) > \chi^2\}$$

可将 p 值称为所得数据与原假设的拟合优度. p 值越大,支持原假设的证据就越强,给定一个显著性水平 α,当 $p < \alpha$,就拒绝原假设.

现在来求解例 8.10.

解法 1:依据题意,要检验的假设为

$$H_0: P(D_1) = p_1 = \frac{9}{16}, \ P(D_2) = p_2 = \frac{3}{16}, \ P(D_3) = p_3 = \frac{3}{16}, \ P(D_4) = p_4 = \frac{1}{16}$$

如果孟德尔的遗传学说正确,即原假设成立,则在被观察的 556 粒豌豆中属于这四类的期望频数应分别为

$$np_1 = 556 \times \frac{9}{16} = 312.75, \quad np_2 = 556 \times \frac{3}{16} = 104.25$$

$$np_3 = 556 \times \frac{3}{16} = 104.25, \quad np_4 = 556 \times \frac{1}{16} = 34.75$$

它们与实际观察频数 315,108,101,32 对应之差的绝对值分别为 2.25,3.75,3.25,2.75,由此可以计算 χ^2 检验统计量的观察值:

$$\chi^2 = \sum_{i=1}^{k} \frac{(f_i - np_i)^2}{np_i} = \frac{2.25^2}{312.75} + \frac{3.75^2}{104.25} + \frac{3.25^2}{104.25} + \frac{2.75^2}{34.75} = 0.47$$

取显著性水平为 0.05,由于 $\chi^2_{0.05}(3) = 7.815$,故拒绝域为

$$W = \{\chi^2 \geq 7.815\}$$

而求出的 χ^2 检验统计量的观察值为 0.47,没有落在拒绝域内,所以应接受原假设.

解法 2:用 R 软件计算:

```
> x=c(315,108,101,32)
> n=sum(x);
> p=c(9/16,3/16,3/16,1/16)
> k=sum((x-n*p)^2/(n*p));k
[1] 0.470024
> p=1-pchisq(k,3);p
[1] 0.9254259
```

求出的 p 值等于 0.9254259,大于给定的显著性水平 0.05,所以接受原假设.

解法 3:使用 R 中的 Chisq.test( ) 函数可以很方便地进行拟合优度 χ^2 检验,输入下述命令:

```
> x=c(315,108,101,32)
> t=c(9/16,3/16,3/16,1/16)
```

```
> chisq.test(x,p=t)
```

```
        Chi-squared test for given probabilities

data:  x
X-squared=0.47002,df=3,p-value=0.9254
```

求出来的 p 值 0.9254 大于给定的显著性水平 0.05，所以接受原假设.

例 8.11 某人将一颗骰子掷 600 次，得到

| 掷得点数： | 1 | 2 | 3 | 4 | 5 | 6 |
| 观察次数(频数)： | 91 | 111 | 103 | 105 | 96 | 94 |

试问，他可否据此判断这颗骰子均匀对称？取 $\alpha=0.05$.

解法 1：依据题意，提出假设：

$$H_0: P\{X=i\} = \frac{1}{6} (i=1,2,\cdots 6)$$

观察数据分为 6 类，即 $k=6$. 在 H_0 为真的前提下，有

$$\chi^2 = \sum_{i=1}^{k} \frac{(f_i - np_i)^2}{np_i} = \sum_{i=1}^{6} \frac{(f_i - 100)^2}{100} \dot\sim \chi^2(6-1)$$

而 $np_i = 600 \times \frac{1}{6} = 100$，则

$$\chi^2 = \frac{1}{100}(9^2 + 11^2 + 3^2 + 5^2 + 4^2 + 6^2) = 2.88$$

对于 $\alpha=0.05$，查表得 $\chi^2_{0.05}(5) = 11.07$，由于 $2.88 < 11.07$，不能拒绝原假设，认为这颗骰子是均匀对称的.

解法 2：用 R 软件计算：

```
> x=c(91,111,103,105,96,94)
> n=sum(x);
>  p=c(1/6,1/6,1/6,1/6,1/6,1/6)
> k=sum((x-n*p)^2/(n*p));k
[1] 2.88
>  p=1-pchisq(k,5);p
[1] 0.7184799
```

求出的 p 值等于 0.7184799，大于给定的显著性水平 0.05，所以接受原假设.

解法 3：直接使用 R 中的 Chisq.test( ) 函数进行拟合优度 χ^2 检验，输入下述命令：

```
> x=c(91,111,103,105,96,94)
```

```
> chisq.test(x)
```

```
        Chi-squared test for given probabilities

data:  x
X-squared=2.88,df=5,p-value=0.7185
```

求出的 p 值等于 0.7185, 大于给定的显著性水平 0.05, 所以接受原假设.

人物传记

假设检验理论的创始人——奈曼

奈曼(Neyman, 1894—1981)是美国统计学家. 1894 年 4 月 16 日生于俄国宾杰里; 卒于美国伯克利. 奈曼于 1921 年到波兰深造, 曾师从于谢尔宾斯基等数学家. 1923 年在华沙大学获博士学位, 后辗转于伦敦、巴黎、华沙、斯德哥尔摩等大学任教. 奈曼与皮尔逊在 1928—1938 年期间发表了一系列文章, 建立了假设检验的一种严格的数学理论. 1938 年奈曼成为美国加利福尼亚大学伯克利分校数学教授. 他是美国、法国、波兰、瑞典等国家的多个科学团体的成员. 他于 1981 年 8 月 5 日任哈尔科夫理工学院讲师.

奈曼是假设检验的统计理论的创始人之一. 他与 K. 皮尔逊的儿子 E.S. 皮尔逊合著《统计假设试验理论》, 发展了假设检验的数学理论, 其要旨是把假设检验问题作为一个最优化问题来处理. 他们把所有可能的总体分布族看作一个集合, 其中考虑了一个与原假设相对应的备择假设, 引进了检验功效函数的概念, 以此作为判断检验程序好坏的标准. 这种思想使统计推断理论变得非常明确. 奈曼还想从数学上定义置信区间, 提出了置信区间的概念, 建立置信区间估计理论. 他还对抽样引进某些随机操作, 以保证所得结果的客观性和可靠性, 在统计理论中有以他的姓氏命名的奈曼置信区间法、奈曼-皮尔逊引理、奈曼结构等. 他将统计理论应用于遗传学、医学诊断、天文学、气象学、农业统计学等方面, 取得了丰硕的成果. 他获得过国际科学奖, 并在加利福尼亚大学创建了一个研究机构, 后来发展成为世界著名的数理统计中心.

习题 8

1. 某洗衣粉厂用自动包装机包装洗衣粉，每袋标准重量 500g。在正常情况下，各袋洗衣粉的重量 $x \sim N(500, 10^2)$，为了检查包装机工作是否正常，现随机抽检了 16 袋洗衣粉，算得其样本均值是 510g，试问包装机当前的工作是否正常？

2. 某厂生产的螺钉，按行业技术标准这种螺钉的强度应为 $68g/mm^2$，而该厂实际生产的螺钉强度 X 服从 $N(\mu, 3.6^2)$，若 $E(X) = \mu = 68$，则认为这批螺钉符合要求，否则认为不符合要求。现从该厂生产的螺钉中抽取容量为 36 的样本，其样本均值为 $\bar{x} = 68.5$，问这批螺钉是否符合要求？

3. 某厂生产 10Ω 的电阻，其电阻值服从正态分布，标准差 $\sigma = 0.1\Omega$。某天随机抽取 10 个电阻，测得它们的电阻值（以 Ω 计）为

9.9 10.1 10.2 9.7 9.9 10 10.5 10.1 10.2

问这一天生产的电阻的总体均值是否为 10Ω？（$\alpha = 0.1$）

4. 某公司声称其生产的某种类型的电池平均寿命至少为 21.5h，有一个实验室检验了该公司制造的 6 个电池，测得其寿命（以 h 计）为

19 18 22 20 16 25

问这一试验结果是否表明，这种类型的电池低于该公司所声称的寿命？（$\alpha = 0.05$）

5. 已知某实验，其温度服从正态分布，现在测量了温度的 5 个值为

1250 1265 1245 1260 1275

问是否可以认为 $\mu = 1277$？（$\alpha = 0.05$）

6. 测定某种溶液中的水分，它的 10 个测定值给出 $s^2 = 0.037\%$，设测定值总体服从正态分布，$\sigma = 0.04\%$，试在给定显著性水平（$\alpha = 0.05$）下检验假设：

$H_0: \sigma \geq 0.04\%$；$H_1: \sigma < 0.04\%$

7. 一台车床加工的一批轴料中抽取 15 件测量其椭圆度，计算得 $s = 0.025$，设椭圆度服从正态分布。问：这批轴料的总体方差与规定方差 $\sigma_0^2 = 0.0004$ 有无显著性差别？（$\alpha = 0.05$）

8. 工厂管理人员对组装新产品的两种方法所需的组装时间进行测试。他们认为组装新产品的顺序合理与否是一个关键，顺序合理就能节省时间提高效率。随机抽选采用方法 A 的 6 个工人和采用方法 B 的 8 个工人，测试它们组装时间（以 h 计）的结果如表 8-5 所示。

表 8-5 组装时间测试表

方法 A	8.2	5.3	6.5	5.1	9.7	10.8		
方法 B	9.5	8.3	7.5	10.9	11.3	9.3	8.8	8.0

假设组装时间服从正态分布，方差相同，试以 $\alpha = 0.05$ 的显著性水平比较两种组装方法是否有差别？

9. 某种物质在化学处理前后的含脂率为

处理前：0.19 0.18 0.21 0.30 0.66 0.42 0.08 0.30 0.27

处理后：0.15 0.13 0.00 0.07 0.24 0.24 0.19 0.04 0.08 0.20 0.12

假定处理前后的含脂率分别服从正态分布，问处理后是否降低了含脂率？（显著性水平取为 0.05）

10. 从两批番茄酱汁罐头中分别取 6 个和 4 个样品，测得 VC 含量（以 mg 计）如下：

第一批：21.0 23.5 23.9 24.1 24.4 25.6

第二批：20.3 22.8 25.8 27.1

已知 VC 含量服从正态分布，且两批的方差相同但未知，能否认为这两批罐头的 VC 平均含量相等？（显著性水平取为 0.05）

11. 比较两种安眠药 A 与 B 的疗效。以 10 个失眠患者为实验对象，以 x_A 和 x_B 分别表示患者服用安眠药 A 和 B 后延长的睡眠时间。对每一个患者各服两种药分别实验一次，观察得数据如表 8-6 所示。

表 8-6 试验两种药的观察结果

（单位：h）

患者	1	2	3	4	5	6	7	8	9	10
x_A	1.9	0.8	1.1	0.1	-0.1	4.4	5.5	1.6	4.6	3.4
x_B	0.7	-1.6	-0.2	-1.2	-0.1	3.4	3.7	0.8	0	2.0
$d = x_A - x_B$	1.2	2.4	1.3	1.3	0	1.0	1.8	0.8	4.6	1.4

给定显著性水平 $\alpha = 0.01$，试问两种药的疗效有无显

著差异?

12. 在人造板热压工艺中，必须考虑温度对板的静曲强度的影响。在采用150℃热压工艺生产的人造板中，取8个样品，测得它们的静曲强度（以MPa计）为

18.8 20.5 19.8 20.9 21.5 21.0 19.5 21.2

在采用180℃热压工艺生产的同类人造板中，也取8个样品，测得它们的静曲强度（以MPa计）为

20.3 17.7 20.0 18.8 19.0 19.1 20.1 20.2

已知这两种工艺所产人造板的静曲强度都服从正态分布，试检验这两种工艺所产人造板的平均静曲强度有无差别（显著性水平取为0.05）?

13. 某厂产品不合格品率为10%，在一次例行检查中，随机抽取80件，发现有11件不合格品，能否认为不合格品率仍为10%？（取显著性水平为0.05）

14. 有人声称某地区成年人中大学毕业生比例达到30%，为验证这一假设，随机抽取了15名成年人，其中有3名大学毕业生。问这个人的看法是否合适？（取显著性水平为0.05）

15. 对一批电子元件，规定抽取30件产品进行检验，要求以显著性水平为0.05去检查不合格品率是否不超过0.01，求检验的拒绝域。

16. 卢瑟福观察了每隔0.125min某放射性物质放射的粒子数，共观察了2612次，结果如下：

粒子数	0	1	2	3	4	5	6	7	8	9	10	11
频数	57	203	383	525	532	408	273	139	49	27	10	6

试问，上述观测数据是否与泊松分布相符？（取 $\alpha = 0.10$）

17. 在 π 的前800位数字中，0，1，2，3，4，5，6，7，8，9相应出现了74次、92次、83次、79次、80次、73次、77次、75次、76次、91次，试问：0，1，2，3，4，5，6，7，8，9是否是等可能地出现？（取 $\alpha = 0.05$）

第 9 章
方差分析

科学试验做完后再找统计学家分析数据,如同病人死了找医生进行尸体解剖,医生会告诉你病人死的原因. 同样,统计学家会告诉你试验失败的原因.

——Ronald Fisher

在实践中,影响一件事物的因素常常有很多,人们总希望通过各种试验来观察各种因素对试验结果的影响. 例如,水稻单位亩产量受到品种、肥料、土壤、水分等因素的影响,然而不同因素的影响大小不同. 方差分析是研究一种或多种因素的变化对实验结果的观测值是否有显著影响,从而找出较优的试验条件或生产条件的一种常用数理统计方法.

我们把在试验中所考察的对象的某种数量指标如亩产量、寿命等称为观测值. 影响观测值的可控条件称为因素. 试验条件分为可控制的与不可控制的两类. 譬如,品种是对水稻亩产量这一指标产生影响的一个因素,它是可控制的,气象条件是对水稻亩产量这一指标产生影响的不可控的随机因素. 我们称可控制的试验条件为**因素**;因素所处的状态称为该因素的**水平**,如上面所说的水稻若有 4 种不同的品种,称为有 4 种不同的水平;如果在试验中,只有一个因素取几个不同的水平,其他可控因素都保持固定不变,那么这种试验称为**单因素试验**;如果有两个或两个以上的因素取不同的水平,称为**多因素试验**. 还可以按照是否有交互作用,分为无交互作用和有交互作用的试验.

9.1 单因素方差分析

1. 问题的提出

下面以一个实例来说明单因素方差分析的思想.

例 9.1 某种电子元器件可以采用四种不同的配方材料来生产. 某芯片厂家利用这四种不同配方的材料,A_1,A_2,A_3 和 A_4 之下各生产一批元器件,然后从中抽取样本并测其使用寿命(以 h 计),

得到如表 9-1 所示的观察值. 试问：四种不同配方的材料对电子元器件使用寿命的影响是否显著？

现我们从两方面来分析表 9-1：① 从每一种水平 $A_j(j=1,2,3,4)$ 的数据来看，在水平 A_j 之下，生产的元器件寿命之间存在着差异，其原因是对于每个水平 A_j，如果不存在各种不可控制的随机因素，一般当然会认为水平 A_j 下的元器件的使用寿命是一个常数 μ_j. 由于各种不可控制的随机因素是客观存在的，故当配方材料确定为 A_j 时，元器件的寿命便会在 μ_j 上下摆动而成随机变量，即认为每一水平 A_j 对应一个总体 x_j，这样便有

$$x_j = \mu_j + \varepsilon_j$$

其中 ε_j 是各种随机因素的综合效应，据前面的中心极限定理，便可认为 $\varepsilon_j \sim N(0, \sigma_j^2)$，于是便有

$$x_j \sim N(\mu_j, \sigma_j^2) \qquad (j=1,2,3,4)$$

而每一种配方材料 A_j 下的数据是从该总体 x_j 抽取的样本观察值. ② 从不同水平 $A_j(j=1,2,3,4)$ 之间的均值 $\bar{x}$ 来看，元器件使用寿命的样本均值 $\bar{x}$ 之间也有差异，而样本均值是总体均值的无偏估计，因此，样本均值间存在差异这一事实说明了把四个水平之下的正态总体 x_j 看成是四个不同的正态总体更为合理.

表 9-1　电子元器件使用寿命数据　　　（单位：h）

材料	使用寿命						
A_1	1600	1610	1650	1680	1700	1700	1780
A_2	1500	1640	1400	1700	1750		
A_3	1640	1550	1600	1620	1640	1600	1740	1800
A_4	1510	1520	1530	1570	1640	1600		

于是，所谓判断四种不同配方材料对电子元器件使用寿命是否存在显著影响，即判断电子元器件使用寿命观察值之间的差异是主要源于抽样的随机性，还是主要源于配方材料的不同，便可以归结为判断这四个正态总体是否相同. 一般地，在安排单因素试验时，除所要考虑的因素之外，其余条件都尽可能地做到一致，我们便有理由认为不同水平下所对应的正态总体的方差是相等的（$\sigma_j^2 = \sigma^2, j=1,2,3,4$）. 于是判断几个正态总体是否相同的问题，就进一步归结为判断几个具有相同方差的正态总体的均值是否相等的问题.

总结上面的分析，便可得出这一单因素试验方差分析问题的**数学模型**：若该电子元器件使用寿命总体为 x，对应于水平 A_j 的总体记为 x_j，则

$$x_j \sim N(\mu_j, \sigma^2), j=1,2,3,4$$

其中 σ^2 未知，是由各种随机因素所决定的，一般认为与 j 无关，要判别不同配方材料对电子元器件使用寿命的影响是否显著，只要检验

$$H_0: \mu_1=\mu_2=\mu_3=\mu_4, \quad H_1: \mu_1, \mu_2, \mu_3, \mu_4 \text{ 不全相等}$$

若接受 H_0，便认为不同的配方材料对电子元器件使用寿命无显著影响；若拒绝 H_0，不同的配方材料对电子元器件使用寿命的影响显著.

检验 H_0 的依据当然是各个总体的样本，当水平确定为 A_j 时，所得的电子元器件使用寿命 x_{ij}（i 分别为 5,4,3,4）显然就是总体 x_j 的样本. 各 x_{ij} 当然与总体 x_j 服从同分布，即有 $x_{ij} \sim N(\mu_j, \sigma^2)$，若令 $\varepsilon_{ij}=x_{ij}-\mu_j$，便有 $\varepsilon_{ij} \sim N(0,\sigma^2)$，显然，$\varepsilon_{ij}$ 所反映的便是各种不可控随机因素的综合效应，由此上述数学模型也可写为如下线性模型：

$$\begin{cases} x_{ij}=\mu_j+\varepsilon_{ij}, & j=1,2,3,4, i \text{ 分别为 } 5,4,3,4 \\ \varepsilon_{ij} \sim N(0,\sigma^2), \mu_j, \sigma^2 \text{ 未知}, \text{且各 } \varepsilon_{ij} \text{ 相互独立} \end{cases}$$

对于上述数学模型检验

$$H_0: \mu_1=\mu_2=\mu_3=\mu_4, \quad H_1: \mu_1, \mu_2, \mu_3, \mu_4 \text{ 不全相等}$$

一般地，我们假设因素 A 有 s 个水平 $A_1, A_2, \cdots, A_s$，在水平 A_j 下总体 $x_j \sim N(\mu_j, \sigma^2)$，$j=1, 2, \cdots, s$，$\sigma^2$ 与 j 无关，它们相互独立，要研究因素 A 的 s 个水平所对应的试验指标有无明显的差异，就要对各总体抽取样本，在水平 A_j 下进行 $n_j(j=1,2,\cdots,s)$ 次重复试验，试验相互独立，其观察值列于表 9-2.

表 9-2 单因素方差分析数据

水平	观察值				总体
A_1	x_{11}	x_{12}	$\cdots$	x_{1n_1}	$N(\mu_1, \sigma^2)$
A_2	x_{21}	x_{22}	$\cdots$	x_{2n_2}	$N(\mu_2, \sigma^2)$
$\vdots$	$\vdots$	$\vdots$		$\vdots$	$\vdots$
A_s	x_{s1}	x_{s2}	$\cdots$	x_{sn_s}	$N(\mu_s, \sigma^2)$

表中 $n=\sum\limits_{j=1}^{s} n_j$. 那么，在水平 A_j 下进行 $n_j(j=1,2,\cdots,s)$ 次试验，试验指标 $x_{1j}, x_{2j}, \cdots, x_{n_j j}$ 便构成总体 x_j 的容量为 n_j 的样本. 显然，各 $x_{ij}(i=1,2,\cdots,n_j)$ 与 x_j 服从同分布，即 $x_{ij} \sim N(\mu_j, \sigma^2)$（$i=1,2,\cdots,n_j$）. 若令 $\varepsilon_{ij}=x_{ij}-\mu_j$，则有 $\varepsilon_{ij} \sim N(0,\sigma^2)$，$\varepsilon_{ij}$ 所反映的便是不可控随机因素对试验指标的综合效应. 由此便可引入如下线性模型：

$$\begin{cases} x_{ij} = \mu_j + \varepsilon_{ij}, & i=1,2,\cdots,n_j;\ j=1,2,\cdots,s \\ \varepsilon_{ij} \sim N(0,\sigma^2), \mu_j, \sigma^2\ \text{未知,且各}\ \varepsilon_{ij}\text{相互独立} \end{cases}$$

对于上述数学模型检验

$$H_0: \mu_1 = \mu_2 = \cdots = \mu_s, \quad H_1: \mu_1, \mu_2, \cdots, \mu_s\ \text{不全相等}$$

当 $s=2$ 时,即为检验 $H_0: \mu_1 = \mu_2$, $H_1: \mu_1 \neq \mu_2$,可应用 t 检验法;当 $s>2$ 时,应采用方差分析法.

为了能更好地描述数据,常在方差分析中引入总均值与效应的概念. 记

$$\begin{cases} \mu = \dfrac{1}{n}\sum_{j=1}^{s} n_j \mu_j \\ \delta_j = \mu_j - \mu, \quad j=1,2,\cdots,s \end{cases}$$

称 μ 为**总均值**,称 δ_j 为**水平 A_j 的效应**,δ_j 表示水平 A_j 下的总体均值 μ_j 与总均值 μ 的差异,显然,δ_j 满足

$$n_1\delta_1 + n_2\delta_2 + \cdots + n_s\delta_s = \sum_{j=1}^{s} n_j(\mu_j - \mu) = 0$$

利用效应 δ_j 可以将以上模型再改写成

$$\begin{cases} x_{ij} = \mu + \delta_j + \varepsilon_{ij}, & i=1,2,\cdots,n_j;\ j=1,2,\cdots,s, \\ \varepsilon_{ij} \sim N(0,\sigma^2), & \text{各}\ \varepsilon_{ij}\text{独立} \\ \sum_{j=1}^{s} n_j \delta_{ij} = 0 \end{cases}$$

相应的统计检验假设可写成

$$H_0: \delta_1 = \delta_2 = \cdots = \delta_s = 0, \quad H_1: \delta_1, \delta_2, \cdots, \delta_s\ \text{不全为零}$$

2. 基本原理

如果 H_0 成立,那么 s 个总体间无显著差异,即说明因素 A 对试验结果的影响不显著,所有 x_{ij} 可视为来自同一个总体 $N(\mu, \sigma^2)$,各 x_{ij} 间的差异只是由随机因素引起的(称为**随机误差**). 若 H_0 不成立,则在所有 x_{ij} 的总变差中,除随机波动引起的变差外,还应包括由于因素 A 的不同水平作用产生的差异(称为**系统误差**). 如果不同水平作用产生的差异比随机因素引起的差异大得多,就认为因素 A 对试验结果有显著影响,否则,就认为因素 A 无显著地对试验结果产生影响. 为此,我们下一步的任务是在总差异中将这两种差异分开,然后进行比较. 记

$$\bar{x} = \dfrac{1}{n}\sum_{j=1}^{s}\sum_{i=1}^{n_j} x_{ij}$$

是全体观察值的总平均,称为**样本总均值**,且

$$\bar{x}_{\cdot j} = \dfrac{1}{n_j}\sum_{i=1}^{n_j} x_{ij}\ (j=1,2,\cdots,s)$$

称为**第 j 个水平的样本均值**.

由 $E(\bar{x})=\mu$, $E(\bar{x}_{\cdot j})=\mu_j$, 故 $\bar{x}$ 是 μ 的无偏估计, $\bar{x}_{\cdot j}$ 是 μ_j 的无偏估计. 再记

$$S_T = \sum_{j=1}^{s} \sum_{i=1}^{n_j} (x_{ij}-\bar{x})^2$$

则 S_T 称为全体观察值 $x_{ij}(i=1,2,\cdots,n_j, j=1,2,\cdots,s)$ 对总平均 $\bar{x}$ 的**总离差平方和**,S_T 描述了观察值之间的总离散或总差异程度,前面已经知道,总差异程度包含随机误差与系统误差,故需要对 S_T 进一步分解. 将 S_T 改写为

$$\begin{aligned} S_T &= \sum_{j=1}^{s} \sum_{i=1}^{n_j} (x_{ij}-\bar{x})^2 = \sum_{j=1}^{s} \sum_{i=1}^{n_j} [(x_{ij}-\bar{x}_{\cdot j})+(\bar{x}_{\cdot j}-\bar{x})]^2 \\ &= \sum_{j=1}^{s} \sum_{i=1}^{n_j} (x_{ij}-\bar{x}_{\cdot j})^2 + 2\sum_{j=1}^{s} \sum_{i=1}^{n_j} (x_{ij}-\bar{x}_{\cdot j})(\bar{x}_{\cdot j}-\bar{x}) + \sum_{j=1}^{s} \sum_{i=1}^{n_j} (\bar{x}_{\cdot j}-\bar{x})^2 \\ &= \sum_{j=1}^{s} \sum_{i=1}^{n_j} (x_{ij}-\bar{x}_{\cdot j})^2 + \sum_{j=1}^{s} n_j(\bar{x}_{\cdot j}-\bar{x})^2 \end{aligned}$$

其中交叉乘积项

$$\begin{aligned} \sum_{j=1}^{s} \sum_{i=1}^{n_j} (x_{ij}-\bar{x}_{\cdot j})(\bar{x}_{\cdot j}-\bar{x}) &= \sum_{j=1}^{s} (\bar{x}_{\cdot j}-\bar{x}) \sum_{i=1}^{n_j} (x_{ij}-\bar{x}_{\cdot j}) \\ &= \sum_{j=1}^{s} (\bar{x}_{\cdot j}-\bar{x})(n_j\bar{x}_{\cdot j}-n_j\bar{x}_{\cdot j}) = 0 \end{aligned}$$

于是总平方和 S_T 可以分解为

$$S_T = S_E + S_A$$

其中

$$S_E = \sum_{j=1}^{s} \sum_{i=1}^{n_j} (x_{ij}-\bar{x}_{\cdot j})^2$$

$$S_A = \sum_{j=1}^{s} n_j(\bar{x}_{\cdot j}-\bar{x})^2$$

S_E 为因素 A 在各个水平 A_j 下的观察值 x_{ij} 对本组样本均值 $\bar{x}_{\cdot j}$ 的离差平方和的总和, 它显然反映了各水平 $A_j(j=1,2,\cdots,s)$ 之下重复试验的随机误差, 我们称之为**组内平方和**或**误差平方和**.

S_A 为各水平的样本均值 $\bar{x}_{\cdot j}$ 对样本总均值 $\bar{x}$ 的离差平方和, 反映了各总体 x_j 的样本均值 $\bar{x}_{\cdot j}$ 之间的差异. 而 $\bar{x}_{\cdot j}$ 是总体均值 μ_j 的无偏估计, $\bar{x}_{\cdot j}$ 之间的差异在一定程度上反映了 μ_j 之间的差异. 因此, S_A 主要反映了因素 A 的不同水平所引起的系统误差的总大小, 我们称 S_A 为**组间平方和**.

利用效应分解模型可以更深刻地揭示 S_E 和 S_A 对总平方和 S_T 的贡献情况. 令

$$\bar{\varepsilon} = \frac{1}{n} \sum_{j=1}^{s} \sum_{i=1}^{n_j} \varepsilon_{ij}$$

$$\bar{\varepsilon}_{\cdot j} = \frac{1}{n_j} \sum_{i=1}^{n_j} \varepsilon_{ij}, j=1,2,\cdots,s$$

则

$$\bar{x} = \frac{1}{n} \sum_{j=1}^{s} \sum_{i=1}^{n_j} x_{ij} = \frac{1}{n} \sum_{j=1}^{s} \sum_{i=1}^{n_j} (\mu_j + \varepsilon_{ij}) = \mu + \bar{\varepsilon}$$

$$\bar{x}_{\cdot j} = \frac{1}{n_j} \sum_{i=1}^{n_j} x_{ij} = \frac{1}{n_j} \sum_{i=1}^{n_j} (\mu_j + \varepsilon_{ij}) = \mu_j + \bar{\varepsilon}_{\cdot j} = \mu + \delta_j + \bar{\varepsilon}_{\cdot j}$$

于是

$$S_E = \sum_{j=1}^{s} \sum_{i=1}^{n_j} (x_{ij} - \bar{x}_{\cdot j})^2 = \sum_{j=1}^{s} \sum_{i=1}^{n_j} [(\mu_j + \varepsilon_{ij}) - (\mu_j + \bar{\varepsilon}_{\cdot j})]^2 = \sum_{j=1}^{s} \sum_{i=1}^{n_j} (\varepsilon_{ij} - \bar{\varepsilon}_{\cdot j})^2$$

$$S_A = \sum_{j=1}^{s} n_j (\bar{x}_{\cdot j} - \bar{x})^2 = \sum_{j=1}^{s} n_j [(\mu + \delta_j + \bar{\varepsilon}_{\cdot j}) - (\mu + \bar{\varepsilon})]^2 = \sum_{j=1}^{s} n_j (\delta_j + \bar{\varepsilon}_{\cdot j} - \bar{\varepsilon})^2$$

以上说明 S_E 仅与表达随机波动、服从正态分布 $N(0,\sigma^2)$ 的随机变量 ε_{ij} 有关,即 S_E 仅与试验的随机误差有关. 而 S_A 除与试验的随机误差 ε_{ij} 有关之外,还依赖于因素各水平 A_j 的效应 δ_j,即还依赖于试验的系统误差. 若 S_A 显著地大于 S_E,这就说明因素 A 各水平之下总体的样本观察值间的差异,即组间差异显著地大于重复试验之间随机误差的总大小,那么原假设 H_0 不成立. 根据总离差的分解,S_A/S_E 的比值大到什么程度可以否定零假设呢? 由于 S_A 的自由度为 $s-1$,S_E 的自由度为 $n-s$,其中 s 是组数,n 是所有的观测数,即 $n = \sum_{i=1}^{s} n_i$. 现在定义

组间平均平方和 $\qquad \bar{S}_A = \dfrac{S_A}{s-1}$

组内平均平方和(误差均方) $\qquad \bar{S}_E = \dfrac{S_E}{n-s}$

$\bar{S}_E$ 是将独立的组内方差集成起来的方差,也是对 σ^2 的估计. 在没有真正的组间差异时,$\bar{S}_A$ 也是对 σ^2 的估计. 但是如果出现了组间差异,那么组间均值的差异和 $\bar{S}_A$ 都会变得更大. 所以,这可以成为一个通过对两个估计方差的比较来检查组间均值是否有显著性差异的检验.

进一步地,根据柯赫伦(Cochran)分解定理的推论可知,若 H_0 为真,检验统计量

$$F = \frac{\bar{S}_A}{\bar{S}_E} = \frac{S_A/(s-1)}{S_E/(n-s)} \sim F(s-1, n-s)$$

则有
$$P\left\{\frac{S_A/(s-1)}{S_E/(n-s)} \geq F_\alpha(s-1, n-s)\right\} = \alpha$$

其中 α 为显著性水平，即 $\frac{S_A/(s-1)}{S_E/(n-s)} \geq F_\alpha(s-1, n-s)$ 是 H_0 成立时的小概率事件.

这样，便得到检验问题的拒绝域为
$$F \geq F_\alpha(s-1, n-s) = F_\alpha$$

检验的显著性水平 α 一般取为 0.05 或 0.01.

当 $F < F_{0.05}$ 时，认为因素 A 的影响不显著；

当 $F_{0.05} \leq F \leq F_{0.01}$ 时，认为因素 A 的影响是显著的，并用"*"号标识；

当 $F_{0.01} \leq F$ 时，认为因素 A 的影响极显著，并用"**"标识.

方差分析的结果通常制成表 9-3 的形式，称为**方差分析表**.

表 9-3 单因素试验方差分析表

方差来源	平方和	自由度	均方	F 值	临界值
因素 A	S_A	$s-1$	$\bar{S}_A = S_A/(s-1)$	$F = \bar{S}_A/\bar{S}_E$	F_α
误差	S_E	$n-s$	$\bar{S}_E = S_E/(n-s)$		
总和	S_T	$n-1$			

一般来说，应用方差分析需要的假设条件有：

1) 各总体是正态分布.

2) 各总体有相同的标准差，即方差齐性.

3) 样本相互独立.

当满足上述三个条件时，可以用 F 分布作为检验统计量的分布.

3. 方差分析表的计算

(1) aov( )函数 R 软件中的 **aov( )** 函数提供了方差分析表的计算，aov( )函数的使用方法为

```
aov(formula,data=NULL,projections=FALSE,qr=TRUE,
    contrasts=NULL,...)
```

其中，formula 是方差分析的公式，data 是数据框.

例 9.2 用 R 软件中的 aov( )函数计算例 9.1.

问题归结为检验：
$$H_0: \mu_1 = \mu_2 = \mu_3 = \mu_4, \quad H_1: \mu_1, \mu_2, \mu_3, \mu_4 \text{ 不全相等}$$

解：用数据框的格式输入数据，调用 aov( )函数计算方差分析，用 summary( )提取方差分析的信息.

```
>newdata=data.frame(X=c(1600,1610,1650,1680,
1700,1700,1780,1500,1640,1400,1700,1750,1640,
1550,1600,1620,1640,1600,1740,1800,1510,1520,
1530,1570,1640,1600),A=factor(rep(1:4,c(7,5,8,
6))))
> n.aov=aov(X~A,data=newdata)
> summary(n.aov)
            Df  Sum Sq  Mean Sq  F value  Pr(>F)
A            3   49212    16404    2.166   0.121
Residuals   22  166622     7574
```

上述数据与方差分析表 9-3 中的内容相对应,其中 Df 表示自由度,Sum Sq 表示平方和;Mean Sq 表示均方;F value 表示 F 值,即 F 比;Pr(>F) 表示 p 值;A 就是因素 A;Residuals 是残差,即误差.于是得方差分析表如表 9-4 所示.

表 9-4 例 9.1 的方差分析表

方差来源	平方和	自由度	均方	F 值	p 值
因素 A	49212	3	16404	2.166	0.121
误差	166622	22	7574		
总和	215835	25			

从 p 值(0.121>0.05)可以看出,没有充分理由拒绝 H_0,即接受 H_0,认为四种不同配方材料生产出来的电子元器件的平均寿命无显著性差异.

通过 plot( )函数可以绘出各组数据的箱线图,即

> plot(newdata$X~newdata$A)

所绘出的图形如图 9-1 所示.

图 9-1 中,横坐标 1,2,3,4 表示四种不同配方材料生产出来的电子元器件,纵坐标表示四种不同配方材料生产出来的电子元器件的寿命.从图形也可以看出,四种配方材料生产出来的电子元器件的平均寿命并无显著性差异.

例 9.3 研究人员想挑选出能使小麦亩产量最大的化肥,选了三种不同品牌的化肥 1,2,3.研究人员将土地分成大小相同的 24 块.8 块地用第一种品牌,8 块地用第二种品牌,8 块地用第三种品牌.在收割的季节,记录下每块地的产量(以 kg 计)数据如表 9-5 所示.问这 3 种不同品牌的化肥的小麦产量是否有显著性差异?

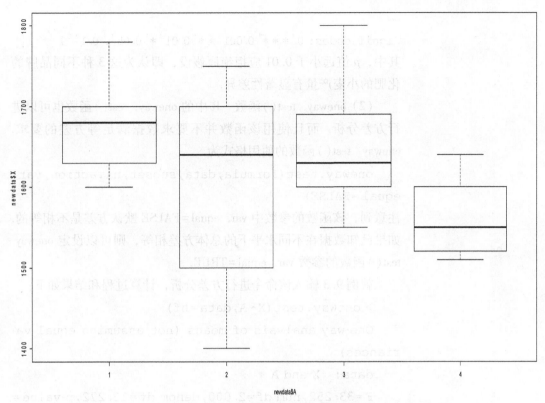

图 9-1 例 9.1 中各组数据的箱线图

表 9-5 小麦产量数据表 （单位：kg）

化肥品牌	小麦产量							
1	570	560	610	580	590	580	630	600
2	660	760	670	710	630	730	640	680
3	540	580	530	550	520	560	510	530

解：设小麦地所用的化肥为因素，选用 3 种不同的品牌化肥为 3 种水平.

问题归结为检验

$$H_0: \mu_1=\mu_2=\mu_3, \quad H_1: \mu_1, \mu_2, \mu_3 \text{不全相等}$$

R 计算的过程和结果如下：

```
>hf=data.frame(X=c(570,560,610,580,590,580,630,
600,660,760,670,710,630,730,640,680,540,580,530,
550,520,560,510,530),A=factor(rep(1:3,c(8,8,8))))
> hf.aov=aov(X~A,data=hf)
> summary(hf.aov)
            Df  Sum Sq  Mean Sq  F value  Pr(>F)
A            2   86800    43400    42.59  4.07e-08 ***
Residuals   21   21400     1019
```

```
---
Signif.codes: 0'***'0.001'**'0.01'*'0.05'.'0.1''1
```

其中，p 值远小于 0.01 应拒绝原假设，即认为这 3 种不同品牌的化肥的小麦产量有显著性差异.

(2) oneway.test( ) 函数　R 中的 oneway.test( ) 函数也可以进行方差分析. 而且使用该函数并不要求数据满足等方差的要求. oneway.test( ) 函数的使用格式为

```
oneway.test(formula,data,subset,na.action,var.equal=FALSE)
```

注意到，该函数的参数中 var.equal=FALSE 默认方差是不相等的. 如果已知数据在不同水平下的总体方差相等，则可以设定 oneway.test( ) 函数的参数 var.equal=TRUE.

就例 9.3 输入该命令进行方差分析，计算过程和结果如下：

```
> oneway.test(X~A,data=hf)

One-way analysis of means (not assuming equal variances)

data:  X and A
F=33.252,num df=2.000,denom df=13.272,p-value=6.777e-06
```

从 R 输出的结果看到，p 值远小于 0.01，应拒绝原假设，即认为这 3 种不同品牌的化肥的小麦产量有显著性差异.

(3) kruskal.test( ) 函数　方差分析要求数据满足等方差性和正态性两个假设条件. 如果这两个假设条件不满足，可以使用 R 中的 kruskal.test( ) 函数进行方差分析. kruskal.test( ) 函数的方差分析做的是 Kruskal-Wallis 检验，该检验假定各总体分布具有相同的形状，其原假设是各个水平下的数据具有相同的中位数. 如果拒绝原假设，则认为至少有两个或多个水平下的数据的中位数是不相同的.

就例 9.3 输入该命令进行方差分析，计算过程和结果如下：

```
> kruskal.test(X~A,data=hf)

        Kruskal-Wallis rank sum test

data:  X by A
Kruskal-Wallis chi-squared=19.313,df=2,p-value=6.402e-05
```

R 输出的结果表明，p 值远小于 0.01，应拒绝原假设，即认为这 3 种不同品牌的化肥的小麦产量有显著性差异.

4. 方差齐性检验和正态性检验

要进行单因素方差分析，其前提是假设数据模型满足以下三

个条件:

(1) 可加性 假设模型是线性可加模型,每个处理效应与随机误差是可以叠加的,即

$$x_{ij}=\mu+\alpha_i+\varepsilon_{ij}$$

(2) 方差齐性 假设模型的不同水平下的方差是相同的.

(3) 独立正态性 假设模型的试验误差服从正态分布,且相互独立.

面对试验结果,如果对模型的方差齐性和正态性没有把握,则应该进行方差齐性和正态性的检验.

(1) 方差齐性检验 方差齐性检验就是检验数据在不同水平下方差是否相同. 其原假设是各个水平下的方差相等,若拒绝原假设则认为,至少有两个不同水平下的总体方差不相同.

在 R 中,bartlett.test() 函数可以进行方差齐性检验. 其使用格式有两种,一种是向量-因子形式:

bartlett.test(x,g,...)

另一种是公式形式:

bartlett.test(formula,data,subset,na.action,...)

就例 9.3 输入该命令进行方差齐性检验,计算过程和结果如下:

```
> bartlett.test(X~A,data=hf)

        Bartlett test of homogeneity of variances

data:  X by A
Bartlett's K-squared=4.4707,df=2,p-value=0.107
```

从计算结果来看,p 值大于 0.05,没有理由拒绝原假设,即认为使用这 3 种不同品牌的化肥的小麦产量的总体方差是相等的.

(2) 正态性检验 正态性检验就是要检验各个水平下的数据是否服从正态分布. R 中的 bartlett.test() 函数可以对数据做正态性检验.

就例 9.3,输入该命令,对数据进行正态性检验,计算过程和结果如下:

```
> attach(hf)
> shapiro.test(X[A==1])

        Shapiro-Wilk normality test

data:  X[A==1]
W=0.96935,p-value=0.8929
```

```
> shapiro.test(X[A==2])
```

            Shapiro-Wilk normality test

```
data:  X[A==2]
W=0.9549, p-value=0.7603
```

```
> shapiro.test(X[A==3])
```

            Shapiro-Wilk normality test

```
data:  X[A==3]
W=0.96935, p-value=0.8929
```

计算结果表明，使用这3种不同品牌的化肥的小麦产量的总体均是服从正态分布的.

5. 均值的成对比较和多重检验

在例9.3中，如果继续用 t 检验法去做两个均值的对比，就会发现品牌1和品牌2、品牌2和品牌3之间均值的差异都是统计显著的. 均值的多重比较是指在因变量的三个或者三个以上水平下均值之间的两两比较检验. 多重比较的假设检验问题是

$$H_0: \mu_i = \mu_j, \quad H_1: \mu_i \neq \mu_j$$

就本例而言，三种不同化肥品牌的小麦平均产量进行两两比较检验. 统计学上提供了各种不同的多重比较方法，包括多重 t 检验法、Bonferroni 法、Holm 法等. 多重 t 检验法的优点是使用方便，但在均值的多重检验中，如果因素的水平较多，而检验又是同时进行的，多次重复使用 t 检验法会增大犯第一类错误的概率，所得到的"有显著性差异"的结论不一定可靠.

为了克服多重 t 检验法的缺点，统计学家提出了许多更有效的方法来调整 p 值，由于这些方法涉及较深的统计知识，这里仅做简单介绍，具体调整方法的名称和参数见表9-6.

表 9-6　p 值的调整方法

调整方法	R 软件中的参数
Holm	Holm
Bonferroni	Bonferroni
Hochberg	Hochberg

(续)

调整方法	R 软件中的参数
Hommel	Hommel
Benjamini&Hochberg	BH
Benjamini&Yekutieli	BY

(1) pairwise.t.test() 函数 R 软件中的 pairwise.t.test() 函数可以得到多重比较的 p 值，其使用方法如下：

```
pairwise.t.test(x,g,p.adjust.method=p.adjust.meth-
               ods,pool.sd=! paired,paired=FALSE,
               alternative=c("two.sided","less",
               "greater"),...)
```

其中 x 是响应向量，g 是因子向量，p.adjust.method 是 p 值的调整方法，其方法由函数 p.adjust() 给出，如果 p.adjust.method = "none"表示 p 值是由多重 t 检验法计算出来的，不做任何调整，默认值按 Holm 方法做调整.

例 9.4 就例 9.3 进行均值的多重比较计算.

解：首先计算各个因子间的均值，再用多重 t 检验法做检验.

```
> attach(hf)
> mean(X[A==1]);mean(X[A==2]);mean(X[A==3]);
[1] 590
[1] 685
[1] 540
```

1) 多重 t 检验法做检验(未做任何调整).

```
> pairwise.t.test(X,A,p.adjust.method="none")
Pairwise comparisons using t tests with pooled SD
data:   X and A
    1       2
2 6.6e-06 -
3 0.005   1.0e-08
P value adjustment method: none
```

将计算结果列入表 9-7.

表 9-7 均值多重检验 p 值表：未做任何调整

水平	均值	p 值		
		1	2	3
1	590	1.000000	6.6×10^{-6}	0.005
2	685	6.6×10^{-6}	1.000000	1.0×10^{-8}
3	540	0.005	1.0×10^{-8}	1.000000

2) Holm 调整方法.

> pairwise.t.test(X,A,p.adjust.method="holm")
Pairwise comparisons using t tests with pooled SD
data: X and A
    1   2
2 1.3e-05   -
3 0.005   3.0e-08
P value adjustment method: holm

将结果列入表 9-8 中.

表 9-8　均值多重检验：Holm 方法调整后的 p 值表

水平	均值	p 值		
		1	2	3
1	590	1.000000	1.3×10^{-5}	0.005
2	685	1.3×10^{-5}	1.000000	3.0×10^{-8}
3	540	0.005	3.0×10^{-8}	1.000000

3) Bonferroni 调整方法.

> pairwise.t.test(X,A,p.adjust.method="bonferroni")
 Pairwise comparisons using t tests with pooled SD
data: X and A
  1   2
2 2e-05   -
3 0.015 3e-08
P value adjustment method: bonferroni

将计算结果列于表 9-9 中.

表 9-9　均值多重检验：Bonferroni 方法调整后的 p 值表

水平	均值	p 值		
		1	2	3
1	590	1.000000	2×10^{-5}	0.015
2	685	2×10^{-5}	1.000000	3.0×10^{-8}
3	540	0.015	3.0×10^{-8}	1.000000

4) Benjamini&Hochberg 调整方法.

> pairwise.t.test(X,A,p.adjust.method="BH")
Pairwise comparisons using t tests with pooled SD
data: X and A
  1   2
2 9.9e-06   -
3 0.005   3.0e-08

P value adjustment method: BH

将计算结果列于表 9-10 中.

表 9-10 均值多重检验:BH 方法调整后的 p 值表

水平	均值	p 值		
		1	2	3
1	590	1.000000	9.9×10^{-6}	0.005
2	685	9.9×10^{-6}	1.000000	3.0×10^{-8}
3	540	0.005	3.0×10^{-8}	1.000000

从这几种方法得到的计算结果来看,做调整后,p 值会增大,一定程度上会克服多重 t 检验法的缺点.

从上述计算结果(无论是未调整的 p 值还是调整后的 p 值)可以看出,μ_1 与 μ_2,μ_1 与 μ_3,μ_2 与 μ_3 均有显著差异,从箱线图(见图 9-2)也能看出这种情况. 其 R 语言输入命令为

```
> plot(hf$X~hf$A)
```

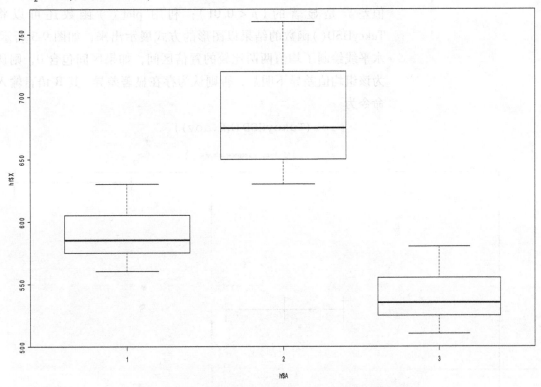

图 9-2 采用不同化肥品牌下的小麦平均产量的箱线图

图 9-2 中,横坐标表示 1,2,3 三种不同化肥品牌下的小麦,纵坐标表示采用三种不同化肥品牌下的小麦产量. 从图形也容易看出,采用三种不同化肥品牌下的小麦产量具有显著性差异.

(2)TukeyHSD( )函数 R 中的 **TukeyHSD( )函数**也可以对不同水平下的各组数据进行均值差异的成对检验.

就例 9.3 进行均值差异的成对检验.
```
> TukeyHSD(hf.aov)
  Tukey multiple comparisons of means
    95% family-wise confidence level

Fit: aov(formula=X~A,data=hf)

$A
     diff      lwr        upr       p adj
2-1   95    54.76852   135.231484  0.0000190
3-1  -50   -90.23148    -9.768516  0.0133659
3-2 -145  -185.23148  -104.768516  0.0000000
```
计算结果表明，品牌 1 和品牌 2 之间以及品牌 2 和品牌 3 之间的均值差异都是非常显著的($p<0.001$)，而品牌 1 和品牌 3 之间的均值差异是显著的 ($p < 0.01$)；利用 plot ( ) 函数还可以将 TukeyHSD( )函数的结果以图形的方式展示出来，如图 9-3 所示. 水平线绘制了均值两两比较的置信区间，如果区间包含 0，则认为该组均值差异不明显，否则认为存在显著差异. 其 R 语言输入命令为

```
> plot(TukeyHSD(hf.aov))
```

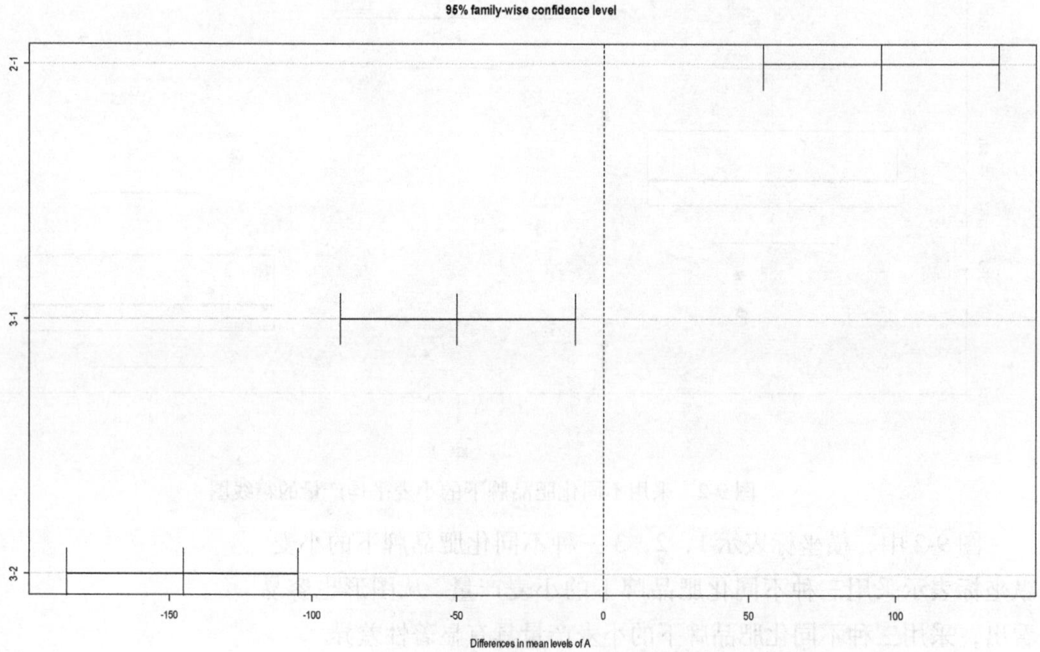

图 9-3 采用不同化肥品牌下的小麦平均产量的组间差异比较图

图 9-3 中，横坐标水平线绘制了均值两两比较的置信区间，如果区间包含 0，则认为该组均值差异不明显，否则认为存在显著差异. 纵坐标 3-2, 3-1, 2-1 分别表示品牌 3 和品牌 2 之间，品牌 3 和品牌 1 之间，品牌 2 和品牌 1 之间的均值差异.

9.2 双因素方差分析

所谓双因素，就是考虑两个因素——因素 A 和因素 B，其中因素 A 有 r 个水平 $A_1, A_2, \cdots, A_r$，因素 B 有 s 个水平 $B_1, B_2, \cdots, B_s$.

1. 不考虑交互效应

（1）数学模型　双因素分析分两种情况，一种是不考虑交互效应，每组条件下只取一个样本. 假定 $x_{ij} \sim N(\mu_{ij}, \sigma^2)$ ($i=1,2,\cdots,r, j=1,2,\cdots,s$) 且各 x_{ij} 相互独立，数据可以分解为

$$\begin{cases} x_{ij} = \mu + \alpha_i + \beta_j + \varepsilon_{ij}, & i=1,2,\cdots,r, j=1,2,\cdots,s \\ \varepsilon_{ij} \sim N(0, \sigma^2) \text{且各 } \varepsilon_{ij} \text{相互独立} \end{cases}$$

其中，$\mu = \dfrac{1}{rs} \sum\limits_{i=1}^{r} \sum\limits_{j=1}^{s} \mu_{ij}$ 为总平均，α_i 为因素 A 的第 i 个水平的效应，β_j 为因素 B 的第 j 个水平的效应. 又 $\mu_{ij} = \mu + \alpha_i + \beta_j$，于是上式可以写成

$$\begin{cases} x_{ij} = \mu + \alpha_i + \beta_j + \varepsilon_{ij}, & i=1,2,\cdots,r, j=1,2,\cdots,s \\ \varepsilon_{ij} \sim N(0, \sigma^2) \text{且各 } \varepsilon_{ij} \text{相互独立} \\ \sum\limits_{i=1}^{r} \alpha_i = 0, \quad \sum\limits_{j=1}^{s} \beta_j = 0 \end{cases}$$

这就是方差分析的模型.

（2）方差分析　方差分析的主要任务是系统分析因素 A 和因素 B 对试验指标影响的大小. 在给定显著性水平 α 下，我们要检验如下假设：

对于因素 A，"因素 A 对试验指标影响是否显著"等价于检验

$$H_{01}: \alpha_1 = \alpha_2 = \cdots = \alpha_r = 0, \quad H_{11}: \alpha_1, \alpha_2, \cdots, \alpha_r \text{不全为 } 0$$

对于因素 B，"因素 B 对试验指标影响是否显著"等价于检验

$$H_{02}: \beta_1 = \beta_2 = \cdots = \beta_s = 0, \quad H_{12}: \beta_1, \beta_2, \cdots, \beta_s \text{不全为 } 0$$

双因素方差分析与单因素方差分析的统计原理基本相同，也是基于平方和分解公式

$$S_T = S_E + S_A + S_B$$

其中，$S_T = \sum\limits_{i=1}^{r} \sum\limits_{j=1}^{s} (x_{ij} - \bar{x})^2, \quad \bar{x} = \dfrac{1}{rs} \sum\limits_{i=1}^{r} \sum\limits_{j=1}^{s} x_{ij}$

$S_A = s \sum\limits_{i=1}^{r} (\bar{x}_{i\cdot} - \bar{x})^2, \quad \bar{x}_{i\cdot} = \dfrac{1}{s} \sum\limits_{j=1}^{s} x_{ij}, i=1,2,\cdots,r$

$$S_B = r \sum_{j=1}^{s} (\overline{x}_{\cdot j} - \overline{x})^2, \quad \overline{x}_{\cdot j} = \frac{1}{r} \sum_{i=1}^{r} x_{ij}, j = 1, 2, \cdots, s$$

$$S_E = \sum_{i=1}^{r} \sum_{j=1}^{s} (x_{ij} - \overline{x}_{i\cdot} - \overline{x}_{\cdot j} - \overline{x})^2$$

其中 S_T 为总离差平方和, S_E 为误差平方和, S_A 是由因素 A 的不同水平所引起的离差平方和(称为因素 A 的平方和), S_B 是由因素 B 的不同水平所引起的离差平方和(称为因素 B 的平方和), 可以证明当 H_{01} 成立时,

$$F_A = \frac{S_A/(r-1)}{S_E/[(r-1)(s-1)]} \sim F(r-1, (r-1)(s-1))$$

当 H_{02} 成立时,

$$F_B = \frac{S_B/(s-1)}{S_E/[(r-1)(s-1)]} \sim F(s-1, (r-1)(s-1))$$

分别以 F_A, F_B 作为 H_{01}, H_{02} 的检验统计量, 将计算结果列成方差分析表, 如表 9-11 所示.

表 9-11 双因素试验方差分析表

方差来源	平方和	自由度	均方	F 值	临界值	p 值
因素 A	S_A	$r-1$	$MS_A = S_A/(r-1)$	$F_A = MS_A/MS_E$	F_α	p_A
因素 B	S_B	$s-1$	$MS_B = S_B/(s-1)$	$F_B = MS_B/MS_E$	F_α	p_B
误差	S_E	$(r-1)(s-1)$	$MS_E = S_E/(r-1)(s-1)$			
总和	S_T	$rs-1$				

双因素方差分析的计算和单因素相同, 仍用到 aov( ) 函数和 summary( ) 函数.

例 9.5 为了研究某种金属管防腐蚀的功能, 考虑了 4 种不同的涂料涂层 A_1, A_2, A_3, A_4. 将金属管埋设在 3 种不同性质的土壤 B_1, B_2, B_3 中, 经历了一段时间, 测得金属管腐蚀的最大深度(以 mm 计)如表 9-12 所示.

表 9-12 某种金属管防腐蚀的功能试验数据表　　　　　（单位：mm）

	B_1	B_2	B_3
A_1	1.63	1.35	1.27
A_2	1.34	1.30	1.22
A_3	1.19	1.14	1.27
A_4	1.30	1.09	1.32

在显著性水平 $\alpha = 0.05$ 下, 分析不同涂料涂层和土壤对金属管腐蚀的最大深度有无显著性影响.

解: 这是一个双因素试验, 因素 A 有四个水平, 因素 B 有三

个水平. 由于每组条件下只取一个样本, 因而不考虑交互效应. 输入R命令计算过程和结果如下:

```
> sy=data.frame(X=c(1.63,1.35,1.27,1.34,1.30,
1.22,1.19,1.14,1.27,1.30,1.09,1.32),
   A=gl(4,3),B=gl(3,1,12))
> sy.aov=aov(X~A+B,data=sy)
> summary(sy.aov)
            Df   Sum Sq    Mean Sq   F value   Pr(>F)
A           3    0.0807    0.02690   2.107     0.201
B           2    0.0434    0.02170   1.700     0.260
Residuals   6    0.0766    0.01277
```

根据 p 值说明, 没有充分理由认为不同涂料涂层对金属管腐蚀的最大深度有显著性影响, 也没有充分理由认为不同土壤对金属管腐蚀的最大深度有显著性影响.

在不考虑交互作用的双因素模型中, 假定因素 A 和因素 B 对指标的效应是可以叠加的, 而且认为因素 A 的各个水平效应的比较与因素 B 在什么水平无关. 这里并没有考虑因素 A 和因素 B 的各种水平组合 (A_i, B_j) 的不同给试验指标带来的影响, 这种影响被称为交互效应, 这就是下面要讨论的问题.

2. 考虑交互效应

(1) 数学模型 设有两个因素 A 和 B, 因素 A 有 r 个水平 A_1, A_2, $\cdots$, A_r; 因素 B 有 s 个水平 B_1, B_2, $\cdots$, B_s, 每种水平组合 (A_i, B_j) 下重复试验 t 次. 记第 k 次的观测值为 x_{ijk}, 将观测数据列表, 如表9-13所示.

表 9-13 双因素重复试验数据

	B_1			B_2			$\cdots$	B_s		
A_1	x_{111}	x_{112}	$\cdots$	x_{11t}	x_{121}	x_{122}	$\cdots$	x_{12t}	$\cdots$	x_{1s1}	x_{1s2}	$\cdots$	x_{1st}
A_2	x_{211}	x_{212}	$\cdots$	x_{21t}	x_{221}	x_{222}	$\cdots$	x_{22t}	$\cdots$	x_{2s1}	x_{2s2}	$\cdots$	x_{2st}
$\vdots$	$\vdots$	$\vdots$	$\vdots$	$\vdots$	$\vdots$	$\vdots$		$\vdots$	$\vdots$	$\vdots$
A_s	x_{r11}	x_{r12}	$\cdots$	x_{r1t}	x_{r21}	x_{r22}	$\cdots$	x_{r2t}	$\cdots$	x_{rs1}	x_{rs2}	$\cdots$	x_{rst}

假定

$$x_{ijk} \sim N(\mu_{ij}, \sigma^2), i=1,2,\cdots,r; \ j=1,2,\cdots,s; \ k=1,2,\cdots,t,$$

各 x_{ijk} 相互独立. 所以, 数据可以分解为

$$\begin{cases} x_{ijk} = \mu + \alpha_i + \beta_j + \delta_{ij} + \varepsilon_{ijk}, \quad i=1,2,\cdots,r, j=1,2,\cdots,s; \ k=1,2,\cdots,t \\ \varepsilon_{ijk} \sim N(0, \sigma^2) \text{且各 } \varepsilon_{ijk} \text{相互独立} \\ \sum_{i=1}^{r} \alpha_i = 0, \quad \sum_{j=1}^{s} \beta_j = 0, \quad \sum_{i=1}^{r} \delta_{ij} = \sum_{j=1}^{s} \delta_{ij} = 0 \end{cases}$$

其中，$\mu = \dfrac{1}{rs}\sum_{i=1}^{r}\sum_{j=1}^{s}\mu_{ij}$ 为总平均，α_i 为因素 A 的第 i 个水平的效应，β_j 为因素 B 的第 j 个水平的效应，δ_{ij} 表示 A_i 和 B_j 的交互效应.

(2) 方差分析　判断因素 A，B 及交互效应的影响是否显著等价于检验下列假设：

$$H_{01}: \alpha_1 = \alpha_2 = \cdots = \alpha_r = 0,$$

$$H_{02}: \beta_1 = \beta_2 = \cdots = \beta_s = 0,$$

$$H_{03}: \delta_{ij} = 0, \quad i=1,2,\cdots,r; \; j=1,2,\cdots,s$$

在这种情况下，方差分析与前面类似，有下列计算公式：

$$S_T = S_E + S_A + S_B + S_{A\times B}$$

$$S_T = \sum_{i=1}^{r}\sum_{j=1}^{s}\sum_{k=1}^{t}(x_{ijk}-\bar{x})^2, \quad \bar{x} = \frac{1}{rst}\sum_{i=1}^{r}\sum_{j=1}^{s}\sum_{k=1}^{t}x_{ijk}$$

$$S_A = st\sum_{i=1}^{r}(\bar{x}_{i..}-\bar{x})^2, \quad \bar{x}_{i..} = \frac{1}{st}\sum_{j=1}^{s}\sum_{k=1}^{t}x_{ijk}, i=1,2,\cdots,r$$

$$S_B = rt\sum_{j=1}^{s}(\bar{x}_{.j.}-\bar{x})^2, \quad \bar{x}_{.j.} = \frac{1}{rt}\sum_{i=1}^{r}\sum_{k=1}^{t}x_{ijk}, j=1,2,\cdots,s$$

$$S_E = \sum_{i=1}^{r}\sum_{j=1}^{s}\sum_{k=1}^{t}(x_{ijk}-\bar{x}_{ij.})^2$$

$$\bar{x}_{ij.} = \frac{1}{t}\sum_{k=1}^{t}x_{ijk}, i=1,2,\cdots,r; \; j=1,2,\cdots,s$$

$$S_{A\times B} = t\sum_{i=1}^{r}\sum_{j=1}^{s}(\bar{x}_{ij.}-\bar{x}_{i..}-\bar{x}_{.j.}+\bar{x})^2$$

其中 S_T 为总离差平方和，S_E 为误差平方和，S_A 是由因素 A 的不同水平所引起的离差平方和（称为因素 A 的平方和），S_B 是由因素 B 的不同水平所引起的离差平方和（称为因素 B 的平方和），$S_{A\times B}$ 为交互效应平方和.

可以证明当 H_{01} 成立时，

$$F_A = \frac{S_A/(r-1)}{S_E/[rs(t-1)]} \sim F(r-1, rs(t-1))$$

当 H_{02} 成立时，

$$F_B = \frac{S_B/(s-1)}{S_E/[rs(t-1)]} \sim F(s-1, rs(t-1))$$

当 H_{03} 成立时，

$$F_{A\times B} = \frac{S_{A\times B}/[(r-1)(s-1)]}{S_E/[rs(t-1)]} \sim F((r-1)(s-1), rs(t-1))$$

分别以 F_A，F_B，$F_{A\times B}$ 作为 H_{01}，H_{02}，H_{03} 的检验统计量，将计算结果列成方差分析表，如表 9-14 所示.

第9章 方差分析

表 9-14 有交互效应的双因素试验方差分析表

方差来源	平方和	自由度	均方	F 值	临界值	p 值
因素 A	S_A	$r-1$	$MS_A = S_A/(r-1)$	$F_A = MS_A/MS_E$	F_α	p_A
因素 B	S_B	$s-1$	$MS_B = S_B/(s-1)$	$F_B = MS_B/MS_E$	F_α	p_B
A×B	$S_{A\times B}$	$(r-1)(s-1)$	$MS_{A\times B} = S_{A\times B}/(r-1)(s-1)$	$F_{A\times B} = MS_{A\times B}/MS_E$	F_α	$p_{A\times B}$
误差	S_E	$rs(t-1)$	$MS_E = S_E/rs(t-1)$			
总和	S_T	$rst-1$				

例 9.6 为了研究某种化工过程在三种不同浓度、四种不同温度水平下的得率,测量获得的数据如表 9-15 所示.

表 9-15 某种化工过程在不同浓度、不同温度水平下的得率的数据

	$B_1 = 10℃$		$B_2 = 24℃$		$B_3 = 38℃$		$B_4 = 52℃$	
$A_1 = 2\%$	14	10	11	11	13	9	10	12
$A_2 = 4\%$	9	7	10	8	7	11	6	10
$A_3 = 6\%$	5	11	13	14	12	13	14	10

在显著性水平 $\alpha = 0.05$ 下检验:在不同浓度下得率的均值是否有显著性差异,在不同温度下得率的均值是否有显著性差异,交互作用的效应是否显著?

解:输入 R 命令计算过程和结果如下:

```
>nd=data.frame(X=c(14,10,11,11,13,9,10,12,9,7,
10,8,7,11,6,10,5,11,13,14,12,13,14,10),A=gl(3,8,
24),B=gl(4,2,24))
> nd.aov=aov(X~A+B+A:B,data=nd)
> summary(nd.aov)
            Df  Sum Sq  Mean Sq  F value  Pr(>F)
A            2   44.33   22.167    4.092  0.0442 *
B            3   11.50    3.833    0.708  0.5657
A:B          6   27.00    4.500    0.831  0.5684
Residuals   12   65.00    5.417
---
Signif.codes:0'***'0.001'**'0.01'*'0.05'.'0.1''1
```

可见,在显著性水平 $\alpha = 0.05$ 下,因素 A 浓度的效应是显著的,而因素 B 温度水平及交互效应并不显著.

人物传记

罗纳德·艾尔默·费希尔

罗纳德·艾尔默·费希尔(Ronald Aylmer Fisher, 1890 年 2 月

17日—1962年7月29日），英国统计学家、数学家、遗传学家和优生学家，是现代统计科学的奠基人之一．费希尔于1890年2月17日生于伦敦，1962年7月29日卒于澳大利亚阿德莱德．1912年，费希尔毕业于剑桥大学数学系，后随英国数理统计学家J.琼斯进修了一年统计力学．他担任过中学数学教师．1918年任洛桑试验站统计试验室主任．1933年，因为在生物统计和遗传学研究方面成绩卓著而被聘为伦敦大学优生学教授．1943年任剑桥大学遗传学教授．1959年去澳大利亚，在联邦科学和工业研究组织的数学统计部做研究工作．

费希尔是现代统计科学的奠基人之一，他的主要贡献为：

1）用亲属间的相关说明了连续变异的性状可以用孟德尔定律来解释，从而解决了遗传学中孟德尔学派和生物统计学派的争论．

2）论证了方差分析的原理和方法，并应用于试验设计，阐明了极大似然方法以及随机化、重复性和统计控制的理论，指出自由度作为检查K.皮尔逊制定的统计表格的重要性．此外，还阐明了各种相关系数的抽样分布，也进行过显著性测验研究．

3）他提出的一些数学原理和方法对人类遗传学、数量遗传学的基本概念以及农业、医学方面的试验均有很大影响．例如，遗传力的概念就是在他提出的可将性状分解为加性效应、非加性（显性）效应和环境效应的理论基础上建立起来的．

他在遗传学上是一个极端的选择论者，认为中立性状很难存在．他一生在统计生物学中的功绩是十分突出的．

习题 9

1. 某一医学试验用来比较4种不同药品解除外科手术后疼痛的延续时间（以 h 计），结果如表 9-16 所示．

表 9-16 不同药品解除外科手术后疼痛的
延续时间统计表 （单位：h）

药品	疼痛的延续时间				
A_1	8	6	4	2	
A_2	6	6	4	1	
A_3	8	10	10	10	12
A_4	4	4	2		

试在显著性水平 $\alpha=0.05$ 下，检验4种药品对解除外科手术后疼痛的延续时间有无显著性差异．

2. 某防治站对4个林场的松毛虫密度进行调查，每个林场调查5块地得到数据如表 9-17 所示．

表 9-17 4个林场的松毛虫密度统计表

（单位：头/标准地）

地点	松毛虫密度				
A_1	192	189	176	185	190
A_2	190	201	187	196	200
A_3	188	179	191	183	194
A_4	187	180	188	175	182

试在显著性水平 $\alpha=0.05$ 下，检验4个林场的松毛虫密度是否有显著性差异？

3. 某种型号的电池是三家不同的制造商生产

的, 各随机抽取 5 只电池为样品, 经测试得到其寿命(以 h 计)的数据如表 9-18 所示.

表 9-18 三家不同的制造商生产的同型号的 5 只电池寿命统计表 (单位: h)

制造商	电池寿命				
A_1	40	42	48	45	38
A_2	26	28	34	32	30
A_3	39	50	40	50	43

试在显著性水平 $\alpha = 0.05$ 下, 检验三家不同的制造商生产的电池寿命有无显著性差异?

4. 在一个农业试验中, 考虑四种不同的种子品种 A_1, A_2, A_3, A_4 和三种不同的施肥方法 B_1, B_2, B_3, 得到产量数据如表 9-19 所示.

表 9-19 四种不同的种子品种分别采用三种不同的施肥方法的产量数据统计表

	B_1	B_2	B_3
A_1	325	292	316
A_2	317	310	318
A_3	310	320	318
A_4	330	370	365

试在显著性水平 $\alpha = 0.05$ 下, 检验不同的种子品种和施肥方法对产量有无显著性影响?

5. 有三位成本工程师 A_1, A_2, A_3 对 4 个建筑项目 B_1, B_2, B_3, B_4 进行评估, 其数据如表 9-20 所示.

表 9-20 三位成本工程师对 4 个建筑项目进行评估的统计数据表 (单位: 百万元)

	B_1	B_2	B_3	B_4
A_1	4.6	6.2	5.0	6.6
A_2	4.9	6.3	5.4	6.8
A_3	4.4	5.9	5.4	6.3

试在显著性水平 $\alpha = 0.05$ 下, 检验:

(1) 各工程师给出的评估均值是否存在显著性差异?

(2) 各项目的评估值是否存在显著性差异?

6. 为了检验广告媒体和广告方案对产品销售量的影响, 一家营销公司做了一项试验, 考察了三种不同的广告方案 A_1, A_2, A_3 和两种不同的广告媒体 B_1, B_2, 获得的销售数据如表 9-21 所示.

表 9-21 采用三种不同的广告方案和两种不同的广告媒体获得的销售数据统计表

	B_1		B_2	
A_1	8	12	12	8
A_2	22	14	26	30
A_3	10	18	18	14

试在显著性水平 $\alpha = 0.05$ 下, 检验广告方案和广告媒体及其交互效应对销售量的影响是否存在显著性差异?

7. 为了研究树种和地理位置对松树生长的影响, 对 3 种不同的树种 A_1, A_2, A_3 和 4 个不同地区 B_1, B_2, B_3, B_4 的同龄松树的直径进行测量, 对每一组水平组合进行了五次测量, 得到的数据如表 9-22 所示.

表 9-22 3 种不同的树种和 4 个不同地区的同龄松树的直径数据统计表

	B_1		B_2		B_3		B_4	
A_1	23	25	20	17	16	19	20	21
	21	14	11	26	13	16	18	17
	15		21		24		24	
A_2	28	30	26	24	19	18	26	26
	19	17	24	27	19	20	24	29
	22		26		25		23	
A_3	18	15	21	25	19	23	22	13
	23	18	12	12	22	14	12	22
	10		22		13		19	

试在显著性水平 $\alpha = 0.05$ 下, 检验树种和地理位置及其交互效应对同龄松树直径的影响是否存在显著性差异?

第 10 章
相关与回归分析

> 统计具有非凡的能力处理各种复杂的问题，它需要非常精细的方法和小心翼翼的解释．当人类科学探索者在问题的丛林中遇到难以逾越的障碍时，唯有统计工具可为其开辟一条前进的通道．
> ——Francis Galton

10.1 相关分析

1. 相关关系的概念

在现实世界中，变量与变量之间的关系，一般来说可分为确定性的和非确定性的两类．确定性关系的特点是指变量之间的关系可以用函数关系来表达．例如，圆的面积 S 和它的半径 r 之间的关系，当一个圆的半径 r 确定以后，圆的面积 S 也就确定了．再如，当某种商品的销售价格 P 不变的情况下，该商品的销售量 x 与销售额 y 之间的关系可表示为 $y=Px$，这是一种确定的函数关系，可以用确定的函数表达式来表达．

非确定性关系是指变量之间存在着不严格的数量依存关系，当一个或几个相互联系的变量取一定数值时，与之对应的另外一个变量的取值往往不确定，但它的某种规律在一定范围内变化，变量之间的这种不确定的统计关系也称为相关关系，一般可以表示为 $y=f(x,e)$，其中 e 为随机变量．例如，居民可支配收入 x 与居民消费支出 y 之间的关系就是一种相关关系，因为通常具有相同收入水平的居民的消费支出并不完全相同．居民消费支出 y 除了受居民收入 x 的影响外，还存在许多随机和不确定因素会影响居民消费支出 y．

2. 相关关系的种类

变量之间的相关关系按不同的角度，可以分为多种形式：

1）按研究变量的个数多少，可以分为单相关和复相关．单相关是指两个变量之间的相关关系，即研究的问题仅涉及一个自变量和一个因变量，如研究身高对体重的影响时，这两者的关系称为单相关. 有三个或三个以上的变量之间的相关关系称为复相关. 例如, 研究商品的销售额与居民收入、商品价格之间的关系.

2) 按变量变化的方向, 可分成正相关和负相关. 正相关是指两个变量有着一致的变动方向, 即当自变量 x 的数值增加时, 因变量 y 的数值随机增加. 例如, 家庭的消费支出随着可支配收入的增加而增加. 当一个现象的数量变动与另一个现象的数量变动呈现相反方向时, 这种相关称为负相关. 例如, 对某种商品的需求量, 随着商品价格的提高, 需求量会减少.

3) 按相关关系的表现形式不同, 相关关系可分为线性相关和非线性相关. 当变量之间的相关关系散点图中的点接近一条直线时, 称为线性相关. 而当变量之间的相关关系散点图中的点接近一条曲线时, 例如表现为抛物线、双曲线、指数曲线等非直线形式时, 这种关系称为非线性相关.

3. 相关表与相关图

进行相关分析时, 首先要判断现象之间是否存在相关关系. 通过制作相关图与相关表, 可以直观判断现象之间有无相关关系以及相关关系的类型.

(1) 相关表　相关表是表现相关关系的一种表格. 一般以 x 为自变量, y 为因变量, 自变量每取一个值, 都有相应的因变量的取值.

例 10.1　为研究我国居民人均收入 x 与居民人均消费支出 y 的相关关系, 表 10-1 所示是 2013—2017 年期间我国居民人均收入 x 与居民人均消费支出 y 的相关表.

表 10-1　2013—2017 年期间我国居民人均收入 x 与居民人均消费支出 y　（单位: 万元）

年　份	居民人均收入 x	居民人均消费支出 y
2013	1.83108	1.32204
2014	2.01671	1.44914
2015	2.19662	1.57124
2016	2.38210	1.71107
2017	2.59738	1.83221

注: 数据来源于《中国统计年鉴 2018》.

从表 10-1 可以看出, 随着我国居民人均收入的增加, 我国居民的人均消费支出也在不断增加, 因此可以认为我国居民人均收入 x 与居民人均消费支出 y 存在着一定的相关关系, 而且是正相关.

(2) 相关图 相关图也称为散点图,它是用直角坐标系的 x 轴代表一个变量,y 轴代表另一个变量,将两个变量间对应的变量值用坐标点的形式描绘出来,用以表示相关点分布状况的图形. 根据表 10-1 的相关表可以绘出相关图如图 10-1 所示.

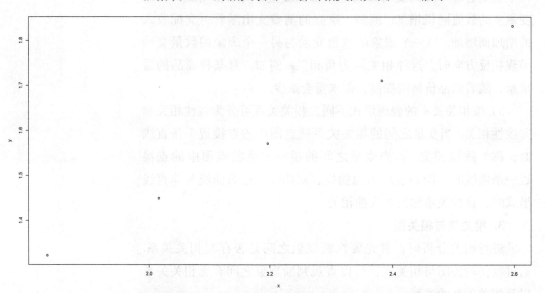

图 10-1 我国居民人均消费支出 y 与居民人均收入 x 的相关图

从图 10-1 可以直观看出,我国居民人均消费支出 y 与居民人均收入 x 之间关系密切,且有线性正相关的趋势.

4. 相关系数

(1) 简单线性相关系数(皮尔逊相关系数) 在各种类型的相关分析中,只有两个变量的线性相关关系是最简单的. 两个变量之间线性相关程度可以用简单线性相关系数去度量,这种相关系数是最常用的,也称为皮尔逊相关系数(Pearson's correlation coefficient). 对于要研究的总体,两个相互联系的变量的相关系数称为总体相关系数,通常用 ρ 表示,总体相关系数的计算公式为

$$\rho = \frac{\mathrm{Cov}(x,y)}{\sqrt{\mathrm{Var}(x)\mathrm{Var}(y)}}$$

其中,$\mathrm{Var}(x)$ 是变量 x 的方差,$\mathrm{Var}(y)$ 是变量 y 的方差,$\mathrm{Cov}(x,y)$ 是变量 x 和 y 的协方差.

总体相关系数 ρ 反映了总体两个变量 x 和 y 的线性相关程度,对于特定的总体而言,x 和 y 的数值是既定的,总体相关系数 ρ 是客观存在的特定数值. 然而,通常不可能去直接观测总体的两个变量 x 和 y 的全部数值,所以总体相关系数 ρ 一般是未知的. 通常

可以做到的是从总体中随机抽取一定数量的样本，通过 x 和 y 的样本观测值去估计样本相关系数. 变量 x 和 y 的样本相关系数通常用 r 表示，其计算公式为

$$r = \frac{\sum(x-\bar{x})(y-\bar{y})}{\sqrt{\sum(x-\bar{x})^2 \sum(y-\bar{y})^2}} = \frac{\sigma_{xy}}{\sigma_x \sigma_y} = \frac{L_{xy}}{\sqrt{L_{xx}L_{yy}}}$$

其中，x，y 为变量，n 为变量的项数. 并且有

$$\bar{x} = \frac{1}{n}\sum x, \quad \bar{y} = \frac{1}{n}\sum y$$

$$\sigma_{xy} = \frac{\sum(x-\bar{x})(y-\bar{y})}{n}$$

$$\sigma_{xx} = \sqrt{\frac{\sum(x-\bar{x})^2}{n}}$$

$$\sigma_{yy} = \sqrt{\frac{\sum(y-\bar{y})^2}{n}}$$

$$L_{xy} = \sum(x-\bar{x})(y-\bar{y}) = n\sum xy - \sum x \sum y$$
$$L_{xx} = \sum(x-\bar{x})^2 = n\sum x^2 - (\sum x)^2$$
$$L_{yy} = \sum(y-\bar{y})^2 = n\sum y^2 - (\sum y)^2$$

样本相关系数 r 是根据从总体中抽取的随机样本的观测值 x_i 和 y_i 计算出来的，它是对总体相关系数 ρ 的估计. 可以证明，这样计算的样本相关系数是总体相关系数的一致估计.

相关系数 r 主要是用来表示变量 x 和 y 线性关系的密切程度，其取值范围为 $|r| \leqslant 1$. 相关系数 $|r|$ 越接近 1，说明变量 x 和 y 的线性相关程度越高；越接近于 0，说明变量 x 和 y 的线性相关程度越低.

当 $r = \pm 1$ 时，表示两个变量完全线性相关，即函数关系；

当 $r = 0$ 时，表明两个变量无线性相关关系；

当 $|r| < 0.3$ 时，表明两个变量为微弱线性相关；

当 $0.3 \leqslant |r| < 0.5$ 时，为低度线性相关；

当 $0.5 \leqslant |r| < 0.8$ 时，为一般线性相关；

当 $0.8 \leqslant |r| < 1$ 时，为高度线性相关；

当 $r > 0$ 时，表明两个变量呈现正线性相关；当 $r < 0$ 时，表明两个变量呈现负线性相关.

图 10-2 所示为 x 和 y 之间的各种相关关系.

图 10-2 中第一行的第一、二个图表示变量 x 和 y 完全线性相关，第三个图表示变量之间为抛物线关系；第二行的第一、二个图表示变量 x 和 y 不完全线性相关，第三个图表示两个变量完全不相关.

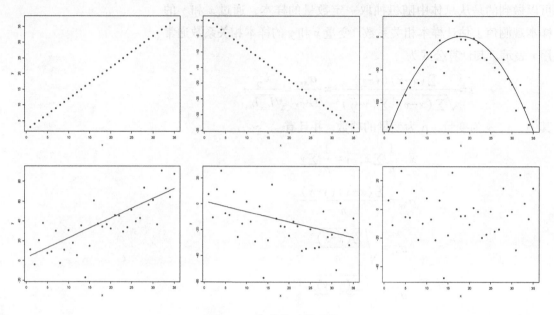

图 10-2 相关关系类型图

例 10.2 根据表 10-2 的数据，测定我国居民人均收入 x 与居民人均消费支出 y 的相关程度.

表 10-2 相关系数计算表

年份	居民人均收入 x/万元	居民人均消费支出 y/万元	xy	x^2	y^2
2013	1.83108	1.32204	2.420761	3.352854	1.747790
2014	2.01671	1.44914	2.922495	4.067119	2.100007
2015	2.19662	1.57124	3.451417	4.825139	2.468795
2016	2.38210	1.71107	4.075940	5.674400	2.927761
2017	2.59738	1.83221	4.758946	6.746383	3.356993
合计	11.02389	7.8857	17.62956	24.6659	12.60135

解：

$$r = \frac{\sum(x-\bar{x})(y-\bar{y})}{\sqrt{\sum(x-\bar{x})^2 \sum(y-\bar{y})^2}} = \frac{L_{xy}}{\sqrt{L_{xx}L_{yy}}} = \frac{1.216711}{\sqrt{1.863349}\sqrt{0.8224855}} = 0.999$$

用 R 计算的话，cor( ) 是计算相关系数的函数，本例中可以输入命令：

> x=c(1.83108,2.01671,2.19662,2.38210,2.59738)
> y=c(1.32204,1.44914,1.57124,1.71107,1.83221)

```
> cor(x,y)
[1] 0.9990548
```

计算结果表明, 我国居民人均收入 x 与居民人均消费支出 y 这两个变量之间存在高度的线性相关关系.

(2) 皮尔逊相关系数的检验 一般情况下, 总体相关系数 ρ 是未知的, 通常用样本相关系数 r 作为 ρ 的近似估计值. 但由于 r 是根据样本数据计算出来的, 抽取的样本不同, r 的取值也不同, 因此 r 是一个随机变量. 能否根据样本相关系数说明总体的相关程度呢? 这就需要考察样本相关系数的可靠性, 也就是进行显著性检验.

相关系数的显著性检验通常采用费希尔提出的 t 检验, 该检验可以用于大样本也可以用于小样本, 检验的具体步骤如下:

第一步, 提出假设:

H_0: $\rho = 0$ (总体两个变量的线性关系不显著)

H_1: $\rho \neq 0$ (总体两个变量的线性关系显著)

第二步, 计算检验统计量

$$t = \frac{r\sqrt{n-2}}{\sqrt{1-r^2}} \sim t(n-2)$$

可以证明, 当 (X,Y) 为二元正态总体, 且当 H_0: $\rho = 0$ 为真时, 统计量

$$t = \frac{r\sqrt{n-2}}{\sqrt{1-r^2}} \sim t(n-2)$$

服从自由度为 $(n-2)$ 的 t 分布.

第三步, 进行决策, 求出统计量的 p 值. 如果 $p < \alpha$, 拒绝 H_0, 表明总体的两个变量之间存在显著的线性关系.

例 10.3 检验例 10.2 中计算出来的相关系数的显著性 ($\alpha = 0.05$).

解: 在 R 中, cor.test() 函数用来做相关系数的显著性检验. 以下是 R 程序和计算结果.

```
> x=c(1.83108,2.01671,2.19662,2.38210,2.59738)
> y=c(1.32204,1.44914,1.57124,1.71107,1.83221)
> cor.test(x,y)

        Pearson's product-moment correlation

data:  x and y
```

t=39.808,df=3,p-value=3.488e-05

alternative hypothesis: true correlation is not equal to 0

95 percent confidence interval:
 0.9849944 0.9999409

sample estimates:
       cor
 0.9990548

R 输出的相关系数为 0.9990548，95%的置信区间为(0.9849944, 0.9999409)，检验统计量 $t=39.808$，p 值为 $3.488\times10^{-5}<0.05$，表明我国居民人均收入 x 与居民人均消费支出 y 这两个变量之间的线性关系显著.

(3) Spearman 等级相关系数　两个变量之间的皮尔逊相关系数要求两个随机变量的联合分布是二维正态分布. 当变量不满足正态分布要求时，或者所研究的变量不是数量型变量时，皮尔逊相关系数的相关分析方法不宜使用，这时可以用 Spearman 等级相关系数做相关分析.

对于样本容量为 n 的变量 x 和 y，如果 x 和 y 的取值分别都可以分为 n 个等级，而且样本的 n 个单位分别不重复地属于 x 和 y 的 n 个等级，没有两个单位取相同等级的情况，并且用 d_i 表示样本单位属于 x 的等级与 y 的等级的级差. Spearman 等级相关系数 r_s 的计算公式为

$$r_s = 1 - \frac{6\sum d_i^2}{n(n^2-1)}$$

样本等级相关系数的取值范围是 $-1 \leqslant r_s \leqslant 1$. 当 $r_s=1$ 时，说明样本等级完全正相关；当 $r_s=-1$ 时，样本等级完全负相关；当 $r_s=0$ 时，说明样本等级不相关；当 $0<r_s<1$ 时，r_s 越接近于 1，正相关程度越高；当 $-1<r_s<0$ 时，r_s 越接近于 -1，负相关程度越高；可以证明，Spearman 等级相关系数是皮尔逊相关系数的特例.

等级相关系数主要适用于变量值表现为等级的变量. 但是，对于变量值表现为数值的变量，如果无法假定其总体分布，或者其中有一个变量只能用等级表现时，有时也可以用 Spearman 等级相关系数分析其相关性. 方法是可以按实际观察值大小排序，把观察值的取值范围划分为若干等级区间，并赋予每个观察值秩次而将其划分为若干等级，然后计算等级相关系数. 例如，将表 10-1 中我国居民人均收入 x 与居民人均消费支出 y 用其秩次表示，并计算等级级差，如表 10-3 所示.

表 10-3　我国居民人均收入 x 与居民人均消费支出 y 等级级差计算

年份	居民人均收入 x		居民人均消费支出 y		等级级差 $d_i = p_i - q_i$	d_i^2
	变量 x	秩次 p_i	变量 y	秩次 q_i		
2013	1.83108	5	1.32204	5	0	0
2014	2.01671	4	1.44914	4	0	0
2015	2.19662	3	1.57124	3	0	0
2016	2.38210	2	1.71107	2	0	0
2017	2.59738	1	1.83221	1	0	0

依据等级级差，可计算出等级相关系数为

$$r_s = 1 - \frac{6\sum d_i^2}{n(n^2-1)} = 1 - 0 = 1$$

也可以用 R 计算，仍旧使用 cor.test( ) 函数进行 Spearman 等级相关检验，仅需将检验方法设为 spearman 即可．

```
> x=c(1.83108,2.01671,2.19662,2.38210,2.59738)
> y=c(1.32204,1.44914,1.57124,1.71107,1.83221)
> cor.test(x,y,method="spearman")

        Spearman's rank correlation rho

data:  x and y
S=2.2204e-15,p-value=0.01667
alternative hypothesis: true rho is not equal to 0
sample estimates:
rho
  1
```

计算结果 $p = 0.01667 < 0.05$，因此拒绝原假设，认为变量 x 和变量 y 相关．$r_s = 1$，说明样本等级完全正相关．

例 10.4　一项有六个人参加表演的竞赛，有两个人进行打分，打分结果如表 10-4 所示，试检验这两个评委对等级评定有无相关关系．

表 10-4　两个评委的打分成绩　　　　（单位：分）

甲的打分	1	2	3	4	5	6
乙的打分	6	5	4	3	2	1

解：由于打分成绩是打分的等级，所以无法用皮尔逊相关检验，这里选择 Spearman 等级相关检验方法来完成检验工作，输入数据，做检验．

```
> x<-1:6;y<-6:1
> cor.test(x,y,method="spearman")
```

        Spearman's rank correlation rho

data: x and y
S=70,p-value=0.002778
alternative hypothesis: true rho is not equal to 0
sample estimates:
rho
 -1

其中，p 值 $=0.002778<0.05$，因此拒绝原假设，认为变量 x 和变量 y 相关. 事实上，$r_s=-1$，表明这两个变量完全负相关，即两个人的结论有关系，但结论完全相反.

10.2 一元线性回归分析

相关分析是用一定的数量指标(相关系数)度量变量之间相互联系的方向和密切程度. 回归分析却是要寻求变量之间联系的具体数学形式. 回归分析是通过一定的数学表达式将变量之间的关系描述出来，进而确定一个或几个自变量的变化对另一个因变量的影响程度. 具体来说，回归分析的任务是：从一组样本数据出发，确定出变量之间联系的具体数学关系式；对这些关系式的可信程度进行各种统计检验，并从影响因变量的诸多变量中找出哪些变量的影响是显著的，哪些是不显著的；利用所求的数学表达式，根据一个或几个自变量的取值来估计或预测另一个因变量的取值，并给出这种估计或预测的可靠程度.

1. 一元回归模型

假设变量 x 与 y 存在某种线性相关关系，其中 x 是可控制或可精确观察的普通变量，y 是随机变量. 对于 x 的一组不全相同的值 $x_1, x_2, \cdots, x_n$ 进行独立试验，得到随机变量 y 的相应观察值 $y_1, y_2, \cdots, y_n$，如此构成 n 对数据

$$(x_1,y_1),(x_2,y_2),\cdots,(x_n,y_n),$$

称之为一组容量为 n 的样本，做出相应的散点图，若从图上可以看出点 (x_i,y_i) $(i=1,2,\cdots,n)$ 大致分布在一条直线附近，即可假设 x 与 y 之间大致存在线性相关关系. 而具有线性相关关系的变量，可以用 y 关于 x 的条件数学期望 $E(y|x)$ 作为 y 的代表值与 x

建立确定性关系，因此我们设想 y 关于 x 的条件数学期望是 x 的线性函数，即
$$E(y|x)=\mu(x)=a+bx$$
进一步假设，对 x 的每一指定值，y 服从正态分布，从而
$$y \sim N(a+bx,\sigma^2)$$
其中参数 a，b 和方差 σ^2 都是未知的，且不依赖于 x.

以上假设相当于我们假设因变量 y 和自变量 x 服从如下的线性关系：
$$\begin{cases} y=a+bx+\varepsilon \\ \varepsilon \sim N(0,\sigma^2), \quad \sigma^2 \text{ 与 } x \text{ 无关} \end{cases}$$
于是 n 对数据 (x_i, y_i) 也相应地满足下述线性关系：
$$\begin{cases} y_i=a+bx_i+\varepsilon_i \\ \varepsilon_i \sim N(0, \sigma^2), \quad \varepsilon_i(i=1,2,\cdots,n) \text{ 相互独立} \end{cases}$$
通常就称数据 y_1，y_2，$\cdots$，y_n 满足线性模型.

综上所述，一元线性回归模型应满足下述五个基本假定：

假定一：因变量 y 与自变量 x 之间具有线性关系.

假定二：在重复抽样中，自变量 x 的取值是非随机的.

假定三：零均值假定. 在给定 x 的条件下，ε_i 的条件期望为 0，即
$$E(\varepsilon_i | x_i)=0$$

假定四：同方差假定. 对于所有的 x 值，ε_i 的条件方差 σ^2 都相同.

假定五：ε_i 独立，且服从同一个正态分布，即 $\varepsilon_i \sim N(0, \sigma^2)$.

下一步的任务就是，通过 n 对观察值，对参数 a，b 做估计. 如果 a，b 的估计分别为 $\hat{a}$ 与 $\hat{b}$ ($\hat{a}$ 与 $\hat{b}$ 皆为随机变量，它们的取值随样本而变)，则可得到**理论回归函数** $a+bx$ 的估计 $\hat{a}+\hat{b}x$，称之为**经验回归函数**. 于是，对于给定的 x，就用 $\hat{a}+\hat{b}x$ 作为 y 的估计 $\hat{y}$ (实际上是 y 的条件数学期望 $E(y|x)$ 的一个估计)，记作
$$\hat{y}=\hat{a}+\hat{b}x$$
称之为**经验回归方程**，它是**理论回归方程**
$$y=a+bx$$
的估计. 经验回归方程所对应的直线就称为经验回归直线，系数 $\hat{b}$ 是经验回归直线的斜率.

2. 回归系数的普通最小二乘法估计

在散点图上可以画出直线，使直线两边的散点分布比较均衡，这样就得到一条回归直线，究竟哪一条最好，这要给出一个标准，

以下将要陈述的最小二乘法的原则就是标准之一.

假设要选配的回归直线为 $y=a+bx$,则对每一个观察值 x_i,在回归直线上可以得到一个对应值 $a+bx_i$,它与实际观察值 y_i,沿着平行 y 轴的方向有一偏差 $|y_i-(a+bx_i)|$. 所谓最小二乘法的原则就是要选取适当的 a 和 b 的值,使偏差 $|y_i-(a+bx_i)|$ 的平方和达到最小,即

$$\min Q(a,b) = \min \sum_{i=1}^{n} (y_i - a - bx_i)^2$$

并认为这样配置的直线为最好.

注意到 $Q(a,b)$ 表达式中 x_i, $y_i(i=1,2,\cdots,n)$ 为已知样本观察值,$Q(a,b)$ 的大小依赖于 a,b 的取值,根据微积分求极值的原理,为使 $Q(a,b)$ 达到最小,只要求其偏导数 $\dfrac{\partial Q}{\partial a}, \dfrac{\partial Q}{\partial b}$,并令它们等于零,即

$$\begin{cases} \dfrac{\partial Q}{\partial a} = -2\sum_{i=1}^{n}(y_i-a-bx_i) = 0 \\ \dfrac{\partial Q}{\partial b} = -2\sum_{i=1}^{n} x_i(y_i-a-bx_i) = 0 \end{cases}$$

整理得方程组

$$\begin{cases} na + b\sum x_i = \sum y_i \\ a\sum x_i + b\sum x_i^2 = \sum x_i y_i \end{cases}$$

其中,n 为样本容量.

这个方程组称为最小二乘的正规方程组. 求解这一方程组,得 a 和 b 的值:

$$\begin{cases} \hat{b} = \dfrac{\sum x_i y_i - n\bar{x}\bar{y}}{\sum x_i^2 - n\bar{x}^2} = \dfrac{\sum(x_i-\bar{x})(y_i-\bar{y})}{\sum(x_i-\bar{x})^2} \\ \hat{a} = \bar{y} - \hat{b}\bar{x} \end{cases}$$

其中,$\bar{x} = \dfrac{1}{n}\sum x_i$,$\bar{y} = \dfrac{1}{n}\sum y_i$ 分别为样本观测值 x_i,$y_i(i=1,2,\cdots,n)$ 的均值.

于是求得经验回归方程

$$\hat{y} = \hat{a} + \hat{b}x$$

方便起见,现引入下列记号:

$$\begin{cases} l_{xx} = \sum(x_i-\bar{x})^2 = \sum x_i^2 - \dfrac{1}{n}(\sum x_i)^2 \\ l_{yy} = \sum(y_i-\bar{y})^2 = \sum y_i^2 - \dfrac{1}{n}(\sum y_i)^2 \\ l_{xy} = \sum(x_i-\bar{x})(y_i-\bar{y}) = \sum x_i y_i - \dfrac{1}{n}(\sum x_i)(\sum y_i) \end{cases}$$

分别称 l_{xx}，l_{yy} 为 x，y 的**离差平方和**，l_{xy} 为 x，y 的**离差乘积和**。利用这些记号，a，b 的估计可写成

$$\begin{cases} \hat{b} = \dfrac{l_{xy}}{l_{xx}} \\ \hat{a} = \dfrac{1}{n}\sum y_i - \left(\dfrac{1}{n}\sum x_i\right)\hat{b} \end{cases}$$

上述计算主要涉及 $\sum x_i$，$\sum y_i$，$\sum x_i^2$，$\sum y_i^2$ 和 $\sum x_i y_i$ 的计算，它们一般可列表进行，如下面例子所示。

例 10.5 为了研究 2010—2017 年期间我国财政收入与国内生产总值的关系，取得的数据如表 10-5 所示，建立我国财政收入 y 对国内生产总值 x 的线性回归模型。

表 10-5　我国财政收入与国内生产总值

（单位：亿元）

年份	财政收入 y	国内生产总值 x
2010	83101.51	413030.3
2011	103874.43	489300.6
2012	117253.52	540367.4
2013	129209.64	595244.4
2014	140370.03	643974.0
2015	152269.23	689052.1
2016	159604.97	743585.5
2017	172592.77	827121.7

注：数据来源于《中国统计年鉴 2018》。

解法 1：根据表 10-5 计算得到 $\sum x_i$，$\sum y_i$，$\sum x_i^2$，$\sum y_i^2$ 和 $\sum x_i y_i$ 的值列于表 10-6 中。代入 l_{xx}，l_{yy}，l_{xy}，分别求出 x，y 的离差平方和，以及 x，y 的离差乘积和，即

$$\begin{cases} l_{xx} = \sum x_i^2 - \dfrac{1}{n}\left(\sum x_i\right)^2 = 130346729082 \\ l_{yy} = \sum y_i^2 - \dfrac{1}{n}\left(\sum y_i\right)^2 = 6297413646 \\ l_{xy} = \sum x_i y_i - \dfrac{1}{n}\left(\sum x_i\right)\left(\sum y_i\right) = 28464605462 \end{cases}$$

表 10-6　例 10.5 的计算表

国内生产总值 x	财政收入 y	x^2	y^2	xy
413030.3	83101.51	170594028718	6905860964	34323441606
489300.6	103874.43	239415077160	10789897208	50825820924
540367.4	117253.52	291996926983	13748387952	63359979743
595244.4	129209.64	354315895731	16695131069	76911314636
643974.0	140370.03	414702512676	19703745322	90394649699

国内生产总值 x	财政收入 y	x^2	y^2	xy
689052.1	152269.23	474792796514	23185918405	104921432697
743585.5	159604.97	552919395810	25473746449	118679941420
827121.7	172592.77	684130306611	29788264256	142755225330
$\sum x_i$	$\sum y_i$	$\sum x_i^2$	$\sum y_i^2$	$\sum x_i y_i$
4941676	1058276	3182867000000	146291000000	682171806055

并进一步求出回归系数 $\hat{a}$ 和 $\hat{b}$ 的值分别为

$$\begin{cases} \hat{b} = \dfrac{l_{xy}}{l_{xx}} = 0.2184 \\ \hat{a} = \dfrac{1}{n}\sum y_i - \left(\dfrac{1}{n}\sum x_i\right)\hat{b} = -2608.4559 \end{cases}$$

因此,所求的回归方程为

$$\hat{y} = \hat{a} + \hat{b}x = -2608.456 + 0.2184x$$

解法 2:上述 l_{xx},l_{yy},l_{xy} 的计算,很容易用 R 实现:

```
> x = c(413030.3,489300.6,540367.4,595244.4,
643974.0,689052.1,743585.5,827121.7)
> y = c(83101.51,103874.43,117253.52,129209.64,
140370.03,152269.23,159604.97,172592.77)
> lxx=sum((x-mean(x))^2);lxx
[1] 130346729082
> lyy=sum((y-mean(y))^2);lyy
[1] 6297413646
> lxy=sum((x-mean(x))*(y-mean(y)));lxy
[1] 28464605462
```

并进一步求出回归系数 $\hat{a}$ 和 $\hat{b}$ 的值,即

```
> b=lxy/lxx;b
[1] 0.2183761
> a=mean(y)-b*mean(x);a
[1] -2608.456
```

因此,所求的回归方程为

$$\hat{y} = \hat{a} + \hat{b}x = -2608.456 + 0.2184x$$

解法 3:在 R 中,求回归方程的函数是 lm( ),可以用 lm( ) 函数直接求出回归方程如下:

```
> x = c(413030.3,489300.6,540367.4,595244.4,
643974.0,689052.1,743585.5,827121.7)
```

```
> y = c(83101.51, 103874.43, 117253.52, 129209.64,
140370.03, 152269.23, 159604.97, 172592.77)
> lm(y~x)

    Call:
    lm(formula = y ~ x)

    Coefficients:
    (Intercept)              x
    -2608.4559          0.2184
```

因此, 所求的回归方程为

$$\hat{y} = \hat{a} + \hat{b}x = -2608.456 + 0.2184x$$

即我国的 GDP 每提高一亿元, 财政收入将提高 0.2184 亿元.

3. 最小二乘估计的统计性质

一元线性回归模型的系数不能直接观测, 只能通过样本观察值去估计, 所得到的样本回归系数的估计量是随抽样而变动的随机变量. 对回归系数的假设检验, 是建立在所估计样本回归系数的概率分布性质基础上的.

(1) 估计量 $\hat{b}$ 的数学期望与方差　可以证明 $\hat{b}$ 是 b 的无偏估计量; b 的估计量 $\hat{b}$ 的数学期望为 $E(\hat{b}) = b$; 因此, 所求得的回归系数 $\hat{b}$ 是 b 的无偏估计量; $\hat{b}$ 的方差为

$$\operatorname{Var}(\hat{b}) = \frac{\sigma^2}{\sum(x_i - \bar{x})^2} = \frac{\sigma^2}{l_{xx}}$$

且估计量 $\hat{b}$ 服从正态分布, 即

$$\hat{b} \sim N(b, \sigma^2 / l_{xx})$$

(2) 估计量 $\hat{a}$ 的数学期望与方差　可以证明 $\hat{a}$ 是 a 的无偏估计量; a 的估计量 $\hat{a}$ 的数学期望为 $E(\hat{a}) = a$; 可见, 所求得的回归系数 $\hat{a}$ 是 a 的无偏估计量; $\hat{a}$ 的方差为

$$\operatorname{Var}(\hat{a}) = \left(\frac{1}{n} + \frac{\bar{x}^2}{l_{xx}}\right)\sigma^2$$

且估计量 $\hat{a}$ 服从正态分布, 即

$$\hat{a} \sim N\left(a, \left(\frac{1}{n} + \frac{\bar{x}^2}{l_{xx}}\right)\sigma^2\right)$$

(3) σ^2 的估计　通常取

$$\hat{\sigma}^2 = \frac{\sum(y_i - \hat{y}_i)^2}{n-2} = \frac{\sum(y_i - \hat{a} - \hat{b}x_i)^2}{n-2}$$

作为 σ^2 的估计量,也称为 σ^2 的最小二乘估计. 可以证明 $\hat{\sigma}^2$ 是 σ^2 的无偏估计,即
$$E(\hat{\sigma}^2) = \sigma^2$$

(4) $\operatorname{Cov}(\hat{a},\hat{b}) = -\dfrac{\bar{x}}{l_{xx}}\sigma^2$

(5) 对于给定的 x_0,$\hat{y}_0 = \hat{a} + \hat{b}x_0 \sim N\left(a+bx_0,\left(\dfrac{1}{n}+\dfrac{(x_0-\bar{x})^2}{l_{xx}}\right)\sigma^2\right)$

4. 拟合优度的度量

(1) 判定系数 样本回归直线是对样本数据的一种拟合. 不同估计方法可以拟合出不同的回归线,从散点图上看,样本回归直线与样本观察值总是存在一定程度的偏离. 对所估计出的样本回归线首先要考察对样本观察值拟合的优劣程度,即对拟合优度进行度量. 对样本回归拟合优度的度量是建立在对因变量总离差平方和分解的基础上的.

$y_1, y_2, \cdots, y_n$ 的取值是不同的,因变量 y 取值的这种波动称为变差. 变差的产生来自两个方面:一个是自变量 x 的取值不同造成的;二是除了 x 以外的其他因素的影响. 对一个具体的观测值来说,变差的大小可以用实际观测值 y 与其均值之差 $(y_i - \bar{y})$ 来表示. 而 n 次观察值的总变差可以由这些离差的平方和来表示,称为**总离差平方和**,即
$$SST = \sum (y_i - \bar{y})^2$$
将 SST 中的每一项改写为
$$y_i - \bar{y} = (y_i - \hat{y}_i) + (\hat{y}_i - \bar{y})$$
其中 $\hat{y}_i$ 是当 $x = x_i$ 时经验回归直线 $\hat{y} = \hat{a} + \hat{b}x$ 上的对应值. 上式说明总离差 $y_i - \bar{y}$ 来源于 $(y_i - \hat{y}_i)$ 和 $(\hat{y}_i - \bar{y})$ 两个方面. 离差 $\hat{y}_i - \bar{y}$ 反映了当 x 变化时,y 按线性规律变动对总离差所产生的影响;而 $y_i - \hat{y}_i$ 则表示扣除 x 对 y 的线性影响之后,其他因素(包括随机因素)对 y 的影响.

$$\begin{aligned}SST &= \sum [(y_i - \hat{y}_i) + (\hat{y}_i - \bar{y})]^2 \\ &= \sum (y_i - \hat{y}_i)^2 + 2\sum (y_i - \hat{y}_i)(\hat{y}_i - \bar{y}) + \sum (\hat{y}_i - \bar{y})^2 \\ &= \sum (y_i - \hat{y}_i)^2 + \sum (\hat{y}_i - \bar{y})^2\end{aligned}$$

其中 $\sum (y_i - \hat{y}_i)(\hat{y}_i - \bar{y}) = 0$,这是因为 $\hat{y}_i$ 满足
$$\hat{y}_i = \hat{a} + \hat{b}x_i$$
因为 $\hat{a}, \hat{b}$ 是正规方程组的解,即 $\hat{a}, \hat{b}$ 满足
$$\begin{cases}\sum (y_i - \hat{a} - \hat{b}x_i) = 0 \\ \sum x_i (y_i - \hat{a} - \hat{b}x_i) = 0\end{cases}$$

于是 $\sum(y_i-\hat{y}_i)(\hat{y}_i-\bar{y}) = \sum(y_i-\hat{a}-\hat{b}x_i)(\hat{a}+\hat{b}x_i-\bar{y}) = 0.$

记
$$SSE = \sum(y_i-\hat{y}_i)^2$$
$$SSR = \sum(\hat{y}_i-\bar{y})^2$$

分别称为**残差平方和**与**回归平方和**. 于是
$$SST = SSE + SSR$$

即： **总平方和=残差平方和+回归平方和**

回归直线拟合的好坏取决于 SSR/SST 值的大小，SSR/SST 越大，直线的拟合就越好.

回归平方和占总平方和的比例，称为**判定系数**(coefficient of determination)，记为 R^2，其计算公式为

$$R^2 = \frac{SSR}{SST} = \frac{\sum(\hat{y}_i-\bar{y})^2}{\sum(y_i-\bar{y})^2} = 1 - \frac{\sum(y_i-\hat{y}_i)^2}{\sum(y_i-\bar{y})^2}$$

R^2 测度了回归直线对观测数据的拟合程度. 若所有点都落在直线上，残差平方和 $SSE=0$，$R^2=1$，拟合是完全的；判定系数 R^2 的取值范围是 $0 \leqslant R^2 \leqslant 1$；$R^2$ 越接近于 1，说明样本回归方程的拟合效果越好；反之，R^2 越接近于 0，说明样本回归方程的拟合效果越差.

在一元线性回归中，判定系数 R^2 就等于相关系数 r 的平方. 这是因为

$$SST = \sum(y_i-\bar{y})^2 = l_{yy}, \qquad SSR = \sum(\hat{y}_i-\bar{y})^2 = \hat{b}^2 l_{xx} = \frac{l_{xy}^2}{l_{xx}}$$

于是有
$$R^2 = \frac{SSR}{SST} = \frac{l_{xy}^2}{l_{xx}l_{yy}} = r^2$$

此外，我们还可以得到残差平方和的计算公式

$$SSE = SST - SSR = l_{yy} - \frac{l_{xy}^2}{l_{xx}}$$

例 10.6 根据例 10.5 中的数据，计算总平方和、残差平方和、回归平方和，并求出判定系数 R^2 和相关系数 r，并解释其实际意义.

解：由例 10.5 计算的结果：
$$\begin{cases} l_{xx} = 130346729082 \\ l_{yy} = 6297413646 \\ l_{xy} = 28464605462 \end{cases}$$

$$SST = \sum(y_i-\bar{y})^2 = l_{yy} = 6297413646$$

$$SSR = \frac{l_{xy}^2}{l_{xx}} = 6215988463$$

$$SSE = SST - SSR = 81425183$$

$$R^2 = \frac{SSR}{SST} = 0.9870701$$

$$r = \sqrt{R^2} = 0.993514$$

判定系数 R^2 的实际意义是：在我国财政收入 y 取值的变差中，有 98.70701%可以由我国财政收入与国内生产总值的线性关系来解释，或者说，我国财政收入取值的变动中，有 98.70701%是由国内生产总值所决定的. 这两者之间有很强的线性关系.

（2）回归估计标准误差　利用一元线性回归方程得到的因变量估计值，总是与实际观测值有或大或小的误差，为了从全部样本数据来说明估计误差大小的一般水平，可以对全部观测值的残差平方和进行平均，得到均方误差 MSE. MSE 的开平方，称为估计量的标准误差(standard error of estimate)，其计算公式为

$$S_e = SER = \sqrt{MSE} = \sqrt{\frac{\sum(y_i - \hat{y}_i)^2}{n-2}} = \sqrt{\frac{SSE}{n-2}}$$

从上式可以看出，估计量的标准误差是残差平方和除以它的自由度($n-2$)后的平方根. 之所以是($n-2$)，是因为在计算 SSE 时，必须先求出 $\hat{a}$, $\hat{b}$，这两个估计值就是附加给 SSE 的两个约束条件，因此在计算 SSE 时，只有 $n-2$ 个独立的观测值，而不是 n 个. 前面提到，$\hat{\sigma}^2$ 是 σ^2 的无偏估计，即 $E(\hat{\sigma}^2) = \sigma^2$，其中 $\hat{\sigma}^2$ 也就是 MSE，所以 MSE 是总体方差的无偏估计量.

估计量的标准误差反映了用估计的回归方程预测因变量 y 时预测误差的大小. S_e 越小，预测误差通常也越小.

例 10.7　根据例 10.6 的计算结果，计算我国财政收入 y 对国内生产总值 x 回归的估计标准误差，并解释其意义.

解：根据例 10.6 的计算结果，$SSE = 81425183$，代入 S_e 计算公式有

$$S_e = SER = \hat{\sigma} = \sqrt{\frac{SSE}{n-2}} = \sqrt{\frac{81425183}{6}} = 3683.865(亿元)$$

这就是说，根据我国的 GDP 来估计财政收入时，平均估计误差为 3683.865 亿元.

在后面例子中用 R 显示回归的结果中：Residual standard error: 3684 on 6 degrees of freedom，即估计标准误差 = 3684.

5. 回归方程的显著性检验

在得到简单线性模型的参数估计值后，这些估计值还不能被

使用，需要对回归系数、回归方程做检验，只有在通过检验后才能使用.

以上讨论中我们假设变量 x，y 满足五个基本假定，即
$$y=a+bx+\varepsilon,\ \varepsilon\sim N(0,\sigma^2),\ \sigma^2\ 与\ x\ 无关$$
观察数据对 (x_i,y_i) $(i=1,2,\cdots,n)$ 是符合五个基本假定的线性模型. 如果这些假设的确符合实际，则 b 不应为零，因为若 $b=0$，$E(y)$ 实际上并不随 x 呈线性变化，则 y 就不依赖于 x 了. 因此我们检验 x 与 y 是否线性相关就是要检验以下假设：
$$H_0: b=0,\ H_1: b\neq 0$$
关于一元线性回归方程的显著性检验有 3 种方法：①模型整体的显著性检验，即检验根据样本数据建立的回归方程在总体中是否具有解释力，自变量 x 与因变量 y 之间的线性关系是否显著，通过 F 检验法进行；②回归系数的显著性检验，即检验回归方程中的自变量对因变量的影响是否显著，通过 t 检验法进行；③方程总体的拟合优度检验可以用相关系数法.

(1) 回归方程的显著性检验(F 检验法)　当 H_0 为真时，$b=0$，此时
$$F=\frac{SSR/1}{SSE/(n-2)}=\frac{MSR}{MSE}=\frac{\hat{b}^2 l_{xx}}{\hat{\sigma}^2}\sim F(1,n-2)$$
对给定的显著性水平 α，当 $F\geq F_\alpha(1,n-2)$ 时，拒绝原假设. 它等价于当 p 值 $<\alpha$ 时，拒绝原假设.

例 10.8　根据例 10.7 的结果，用 F 检验法来检验我国财政收入 y 与国内生产总值 x 之间线性关系的显著性(显著性水平 $\alpha=0.05$).

解：第一步，提出假设：
$$H_0: b=0，两个变量之间的线性关系不显著$$
第二步，计算检验统计量
$$F=\frac{SSR/1}{SSE/(n-2)}=\frac{MSR}{MSE}=\frac{6215988463/1}{81425183/6}=458.0393$$
第三步，根据显著性水平 $\alpha=0.05$，分子自由度为 1，分母自由度为 6，查 F 分布表，找到临界值：$F_{0.05}(1,6)=5.99$，由于 $F>F_{0.05}$，拒绝 H_0，也等价于 F 检验统计量的值 458 对应的 p 值为 6.788×10^{-7}，小于给定的显著性水平 $\alpha=0.05$，拒绝 H_0. 这表明我国财政收入 y 与国内生产总值 x 之间线性关系是显著的.

在后面的例子用 R 显示回归的结果中：F-statistic：458 on 1 and 6 DF, p-value：6.788e-07，R 给出了 F 检验统计量的值 458

和对应的 p 值：$6.788×10^{-7}$，p 值 $<\alpha=0.05$，所以拒绝 H_0.

（2）回归系数的显著性检验（t 检验法） 当 H_0 为真时，$b=0$，此时

$$t=\frac{\hat{b}}{\hat{\sigma}}\sqrt{l_{xx}} \sim t(n-2)$$

H_0 的拒绝域为

$$|t|=\frac{|\hat{b}|}{\hat{\sigma}}\sqrt{l_{xx}} \geq t_{\alpha/2}(n-2)$$

即对于给定的显著性水平 α，当 $|t|=\frac{|\hat{b}|}{\hat{\sigma}}\sqrt{l_{xx}} \geq t_{\alpha/2}(n-2)$ 时，拒绝原假设. 它等价于当 p 值 $<\alpha$ 时，拒绝原假设.

例 10.9 根据例 10.7 的结果，用 t 检验法来检验回归系数的显著性（$\alpha=0.05$）.

解：第一步，提出假设

$$H_0: b=0,\ H_1: b\neq 0$$

第二步，计算检验的统计量，根据前面的计算结果有

$$\hat{b}=0.2184,\ \hat{\sigma}=S_e=3683.865,\ l_{xx}=130346729082$$

代入检验的统计量

$$t=\frac{\hat{b}}{\hat{\sigma}}\sqrt{l_{xx}}=\frac{0.2184\times\sqrt{130346729082}}{3683.865}=21.4042$$

第三步，做出决策. 根据给定的显著性水平 $\alpha=0.05$，自由度 $n-2=6$，查 t 分布表得 $t_{\alpha/2}=t_{0.025}(6)=0.7176$，由于

$$t=21.402>t_{0.025}=0.7176$$

拒绝原假设 H_0. 即我国的 GDP 是影响财政收入的一个显著性因素.

在实际应用中，R 输出的检验结果除了给出检验统计量 t 的值以外，还给出了用于检验的 p 值. 对于给定的显著性水平 α，当 p 值 $<\alpha$ 时，拒绝原假设. 否则接受原假设.

（3）相关系数法

$$R^2=\frac{l_{xy}^2}{l_{xx}l_{yy}}$$

对给定的显著性水平 α，查相关系数的临界值表可得 $r_\alpha(n-2)$，检验的拒绝域为

$$|R|>r_\alpha(n-2)$$

对于上述 3 种方法，若拒绝原假设，则认为线性回归方程是

显著的.

(4) R 计算　在 R 中, summary( ) 函数可以显示回归检验的结果.

例 10.10　使用 summary( ) 函数显示例 10.5 中回归检验的结果.

解:
```
> summary(lm(y~x))

Call:
lm(formula=y~x)

Residuals:
   Min      1Q   Median     3Q      Max
-5422.4 -1398.0   831.6   1981.5  4405.2

Coefficients:
             Estimate  Std.Error  t value  Pr(>|t|)
(Intercept) -2608.4559 6436.0280  -0.405    0.699
x              0.2184    0.0102   21.402  6.79e-07 ***
---
Signif.codes: 0 '***' 0.001 '**' 0.01 '*' 0.05 '.' 0.1 ' ' 1

Residual standard error: 3684 on 6 degrees of freedom
Multiple R-squared: 0.9871,  Adjusted R-squared: 0.9849
F-statistic:  458 on 1 and 6 DF,  p-value: 6.788e-07
```

下面对 R 显示的结果进行解释.

第一部分(Call)列出使用的回归模型.

第二部分(Residuals)为残差, 这里列出了残差的 5 个数, 即最小值、3 个四分位数和最大值.

第三部分(Coefficients)为系数, 其中 Estimate 表示系数的估计值, 即回归系数 $\hat{a}$ 和 $\hat{b}$ 的值; Std. Error 表示估计值的标准差; t value 表示 t 统计量, Pr(>|t|) 表示对应 t 统计量的 p 值. 还有显著性标记, 当 p 介于 0 与 0.001 时, 标记 *** 说明极为显著; 当 p 介于 0.001 与 0.01 时, 标记 ** 说明高度显著, 当 p 介于 0.01 与 0.05 时标记 * 说明显著, 当 p 介于 0.05 与 0.1 时标记 . 说明不太显著, 没有记号表示不显著. 本例中, 截距 a 显示的结果是不显著.

第四部分(Residual standard error)表示残差的标准差.

degrees of freedom 表示 t 分布的自由度，这里是 6.

Multiple R-squared 表示相关系数的平方，即 R^2. Adjusted R-squared 表示修正系数的平方，这个值会小于 R^2，其目的是不要轻易做出自变量与因变量相关的判断.

F-statistic 表示 F 统计量，DF 表示 F 统计量的两个自由度，这里是 1 和 6. p-value 表示 F 统计量对应的 p 值. 这里 p = 6.788e-07<0.05，因此，回归效果是显著的.

因此，所求的回归方程为

$$\hat{y}=\hat{a}+\hat{b}x=-2608.456+0.2184x$$

即 GDP 每提高 1 亿元，财政收入将提高 0.2184 亿元.

10.3 利用回归方程进行预测

回归分析的一个主要目的是利用估计的回归方程对因变量做合理的预测，如果对于 x 的一个给定值 x_0，求出 y 的一个预测值 $\hat{y}_0$，就是点估计. 在点估计的基础上，可以求出 y 的一个估计区间，估计区间有两种类型，即平均值的估计区间和个别值的估计区间.

1. 点估计

利用估计的回归方程，对于 x 的一个给定值 x_0，求出 y 的一个预测值 $\hat{y}_0$，就是点估计.

例 10.11 根据例 10.5 求出的回归方程，预测当中国的 GDP = 90 万亿元时，可预测的财政收入是多少？

解：所求的回归方程为

$$\hat{y}=\hat{a}+\hat{b}x=-2608.456+0.2184x$$

把 $x_0=90\times10^4$ 代入回归方程求得

$$\hat{y}=-2608.456+0.2184\times90\times10^4\approx193951.5(亿元)$$

所以，当我国的 GDP = 90 万亿元时，可预测的财政收入是 193951.5 亿元.

2. 区间估计

（1）y 的平均值的置信区间估计　对 x 的一个给定值 x_0，求出 y 的平均值 $E(y_0)$ 的区间估计，称为置信区间估计（confidence interval estimate）. 当 $x=x_0$ 时，$\hat{y}_0=\hat{a}+\hat{b}x_0$ 为 $E(y_0)$ 的估计值. 一般认为，不能期望估计值 $\hat{y}_0$ 精确地等于 $E(y_0)$. 因此，想要用 $\hat{y}_0$ 推断 $E(y_0)$，需要考虑 $\hat{y}_0$ 的方差和标准差，对于给定的 x_0，$\hat{y}_0$ 标准差的估计量计算公式为

$$S_{\hat{y}_0} = S_e \sqrt{\frac{1}{n} + \frac{(x_0-\bar{x})^2}{\sum(x_i-\bar{x})^2}}$$

有了 $\hat{y}_0$ 的标准差之后，对于给定的 x_0，$E(y_0)$ 在 $(1-\alpha)$ 置信水平下的置信区间可表示为

$$\hat{y}_0 \pm t_{\alpha/2} S_e \sqrt{\frac{1}{n} + \frac{(x_0-\bar{x})^2}{\sum(x_i-\bar{x})^2}}$$

例 10.12　根据例 10.5 求出的回归方程，取 $x_0 = 90 \times 10^4$ 亿元，建立我国财政收入 95% 的置信区间.

解：根据前面的计算结果，已知 $n=8$，$S_e = 3683.865$，查表得

$$t_{\alpha/2}(n-2) = t_{0.025}(8-2) = 2.4469$$

当我国的 GDP $= 90 \times 10^4$ 亿元时，财政收入的点估计值为

$$E(y_0) = -2608.456 + 0.2184 \times 90 \times 10^4 = 193951.5 (亿元)$$

$E(y_0)$ 在 $(1-\alpha) = 95\%$ 置信水平下的置信区间为

$$193951.5 \pm 2.4469 \times 3683.865 \times \sqrt{\frac{1}{8} + \frac{(90 \times 10^4 - 617709.5)^2}{130346729082}}$$

$$= 193951.5 \pm 7735.049$$

即 $186216.5 \leq E(y_0) \leq 201686.5$，也就是说，当我国的 GDP $= 90 \times 10^4$ 亿元时，财政收入的平均值在 186216.5 亿元和 201686.5 亿元之间.

当 $x_0 = \bar{x}$ 时，$\hat{y}_0$ 的标准差的估计量最小，此时，$S_{\hat{y}_0} = S_e \sqrt{\frac{1}{n}}$. 也就是说，当 $x_0 = \bar{x}$ 时，估计是最准确的. x_0 偏离 $\bar{x}$ 越远，y 的平均值的置信区间就越宽，估计的效果也就越不好.

（2）y 的个别值的预测区间估计　对 x 的一个给定值 x_0，求出 y 的一个个别值的区间估计，称为预测区间估计（prediction interval estimate）.

为了求出预测区间，首先必须知道用于估计的方差. y 的一个个别值 y_0 的方差估计量，用 S_{ind}^2 表示，其计算公式为

$$S_{ind}^2 = S_e^2 \left[1 + \frac{1}{n} + \frac{(x_0-\bar{x})^2}{\sum(x_i-\bar{x})^2}\right]$$

y 的一个个别值 y_0 的标准差的估计量为

$$S_{ind} = S_e \sqrt{1 + \frac{1}{n} + \frac{(x_0-\bar{x})^2}{\sum(x_i-\bar{x})^2}}$$

因此，对于给定的 x_0，y 的一个个别值 y_0 在 $(1-\alpha)$ 置信水平下的置信区间可表示为

$$\hat{y}_0 \pm t_{\alpha/2} S_e \sqrt{1 + \frac{1}{n} + \frac{(x_0 - \bar{x})^2}{\sum(x_i - \bar{x})^2}}$$

例 10.13 根据例 10.5 求出的回归方程，取 $x_0 = 90 \times 10^4$ 亿元，建立我国财政收入 95% 的个别值的预测区间.

解：根据前面的计算结果，已知 $n = 8$，$S_e = 3683.865$，查表得
$$t_{\alpha/2}(n-2) = t_{0.025}(8-2) = 2.4469$$

当我国的 GDP $= 90 \times 10^4$ 亿元时，财政收入的点估计值为
$$\hat{y}_0 = -2608.456 + 0.2184 \times 90 \times 10^4 = 193951.5(亿元)$$

我国财政收入 95% 的个别值的预测区间为

$$193951.5 \pm 2.4469 \times 3683.865 \times \sqrt{1 + \frac{1}{8} + \frac{(90 \times 10^4 - 617709.5)^2}{130346729082}}$$
$$= 193951.5 \pm 11877.88$$

即 $182073.664 \leqslant \hat{y}_0 \leqslant 205829.424$. 也就是说，当我国的 GDP $= 90 \times 10^4$ 亿元时，财政收入的个别值的预测区间在 182073.664 亿元和 205829.424 亿元之间.

10.4 非线性回归分析

在实际问题中，有时两个变量之间的关系并不是线性关系. 这时候可以根据样本散点图的形状，选择一条相近的函数曲线与之拟合，并将其转化为线性方程相近的函数，然后用线性回归方法，建立起回归模型.

1. 常见的可线性化的方程

（1）双曲线方程　双曲线方程的表达式为
$$\frac{1}{y} = a + \frac{b}{x}$$

其图像如图 10-3 所示.

若令 $y' = \frac{1}{y}$　$x' = \frac{1}{x}$，则有
$$y' = a + bx'$$

（2）幂函数方程　幂函数方程的表达式为
$$y = \alpha x^\beta$$

其图像如图 10-4 所示.

两边取对数得 $\lg y = \lg \alpha + \beta \lg x$

若令　　　　　$y' = \lg y$, $x' = \lg x$, $\alpha' = \lg \alpha$

则有　　　　　$y' = \alpha' + \beta x'$

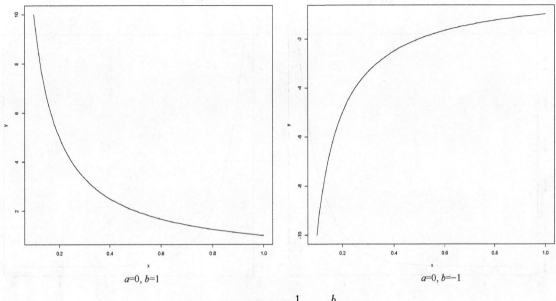

图 10-3 双曲线方程 $\dfrac{1}{y}=a+\dfrac{b}{x}$ 的图像

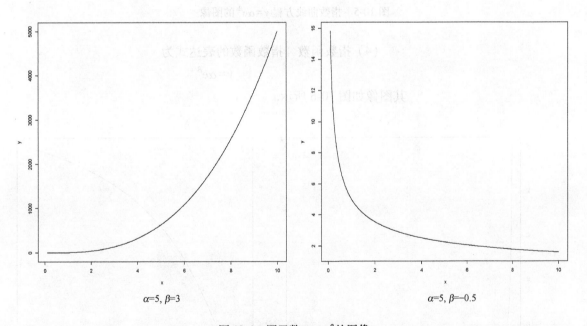

图 10-4 幂函数 $y=\alpha x^{\beta}$ 的图像

(3) 指数曲线方程　指数曲线方程的表达式为
$$y=\alpha e^{\beta x}$$
其图像如图 10-5 所示.

两边取对数得　　　　　$\ln y=\ln\alpha+\beta x$

令　　　　　　　　　$y'=\ln y,\ \alpha'=\ln\alpha$

则有
$$y' = \alpha' + \beta x$$

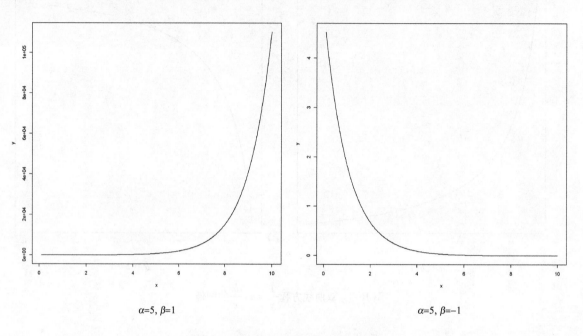

图 10-5　指数曲线方程 $y = \alpha e^{\beta x}$ 的图像

（4）指数函数　指数函数的表达式为
$$y = \alpha e^{\beta/x}$$

其图像如图 10-6 所示.

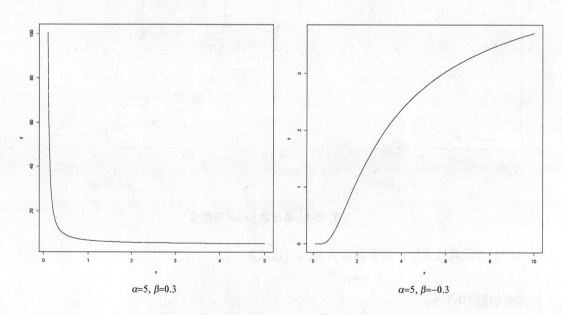

图 10-6　指数函数 $y = \alpha e^{\beta/x}$ 的图像

两边取对数得

$$\ln y = \ln \alpha + \beta \frac{1}{x}$$

令

$$y' = \ln y, \quad x' = \frac{1}{x}, \quad \alpha' = \ln \alpha$$

则有

$$y' = \alpha' + \beta x'$$

(5) 对数曲线 对数曲线的表达式为

$$y = a + b \lg x$$

若令

$$x' = \lg x$$

则有

$$y = a + bx'$$

(6) S 形曲线

S 形曲线的表达式为

$$y = \frac{1}{a + b e^{-x}}$$

若令

$$y' = \frac{1}{y}, \quad x' = e^{-x}$$

则有

$$y' = a + bx'$$

2. 抛物线方程

抛物线方程的表达式为

$$\hat{y} = a + b_1 x + b_2 x^2$$

其中,a,b_1,b_2 为回归系数.

例 10.14 已知某种半成品在生产过程中的废品率 y 与它的某种化学成分 x 的观测数据如表 10-7 所示.

表 10-7 废品率 y 与它的某种化学成分 x 的观测数据表

y	1.30	1.00	0.73	0.90	0.81	0.70	0.60	0.50	0.44	0.56	0.30	0.42	0.35	0.40	0.41	0.60
x	34	36	37	38	39	39	39	40	40	41	44	44	43	45	47	48

试分析 y 与 x 之间的关系.

解:(1) 先绘出 x,y 的散点图

> y=c(1.30,1,0.73,0.90,0.81,0.7,0.6,0.5,0.44,0.56,0.3,0.42,0.35,0.4,0.41,0.6)

> x=c(34,36,37,38,39,39,39,40,40,41,44,44,43,45,47,48)

> plot(x,y)

其结果如图 10-7 所示.

根据图 10-7,猜测 y 与 x 之间的关系可能存在着抛物线的关系.

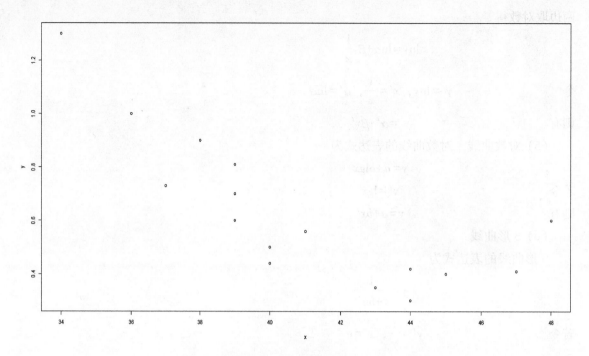

图 10-7 废品率 y 与它的某种化学成分 x 的散点图

(2) 做抛物线方程的回归
```
> lm(y~1+x+I(x^2))

Call:
lm(formula=y~1+x+I(x^2))

Coefficients:
(Intercept)            x         I(x^2)
  17.759954      -0.784598       0.008862
```
因此，求得的抛物线回归方程为
$$\hat{y} = a + b_1 x + b_2 x^2 = 17.76 - 0.78x + 0.008862 x^2$$

(3) 对所求的抛物线回归模型进行信息汇总
```
> summary(lm(y~1+x+I(x^2)))

Call:
lm(formula=y~1+x+I(x^2))

Residuals:
    Min       1Q    Median        3Q       Max
-0.13178  -0.05579  -0.01372   0.06323   0.17041
```

```
Coefficients:
            Estimate Std.Error t value Pr(>|t|)
(Intercept) 17.759954  2.592630   6.850 1.17e-05 ***
x           -0.784598  0.126263  -6.214 3.15e-05 ***
I(x^2)       0.008862  0.001528   5.801 6.17e-05 ***
---
Signif.codes:0'***'0.001'**'0.01'*'0.05'.'0.1''1

Residual standard error: 0.09652 on 13 degrees of freedom
Multiple R-squared: 0.8897,  Adjusted R-squared: 0.8728
F-statistic: 52.44 on 2 and 13 DF,  p-value: 5.974e-07
```

从 R 输出的结果可以看出，无论是整体方程还是单个系数都通过了显著性检验. 因此，得到

废品率 y 与它的某种化学成分 x 的回归方程为

$$\hat{y}=a+b_1x+b_2x^2=17.76-0.78x+0.008862x^2$$

(4) 绘出拟合的抛物线图形

```
> k=lm(y~1+x+I(x^2))
> h=predict(k)
> lines(x,h,add=T)
```

其结果如图 10-8 所示.

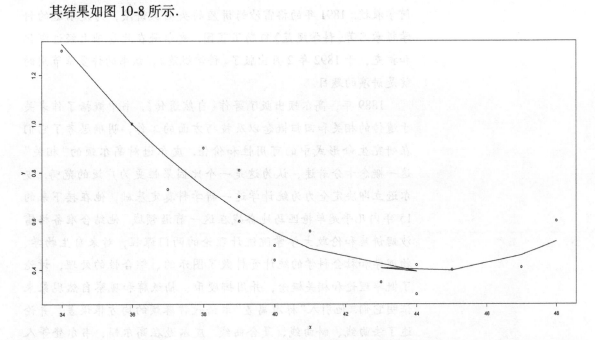

图 10-8　废品率 y 与它的某种化学成分 x 的抛物线回归模型图

人物传记

数理统计学的创立者——卡尔·皮尔逊

卡尔·皮尔逊(Karl Pearson, 1857年3月27日—1936年4月27日)是英国数学家、生物统计学家、数理统计学的创立者、自由思想者,对生物统计学、气象学、优生学做出了重大贡献.他被公认是描述统计学派的代表人物,并被誉为现代统计科学的创立者.

卡尔·皮尔逊于1857年3月27日出生于伦敦.父亲威廉·皮尔逊是王室法律顾问,母亲范妮·史密斯.父母双方的家庭的祖上都是约克郡人.1866年皮尔逊进入伦敦大学学院学习,1873年因病退学,1875年获得剑桥大学国王学院奖学金入学学习.1879年获得学士学位,在剑桥大学的数学荣誉学位考试中获得第三名.在他从国王学院毕业后的几年里他尝试了很多事情,这段时间是他人生发展的重要阶段.

1884年,他受邀担任伦敦大学学院应用数学和力学哥德斯米德教席教授.在前6年,他显示出坚韧不拔的工作热情和异乎寻常的多产性.他的专业职责是讲授静力学、动力学、力学等.他用直观的作图法深入浅出地讲解力学问题,很受初学者欢迎.1890年,皮尔逊和玛利亚·夏普结婚.1891年他开始担任格雷沙姆几何学教授.1891年的格雷沙姆讲座的头七次讲演,为皮尔逊的科学哲学名著《科学规范》勾勒了蓝图.皮尔逊在此基础上经过深化和扩充,于1892年2月出版了《科学规范》,该书的许多章节用的就是讲演的题目.

1889年,高尔顿出版了著作《自然遗传》.书中概括了作者关于遗传的相关和回归概念以及技巧方面的工作,明确思考了它们在研究生命形式中的可用性和价值.皮尔逊对高尔顿的"相关"这一概念十分着迷,认为这是一个比因果性更为广泛的范畴.皮尔逊立即决定全力为统计学这一新学科奠定基础,他在接下来的15年内几乎是单枪匹马地奋战在这一前沿领域.他结合准备格雷沙姆讲座和伦敦大学学院统计理论的两门课程,对来自生物学、物理学和社会科学的统计资料做了图示的、综合性的处理,讨论了概率理论和相关概念,并用掷硬币、抽纸牌和观察自然现象来证明它们.他引入"标准离差"术语代替麻烦的均方根误差,并论述了法曲线、斜曲线、复合曲线.皮尔逊在高尔顿、韦尔登等人关于相关和回归统计概念和技巧的基础上,建立了后来所称的极大似然法,把一个二元正态分布的相关系数最佳值 p 用样本积矩

相关系数 r 表示，可以恰当地称其为"皮尔逊相关系数"。在 1901 年，皮尔逊与韦尔登、高尔顿一起创办了《生物统计》杂志，从而使数理统计学有了自己的一席之地，同时也给这门学科的发展完善以强大的推动力。

习题 10

1. 普通最小二乘法估计量的统计性质与对模型的基本假定的关系是什么？

2. 什么是总体回归函数和样本回归函数？它们之间的区别是什么？

3. 总体方差与参数估计方差的区别是什么？

4. 为什么可决系数可以度量模型的拟合优度？在简单线性回归中它与对参数 t 检验的关系是什么？

5. 基于 25~65 岁大学毕业全职人员的随机样本得到平均每周收入（AWE，单位：美元）对年龄（Age，单位：年）的回归方程为

$AWE = 696.7 + 9.6 \times Age, \quad R^2 = 0.023, \quad SER = 624.1$

（1）解释系数值 696.7 和 9.6 的含义。

（2）回归标准误差 $SER = 624.1$，其度量单位是什么（美元、年还是无量纲）？

（3）回归 $R^2 = 0.023$，其度量单位是什么（美元、年还是无量纲）？

（4）基于回归方程，预测 25 岁和 45 岁全职人员的收入。

（5）基于回归方程，能对 99 岁的人员做出预测吗？

（6）样本平均年龄是 41.6 岁，则样本中 AWE 的平均值是多少？

6. 设从总体中抽取一个容量为 200 的 20 岁男性随机样本，记录他们的身高和体重。得到体重（Weight，单位：lb⊖）对身高（Height，单位：in⊖）的回归为

$Weight = -99.41 + 3.94 \times Height,$
$R^2 = 0.81, \quad SER = 10.2$

（1）身高分别为 65in、70in、74in 的人，其体重的回归预测值为多少？

（2）某人发育较晚，一年内长高了 1.5in，根据回归预测体重增加了多少？

7. 随机抽取 10 家航空公司，对其最近一年的航班准点率和顾客投诉次数进行调查，所得数据如表 10-8 所示。

表 10-8　10 家航空公司一年内的航班准点率和顾客投诉次数调查表

航空公司编号	航班准点率(%)	投诉次数
1	81.8	21
2	76.6	58
3	76.6	85
4	75.7	68
5	73.8	74
6	72.2	93
7	71.2	72
8	70.8	122
9	91.4	18
10	68.5	125

（1）绘制航班准点率(%)与顾客投诉次数的散点图，判断二者之间的关系。

（2）以航班准点率(%)为自变量，顾客投诉次数作为因变量，求出估计的一元回归方程，并解释回归系数的意义。

（3）检验回归系数的显著性，设显著性水平为 0.05。

（4）如果航班准点率是 80%，估计顾客的投诉次数。

8. 某省 2008—2018 年期间的地区生产总值和一般公共预算收入的数据如表 10-9 所示。

⊖ 1lb = 0.45359237kg。

⊖ 1in（英寸）= 2.54cm（厘米）。——编辑注

表 10-9 某省地区生产总值和一般公共预算收入的数据 （单位：亿元）

年份	一般公共预算总收入	地区生产总值
2008	1516.51	10823.01
2009	1694.63	12236.53
2010	2056.01	14737.12
2011	2597.01	17560.18
2012	3008.88	19701.78
2013	3430.35	21868.49
2014	3828.4	24055.76
2015	4144.03	25979.82
2016	4295.36	28519.15
2017	4604.69	32182.09
2018	5045.49	35804.04

（1）绘制地区生产总值和一般公共预算收入的散点图，判断二者之间的关系.

（2）以地区生产总值为自变量，以一般公共预算收入为因变量，求出回归方程，并解释回归系数的意义.

（3）检验方程的显著性和回归系数的显著性.

（4）如果 2020 年该省的地区生产总值为 4.8 亿元，预测 2020 年的一般公共预算收入是多少？

第 11 章

多元回归分析

> 统计学是对令人困惑费解的问题做出数字设想的艺术.
> ——David Freedma

在许多实际问题中影响因变量 y 的自变量往往不止一个,通常设为 p 个. 这种一个因变量同多个自变量的回归就是多元回归. 当因变量与各自变量之间为线性关系时,称为多元线性回归.

11.1 数学模型

1. 多元回归模型

设变量 Y 与变量 $X_1, X_2, \cdots, X_p$ 间有线性关系

$$Y = \beta_0 + \beta_1 X_1 + \cdots + \beta_p X_p + \varepsilon$$

其中 $\varepsilon \sim N(0, \sigma^2)$,$\beta_0, \beta_1, \cdots, \beta_p$ 和 σ^2 是未知参数,当 $p \geq 2$ 时称上述模型为**多元线性回归模型**.

在多元线性回归模型中,对误差项 ε 有 3 个基本假定:

(1) 正态性 误差项 ε 服从正态分布,且期望值为 0,即 $E(\varepsilon) = 0$. 这意味着对于给定的 $x_1, x_2, \cdots, x_p$ 的值,随机变量 y 的期望值为 $E(y) = \beta_0 + \beta_1 x_1 + \beta_2 x_2 + \cdots + \beta_p x_p$,且随机变量 y 也服从正态分布.

(2) 方差齐性 对于自变量 $x_1, x_2, \cdots, x_p$ 的所有值,ε 的方差 σ^2 都相同.

(3) 独立性 对于自变量 $x_1, x_2, \cdots, x_p$ 的一组特定值,它所对应的 ε 与 $x_1, x_2, \cdots, x_p$ 任意一组其他值所对应的 ε 相互独立.

回归模型中的参数 $\beta_0, \beta_1, \beta_2, \cdots, \beta_p$ 的真实值是未知的,需要利用样本参数去估计. 当用样本统计量 $\hat{\beta}_0, \hat{\beta}_1, \hat{\beta}_2, \cdots, \hat{\beta}_p$ 去估计模型中的参数 $\beta_0, \beta_1, \beta_2, \cdots, \beta_p$ 时,就得到了**估计的多元线性回归方程**(estimated multiple linear regression equation),其一般表达形式为

$$\hat{y} = \hat{\beta}_0 + \hat{\beta}_1 x_1 + \hat{\beta}_2 x_2 + \cdots + \hat{\beta}_p x_p \tag{11.1}$$

式中，$\hat{\beta}_0, \hat{\beta}_1, \hat{\beta}_2, \cdots, \hat{\beta}_p$ 是参数 $\beta_0, \beta_1, \beta_2, \cdots, \beta_p$ 的估计量；$\hat{y}$ 是因变量 y 的估计量，其中的 $\hat{\beta}_0, \hat{\beta}_1, \hat{\beta}_2, \cdots, \hat{\beta}_p$ 称为偏回归系数. $\hat{\beta}_1$ 表示当 $x_2, \cdots, x_p$ 不变时，x_1 每改变一个单位时，因变量 y 的平均改变量；$\hat{\beta}_2$ 表示当 $x_1, x_3, \cdots, x_p$ 不变时，x_2 每改变一个单位时，因变量 y 的平均改变量；其余偏回归系数的含义类似.

设 $(x_{i1}, x_{i2}, \cdots, x_{ip}, y_i)$，$i=1, 2, \cdots, n$ 是 $(X_1, X_2, \cdots, X_p, Y)$ 的 n 次独立观察值，则多元线性回归模型可表示为

$$y_i = \beta_0 + \beta_1 x_{i1} + \beta_2 x_{i2} + \cdots + \beta_p x_{ip} + \varepsilon_i, \quad i=1, 2, \cdots, n \quad (11.2)$$

其中 $\varepsilon_i \sim N(0, \sigma^2)$，且独立同分布.

为书写方便，常采用矩阵形式，令

$$Y = \begin{pmatrix} y_1 \\ y_2 \\ \vdots \\ y_n \end{pmatrix}, \boldsymbol{\beta} = \begin{pmatrix} \beta_0 \\ \beta_1 \\ \vdots \\ \beta_p \end{pmatrix}, X = \begin{pmatrix} 1 & x_{11} & x_{12} & \cdots & x_{1p} \\ 1 & x_{21} & x_{22} & \cdots & x_{2p} \\ \vdots & \vdots & \vdots & & \vdots \\ 1 & x_{n1} & x_{n2} & \cdots & x_{np} \end{pmatrix}, \boldsymbol{\varepsilon} = \begin{pmatrix} \varepsilon_1 \\ \varepsilon_2 \\ \vdots \\ \varepsilon_n \end{pmatrix} \quad (11.3)$$

则多元线性回归模型可表示为

$$Y = X\boldsymbol{\beta} + \boldsymbol{\varepsilon} \quad (11.4)$$

其中 Y 是由因变量构成的 n 维向量，X 是 n 行和 $(p+1)$ 列的矩阵，$\boldsymbol{\beta}$ 是 $p+1$ 维向量，$\boldsymbol{\varepsilon}$ 是 n 维误差向量. 这里，p 表示自变量 x 的个数有 p 个，n 表示独立观察的次数共 n 次.

2. 参数的最小二乘法估计

多元线性回归模型中的参数 $\hat{\beta}_0, \hat{\beta}_1, \hat{\beta}_2, \cdots, \hat{\beta}_p$ 仍是用最小二乘法来估计. 也就是使残差平方和最小，即

$$\min Q = \min \sum_{i=1}^{n} (y_i - \hat{y}_i)^2 = \sum_{i=1}^{n} (y_i - \hat{\beta}_0 - \hat{\beta}_1 x_1 - \hat{\beta}_2 x_2 - \cdots - \hat{\beta}_p x_p)^2 \quad (11.5)$$

由此求出 $\hat{\beta}_0, \hat{\beta}_1, \hat{\beta}_2, \cdots, \hat{\beta}_p$.

可以证明回归系数的最小二乘估计为

$$\hat{\boldsymbol{\beta}} = (X^T X)^{-1} X^T Y \quad (11.6)$$

由于这一计算过程太复杂，通常是使用计算机软件求出回归系数，并得到估计的多元线性回归方程为

$$\hat{Y} = X\hat{\boldsymbol{\beta}} = \hat{\beta}_0 + \hat{\beta}_1 x_1 + \hat{\beta}_2 x_2 + \cdots + \hat{\beta}_p x_p \quad (11.7)$$

称

$$\hat{\boldsymbol{\varepsilon}} = Y - \hat{Y} = Y - X\hat{\boldsymbol{\beta}} \quad (11.8)$$

为残差向量.

例 11.1 某运输公司的主要业务遍及它所在地区的货物运输，为了制订最佳的工作计划表，该公司的管理人员根据以往的统计数据(见表 11-1)，试图建立以下变量之间的多元线性回归模型：

驾驶员每天行驶的时间 y 与行驶距离 x_1(km)、运送货物的次数 x_2.

表 11-1 某运输公司运送货物的相关数据

运输任务	行驶时间 y/h	行驶距离 x_1/km	运送货物的次数 x_2
1	9.3	100	4
2	4.8	50	3
3	8.9	100	4
4	6.5	100	2
5	4.2	50	2
6	6.2	80	2
7	7.4	75	3
8	6.0	65	4
9	7.6	90	3
10	6.1	90	2

解：R 软件的 lm( ) 函数可以求出回归系数，其计算过程和结果如下：

```
> y=c(9.3,4.8,8.9,6.5,4.2,6.2,7.4,6.0,7.6,6.1)
> x1=c(100,50,100,100,50,80,75,65,90,90)
> x2=c(4,3,4,2,2,2,3,4,3,2)
> lm(y~1+x1+x2)

Call:
lm(formula=y~1+x1+x2)

Coefficients:
(Intercept)            x1            x2
   -0.86870       0.06113       0.92343
```

根据 R 输出的结果，得到多元线性回归方程为

$$\hat{y} = -0.86870 + 0.06113x_1 + 0.92343x_2$$

模型中回归系数 $\hat{\beta}_1 = 0.06113$ 的含义是，在运送货物的次数 x_2 保持不变的条件下，行驶距离每增加 1km，行驶时间将增加 0.06113h. 其余回归系数的含义类似.

3. 回归系数最小二乘估计的性质

在多元线性回归模型中，各个参数的估计量 $\hat{\beta}$ 是随样本观测值而变动的随机变量，当将具体的样本观测值代入时，就可以得到参数的估计值. 与一元线性回归方程类似，多元线性回归模型参数的最小二乘估计也具有**线性**、**无偏性**与**最小方差性**等优良

性质.

1) 线性性质. 最小二乘估计的参数估计量 $\hat{\beta}_j (j=1,2,\cdots,p)$ 是因变量 Y_i 的线性函数, 这决定了 $\hat{\boldsymbol{\beta}}$ 也是服从正态分布的随机变量.

2) 无偏性. 参数的估计量 $\hat{\boldsymbol{\beta}}$ 是 $\boldsymbol{\beta}$ 的无偏估计量, 即有 $E(\hat{\boldsymbol{\beta}}) = \boldsymbol{\beta}$.

3) 有效性. 参数的估计量 $\hat{\boldsymbol{\beta}}$ 是 $\boldsymbol{\beta}$ 的所有线性无偏估计量中方差最小的估计量. 因此, 在多元线性回归模型的假设条件都满足的条件下, 多元线性回归模型的最小二乘估计量也是最佳线性无偏估计量.

(1) 回归系数最小二乘估计的分布性质　在多元线性回归模型中, 各个参数的估计量 $\hat{\boldsymbol{\beta}}$ 是随样本观测值而变动的随机变量, 必须确定其分布性质, 才能进行区间估计和假设检验.

根据正态性假定, 误差项 $\boldsymbol{\varepsilon}$ 服从正态分布, 当 X 取固定观察值时, Y_i 也是服从正态分布的随机变量. 根据最小二乘估计的线性性质, 参数估计量 $\hat{\beta}_j (j=0,1,2,\cdots,p)$ 是因变量 Y_i 的线性函数, 这决定了 $\hat{\boldsymbol{\beta}}$ 也是服从正态分布的随机变量. 可以证明, $\hat{\beta}_j$ 的方差和标准误差为

$$\begin{cases} \mathrm{Var}(\hat{\beta}_j) = \sigma^2 c_{jj} \\ \mathrm{SE}(\hat{\beta}_j) = \sigma \sqrt{c_{jj}} \end{cases} \quad (11.9)$$

式中, c_{jj} 是矩阵 $(\boldsymbol{X}^\mathrm{T} \boldsymbol{X})^{-1}$ 中第 j 行第 j 列位置上的元素.

也就是说, 当多元线性回归模型的假设条件都满足的条件下, $\hat{\beta}_j (j=1,2,\cdots,p,p+1)$ 服从正态分布, 即有

$$\hat{\beta}_j \sim N(\beta_j, \sigma^2 c_{jj}) \quad (11.10)$$

(2) 误差项 $\boldsymbol{\varepsilon}$ 方差的估计　参数估计量的方差或标准差是衡量参数估计量接近真实参数的重要指标, 据此可以判断参数估计量的可靠性. 但误差项 $\boldsymbol{\varepsilon}$ 的方差 σ^2 是未知的, 为此, 需要对方差 σ^2 进行估计. 由于多元线性回归模型可表示为

$$Y = X\hat{\boldsymbol{\beta}} + \boldsymbol{\varepsilon}$$

因此,
$$\boldsymbol{\varepsilon} = Y - X\hat{\boldsymbol{\beta}}$$

据此可得到残差平方和 $\sum \varepsilon_i^2 = \boldsymbol{\varepsilon}^\mathrm{T} \boldsymbol{\varepsilon}$

可以证明, 残差平方和具有如下性质:

$$E(\sum \varepsilon_i^2) = E(\boldsymbol{\varepsilon}^\mathrm{T} \boldsymbol{\varepsilon}) = (n-p-1)\sigma^2 \quad (11.11)$$

即
$$E(\sum \varepsilon_i^2 / (n-p-1)) = \sigma^2 \quad (11.12)$$

若记

$$\hat{\sigma}^2 = \sum \varepsilon_i^2 / (n-p-1) \quad (11.13)$$

则有 $\hat{\sigma}^2$ 就是误差项方差 σ^2 的无偏估计量. 一般地, 称 $\hat{\sigma}^2$ 为估计

的方差，$\hat{\sigma}$ 为估计的标准误差. 于是参数估计量 $\hat{\beta}_j$ 的方差和标准误差就可以借助 $\hat{\sigma}$ 来估计，即有

$$\begin{cases} \operatorname{Var}(\hat{\beta}_j) = \hat{\sigma}^2 c_{jj} = (\sum \varepsilon_i^2 / (n-p-1)) c_{jj} \\ \operatorname{SE}(\hat{\beta}_j) = \hat{\sigma} \sqrt{c_{jj}} = \sqrt{(\sum \varepsilon_i^2 / (n-p-1)) \times C_{jj}} \end{cases} \quad (11.14)$$

4. 回归系数的置信区间

为了说明回归系数真实值的可能范围和可靠性，还需要在点估计的基础上，对多元线性回归模型的回归系数做区间估计.

当用 $\hat{\sigma}^2$ 替代 σ^2，可以证明

$$t^* = \frac{\hat{\beta}_j - \beta_j}{\operatorname{SE}(\hat{\beta}_j)} = \frac{\hat{\beta}_j - \beta_j}{\hat{\sigma} \sqrt{c_{jj}}} \sim t(n-p-1) \quad (11.15)$$

给定置信水平 $1-\alpha$，则有

$$P\left\{ -t_{\alpha/2}(n-p-1) \leq t^* = \frac{\hat{\beta}_j - \beta_j}{\operatorname{SE}(\hat{\beta}_j)} = \frac{\hat{\beta}_j - \beta_j}{\hat{\sigma} \sqrt{c_{jj}}} \leq t_{\alpha/2}(n-p-1) \right\} = 1-\alpha \quad (j=0,1,\cdots,p)$$

即

$$P\{\hat{\beta}_j - t_{\alpha/2} \hat{\sigma} \sqrt{c_{jj}} \leq \beta_j \leq \hat{\beta}_j + t_{\alpha/2} \hat{\sigma} \sqrt{c_{jj}}\} = 1-\alpha \quad (j=0,1,\cdots,p)$$

$$(11.16)$$

这就是多元线性回归模型回归系数的置信水平为 $1-\alpha$ 的置信区间.

R 中的 confint( ) 函数可以求出各回归系数的置信区间. 在例 11.1 中，要求出多元线性回归模型回归系数的置信水平为 0.95 的置信区间，输入 confint( )，其运算结果如下：

```
> confint(lm(y~1+x1+x2))
                 2.5 %        97.5 %
(Intercept)  -3.11875429   1.38135136
x1            0.03775202   0.08451717
x2            0.40057512   1.44627562
```

所以，回归系数 β_0 的置信水平为 0.95 的置信区间为 (-3.11875429, 1.38135136)；

回归系数 β_1 的置信水平为 0.95 的置信区间为 (0.03775202, 0.08451717)；

回归系数 β_2 的置信水平为 0.95 的置信区间为 (0.40057512, 1.44627562).

5. 回归模型的汇总输出

在 R 中，summary( ) 函数可以提取所求回归方程汇总的信息，在本例中，输入 summary( )，其运算结果如下：

```
> k=lm(y~1+x1+x2)
```

```
> summary(k)

Call:
lm(formula=y~1+x1+x2)

Residuals:
    Min       1Q    Median       3Q      Max
-0.79875  -0.32477  0.06333  0.29739  0.91333

Coefficients:
              Estimate  Std.Error  t value  Pr(>|t|)
(Intercept)  -0.868701   0.951548   -0.913  0.391634
x1            0.061135   0.009888    6.182  0.000453 ***
x2            0.923425   0.221113    4.176  0.004157 **
---
Signif.codes:  0 '***' 0.001 '**' 0.01 '*' 0.05 '.' 0.1 ' ' 1

Residual standard error:0.5731 on 7 degrees of freedom
Multiple R-squared:0.9038,    Adjusted R-squared:0.8763
F-statistic:32.88 on 2 and 7 DF,  p-value:0.0002762
```

下面是输出方差分析表的 R 语言程序.

```
> anova(lm(y~1+x1+x2))
Analysis of Variance Table

Response: y
          Df  Sum Sq  Mean Sq  F value   Pr(>F)
x1         1  15.8713  15.8713   48.316  0.000221 ***
x2         1   5.7293   5.7293   17.441  0.004157 **
Residuals  7   2.2994   0.3285
---
Signif.codes:  0 '***' 0.001 '**' 0.01 '*' 0.05 '.' 0.1 ' ' 1
```

11.2 多元回归模型的拟合优度

1. 多元判定系数

与一元线性回归模型类似,在多元回归模型中,因变量的总误差平方和 SST 能够被分解为两部分:回归平方和 SSR 与残差平

方和 SSE, 即有

$$SST = SSR + SSE \tag{11.17}$$

其中,
$$SST = \sum(y_i - \bar{y})^2 \tag{11.18}$$

即总的平方和;

$$SSR = \sum(\hat{y}_i - \bar{y})^2 \tag{11.19}$$

即回归平方和;

$$SSE = \sum(y_i - \hat{y}_i)^2 \tag{11.20}$$

即残差平方和.

其中, $\bar{y} = \dfrac{1}{n}\sum_{i=1}^{n} y_i$, $\hat{y}_i = \beta_0 + \beta_1 x_{i1} + \beta_2 x_{i2} + \cdots + \beta_p x_{ip}$, $i = 1, 2, \cdots, n$

多元判定系数是多元线性回归模型中回归平方和占总平方和的比例, 其计算公式为

$$R^2 = \dfrac{SSR}{SST} \tag{11.21}$$

R^2 度量了多元线性回归模型的**拟合优度**, 它表示在因变量 y 的总变差中能被多元回归方程解释的比例.

在例 11.1 中, 根据 R 输出的结果, Multiple R-squared: 0.9038. 所以, 驾驶员每天行驶的时间 y 的变异性的 90.38% 能够被以行驶距离 x_1(km)、运送货物的次数 x_2 作为自变量的估计的多元回归方程解释.

由于增加自变量将影响因变量中被估计的回归方程所解释的变异性的数量, 为了避免高估这一影响, 统计学家提出用自变量的数目 p 和样本量 n 去修正 R^2 的值. **修正的多元判定系数**计算公式为

$$R_a^2 = 1 - (1 - R^2) \times \dfrac{n-1}{n-p-1} \tag{11.22}$$

在例 11.1 中, 根据 R 输出的结果, 修正的多元判定系数值为 Adjusted R-squared: 0.8763; 它表示驾驶员每天行驶的时间 y 的变异性的 87.63% 能够被以行驶距离 x_1(km)、运送货物的次数 x_2 作为自变量的估计的多元回归方程解释.

2. 估计标准误差

多元线性回归中的估计标准误差是其残差均方的平方根, 即残差的标准误差(residual standard error), 它是多元回归模型中的误差项 ε 的标准差 σ 的一个估计量, 其计算公式为

$$S_e = \sqrt{\dfrac{\sum(y_i - \hat{y}_i)^2}{n-p-1}} = \sqrt{\dfrac{SSE}{n-p-1}} \tag{11.23}$$

式中, p 是自变量的个数.

在回归分析中，估计标准误差越小，表明实际值越紧靠估计值，回归模型拟合优度越好；反之，估计标准误差越大，则说明实际值对估计值越分散. 由于 S_e 是预测误差的标准差的估计量，因此其含义可解释为：根据自变量 X_1, X_2, $\cdots$, X_p 来预测因变量 Y 时的平均预测误差.

在例 11.1 中，根据 R 输出的结果：Residual standard error: 0.5731 on 7 degrees of freedom 估计标准误差 $S_e = 0.5731$. 其含义是：根据所建立的多元线性回归方程，用行驶距离 x_1(km)、运送货物的次数 x_2 作为自变量预测驾驶员每天行驶的时间 y 时，平均的预测误差为 0.5731h.

11.3 多元回归模型的显著性检验

在多元线性回归模型中，我们采用 F 检验和 t 检验对多元回归关系进行显著性检验.

1) F **检验**被用来确定因变量和所有自变量之间是否存在一个显著性的关系；通常把 F 检验称为**总体的显著性检验**.

2) 如果 F 检验已经表明了模型总体的显著性，那么 t **检验**被用来确定每一个**单个的**自变量是否为显著的自变量.

1. 回归方程的显著性检验 (F 检验)

F 检验被用来确定因变量和所有自变量之间是否存在一个显著性的关系，也称为总体的显著性检验. 检验的具体步骤如下：

第一步，提出假设：

$$H_0: \beta_0 = \beta_1 = \beta_2 = \cdots = \beta_p = 0$$
$$H_1: \beta_0, \beta_1, \beta_2, \cdots, \beta_p \text{ 不全为 } 0$$

第二步，计算检验统计量 F.

当原假设成立时，计算统计量

$$F = \frac{SSR/p}{SSE/(n-p-1)} \sim F(p, n-p-1) \tag{11.24}$$

第三步，做出决策.

对于给定的显著性水平 α，检验的拒绝域为

$$F > F_\alpha(p, n-p-1)$$

计算出统计量的 p 值，若 $p < \alpha$，拒绝原假设，表明 y 与 p 个自变量之间的线性关系显著. 在例 11.1 中，根据 R 输出的结果，检验统计量 $F = 32.88$，显著性水平 $p = 0.0002762$ 接近 0，拒绝原假设. 这表明驾驶员每天行驶的时间 y 与行驶距离 x_1(km)、运送货物的次数 x_2 之间的线性关系显著.

2. 回归系数的显著性检验(t 检验)

要判断每个自变量对因变量的影响是否显著,需要对各回归系数 β_i 分别进行 t 检验,具体步骤如下:

第一步,提出假设. 对于任一估计参数 β_i,有
$$H_0: \beta_i=0, \quad H_1: \beta_i \neq 0$$

第二步,计算检验统计量
$$t_i = \frac{\hat{\beta}_i - 0}{s_{\hat{\beta}_i}} = \frac{\hat{\beta}_i}{\hat{\sigma}\sqrt{c_{jj}}} \sim t(n-p-1) \tag{11.25}$$

其中,$s_{\hat{\beta}_i}$ 是回归系数 $\hat{\beta}_i$ 的抽样分布的标准差.

第三步,做出决策.

对于给定的显著性水平 α,根据自由度 $(n-p-1)$ 计算出统计量的 p 值,若 $p<\alpha$,拒绝原假设,表明回归系数 β_i 显著.

在该回归模型中,根据 R 输出的结果,有

```
Coefficients:
            Estimate  Std.Error  t value  Pr(>|t|)
(Intercept) -0.868701  0.951548  -0.913   0.391634
x1           0.061135  0.009888   6.182   0.000453 ***
x2           0.923425  0.221113   4.176   0.004157 **
```

$t_0 = -0.913$, $t_1 = 6.182$, $t_2 = 4.176$

相应的显著性水平 p 分别为 0.391634, 0.000453, 0.004157. 可见,β_1,β_2 所对应的显著性水平都小于 0.01,所以拒绝接受 H_0,而接受 H_1,说明在其他自变量不变的情况下,自变量"行驶距离 x_1(km)"和"运送货物的次数 x_2"分别对因变量"驾驶员每天行驶的时间 y"的影响都是显著的.

11.4 回归诊断

当建立多元线性回归模型后,还需要对回归模型的一些特性做更进一步的研究,如研究异常样本的问题,因为异常样本的存在往往会给回归模型带来不稳定,这就是**回归诊断(regression diagnostics)** 的问题,其主要内容有:

1) 误差项是否满足独立性、方差齐性、正态性;
2) 选择的线性模型是否合适;
3) 是否存在异常样本;
4) 回归分析的结果是否对某些样本的依赖过重,即回归模型是否具备稳定性;
5) 自变量之间是否存在高度相关,即是否有多重共线性问题

存在.

1. 残差

在利用最小二乘法求回归模型时,对残差实际上是做了独立性、方差齐性和正态性的假设. 但对实际上的($p+1$)个变量的 n 组样本数据所求得的回归模型的残差,是否能满足这三个前提条件应该进行残差检验.

(1) 普通残差 设多元回归模型为

$$Y = X\beta + \varepsilon$$

其中 Y 是由因变量构成的 n 维向量,X 是 n 行和($p+1$)列的矩阵,β 是 $p+1$ 维向量,ε 是 n 维误差向量.

回归系数的估计值为

$$\hat{\beta} = (X^TX)^{-1}X^TY \tag{11.26}$$

拟合值 $\hat{Y}$ 为

$$\hat{Y} = X\hat{\beta} = X(X^TX)^{-1}X^TY = HY \tag{11.27}$$

其中

$$H = X(X^TX)^{-1}X^T \tag{11.28}$$

称 H 为帽子矩阵,因为向量 Y 被 H 左乘后,变成 $\hat{Y}$,由此得名. 残差为

$$\hat{\varepsilon} = Y - \hat{Y} = (I - H)Y \tag{11.29}$$

例 11.2 计算例 11.1 求得的回归模型的残差,并对回归模型的残差做正态性检验.

解:R 中的 residuals( )函数(或 resid( )函数)提供了回归模型的残差的计算,并用 shapiro.test( )函数做残差的正态性检验.

(1) 求回归模型的残差

```
> yr=resid(lm(y~1+x1+x2));yr
   1       2       3       4      5      6      7       8      9       10
0.3615 -0.1583 -0.0384 -0.5916 0.1651 0.3311 0.9133 -0.7987 0.1963 -0.3803
```

(2) 对回归模型的残差做正态性检验

```
> shapiro.test(yr)

        Shapiro-Wilk normality test

data:  yr
W=0.97848,p-value=0.9565
```

其中,p 值为 $0.9565 > 0.05$,通过正态性检验,因此认为残差是来自正态总体的.

(2) 标准化残差 由误差项 ε 的性质，得到

$$E(\hat{\varepsilon}) = 0, \quad \text{Var}(\hat{\varepsilon}) = \sigma^2(I-H) \tag{11.30}$$

因此，对每个 $\hat{\varepsilon}_i$，有

$$\hat{\varepsilon}_i/\sigma\sqrt{1-h_{ii}} \sim N(0,1) \tag{11.31}$$

其中 h_{ii} 是矩阵 H 对角线上的元素.

用 $\hat{\sigma}^2$ 作为 σ^2 的估计值，称

$$r_i = \hat{\varepsilon}_i/\hat{\sigma}\sqrt{1-h_{ii}} \tag{11.32}$$

为标准化残差(standardized residual)，因为 σ^2 的估计中用了包括第 i 个样本在内的全部数据，因此，标准化残差近似服从标准正态分布.

例 11.3 计算例 11.1 求得的回归模型的标准化残差.

解：R 中，rstandard()函数用来计算回归模型的标准化残差.

```
> yrs=rstandard(lm(y~1+x1+x2));yrs
     1          2          3          4          5
 0.78344317 -0.34961582 -0.08334104 -1.30928723  0.38166807
     6          7          8          9         10
 0.65430764  1.68916740 -1.77371906  0.36702765 -0.77639406
```

2. 残差检验与残差图

下面介绍用残差图检验残差的方法. 以残差 $\hat{\varepsilon}_i$ 为纵坐标，以拟合值 $\hat{y}_i$ 或对应的数据观测序号 i 或数据观测时间为横坐标的散点图称为残差图. 残差图是进行回归模型诊断的重要工具.

(1) 拟合值 $\hat{Y}$ 与残差的残差图

例 11.4 画出例 11.1 求得的回归模型的残差散点图和标准化残差散点图.

解：

```
> yp=predict(lm(y~1+x1+x2))
> yr=resid(lm(y~1+x1+x2))
> plot(yr~yp)
> yrs=rstandard(lm(y~1+x1+x2))
> plot(yrs~yp)
```

其结果如图 11-1a、b 所示.

从图 11-1 可以看出，所求的模型的残差具有相同的分布且满足模型的各假设条件. 当残差服从正态分布时，标准化残差应近似服从标准正态分布，根据正态分布的性质，对于标准化残差，应该有 95% 的样本点落在 [-2,2] 区间内. 因此，通过标准化残差图，

更容易诊断出回归模型是否出现问题.

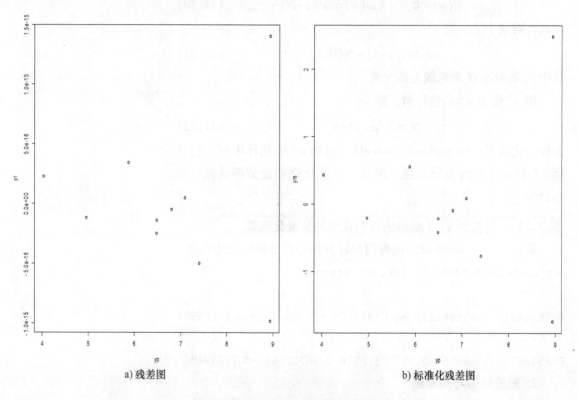

a) 残差图　　　　　　　　　　b) 标准化残差图

图 11-1　例 11.1 回归模型的残差图

(2) 残差的 Q-Q 图　也可以用 Q-Q 图来检验残差的正态性. 若残差正 Q-Q 图中点的大致趋势明显地不在一条直线上, 则有理由怀疑对误差的正态性假设的合理性; 否则可以认为误差的正态性假设是合理的.

例 11.5　画出例 11.1 求得的回归模型的残差的 Q-Q 图.

解: 用 R 画出残差的 Q-Q 图的命令是:

`plot(model,2)`, 其中 `model` 是由 `lm` 生成的对象, 输入命令可得

```
> plot(lm(y~1+x1+x2),2)
```

其结果如图 11-2 所示.

从图 11-2 可以看出, 该模型的标准化残差近似服从标准正态分布.

3. 异常值点的识别

在所建立的回归模型中, 如果有一个样本不符合该模型, 而其余数据符合该模型, 则称该样本点为异常值点. R 软件中, 提供了识别回归模型异常值点的多个函数, 如 hatvalues( ) 和 hat( ) 函

数、dffits( )函数、covratio( )函数、cooks.distance( )函数等.

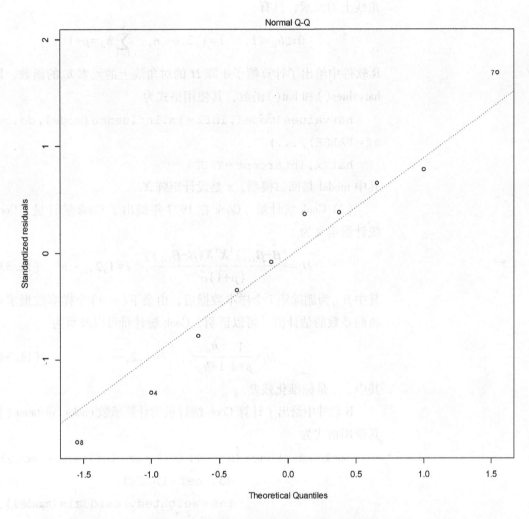

图 11-2 例 11.1 回归模型的残差的 Q-Q 图

(1) 帽子矩阵 H 的对角线上的元素 前面提到，对于回归模型的拟合值满足关系

$$\hat{Y} = X\hat{\beta} = X(X^TX)^{-1}X^TY = HY$$

其中

$$H = X(X^TX)^{-1}X^T$$

称 H 为帽子矩阵.

Hoaglin 和 Welsch(1978)给出了一种判断异常值点的方法：通过计算帽子矩阵 H 的对角线上的元素来识别异常值点，即当

$$h_{ii} \geq \frac{2(p+1)}{n}$$

时，则可以认为第 i 组的样本影响较大，是可能的异常值点，可

以结合其他准则,考虑是否将其剔除. 其中, h_{ii} 是帽子矩阵 H 对角线上的元素, 且有

$$0 \leqslant h_{ii} \leqslant 1, \quad i=1,2,\cdots,n, \quad \sum_{i=1}^{n} h_{ii}=p+1$$

R 软件中给出了计算帽子矩阵 H 的对角线上的元素 h_{ii} 的函数, 即 hatvalues( ) 和 hat( ) 函数, 其使用格式为

    hatvalues(model,infl=lm.influence(model,do.co-
    ef=FALSE),...)
    hat(x,intercept=TRUE)

其中 model 是回归模型, x 是设计矩阵 X.

(2) Cook 统计量 Cook 在 1977 年提出了 Cook 统计量, Cook 统计量定义为

$$D_i = \frac{(\hat{\boldsymbol{\beta}} - \hat{\boldsymbol{\beta}}_{(i)})^{\mathrm{T}} \boldsymbol{X}^{\mathrm{T}} \boldsymbol{X} (\hat{\boldsymbol{\beta}} - \hat{\boldsymbol{\beta}}_{(i)})}{(p+1)\hat{\sigma}^2}, \quad i=1,2,\cdots,n \quad (11.33)$$

其中 $\hat{\boldsymbol{\beta}}_{(i)}$ 为删除第 i 个样本数据后, 由余下 $(n-1)$ 个样本数据求得回归系数的估计值, 可以证明, Cook 统计量可以改写为

$$D_i = \frac{1}{p+1} \frac{h_{ii}}{1+h_{ii}} r_i^2, \quad i=1,2,\cdots,n \quad (11.34)$$

其中, r_i 是标准化残差.

R 软件中给出了计算 Cook 统计量的计算函数 cooks.distance( ), 其使用格式为

    cooks.distance(model,infl=lm.influence(model,
                   do.coef=FALSE),
                   res=weighted.residuals(model),
                   sd=sqrt(deviance(model)/df.re-
                   sidual(model)),
                   hat=infl$hat,...)

其中, model 是回归模型.

例 11.6 分别计算例 11.1 求得的回归模型的帽子矩阵 H 的对角线上的元素 h_{ii} 和 Cook 统计量的值, 识别可能的异常值点.

解: (1) 计算帽子矩阵 H 的对角线上的元素 h_{ii}:

    > hatvalues(k)
            1   2   3   4   5
    0.3517041 0.3758628 0.3517041 0.3784513 0.4302200
            6   7   8   9   10
    0.2205565 0.1100086 0.3826575 0.1290984 0.2697368

(2) 计算 Cook 统计量的值:
```
> cooks.distance(k)
          1           2           3           4           5
0.110993567 0.024536364 0.001256032 0.347923173 0.036663491
          6           7           8           9          10
0.040381085 0.117561490 0.650028500 0.006656224 0.074217109
```

容易计算 $\frac{2(p+1)}{n}=0.6$, 而回归模型的帽子矩阵 H 的对角线上的元素 h_{ii} 均小于 0.6, 所以该模型未见明显的异常值点. 而根据回归模型计算出来的 Cook 统计量的样本点的值, 其中样本点 8 的值偏大, 是可能的异常值点.

例 11.7 画出例 11.1 求得的回归模型的普通残差图、残差 Q-Q 图、标准化残差图和 Cook 统计量值的残差图.

在 R 软件中, plot( ) 函数可以画出回归模型的残差图, 其使用格式为

```
plot(x,which=1:4)
```

其中, x 是回归模型, which 是 1~4 的全部或某个子集, 1 表示画出普通残差与拟合值的残差图; 2 表示画出正态 Q-Q 的残差图; 3 表示画出标准化残差与拟合值的残差图; 4 表示画出 Cook 统计量值的残差图. 在本例中, 输入如下命令:

```
> par(mfrow=c(2,2))
> plot(k,which=1:4)
```

其结果如图 11-3 所示.

根据图 11-3 可看出, 第 4、7、8 个点明显有较大的残差, 样本点 4, 7, 8 是可能的异常值点.

4. 多重共线性

当多元线性回归模型中两个或两个以上的自变量彼此相关时, 称回归模型存在多重共线性(multicollinearity). 多重共线性可能对参数估计值的正负号产生影响, 有可能和预期的正负号相反. 当存在严重的多重共线性时, 即当两个或两个以上的自变量互相高度相关时, 可能导致最小二乘法估计出现错误的符号. 对多重共线性问题, 一个常用的处理方法, 就是剔除存在强相关的一个自变量, 并重新计算模型.

例 11.8 我国 2000—2013 年期间年发电量 y(亿 kW·h)、国内生产总值 x_1(亿元)、第一产业增加值 x_2(亿元)、第二产业增加值 x_3(亿元)、第三产业增加值 x_4(亿元), 原煤生产总量 x_5(万 t 标准煤)的数据如表 11-2 所示.

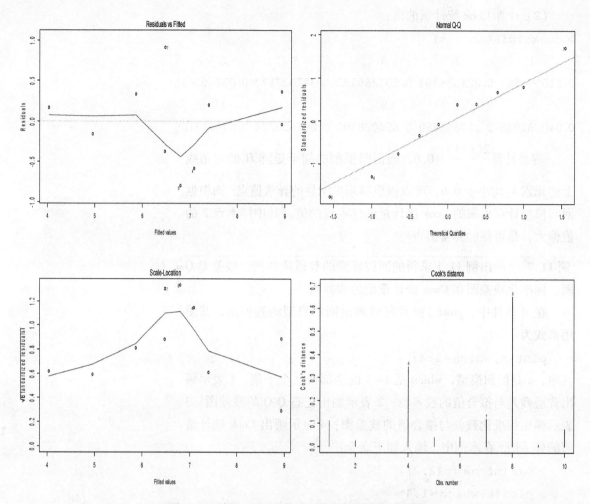

图 11-3　利用 plot( ) 函数绘出的回归模型的残差图

表 11-2　我国 2000—2013 年期间年发电量 y 等数据

年份	年发电量 y/亿 kW·h	国内生产总值 x_1/亿元	第一产业增加值 x_2/亿元	第二产业增加值 x_3/亿元	第三产业增加值 x_4/亿元	原煤生产总量 x_5/万 t 标准煤
2000	13556	99215	14945	45556	38714	98855
2001	14808	109655	15781	49512	44362	105029
2002	16540	120333	16537	53897	49899	110732
2003	19106	135823	17382	62436	56005	130992
2004	22033	159878	21413	73904	64561	151616
2005	25003	184937	22420	87598	74919	167786
2006	28657	216314	24040	103720	88555	180626
2007	32816	265810	28627	125831	111352	192136

(续)

年份	年发电量 y/亿 kW·h	国内生产总值 x_1/亿元	第一产业增加值 x_2/亿元	第二产业增加值 x_3/亿元	第三产业增加值 x_4/亿元	原煤生产总量 x_5/万 t 标准煤
2008	34669	314045	33702	149003	131340	200104
2009	37147	340903	35226	157639	148038	212280
2010	42072	401513	40534	187383	173596	227438
2011	47130	473104	47486	220413	205205	247394
2012	49378	519470	52374	235162	231934	253864
2013	52451	568845	56957	249684	262204	257040

注：数据来源于《中国统计年鉴 2014》.

(1) 建立年发电量 y 与其他指标之间的多元线性回归模型.

(2) 该回归模型是否存在多重共线性问题？

解：(1) 输入 R 语言程序命令：

```
> y = c (13556, 14808, 16540, 19106, 22033, 25003,
28657,32816,34669,37147,42072,47130,49378,52451)
> x1 = c (99215, 109655, 120333, 135823, 159878,
184937,216314,265810,314045,340903,401513,473104,
519470,568845)
> x2 = c (14945, 15781, 16537, 17382, 21413, 22420,
24040,28627,33702,35226,40534,47486,52374,56957)
> x3 = c (45556, 49512, 53897, 62436, 73904, 87598,
103720,125831,149003,157639,187383,220413,235162,
249684)
> x4 = c (38714, 44362, 49899, 56005, 64561, 74919,
88555,111352,131340,148038,173596,205205,231934,
262204)
> x5 = c (98855, 105029, 110732, 130992, 151616,
167786,180626,192136,200104,212280,227438,247394,
253864,257040)
> k=lm(y~x1+x2+x3+x4+x5)
> k

Call:
lm(formula=y~x1+x2+x3+x4+x5)
```

```
Coefficients:
(Intercept)      x1       x2       x3       x4       x5
   886.8925  -4.5506   4.1854   4.6217   4.6452   0.1151
```

（2）识别该回归模型是否存在多重共线性问题.

调用 summary( ) 函数提取所求回归方程汇总的信息，具体如下：

```
> summary(k)

Call:
lm(formula=y~x1+x2+x3+x4+x5)

Residuals:
    Min      1Q   Median      3Q      Max
-526.76  -225.60    9.21   127.63   784.32

Coefficients:
             Estimate  Std.Error  t value  Pr(>|t|)
(Intercept)  886.8925  1569.1730   0.565    0.587
x1            -4.5506   506.4593  -0.009    0.993
x2             4.1854   506.5227   0.008    0.994
x3             4.6217   506.4609   0.009    0.993
x4             4.6452   506.4490   0.009    0.993
x5             0.1151     0.0125   9.206   1.57e-05 ***
---
Signif.codes:0'***'0.001'**'0.01'*'0.05'.'0.1''1

Residual standard error:418.5 on 8 degrees of freedom
Multiple R-squared:0.9994,  Adjusted R-squared:0.999
F-statistic:  2595 on 5 and 8 DF,  p-value: 1.3e-12
```

从输出的结果可以看出，该回归模型的 Multiple R-squared：0.9994，Adjusted R-squared：0.999，F 值 = 2595，说明回归模型整体上拟合度好. 但对个别回归系数的检验，仅有自变量 x5 的系数显示是显著的，其余变量的系数均不显著，而且 x1 的回归系数是负的. 按正常判断，国内生产总值 x1 与年发电量 y 是正相关的关系，回归系数应该是正的，这里却是负的. 因此，判断该回归模型存在多重共线性问题. 下面介绍多重共线性的识别和处理的常见的方法.

1) 对模型中各自变量之间的相关系数进行检验. 如果有一个或多

个相关系数是显著的,就表明模型中所使用的自变量之间显著相关,因而可能存在多重共线性. 在例 11.8 中,计算各自变量之间的相关系数并做检验,结果如下:

```
> library(psych)
> new=data.frame(y,x1,x2,x3,x4,x5)
> corr.test(new[1:6],use="complete")

Call:corr.test(x=new[1:6],use="complete")
Correlation matrix
      y    x1   x2   x3   x4   x5
y   1.00 0.99 0.99 0.99 0.98 0.99
x1  0.99 1.00 1.00 1.00 1.00 0.96
x2  0.99 1.00 1.00 1.00 1.00 0.96
x3  0.99 1.00 1.00 1.00 0.99 0.97
x4  0.98 1.00 1.00 0.99 1.00 0.95
x5  0.99 0.96 0.96 0.97 0.95 1.00
Sample Size
[1] 14

Probability values (Entries above the diagonal are
adjusted for multiple tests.)
    y x1 x2 x3 x4 x5
y   0  0  0  0  0  0
x1  0  0  0  0  0  0
x2  0  0  0  0  0  0
x3  0  0  0  0  0  0
x4  0  0  0  0  0  0
x5  0  0  0  0  0  0

To see confidence intervals of the correlations,
print with the short=FALSE option
```

从 R 输出的结果可以看出,五个自变量之间彼此两两高度相关,相关系数在 0.95 以上. 五个自变量与发电量 y 也高度相关,相关系数都在 0.98 以上. 因此,例 11.8 所建立的回归模型可能存在多重共线性.

2) 考察各回归系数的显著性. 当模型的 F 检验显著,多个回归系数的 t 检验却不显著时,表明模型可能存在多重共线性. 例 11.8 所建立的回归模型就是这种情况.

3) 分析回归系数符号的正负号. 如果回归系数的正负号与预

期的相反,表示模型中可能存在多重共线性. 在例 11.8 所建立的回归模型中,预期 x_1 变量的回归系数的符号是正的,所求模型中却是负的,表明模型可能存在多重共线性.

4) 用方差膨胀因子和容忍度来识别共线性. 自变量 x_j 的方差膨胀因子 $VIF_j = c_{jj} = \dfrac{1}{1-R_j^2}(j=1,2,\cdots,p)$,其中 c_{jj} 为 $(X^T X)^{-1}$ 中第 j 个对角元素. R_j^2 为以 x_j 为因变量,其余 $(p-1)$ 个自变量为自变量的回归模型的判定系数. VIF 越大,多重共线性越严重. 一般认为,当 VIF 大于 10 时,存在严重的多重共线性. 容忍度是 VIF 的倒数,取值在 0~1 之间,越接近于 1,说明自变量间的共线性越弱.

计算例 11.8 所建立的回归模型的方差膨胀因子和容忍度的 R 命令和结果如下:

```
> library(car)
> vif(k)
      x1           x2           x3           x4           x5
4.882848e+11 3.836647e+09 9.896210e+10 1.044281e+11 3.580539e+01
> 1/vif(k)
      x1           x2           x3           x4           x5
2.047985e-12 2.606443e-10 1.010488e-11 9.575965e-12 2.792875e-02
```

如果模型中存在严重的多重共线性,那么,该如何克服共线性得到最优模型? 常见处理共线性的方法是将一个或多个相关的自变量从模型中剔除,并重新计算新的回归模型.

5. 逐步回归与最优模型的建立

在回归建模中,影响因变量的因素有很多,人们可以从中挑选出若干个变量建立回归模型,也可以避免多重共线性问题.

最优模型的建立有许多不同的准则,在不同准则下"最优"模型可能不同. 这里讲的最优是指从可供选择的所有变量中选出对 Y 有显著影响的变量建模,且在模型中不含对 Y 无显著影响的变量. 变量选择的方法主要有向前选择、向后剔除、逐步回归等.

R 中的逐步回归函数是 **step( )** 函数,它是以 AIC 信息统计量为准则,通过选择最小的 AIC 信息统计量,来达到删除或增加变量的目的. 这里,AIC 由两部分构成,一部分反映模型的拟合精度,另一部分反映模型中参数的个数. AIC 信息统计量的值越小,表示拟合的模型精度越高而且越简洁.

step( ) 函数的使用格式为

```
step(object,scope,scale=0,
```

```
          direction=c("both","backward","forward"),
          trace=1,keep=NULL,steps=1000,k=2,...)
```

其中,object 是回归模型,direction 确定逐步搜索的方向,其中"both"(默认值)是"一切子集回归法","backward"是后退法,"forward"是前进法.

例 11.9 我国 2000—2013 年期间年发电量 y(亿 kW·h)、国内生产总值 x_1(亿元)、第一产业增加值 x_2(亿元)、第二产业增加值 x_3(亿元)、第三产业增加值 x_4(亿元)、原煤生产总量 x_5(万 t 标准煤)的数据如表 11-2 所示,希望从中选择主要的变量,建立 y 关于它们的线性回归模型.

解:在例 11.8 中,如果选择全部变量做回归模型,可能存在多重共线性问题. 下面用 step( )函数做逐步回归.

```
> k=lm(y~x1+x2+x3+x4+x5)
> step(k)
Start:  AIC=173.19
y~x1+x2+x3+x4+x5

         Df Sum of Sq      RSS      AIC
-x2       1        12  1401105   171.19
-x1       1        14  1401107   171.19
-x3       1        15  1401107   171.19
-x4       1        15  1401107   171.19
<none>                 1401093   173.19
-x5       1  14842368 16243461   205.50

Step:  AIC=171.19
y~x1+x3+x4+x5

         Df Sum of Sq      RSS      AIC
<none>                 1401105   171.19
-x1       1    725809  2126914   175.04
-x4       1    865763  2266868   175.93
-x3       1    924938  2326043   176.29
-x5       1  16964084 18365189   205.22

Call:
lm(formula=y~x1+x3+x4+x5)
```

```
Coefficients:
(Intercept)         x1         x3         x4         x5
   888.0621    -0.3657     0.4368     0.4604     0.1151
```

从 R 运行的结果可以看出，用全部变量做回归模型时，AIC = 173.19，接下来显示的数据表明，如果去掉变量 x2，得到的回归模型 AIC = 171.19；如果去掉变量 x1，得到的回归模型 AIC = 171.19；如果去掉变量 x5，得到的回归模型 AIC = 205.50；这里，去掉 x2，x1，x3，x4 中的任一个后，都可以使回归模型的 AIC = 171.19 值达到最小，R 软件选择去掉 x2，进行下一轮计算.

在下一轮计算中，无论去掉哪一个变量，AIC 的值均会升高，因此 R 软件停止计算，得到"最优"的回归模型. 接着用 summary( ) 汇总新建模型的信息.

```
> summary(lm(y~x1+x3+x4+x5))


Call:
lm(formula = y~x1+x3+x4+x5)

Residuals:
   Min      1Q  Median      3Q     Max
-527.7  -226.1    10.7   127.5   783.3

Coefficients:
              Estimate Std.Error t value Pr(>|t|)
(Intercept)  888.06209 1473.40576   0.603   0.5616
x1            -0.36566    0.16935  -2.159   0.0591 .
x3             0.43675    0.17918   2.437   0.0375 *
x4             0.46038    0.19522   2.358   0.0427 *
x5             0.11513    0.01103  10.439  2.5e-06 ***
---
Signif.codes: 0 '***' 0.001 '**' 0.01 '*' 0.05 '.' 0.1 ' ' 1

Residual standard error: 394.6 on 9 degrees of freedom
Multiple R-squared:0.9994,  Adjusted R-squared:0.9991
F-statistic:  3649 on 4 and 9 DF,  p-value: 1.967e-14
```

由显示结果可看到：回归系数的显著性水平有很大提高，但

变量 x_1 与截距的系数检验的显著性水平仍旧不理想, 那么该如何处理呢? 在 R 中, 还有两个函数 **add1( )** 和 **drop1( )** 可以用来做逐步回归.

下面用 **drop1( )** 函数进行计算.

```
> drop1(lm(y~x1+x3+x4+x5))
Single term deletions

Model:
y~x1+x3+x4+x5
         Df Sum of Sq      RSS    AIC
<none>                  1401105  171.19
x1        1     725809  2126914  175.04
x3        1     924938  2326043  176.29
x4        1     865763  2266868  175.93
x5        1   16964084 18365189  205.22
```

从运算结果看, 如果删掉变量 x1, AIC 的值会从 171.19 增加到 175.04, 是增加得最少的. 除了 AIC 准则外, 残差平方和也是逐步回归的重要指标之一, 从直观来看, 拟合越好的模型, 残差平方和应越小. 去掉变量 x1, 残差平方和上升到 725809, 也是最少的; 因此, 从这两项指标看, 应该去掉 x1.

接着用 summary( ) 汇总新建模型的信息.

```
> summary(lm(y~x3+x4+x5))

Call:
lm(formula=y~x3+x4+x5)

Residuals:
    Min      1Q   Median      3Q     Max
-488.70 -247.97   -89.47  246.25  954.04

Coefficients:
              Estimate Std.Error t value Pr(>|t|)
(Intercept) -1.727e+03 9.806e+02  -1.761   0.1087
x3           5.388e-02 3.012e-02   1.789   0.1039
x4           4.089e-02 2.240e-02   1.825   0.0979 .
x5           1.158e-01 1.289e-02   8.990 4.18e-06 ***
---
```

Signif.codes:0'***'0.001'**'0.01'*'0.05'.'0.1''1

Residual standard error:461.2 on 10 degrees of freedom
Multiple R-squared:0.9991, Adjusted R-squared:0.9988
F-statistic:3560 on 3 and 10 DF, p-value:1.937e-15

由显示的结果看,变量 x3,x4 的系数检验的显著性水平仍旧不理想,继续用 drop1( )函数对新建模型做逐步回归.

```
> drop1(lm(y~x3+x4+ x5))
Single term deletions

Model:
y~x3+x4+x5
        Df Sum of Sq      RSS     AIC
<none>                 2126914  175.04
x3       1    680797  2807711  176.92
x4       1    708591  2835505  177.06
x5       1  17188483 19315397  203.92
```

从运算结果看,如果删掉变量 x3,AIC 的值会从 175.04 增加到 176.92,是增加得最少的.去掉变量 x3,残差平方和上升到 680797,也是最少的;因此,从这两项指标看,应该去掉 x3.

接着用 summary( )提取新建模型的信息.

```
> summary(lm(y ~  x4+ x5))

Call:
lm(formula=y~x4+x5)

Residuals:
   Min     1Q  Median     3Q    Max
 -702.0 -326.8    -1.1  281.3  930.8

Coefficients:
             Estimate Std.Error t value Pr(>|t|)
(Intercept) -2.847e+03 8.269e+02  -3.443 0.00549 **
x4           7.968e-02 6.158e-03  12.939 5.34e-08 ***
x5           1.346e-01 8.210e-03  16.395 4.46e-09 ***
---
```

Signif.codes:0'***'0.001'**'0.01'*'0.05'.'0.1''1

Residual standard error:505.2 on 11 degrees of freedom
Multiple R-squared:0.9988, Adjusted R-squared:0.9985
F-statistic:4449 on 2 and 11 DF, p-value:< 2.2e-16

这个结果是令人满意的，因为所有的检验均是显著的，最后得到"最优"的回归模型为

$$\hat{y} = -2847 + 0.07968x_4 + 0.1346x_5$$

11.5 利用回归模型进行预测

当建立多元线性回归模型，并且通过显著性检验后，就可以利用回归方程进行预测．

给定 $X=x_0=(x_{01},x_{02},\cdots,x_{0p})$，将其代入回归方程，得到

$$y_0 = \beta_0 + \beta_1 x_{01} + \cdots + \beta_p x_{0p} + \varepsilon_0 \qquad (11.35)$$

的估计为

$$\hat{y}_0 = \hat{\beta}_0 + \hat{\beta}_1 x_{01} + \cdots + \hat{\beta}_p x_{0p} \qquad (11.36)$$

可以证明，在置信水平为 $1-\alpha$ 下 y_0 的预测区间为

$$\left(\hat{y}_0 \pm t_{\frac{\alpha}{2}}(n-p-1) \cdot \hat{\sigma} \sqrt{1 + x_0^T (x_0^T x_0)^{-1} x_0}\right) \qquad (11.37)$$

在置信水平为 $1-\alpha$ 下，$E(y_0)$ 的预测区间为

$$\left(\hat{y}_0 \pm t_{\frac{\alpha}{2}}(n-p-1) \cdot \hat{\sigma} \sqrt{x_0^T (x_0^T x_0)^{-1} x_0}\right) \qquad (11.38)$$

例 11.10 在例 11.1 中，设 $x_1=100$，$x_2=3$，求 y_0 的点估计 $\hat{y}_0$、y_0 的预测区间和 $E(y_0)$ 的预测区间（置信水平为 0.95）．

解： 在 R 中，predict( )函数可以求回归模型的点估计值和预测区间，输入命令，计算结果如下：

```
> y=c(9.3,4.8,8.9,6.5,4.2,6.2,7.4,6.0,7.6,6.1)
> x1=c(100,50,100,100,50,80,75,65,90,90)
> x2=c(4,3,4,2,2,2,3,4,3,2)
> k=lm(y~1+x1+x2)
> new=data.frame(x1=100,x2=3)
> predict(k,new,interval="prediction")
       fit      lwr      upr
1 8.015035 6.520402 9.509668
> predict(k,new,interval="confidence")
       fit      lwr      upr
1 8.015035 7.38481  8.645259
```

根据 R 输出的结果,当 $x_1 = 100$,$x_2 = 3$ 时,
y_0 的点估计值为 $\hat{y}_0 = 8.015035$h;
在置信水平为 0.95 下,y_0 的预测区间为 $[6.520402, 9.509668]$;
$E(y_0)$ 的预测区间为 $[7.38481, 8.645259]$.

例 11.11 在例 11.2 基础上,当 $x_2 = 3$,x_1 分别取 50km、55km、60km、65km、70km、75km、80km、85km、90km、95km、100km 时,

(1) 求出 y_0 的点估计值 $\hat{y}_0$、y_0 的预测区间和 $E(y_0)$ 的预测区间.

(2) 将(1)中求出的点估计值 $\hat{y}_0$、y_0 的预测区间和 $E(y_0)$ 的预测区间曲线画在一个图上(置信水平为 0.95).

解:(1) 输入 R 命令,计算过程和结果如下:

```
> new=data.frame(x1=seq(50,100,by=5),x2=3)
> pp=predict(k,new,interval="prediction");
> pc=predict(k,new,interval="confidence")
> pt=data.frame(行驶里程=new$x1,点估计值=pp[,1],预测下限=pp[,2],预测上限=pp[,3],置信下限=pc[,2],置信上限=pc[,3])
> pt
```

	行驶里程	点估计值	预测下限	预测上限	置信下限	置信上限
1	50	4.958305	3.368616	6.547993	4.127423	5.789186
2	55	5.263978	3.722947	6.805008	4.530473	5.997482
3	60	5.569651	4.069725	7.069576	4.926976	6.212325
4	65	5.875324	4.408315	7.342332	5.313747	6.436901
5	70	6.180997	4.738156	7.623838	5.685977	6.676016
6	75	6.486670	5.058803	7.914536	6.037161	6.936178
7	80	6.792343	5.369966	8.214719	6.360592	7.224093
8	85	7.098016	5.671537	8.524494	6.652936	7.543095
9	90	7.403689	5.963596	8.843781	6.916738	7.890639
10	95	7.709362	6.246410	9.172313	7.158469	8.260254
11	100	8.015035	6.520402	9.509668	7.384810	8.645259

(2) 在 R 中,matplot( )函数是矩阵绘图命令,其使用方法与 plot 类似.

```
> matplot(new$x1,cbind(pp,pc[,-1]),type="l",
xlab="x",ylab="y",ity=c(1,5,5,2,2),col=
c("blue","red","red","brown","brown"),lwd=2)
```

其结果如图 11-4 所示.

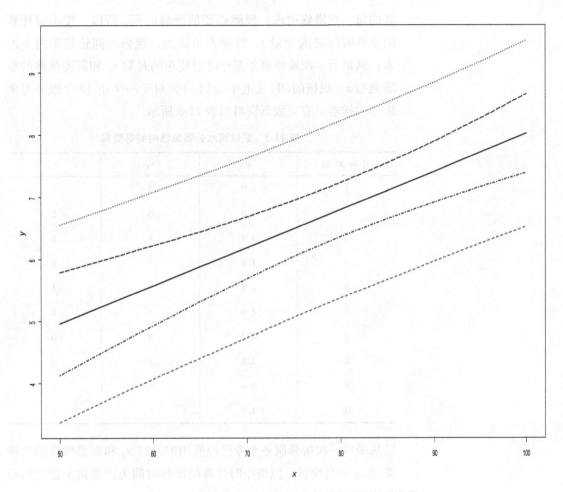

图 11-4 驾驶员行驶时间 y 的点估计与预测区间曲线

11.6 定性变量的回归模型

前面介绍的各种类型的回归模型中, 自变量和因变量都是定量的连续变量, 但在实际问题中, 经常会出现定性变量或属性变量, 为在模型中使用定性变量, 就需要先将其"量化".

1. 虚拟变量模型

把自变量中量化的定性变量称为"虚拟变量", 比较常见的虚拟变量有: 产品是否合格、性别、职称等. 通常把自变量中含有虚拟变量的模型称为虚拟变量模型, 下面通过一个具体的例子来说明虚拟变量模型.

例 11.12 某过滤水公司对某地区的水过滤系统提供维修保养服务. 当顾客的水过滤系统出现故障时, 他们就该公司联系进行维修. 为了估计服务时间和服务成本, 该公司的管理人员希望对顾客的每一次维修请求,预测必要的维修时间. 所以,按小时计算的维修时间是因变量 y. 管理人员认为,维修时间依赖于两个因素:从最后一次维修服务至今已经使用的月数 x_1 和需要维修的故障类型 x_2(机械的(0)或电子的(1)),对于一个由 10 个服务对象组成的样本,有关数据资料如表 11-3 所示.

表 11-3 某过滤水公司维修时间等数据

服务对象	y	x_1	x_2
1	2.9	2	1
2	3.0	6	0
3	4.8	8	1
4	1.8	3	0
5	2.9	2	1
6	4.9	7	1
7	4.2	9	0
8	4.8	8	0
9	4.4	4	1
10	4.5	6	1

以从最后一次维修服务至今已经使用的月数 x_1 和需要维修的故障类型 x_2 为自变量,以按小时计算的维修时间为因变量 y 建立回归方程.

解:将故障的维修类型引入回归模型,我们定义下面的变量:

$$x_2 = \begin{cases} 0, & \text{当故障类型是机械的} \\ 1, & \text{当故障类型是电子的} \end{cases}$$

因此,这里 x_2 就是个虚拟变量,建立统一的回归模型如下:

$$\hat{y} = \hat{\beta}_0 + \hat{\beta}_1 x_1 + \hat{\beta}_2 x_2 + \varepsilon$$

下面输入 R 语言程序命令.

```
> y=c(2.9,3.0,4.8,1.8,2.9,4.9,4.2,4.8,4.4,4.5)
> x1=c(2,6,8,3,2,7,9,8,4,6)
> x2=c(1,0,1,0,1,1,0,0,1,1)
> k=lm(y~x1+x2);summary(k)


Call:
lm(formula=y~x1+x2)

Residuals:
```

```
              Min       1Q    Median        3Q       Max
          -0.49412  -0.24690  -0.06842  -0.00960   0.76858

Coefficients:
              Estimate Std.Error t value Pr(>|t|)
(Intercept)   0.93050   0.46697   1.993  0.086558 .
x1            0.38762   0.06257   6.195  0.000447 ***
x2            1.26269   0.31413   4.020  0.005062 **
---
Signif.codes:0'***'0.001'**'0.01'*'0.05'.'0.1''1

Residual standard error: 0.459 on 7 degrees of freedom
Multiple R-squared:0.8592,  Adjusted R-squared:0.819
F-statistic: 21.36 on 2 and 7 DF,  p-value: 0.001048
```

由 R 输出的结果得到的多元回归模型为

$$\hat{y}=\hat{\beta}_0+\hat{\beta}_1x_1+\hat{\beta}_2x_2=0.93+0.388x_1+1.26x_2$$

该模型通过了显著性检验.

于是,当 $x_2=0$(机械类型的故障)时,有

$$\hat{y}=0.93+0.388x_1$$

当 $x_2=1$(电子类型的故障)时,有

$$\hat{y}=0.93+0.388x_1+1.26\times1=2.19+0.388x_1$$

实际上,对维修的故障类型引入虚拟变量为我们提供了能用于预测维修时间的两个方程,一个是对应机械类型故障的维修时间,一个是对应电子类型故障的维修时间. 另外,因为 $\hat{\beta}_2=1.26$,我们得知维修电子类型的故障比维修机械类型的故障平均多用了 1.26h.

2. 多个定性变量的处理

当定性变量(或属性变量)有 k 个水平时,多元回归分析需要设置 $k-1$ 个虚拟变量,每个虚拟变量的取值仍旧是 0 或 1. 例如,某汽车企业要预测其在三个区域(用 A、B、C 表示)的汽车销售量,为此以销售量为因变量,与此同时也考虑了一些自变量(如广告费用、销售人数等). 假设该公司的管理人员认为,销售区域是预测销售量的一个重要因子. 销售区域是 3 个水平的分类变量,所以需要设置 3-1=2 个虚拟变量,具体定义如下:

$$x_1=\begin{cases}1, & \text{在 } B \text{ 区域销售} \\ 0, & \text{不在 } B \text{ 区域销售}\end{cases}$$

$$x_2=\begin{cases}1, & \text{在 } C \text{ 区域销售} \\ 0, & \text{不在 } C \text{ 区域销售}\end{cases}$$

根据这个定义，x_1 和 x_2 的取值是

区域	x_1	x_2
A	0	0
B	1	0
C	0	1

这时，用虚拟变量表示的销售量 $E(y\mid x_1,x_2)$ 的回归方程是

$$E(y\mid x_1,x_2)=\beta_0+\beta_1 x_1+\beta_2 x_2$$

当 $x_1=0$，$x_2=0$ 时，表示的是销售区域 A 的销售量，对应的回归方程是

$$E(y\mid x_1=0,x_2=0)=\beta_0+\beta_1\times 0+\beta_2\times 0=\beta_0$$

当 $x_1=1$，$x_2=0$ 时，表示的是销售区域 B 的销售量，对应的回归方程是

$$E(y\mid x_1=1,x_2=0)=\beta_0+\beta_1\times 1+\beta_2\times 0=\beta_0+\beta_1$$

当 $x_1=0$，$x_2=1$ 时，表示的是销售区域 C 的销售量，对应的回归方程是

$$E(y\mid x_1=0,x_2=1)=\beta_0+\beta_1\times 0+\beta_2\times 1=\beta_0+\beta_2$$

因此，β_0 是销售区域 A 的平均或期望销售量，β_1 是销售区域 B 的期望销售量和销售区域 A 的期望销售量之间的差，β_2 是销售区域 B 的期望销售量和销售区域 A 的期望销售量之间的差.

例 11.13 某旅游景点接待的游客人数(单位：万人)在每年的冬季(滑雪)和夏季是高峰季节. 其中 2014—2018 年期间该景点接待的游客人数在各个季节的情况如表 11-4 所示.

表 11-4　某景点接待游客人数的数据　　(单位：万人)

年　份	第一季度	第二季度	第三季度	第四季度
2014	117.0	80.7	129.6	76.1
2015	118.5	82.5	121.4	77.0
2016	114.0	84.3	119.9	75.0
2017	120.7	79.6	130.7	69.6
2018	125.2	80.2	127.6	72.0

根据以上数据，构建多元回归模型，并利用该模型进行预测.

解： 要对四个季度的数据进行处理，仅需要引进三个虚拟变量. 这是一个带有四个水平的定性变量，分别是第一、第二、第三、第四季度. 因此，要构建多元回归模型，需要设立 4-1=3 个虚拟变量，它们分别是

$$qt_1=\begin{cases}1, & \text{时间 } t \text{ 属于第一季度}\\ 0, & \text{时间 } t \text{ 不属于第一季度}\end{cases}$$

$$qt_2=\begin{cases}1, & \text{时间 } t \text{ 属于第二季度}\\ 0, & \text{时间 } t \text{ 不属于第二季度}\end{cases}$$

$$qt_3=\begin{cases}1, & \text{时间 } t \text{ 属于第三季度}\\ 0, & \text{时间 } t \text{ 不属于第三季度}\end{cases}$$

则该景区游客人数的多元回归预测模型的一般表达式为

$$\hat{y}_t = b_0 + b_1 qt_1 + b_2 qt_2 + b_3 qt_3$$

其中,$\hat{y}_t$ 表示 t 期的预测值. 注意:我们虽然没提到第四季度,但当三个虚拟变量都等于 0 时,便是第四季度的游客人数的预测结果. 为了求出这个多元回归模型,需要对时间序列进行适当的编排,具体如表 11-5.

表 11-5 含有虚拟变量的某景点接待游客人数的数据　　(单位:万人)

年份	季度	qt_1	qt_2	qt_3	游客人数 y
2014	1	1	0	0	117.0
	2	0	1	0	80.7
	3	0	0	1	129.6
	4	0	0	0	76.1
2015	1	1	0	0	118.5
	2	0	1	0	82.5
	3	0	0	1	121.4
	4	0	0	0	77.0
2016	1	1	0	0	114.0
	2	0	1	0	84.3
	3	0	0	1	119.9
	4	0	0	0	75.0
2017	1	1	0	0	120.7
	2	0	1	0	79.6
	3	0	0	1	130.7
	4	0	0	0	69.6
2018	1	1	0	0	125.2
	2	0	1	0	80.2
	3	0	0	1	127.6
	4	0	0	0	72.0

根据表 11-5 中的数据,输入 R 中,计算过程和结果如下:

```
> q1=c(1,0,0,0)
> qt1=rep(q1,times=5)
```

```
> q2=c(0,1,0,0)
> qt2=rep(q2,times=5)
> q3=c(0,0,1,0)
> qt3=rep(q3,times=5)
> y=c(117.0,80.7,129.6,76.1,118.5,82.5,121.4,77.0,114.0,
84.3,119.9,75.0,120.7,79.6,130.7,69.6,125.2,80.2,127.6,
72.0)
> k=lm(y~qt1+qt2+qt3)
> k
```

Call:
lm(formula=y~qt1+qt2+qt3)

Coefficients:

(Intercept)	qt1	qt2	qt3
73.94	45.14	7.52	51.90

```
> summary(k)
```

Call:
lm(formula=y~qt1+qt2+qt3)

Residuals:

Min	1Q	Median	3Q	Max
-5.940	-1.975	0.230	2.330	6.120

Coefficients:

	Estimate	Std.Error	t value	Pr(>|t|)	
(Intercept)	73.940	1.654	44.697	< 2e-16	***
qt1	45.140	2.339	19.295	1.66e-12	***
qt2	7.520	2.339	3.214	0.00541	**
qt3	51.900	2.339	22.185	1.92e-13	***

Signif.codes:0 '***' 0.001 '**' 0.01 '*' 0.05 '.' 0.1 ' ' 1

Residual standard error:3.699 on 16 degrees of freedom
Multiple R-squared:0.9791, Adjusted R-squared:0.9752

F-statistic:250.3 on 3 and 16 DF, p-value:1.189e-13

根据 R 输出的结果可看出，所求的回归模型通过了整体和单个系数的显著性检验. 因此，得到多元回归模型为

$$\hat{y}_t = 73.94 + 45.14qt_1 + 7.52qt_2 + 51.90qt_3$$

因此，可以得到来年每个季度游客人数的预测值分别为
第一季度游客人数 $= 73.94 + 45.14 \times 1 + 7.52 \times 0 + 51.90 \times 0 = 119.08$
第二季度游客人数 $= 73.94 + 45.14 \times 0 + 7.52 \times 1 + 51.90 \times 0 = 81.46$
第三季度游客人数 $= 73.94 + 45.14 \times 1 + 7.52 \times 0 + 51.90 \times 1 = 170.98$
第四季度游客人数 $= 73.94 + 45.14 \times 0 + 7.52 \times 0 + 51.90 \times 0 = 73.94$

因此，根据回归模型的预测，2019 年第一、第二、第三、第四个季度预测的游客人数分别为 119.08 万人、81.46 万人、170.98 万人、73.94 万人.

3. 逻辑斯谛回归模型

在很多社会问题或临床医学研究中，被解释变量只有 2 个可能的结果，这样的因变量可以用虚拟变量来表示，其为 0 或 1. 例如，因变量表示是否拥有住房、某种疾病是否复发等. 逻辑斯谛回归模型可以对因变量为二分类变量的数据进行建模.

对于因变量 Y 有 p 个自变量，记为 $X_1, X_2, \cdots, X_p$，在 p 个自变量的作用下出现成功的条件概率记为 $p = P\{Y=1 \mid X_1, X_2, \cdots, X_p\}$，则逻辑斯谛回归模型为

$$p = 1 - 1/[1 + \exp(\beta_0 + \beta_1 x_1 + \beta_2 x_2 + \cdots + \beta_p x_p)]$$

其中，$\beta_0, \beta_1, \beta_2, \cdots, \beta_p$ 为逻辑斯谛回归模型的回归系数.

从上式可以看出，逻辑斯谛回归模型是一个非线性回归模型，自变量 $X_1, X_2, \cdots, X_p$ 可以是连续变量，也可以是分类变量，对上式做 logit 变换，逻辑斯谛回归模可以变为下列线性形式：

$$\text{logit}(p) = \ln\left(\frac{p}{1-p}\right) = \beta_0 + \beta_1 x_1 + \beta_2 x_2 + \cdots + \beta_p x_p$$

在 R 中，glm()函数可以做逻辑斯谛回归，其语句为

```
glm(formula,family=binomial(link="logit"),data=data.frame)
```

式中，(link="logit")可以不写，因为 logit 是二项分布族连接函数，是默认状态. 在用 glm()函数做逻辑斯谛回归时，对于公式 formula 有两种输入方法：一种是类似线性模型通常输入数据的方法，另一种方法是输入成功和失败的次数. 下面用两个例子来说明 glm()函数的使用方法.

例 11. 14   R 程序包 MPV 中的数据集 p13.2 给出了家庭收入与是否拥有独立住房之间的关系数据,具体如下. 其中 $y=1$ 表示拥有住房,$y=0$ 表示没有住房,x 表示家庭收入.

```
> install.packages("MPV")
> library(MPV)
> data(p13.2)
> p13.2
       x    y
1  38000    0
2  51200    1
3  39600    0
4  43400    1
5  47700    0
6  53000    0
7  41500    1
8  40800    0
9  45400    1
10 52400    1
11 38700    1
12 40100    0
13 49500    1
14 38000    0
15 42000    1
16 54000    1
17 51700    1
18 39400    0
19 40900    0
20 52800    1
```

试分析家庭收入对是否拥有独立住房的影响,并预测当家庭收入分别为 25000 元、40000 元、60000 元时,拥有独立住房的概率.

解:使用 glm( ) 函数做逻辑斯谛回归,计算过程和结果如下:
```
> k=glm(y~x,family=binomial,data=p13.2);summary(k)

Call:
glm(formula=y~x,family=binomial,data=p13.2)

Deviance Residuals:
```

```
      Min       1Q    Median       3Q       Max
  -2.0232   -0.8766   0.5072   0.7980    1.6046

Coefficients:
              Estimate  Std.Error  z value  Pr(>|z|)
(Intercept)  -8.7395139  4.4394326  -1.969   0.0490 *
x             0.0002009  0.0001006   1.998   0.0458 *
---
Signif.codes:0'***'0.001'**'0.01'*'0.05'.'0.1''1

(Dispersion parameter for binomial family taken to be 1)

    Null deviance:27.526  on 19  degrees of freedom
Residual deviance:22.435  on 18  degrees of freedom
AIC: 26.435

Number of Fisher Scoring iterations: 4
```

即 $\beta_0 = -8.74$, $\beta_1 = 0.0002009$, 并且回归模型通过了显著性检验, 因此, 回归模型为

$$p = 1 - 1/[1+\exp(\beta_0+\beta_1 x_1)] = 1 - 1/[1+\exp(-8.74+0.0002009 x_1)]$$

当家庭收入 x_1 分别为 25000 元、40000 元、60000 元时, 代入回归模型求得 p 的值分别为

0.02373292、0.33108355、0.96493389; 即当家庭收入 x_1 分别为 25000 元、40000 元、60000 元时, 拥有独立住房的概率分别为 0.02373292、0.33108355、0.96493389.

也可以用 predict( ) 函数计算如下:

```
> pre=predict(k,data.frame(x=c(25000,40000,
60000)))
> p=1-1/(1+exp(pre));p
        1           2           3
0.02373292  0.33108355  0.96493389
```

例 11.15 为研究高压线对牲畜的影响, R. Norell 研究小的电流对农场动物的影响, 在实验中选择了七头牛和六种电流强度(0、1mA、2mA、3mA、4mA、5mA). 每头牛被电击 30 次, 每种强度五次, 按随机的次序进行. 然后重复整个实验, 每头牛总共被电击 60 次. 对每次电击, 响应变量——嘴巴运动或者出现, 或者不出现. 表 11-6 给出了每种电击强度 70 次试验中响应的总次数.

(1) 试分析电击对牛的影响.
(2) 当电流为 4.5mA 时,有响应的牛的概率是多少?
(3) 画出逻辑斯谛回归曲线.

表 11-6 七头牛对六种电流强度的实验数据

编号	X(电流强度/mA)	n(实验次数)	k(响应次数)	k/n(响应比例)
1	0	70	0	0.0000000
2	1	70	9	0.1285714
3	2	70	21	0.3000000
4	3	70	47	0.6714286
5	4	70	60	0.8571429
6	5	70	63	0.9000000

解:(1) 这里的响应变量是分类的,它只取两个值:出现或不出现. 我们构造矩阵,一列是成功的次数,一列是失败的次数,然后再做逻辑斯谛回归,R 计算过程和结果如下:

```
> x=c(0:5)
> n=rep(70,6)
> k=c(0,9,21,47,60,63)
> y=cbind(k,n-k)
> u=glm(y~x,family=binomial)
> summary(u)


Call:
glm(formula=y~x,family=binomial)

Deviance Residuals:
     1        2        3        4        5        6
-2.2507   0.3892  -0.1466   1.1080   0.3234  -1.6679

Coefficients:
            Estimate Std.Error z value Pr(>|z|)
(Intercept)  -3.3010    0.3238  -10.20   <2e-16 ***
x             1.2459    0.1119   11.13   <2e-16 ***
---
Signif.codes:0'***'0.001'**'0.01'*'0.05'.'0.1''1

(Dispersion parameter for binomial family taken to be 1)
```

Null deviance: 250.4866 on 5 degrees of freedom
Residual deviance: 9.3526 on 4 degrees of freedom
AIC: 34.093

Number of Fisher Scoring iterations: 4

根据 R 输出的结果，有 $\beta_0 = -3.3010$，$\beta_1 = 1.2459$，并且回归模型通过了显著性检验，因此，回归模型为

$$p = 1 - 1/[1+\exp(\beta_0+\beta_1 x_1)] = 1 - 1/[1+\exp(-3.3010+1.2459x_1)]$$

（2）当电流为 4.5mA 时，

```
> pre=predict(u,data.frame(x=4.5))
>  p=1-1/(1+exp(pre));p
         1
0.9093467
```

即当电流为 4.5mA 时，有响应的牛的概率是 0.9093467.

（3）画出逻辑斯谛回归曲线.

```
> d=c(seq(0,5,len=100)
> pre=predict(u,data.frame(x=d))
>  p=1-1/(1+exp(pre))
> y1=k/n
> plot(x,y1);lines(d,p)
```

其结果如图 11-5 所示.

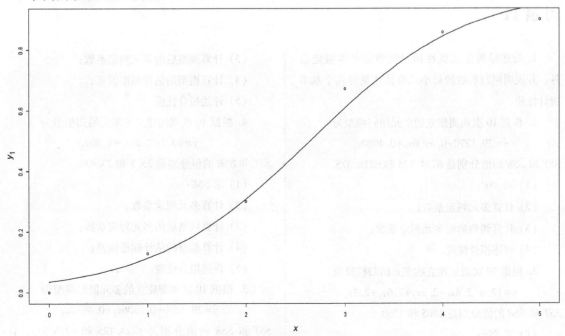

图 11-5 逻辑斯谛回归曲线

人物传记

统计学家高尔顿

"回归"是由英国著名生物学家兼统计学家高尔顿(Galton, 1822—1911)在研究人类遗传问题时提出来的. 为了研究父代与子代身高的关系, 高尔顿搜集了1078对父亲及其儿子的身高数据. 他发现这些数据的散点图大致呈直线状态, 也就是说, 总的趋势是父亲的身高增加时, 儿子的身高也倾向于增加. 但是, 高尔顿对试验数据进行了深入的分析, 发现了一个很有趣的现象——回归效应. 因为当父亲的身高高于平均身高时, 他们的儿子身高比他更高的概率要小于比他更矮的概率; 父亲的身高矮于平均身高时, 他们的儿子身高比他更矮的概率要小于比他更高的概率. 它反映了一个规律, 即这两种身高的父亲的儿子的身高, 有向他们父辈的平均身高回归的趋势. 对于这个一般结论的解释是: 大自然具有一种约束力, 使人类身高的分布相对稳定而不产生两极分化, 这就是所谓的回归效应. 即有"回归"到平均数去的趋势, 这就是统计学上最初出现"回归"时的含义, 高尔顿把这一现象叫作"向平均数方向的回归" (regression toward mediocrity).

习题 11

1. 简述经典多元线性回归模型的基本假定条件, 并说明回归系数的最小二乘估计量的几个基本统计性质.

2. 根据10次观测建立的多元回归模型为

$$\hat{y} = 29.1270 + 0.5906x_1 + 0.4980x_2$$

SST 和 SSR 的值分别是 6724.125 和 6216.375.

(1) 求 SSE;
(2) 计算多元判定系数;
(3) 计算调整后的多元判定系数;
(4) 评述拟合优度.

3. 根据30次观测建立的多元回归模型为

$$\hat{y} = 17.6 + 3.8x_1 - 2.3x_2 + 7.6x_3 + 2.7x_4$$

SST 和 SSR 的值分别是 1805 和 1760.

(1) 求 SSE;
(2) 计算多元判定系数;
(3) 计算调整后的多元判定系数;
(4) 评述拟合优度.

4. 根据10次观测建立的多元回归模型为

$$\hat{y} = 83.2 + 2.29x_1 + 1.30x_2$$

SST 和 SSR 的值分别是 25.5 和 23.435.

(1) 求 SSE;
(2) 计算多元判定系数;
(3) 计算调整后的多元判定系数;
(4) 计算模型的估计标准误差;
(5) 评述拟合优度.

5. 根据10次观测建立的多元回归模型为

$$\hat{y} = 29.1270 + 0.5906x_1 + 0.4980x_2$$

SST 和 SSR 的值分别是 6724.125 和 6216.375, 且 $s_{\beta_1} = 0.0813$, $s_{\beta_2} = 0.0567$.

(1) 计算 MSR 和 MSE；

(2) 计算 F 检验统计量，并且在 $\alpha=0.05$ 水平下进行 F 检验；

(3) 在 $\alpha=0.05$ 水平下，对 β_1 的显著性进行 t 检验；

(4) 在 $\alpha=0.05$ 水平下，对 β_2 的显著性进行 t 检验；

(5) 在置信水平为 $1-\alpha=0.95$ 水平下，求 β_1 的置信区间；

(6) 在置信水平 $1-\alpha=0.95$ 水平下，求 β_2 的置信区间.

6. 根据10次观测建立的多元回归模型为
$$\hat{y}=-18.4+2.01x_1+4.74x_2$$
SST 和 SSR 的值分别是 15182.9 和 1405.2，且 $s_{\beta_1}=$ 0.2471，$s_{\beta_2}=0.9484$.

(1) 计算 MSR 和 MSE；

(2) 计算 F 检验统计量，并且在 $\alpha=0.05$ 水平下进行 F 检验；

(3) 在 $\alpha=0.05$ 水平下，对 β_1 的显著性进行 t 检验；

(4) 在 $\alpha=0.05$ 水平下，对 β_2 的显著性进行 t 检验；

(5) 在置信水平为 $1-\alpha=0.95$ 下，求 β_1 的置信区间；

(6) 在置信水平 $1-\alpha=0.95$ 下，求 β_2 的置信区间.

7. R软件输出的某多元线性回归模型的运算结果如下：

```
Call:
lm(formula = y ~ 1+x1+x2+x3+x4)

Residuals:
      1       2       3       4       5       6       7       8       9      10
 -19755    3290   33463   38420  -44950  -32854  -10873   31357   -1127    3028

Coefficients:
              Estimate  Std.Error  t value  Pr(>|t|)
(Intercept)  1.014e+06  3.196e+05    3.173    0.0247 *
x1           4.509e+00  1.956e+01    0.230    0.8269
x2           3.463e-01  4.660e+00    0.074    0.9436
x3           1.705e+01  4.331e+00    3.937    0.0110 *
x4          -4.909e+02  4.301e+02   -1.142    0.3054
---
Signif.codes:  0 '***' 0.001 '**' 0.01 '*' 0.05 '.' 0.1 ' ' 1

Residual standard error: 37970 on 5 degrees of freedom
Multiple R-squared:  0.9989,    Adjusted R-squared:  0.9981
F-statistic:  1169 on 4 and 5 DF,  p-value: 1.303e-07
```

(1) 根据R输出的结果，该回归模型的残差平方和是多少？

(2) 根据R输出的结果，该回归模型的估计标准误差是多少？

(3) 根据R输出的结果，该回归模型是否能通过 F 检验的显著性检验？

(4) 根据R输出的结果，该回归模型的各系数是否能通过 t 检验的显著性检验？

(5) 根据R输出的结果，该回归模型是否可能存在多重共线性？

8. 我国2007—2018年出口货物总额 Y(亿元)、工业增加值 X_1(亿元)、人民币汇率 X_2(100美元)的数据如表 11-7 所示.

表 11-7 2007—2018 年我国出口货物总额等数据

年份	出口货物总额 Y/亿元	工业增加值 X_1/亿元	人民币汇率 X_2(100 美元)
2007	93627.1	111693.9	760.4
2008	100394.9	131727.6	694.51
2009	82029.7	138095.5	683.1
2010	107022.8	165126.4	676.95
2011	123240.6	195142.8	645.88
2012	129359.3	208905.6	631.25
2013	137131.4	222337.6	619.32
2014	143883.8	233856.4	614.28
2015	141166.8	236506.3	622.84
2016	138419.3	247877.7	664.23
2017	153309.4	278328.2	675.18
2018	164127.8	305160.2	661.74

注：数据来源于《中国统计年鉴 2019》.

(1) 试建立出口货物总额 Y 为因变量与其他指标为自变量的多元线性回归方程.

(2) 该回归模型是否存在多重共线性？

(3) 用逐步回归法建立回归模型.

9. 我国 2003—2012 年货运量 y(万 t)、第一产业增加值 x_1(亿元)、第二产业增加值 x_2(亿元)，第三产业增加值 x_3(亿元)，国内生产总值指数 x_4(1978 年 = 100) 的数据如表 11-8 所示.

表 11-8 2003—2012 年期间我国年货运量等数据

年份	年货运量/万 t	第一产业增加值/亿元	第二产业增加值/亿元	第三产业增加值/亿元	国内生产总值指数
2003	1564492	17381.72	62436.31	56004.73	987.3
2004	1706412	21412.73	73904.31	64561.29	1087.4
2005	1862066	22420.00	87598.09	74919.28	1210.4
2006	2037060	24040.00	103719.54	88554.88	1363.8
2007	2275822	28627.00	125831.36	111351.95	1557.0
2008	2585937	33702.00	149003.44	131339.99	1707.0
2009	2825222	35226.00	157638.78	148038.04	1864.3
2010	3241807	40533.60	187383.21	173595.98	2059.0
2011	3696961	47486.21	220412.81	205205.02	2250.5
2012	4099400	52373.63	235161.99	231934.48	2422.7

注：数据来源于《中国统计年鉴 2013》.

(1) 试建立货运量 y 与其他指标的多元线性回归方程.

(2) 该回归模型是否存在多重共线性？

(3) 用逐步回归法建立回归模型.

第 12 章
时间序列分析

> 数字不会说谎,但说谎的人会想出办法.
> ——Charles Grosvenor

时间序列是按照一定的时间间隔收集的一系列数据,时间序列分析在许多领域有着广泛的应用,如经济、金融、天文、气象、生物、医学等. 时间序列分析研究的目的主要有:一、认识产生随机时间序列的统计规律,分析时间序列前后的相互依赖关系,建立时间序列的随机模型. 二、根据时间序列的历史数据,对未来可能取值进行预测.

12.1 时间序列的成分

1. 时间序列的基本概念

(1)时间序列 在统计研究中,把不同时间的统计指标数值按照时间的先后顺序排列起来而形成的统计序列,称为时间序列或动态序列.

在 R 中,ts( )函数可以将向量或矩阵生成时间序列的对象,其使用格式为

```
ts(data=NA,start=1,end=numeric(),frequency=1,
    deltat = 1, ts. eps = getOption ( "ts. eps"),
    class =,names =)
```

其中,data 表示向量或矩阵,start 表示第一个观察值开始的时间,如 start = 2000,表示开始的时间是 2000 年;frequency 表示季节数,如 4 表示 4 个季节,12 表示 12 个月.

例 12.1 我国 2003—2012 年期间的年货运量 y(万 t)、第一产业增加值 x_1(亿元)、第二产业增加值 x_2(亿元)、第三产业增加值 x_3(亿元)的数据如表 12-1 所示,根据这些数据,使用 R 中的 ts( )函数建立时间序列数据对象.

表 12-1 我国 2003—2012 年期间的年货运量等时间序列数据

	年份	年货运量/万 t	第一产业增加值/亿元	第二产业增加值/亿元	第三产业增加值/亿元
1	2003	1564492	17381.72	62436.31	56004.73
2	2004	1706412	21412.73	73904.31	64561.29
3	2005	1862066	22420.00	87598.09	74919.28
4	2006	2037060	24040.00	103719.54	88554.88
5	2007	2275822	28627.00	125831.36	111351.95
6	2008	2585937	33702.00	149003.44	131339.99
7	2009	2825222	35226.00	157638.78	148038.04
8	2010	3241807	40533.60	187383.21	173595.98
9	2011	3696961	47486.21	220412.81	205205.02
10	2012	4099400	52373.63	235161.99	231934.48

注：数据来源于《中国统计年鉴 2013》.

解：

```
>y=c(1564492,1706412,1862066,2037060,2275822,
2585937,2825222,3241807,3696961,4099400)
> yt=ts(y,start=2003);yt
Time Series:
Start=2003
End=2012
Frequency=1
[1] 1564492 1706412 1862066 2037060 2275822
2585937 2825222 3241807 3696961 4099400
> x1 = c (17381.72,21412.73,22420,24040,28627,
33702,35226,40533.6,47486.21,52373.63)
> x1t=ts(x1,start=2003);x1t
Time Series:
Start=2003
End=2012
Frequency=1
[1] 17381.72 21412.73 22420.00 24040.00 28627.00
33702.00 35226.00 40533.60 47486.21 52373.63
> x2 = c (62436.31,73904.31,87598.09,103719.54,
125831.36,149003.44,157638.78,187383.21,220412.81,
235161.99)
> x2t=ts(x2,start=2003);x2t
```

```
Time Series:
Start=2003
End=2012
Frequency=1
 [1]   62436.31   73904.31   87598.09 103719.54 125831.36
149003.44 157638.78 187383.21 220412.81 235161.99
> x3 = c (56004.73, 64561.29, 74919.28, 88554.88,
111351.95,131339.99,148038.04,173595.98,205205.02,
231934.48)
> x3t=ts(x3,start=2003);x3t
Time Series:
Start=2003
End=2012
Frequency=1
 [1]   56004.73   64561.29   74919.28   88554.88 111351.95
131339.99 148038.04 173595.98 205205.02 231934.48
```

(2) 时间序列图　以时间序列值为纵轴、以时间为横轴作图，得到的图形称为时间序列图.

在 R 中，使用 plot.ts( ) 函数(简写成 plot( ))来绘制时间序列图，其使用格式为

```
plot(x,y=NULL,plot.type=c("multiple","single"),
     xy.labels,xy.lines,panel=lines,nc,yax.
     flip=FALSE,
     mar.multi=c(0,5.1,0,if(yax.flip)5.1
     else 2.1),
     oma.multi=c(6,0,5,0),axes=TRUE,...)
```

例 12.2　根据例 12.1 的数据，分别绘制出年货运量 y(万 t)、第一产业增加值 x_1(亿元)、第二产业增加值 x_2(亿元)、第三产业增加值 x_3(亿元)的时间序列图.

解：

```
> par(mfrow=c(2,2),mai=c(0.6,0.6,0.12,0.1),
cex=0.7)
> plot(yt,type="o",xlab="(a)货运量序列",ylab=
"货运量")
> plot(x1t,type="o",xlab="(b)第一产业增加值序列",ylab="第一产业增加值")
> plot(x2t,type="o",xlab="(c)第二产业增加值序
```

列",ylab="第二产业增加值")

> plot(x3t,type="o",xlab="(d)第三产业增加值序列",ylab="第三产业增加值")

其结果如图12-1所示.

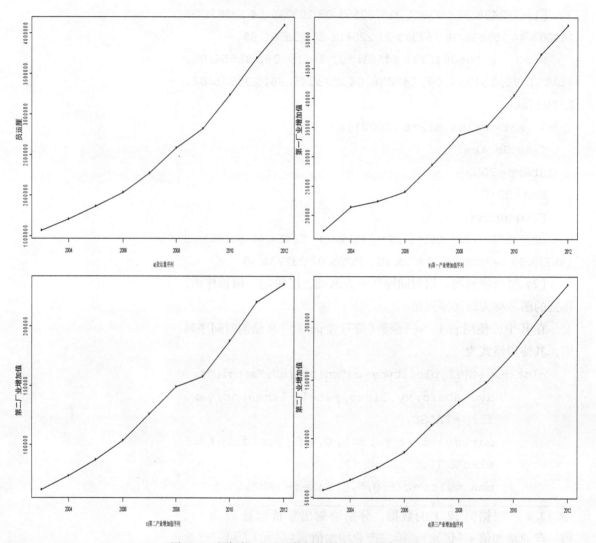

图 12-1 根据例 12.1 的数据绘制出的时间序列图

2. 时间序列的成分

时间序列的变化受到一个或多个因素的影响,导致它在不同时间取值有差异,这些影响因素通常可以分为四类:①长期趋势;②季节变动;③循环波动;④不规则波动. 这四类因素构成时间序列的四种成分.

(1) 长期趋势(T) 它是时间序列在一段较长时期内呈现出来的持续向上或持续向下的变化趋势. 例如,在例 12.1 中,我国 2003—2012 年期间的年货运量 y、第一产业增加值 x_1、第二产业

增加值 x_2、第三产业增加值 x_3 的时间序列数据均呈现出持续增长的趋势.

(2) 季节变动(S)　它是时间序列呈现出的以年为周期长度的固定变动模式,这种模式年复一年重复出现.通常,一年四季的气温变化、农业生产、交通运输、旅游、服装销售等都有明显的季节变动特征.例如,铁路和航空客运在节假日会迎来客流高峰,旅游景点有明显的淡季和旺季等.

(3) 循环波动(C)　它是时间序列呈现出的非固定长度的周期性变动.例如,经济的循环波动,一个经济体在相当长的一段时期内所经历的复苏、繁荣、衰退、萧条的周期性变动.

(4) 不规则波动(e)　也称为随机波动,它是时间序列中除去趋势、季节变动和周期波动之后剩余的波动.随机波动是由于一些偶然因素引起的,属于时间序列中无法确切解释,往往也无须解释的那些剩余波动.

时间序列的四种成分,即长期趋势(T)、季节变动(S)、循环波动(C)、不规则波动(e)与观测值之间的关系可以用**加法模型(additive model)** 表示,也可以用**乘法模型(multiplicative model)** 表示,当不考虑周期成分时,

加法模型可表示为　　　$Y_t = T_t + S_t + e_t$

乘法模型可表示为　　　$Y_t = T_t \times S_t \times e_t$

在 R 中,**decompose( )** 函数和 **stl( )** 函数可以用作时间序列的分解,将一个时间序列分解成长期趋势(T)、季节变动(S)、不规则波动(e) 3 个因素.其中,decompose( )函数的使用格式为

decompose(x, type = c("additive","multiplicative"), filter=NULL)

其中 x 表示时间序列,由 ts( )函数生成,参数 Frequency 的值要大于或等于 2;type 参数中,取"additive"表示加法模型,取"multiplicative"表示乘法模型.

例 12.3　在 R 中的 AirPassengers 数据集中,给出了 1949—1960 年期间的每个月的航空乘客人数(单位:千人)如下所示,绘出航空乘客人数的时间序列图,并使用 decompose( )函数对航空乘客人数做加法模型和乘法模型的时间序列分解.

```
> data(AirPassengers)
> s=AirPassengers
> s
     Jan Feb Mar Apr May Jun Jul Aug Sep Oct Nov Dec
1949 112 118 132 129 121 135 148 148 136 119 104 118
```

```
1950 115 126 141 135 125 149 170 170 158 133 114 140
1951 145 150 178 163 172 178 199 199 184 162 146 166
1952 171 180 193 181 183 218 230 242 209 191 172 194
1953 196 196 236 235 229 243 264 272 237 211 180 201
1954 204 188 235 227 234 264 302 293 259 229 203 229
1955 242 233 267 269 270 315 364 347 312 274 237 278
1956 284 277 317 313 318 374 413 405 355 306 271 306
1957 315 301 356 348 355 422 465 467 404 347 305 336
1958 340 318 362 348 363 435 491 505 404 359 310 337
1959 360 342 406 396 420 472 548 559 463 407 362 405
1960 417 391 419 461 472 535 622 606 508 461 390 432
```

解：(1) 绘出航空乘客人数的时间序列图

> plot(s)

其结果如图 12-2 所示.

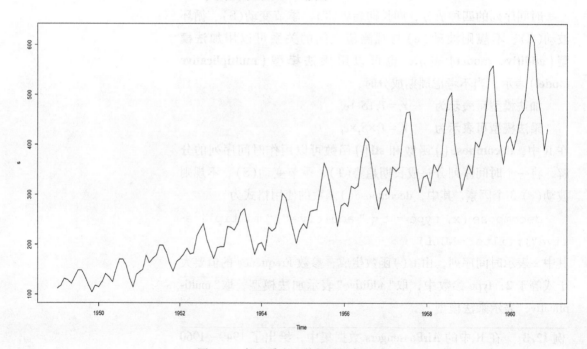

图 12-2 航空乘客人数的时间序列图

(2) 绘出航空乘客人数的时间序列加法模型的分解图

>plot(decompose(s))

其结果如图 12-3 所示.

(3) 绘出航空乘客人数的时间序列乘法模型的分解图

>plot(decompose(s,type="multiplicative"))

其结果如图 12-4 所示.

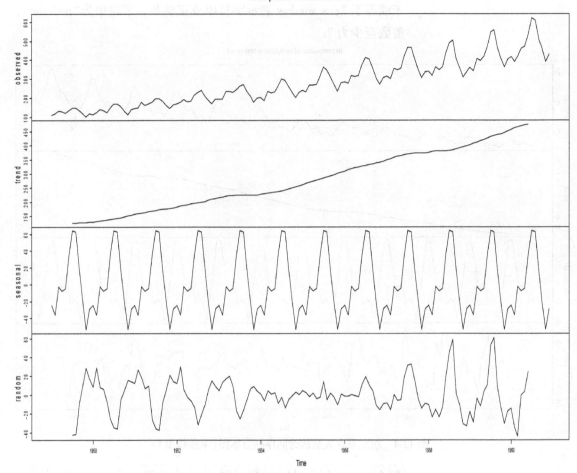

图 12-3 航空乘客人数的时间序列分解图（加法模型）

这里介绍 stl( ) 函数，其中 STL 是 Seasonal Decomposition of Time Series by Loess 的缩写，意思是借助于 Loess 做时间序列的季节性分解，Loess 的意思是局部多项式回归，是回归的一种方法. stl( ) 函数的使用格式为

```
stl(x,s.window,s.degree=0,
    t.window=NULL,t.degree=1,
    l.window=nextodd(period),l.degree=t.degree,
    s.jump=ceiling(s.window/10),
    t.jump=ceiling(t.window/10),
    l.jump=ceiling(l.window/10),
    robust=FALSE,
    inner=if(robust) 1 else 2,
    outer=if(robust) 15 else 0,
    na.action=na.fail)
```

其中，x 表示时间序列，由 ts( ) 函数生成，参数 Frequency 的值要大于或等于 2；s.window 表示字符串或正整数，字符串为"periodic"，整数至少为 7.

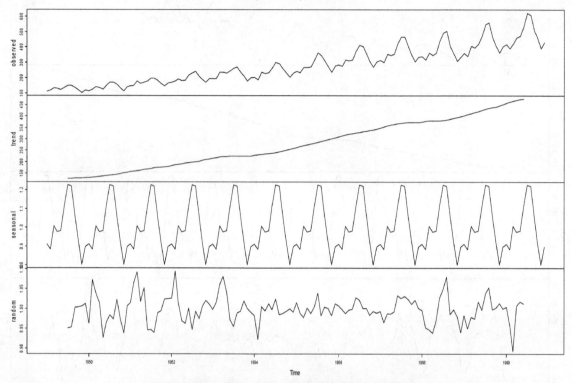

图 12-4　航空乘客人数的时间序列分解图(乘法模型)

例 12.4　使用 stl( ) 函数对例 12.3 中的航空乘客人数做时间序列分解.

解：
```
> k=stl(s,s.window="periodic")
> plot(k,main="Seasonal Decomposition of Time Series by Loess")
```
其结果如图 12-5 所示.

3. 预测精度

选择时间序列预测方法的一个重要考虑因素是预测精度. 人们在预测时，总是希望预测误差尽可能小. 评估预测精度的方法有多种，这里介绍均方误差法. 设 $x_t(t=1,2,\cdots,n)$ 是时间序列第 t 个点的实际观测值，f_t 为预测值，x_t-f_t 为预测误差. 均方误差是计算预测误差平方和的平均值，其计算公式为

$$MSE = \frac{\sum_{t=1}^{n}(x_t-f_t)^2}{n}$$

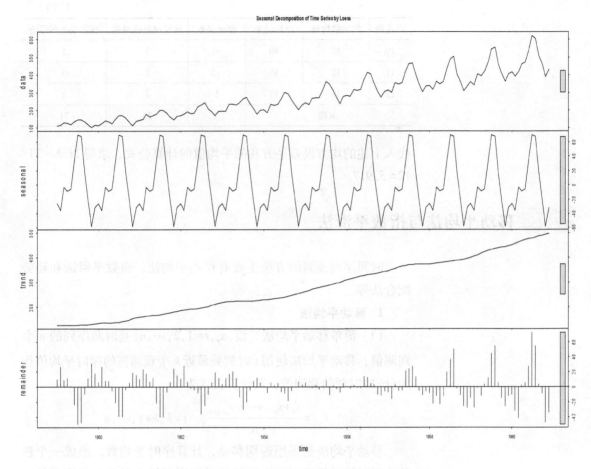

图 12-5　航空乘客人数的时间序列分解图(借助局部多项式回归)

例如,某加油站对每周的汽油销售量进行预测. 这里,我们采用最简单的预测方法,也就是用最近一周的销售量作为下一周汽油销售量的预测值. 如此,我们得到预测结果如表 12-2 所示.

表 12-2　某加油站每周的汽油销售量及其预测表

第几周	汽油销售量	预测结果	预测误差	预测误差绝对值	预测误差的平方
1	35				
2	37	35	2	2	4
3	36	37	−1	1	1
4	39	36	3	3	9
5	42	39	3	3	9
6	40	42	−2	2	4
7	45	40	5	5	25
8	43	45	−2	2	4
9	40	43	−3	3	9

(续)

第几周	汽油销售量	预测结果	预测误差	预测误差绝对值	预测误差的平方
10	39	40	−1	1	1
11	37	39	−2	2	4
12	38	37	1	1	1
	求和		3	25	71

代入上述的均方误差平方和的平均值的计算公式,求得 $MSE = 71/12 = 5.917$.

12.2 移动平均法与指数平滑法

时间序列预测的方法主要有移动平均法、指数平滑法和趋势配合法等.

1. 移动平均法

(1) 简单移动平均法 设 $\{x_t, t=1,2,\cdots,n\}$ 是时间序列的 n 个观测值,移动平均法使用 t 时刻处最近 k 个观测值的序时平均值作为 $(t+1)$ 时刻的预测值,其计算公式为

$$f_{t+1} = \frac{x_t + x_{t-1} + \cdots + x_{t-k+1}}{n}, \quad t = k, k+1, \cdots, n$$

移动平均法是采用逐期移动,计算序时平均数,形成一个新的序时平均时间序列,由于新的时间序列扩大了原时间序列的时间间隔,各个时期的偶然因素的影响相互抵消,对原有时间序列进行了修匀,从而比较明显地呈现出变动的基本趋势.

例 12.5 某企业产品的销售量的数据如表 12-3 所示,分别计算三个月的移动平均和五个月的移动平均的预测结果,并求出相应的预测误差.

表 12-3 某企业产品的销售量数据

月份	1	2	3	4	5	6	7	8	9	10	11	12
销售量	54	50	52	67	82	70	89	88	84	98	91	106

解: 1) 计算三个月的移动平均预测值.

第 1~3 月的销售量分别为 54、50、52,求出这三期的算术平均数为 52,这样第 4 个月的产品销量移动平均的预测值为 52. 第 4 个月的实际销售量为 67,则第 4 个月的预测误差为 67−52=15.

类似地,第 2~4 月的销售量分别为 50、52、67,求出这三期的算术平均数为 56.3,这样第 5 个月的产品销量移动平均的预测

值为 56.3. 第 5 个月的实际销售量为 82，则第 5 个月的预测误差为 82−56.3=25.7. 三个月的移动平均预测值与预测误差的计算结果如表 12-4 所示.

表 12-4 某企业产品的销售量的三个月的移动平均预测值与预测误差

月份	1	2	3	4	5	6	7	8	9	10	11	12
销售量	54	50	52	67	82	70	89	88	84	98	91	106
预测值				52.0	56.3	67.0	73.0	80.3	82.3	87.0	90.0	91.0	98.3
预测误差				15.0	25.7	3.0	16.0	7.7	1.7	11.0	1.0	15.0

2) 计算五个月的移动平均预测值. 类似地，可以计算五个月的移动平均预测值与预测误差，计算结果如表 12-5 所示.

表 12-5 某企业产品的销售量的五个月的移动平均预测值与预测误差

月份	1	2	3	4	5	6	7	8	9	10	11	12
销售量	54	50	52	67	82	70	89	88	84	98	91	106
预测值						61.0	64.2	72.0	79.2	82.6	85.8	90.0	93.4
预测误差						9.0	24.8	16	4.8	15.4	5.2	16.0

(2) 加权移动平均法 在简单移动平均法中，每个观测值的权重是相同的，但通常会认为距离预测点近的数据应该有更高的权重，而距离预测点远的数据，应该有较低的权重，因此，有加权移动平均法的概念. 如果取 k 个点计算平均值，将最近点处的权重设计成最远点处权重的 k 倍，中间各点的权重由大到小平均分配，得到加权平均法的计算公式为

$$f_{t+1} = \frac{kx_t + (k-1)x_{t-1} + \cdots + x_{t-k+1}}{1+2+\cdots+k}, \quad t = k, k+1, \cdots, n$$

2. 指数平滑预测法

指数平滑预测是利用时间序列的平滑值进行预测的方法，因而也称为平滑法. 根据时间序列所包含的成分的不同，有不同的平滑预测模型.

(1) 简单指数平滑法 设 x_t 是第 t 个点观测值，f_t 是第 t 个点预测值，第 $t+1$ 个点预测值定义为

$$f_{t+1} = \alpha x_t + (1-\alpha)f_t, \quad t = 1, 2, \cdots, n$$

其中 $f_1 = x_1$，代入上式得到

$$f_2 = \alpha x_1 + (1-\alpha)f_1 = \alpha x_1 + (1-\alpha)x_1 = x_1$$
$$f_3 = \alpha x_2 + (1-\alpha)f_2 = \alpha x_2 + (1-\alpha)x_1$$
$$f_4 = \alpha x_3 + (1-\alpha)f_3 = \alpha x_3 + (1-\alpha)\alpha x_2 + (1-\alpha)^2 x_1$$
$$\vdots$$

每个预测值均是前面所有观测值的加权平均.

使用简单指数平滑法预测的关键是确定一个合适的平滑系数 α. 当 $\alpha=1$ 时，预测值就是上一期实际值. α 越接近于 1，模型对时间序列变化的反应就越及时，因为它对当前的实际值赋予了比预测值更大的权重. 当 $\alpha=0$ 时，预测值仅仅是重复上一期的预测结果. α 越接近于 0，意味着对当前的预测值赋予更大的权重，因此模型对时间序列的变化反映就越慢.

例 12.6 某企业在 2005—2015 年期间的数控机床销售量（以台计）的数据如表 12-6 所示.

(1) 用移动平均法（$k=3,5,7$）做预测；
(2) 用指数平滑法 $\alpha=0.1$，$\alpha=0.9$ 做预测；
(3) 绘出时间序列图.

表 12-6 某企业在 2005—2015 年期间的数控机床销售量数据 （单位：台）

年份	2005	2006	2007	2008	2009	2010	2011	2012	2013	2014	2015
销量	137	167	171	246	154	190	193	267	188	204	258

在 R 中，**zoo 包**或者 **xts 包**功能强大，能够满足时间序列分析的各种需求，因此，安装并加载 zoo 包和 xts 包. 首先，可以应用 zoo 包的 **rollmean( )** 函数来计算 k 期的移动平均值.

解： 1) 使用 rollmean( ) 函数计算 k 期的移动平均值.

```
> install.packages(zoo)      #安装 zoo 包
> install.packages(xts)      #安装 xts 包
> library(zoo)               #加载 zoo 包
> library(xts)               #加载 xts 包
> x=c(137,167,171,246,154,190,193,267,188,204,258)
> y=2005:2015
> s=zoo(x,y);s               #构建时间序列数据对象
2005 2006 2007 2008 2009 2010 2011 2012 2013 2014 2015
 137  167  171  246  154  190  193  267  188  204  258

> yd3=rollmean(s,3)          #计算 3 年的移动平均值
> print(yd3,digit=4)

 2006  2007  2008  2009  2010  2011  2012  2013  2014
158.3 194.7 190.3 196.7 179.0 216.7 216.0 219.7 216.7
```

```
> yd5=rollmean(s,5);yd5      #计算5年的移动平均值
  2007    2008    2009    2010    2011    2012    2013
  175.0   185.6   190.8   210.0   198.4   208.4   222.0

>  yd7=rollmean(s,7)         #计算7年的移动平均值
> yd7
     2008        2009        2010        2011        2012
  179.7143    198.2857    201.2857    206.0000    207.7143
```

2) 用指数平滑法做预测.

在 R 中, **HoltWinters( )** 函数可以用来计算指数平滑值, 计算过程和结果如下:

```
> k=HoltWinters(s[,2],alpha=0.1,beta=F,gamma=F)
                #计算alpha=0.1时的指数平滑预测值
> k$fitted
Time Series:
Start=2
End=11
Frequency=1
       xhat       level
 2   137.0000   137.0000
 3   140.0000   140.0000
 4   143.1000   143.1000
 5   153.3900   153.3900
 6   153.4510   153.4510
 7   157.1059   157.1059
 8   160.6953   160.6953
 9   171.3258   171.3258
10   172.9932   172.9932
11   176.0939   176.0939

> k1 = HoltWinters (s[,2], alpha = 0.9, beta = F,
gamma=F)            #计算alpha=0.9时的指数平滑预测值
> k1$fitted
Time Series:
Start=2
End=11
Frequency=1
```

```
      xhat      level
2   137.0000   137.0000
3   164.0000   164.0000
4   170.3000   170.3000
5   238.4300   238.4300
6   162.4430   162.4430
7   187.2443   187.2443
8   192.4244   192.4244
9   259.5424   259.5424
10  195.1542   195.1542
11  203.1154   203.1154
```

使用 **merge( )** 函数将 1)2)计算的时间序列数据表格合并，进行汇总，具体如下：

```
> hz=merge(s,yd3,yd5,yd7,k$fitted,k1$fitted)
> print(hz,digit=4)
```

由此得到表 12-7.

表 12-7　某企业在 2005—2015 年期间的数控机床
销售量移动平均计算表　　　　（单位：台）

年份	销量	三年移动平均	五年移动平均	七年移动平均	指数平滑预测值(alpha=0.1)	指数平滑预测值(alpha=0.9)
2005	137	NA	NA	NA	NA	NA
2006	167	158.3	NA	NA	137.0	137.0
2007	171	194.7	175.0	NA	140.0	164.0
2008	246	190.3	185.6	179.7	143.1	170.3
2009	154	196.7	190.8	198.3	153.4	238.4
2010	190	179.0	210.0	201.3	153.5	162.4
2011	193	216.7	198.4	206.0	157.1	187.2
2012	267	216.0	208.4	207.7	160.7	192.4
2013	188	219.7	222.0	NA	171.3	259.5
2014	204	216.7	NA	NA	173.0	195.2
2015	258	NA	NA	NA	176.1	203.1

3) 绘出时间序列图.

```
> par(mfcol=c(2,3))
> plot(s[,2],type="o",xlab="时间",ylab="销量")
> plot(yd3,type="o",xlab="时间",ylab="三年移动平均")
```

```
> plot(yd5,type="o",xlab="时间",ylab="五年移动
平均")
> plot(yd7,type="o",xlab="时间",ylab="七年移动
平均")
> plot(k,type="o",xlab="时间",ylab="指数平滑预
测(alpha=0.1")
> plot(k1,type="o",xlab="时间",ylab="指数平滑预
测(alpha=0.9")
```

其结果如图 12-6 所示.

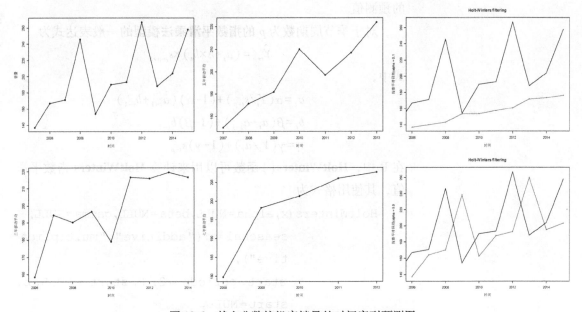

图 12-6　某企业数控机床销量的时间序列预测图

(2) Holt-Winters 指数平滑法　Holt(1957)和 Winters(1960)扩展了简单指数平滑法,使之适应具有趋势和季节周期的时间序列数据,称为 **Holt-Winters 指数平滑模型**.

设 p 为季节周期数(季度数据 $p=4$,月份数据 $p=12$),**Holt-Winters 指数平滑加法模型**的预测公式为

$$\hat{Y}_{t+h} = a_t + h \times b_t + s_{t-p+h}$$

式中,$\hat{Y}_{t+h}$ 为 $t+h$ 期的预测值,h 为要预测的 t 期以后的时期数;

$$a_t = \alpha(Y_t - s_{t-p}) + (1-\alpha)(a_{t-1} + b_{t-1})$$

即 t 期的平滑值;

$$b_t = \beta(a_t - a_{t-1}) + (1-\beta)b_{t-1}$$

即 t 期的趋势值;

$$s_t = \gamma(Y_t - a_t) + (1-\gamma)s_{t-p}$$

即 t 期的季节成分.

α, β, γ 分别为水平平滑参数、趋势平滑参数和季节平滑参数,且取值均在 0~1 之间.

Holt-Winters 指数平滑模型通常用于含有趋势成分和季节成分序列的预测.

如果时间序列不含有季节成分,上式可表示为

$$\hat{Y}_{t+h} = a_t + h \times b_t$$

如果时间序列不含有趋势成分和季节成分,上式可表示为

$$\hat{Y}_{t+h} = \alpha Y_t + (1-\alpha) a_t$$

也就是**简单指数平滑模型**. 简单指数平滑模型通常只得到 $t+1$ 期的预测值.

对于季节周期数为 p 的**指数平滑乘法模型**的一般表达式为

$$\hat{Y}_{t+h} = (a_t + h \times b_t) \times s_{t-p+h}$$

式中,

$$a_t = \alpha(Y_t / s_{t-p}) + (1-\alpha)(a_{t-1} + b_{t-1})$$
$$b_t = \beta(a_t - a_{t-1}) + (1-\beta) b_{t-1}$$
$$s_t = \gamma(Y_t / a_t) + (1-\gamma) s_{t-p}$$

在 R 中,**HoltWinters( )函数**可以用来计算 **HoltWinters** 指数平滑值,其使用格式为

```
HoltWinters(x,alpha=NULL,beta=NULL,gamma=NULL,
            seasonal=c("additive","multiplicative"),
            start.periods=2,l.start=NULL,b.start=NULL,
            s.start=NULL,
            optim.start=c(alpha=0.3,beta=0.1,gamma=0.1),
            optim.control=list())
```

部分参数的名称、取值及意义如表 12-8 所示.

表 12-8　HoltWinters( )函数中部分参数的名称、取值及意义

名称	取值及意义
x	时间序列
alpha	水平参数 α
beta	趋势参数 β,当取 FALSE 时,不计算趋势项
gamma	季节参数 γ,当取 FALSE 时,不计算季节项
seasonal	字符串,取"additive"(默认值)表示使用加法模型;取"multiplicative"表示使用乘法模型

在得到 HoltWinters 模型后,可以使用 predict.HoltWinters( )函数(简写为 predict( )函数)做预测,其使用格式为

predict(object,n.ahead=1,prediction.interval=
    FALSE,level=0.95,...)

例 12.7 在 R 中的 AirPassengers 数据集中,给出了 1949—1960 年期间的每个月的航空乘客人数(单位:千人),使用 HoltWinters 加法模型预测 1961 年全年的月乘客数,画出航空乘客人数的时序图、拟合曲线及预测曲线.

解:使用 HoltWinters( )函数确定模型,predict( )函数做拟合与预测,plot( )函数画图.

```
> data(AirPassengers)
> HoltWinters(AirPassengers)
Holt-Winters exponential smoothing with trend and
additive seasonal component.

Call:
HoltWinters(x=AirPassengers)

Smoothing parameters:
  alpha:0.2479595
  beta:0.03453373
  gamma:1

Coefficients:
        [,1]
  a    477.827781
  b      3.127627
  s1   -27.457685
  s2   -54.692464
  s3   -20.174608
  s4    12.919120
  s5    18.873607
  s6    75.294426
  s7   152.888368
  s8   134.613464
  s9    33.778349
  s10  -18.379060
```

```
s11  -87.772408
s12  -45.827781
> h=HoltWinters(AirPassengers)
> y=predict(h,n.ahead=12,prediction.interval=T)
> plot(h,y,lty.predicted=4,lty.intervals=5)
```
R 输出的图形如图 12-7 所示.

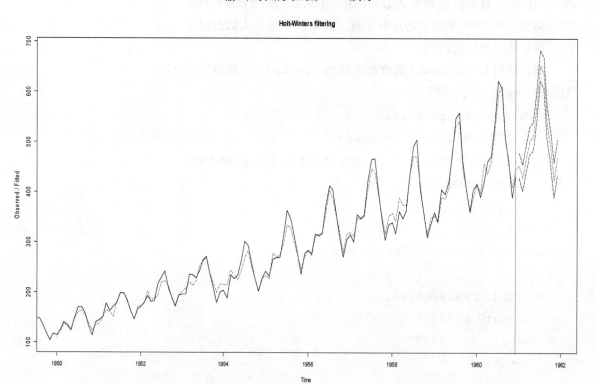

图 12-7　航空乘客人数的时序图、拟合曲线及预测曲线

12.3　回归预测分析

1. 趋势线配合法

趋势线配合法是依据数学模型, 给时间序列配合一条恰当的趋势线, 从而表现出现象发展的总趋势. 趋势配合法的原理是最小二乘法, 即：

原有的时间序列实际值与趋势值的离差之和为 0, 即
$$\sum (Y_i - \hat{Y}_i) = 0$$
原有的时间序列实际值与趋势值的离差平方和为最小, 即
$$\sum (Y_i - \hat{Y}_i)^2 = 最小值$$

（1）线性趋势配合法　如果时间序列的发展变化呈现上升或

下降的某种线性趋势时,则可以采用线性趋势配合法,趋势方程为

$$\hat{Y}_t = \hat{a} + \hat{b}t$$

其中,$\hat{Y}_t$ 为第 t 时刻的时间序列.

例 12.8 我国 2000—2006 年期间的年末人口数的资料如表 12-9 所示,利用线性趋势配合法找出我国人口的长期趋势,画出时间序列图并预测 2019 年年末我国的人口数.

表 12-9 我国 2000—2006 年期间的年末
人口数的资料 （单位:万人）

年份	2000	2001	2002	2003	2004	2005	2006
年末人口数 y	126743	127627	128453	129227	129988	130756	131448
t	1	2	3	4	5	6	7

注:资料来源于《中国统计年鉴 2007》.

解:设线性趋势方程为 $\hat{Y}_t = \hat{a} + \hat{b}t$,做简单的线性回归分析,以下是程序和计算结果.

```
> y = c (126743, 127627, 128453, 129227, 129988, 130756,131448)
> t=1:7
> summary(lm(y~t))

Call:
lm(formula=y~t)

Residuals:
    1       2      3      4      5      6       7
-87.14  14.43  58.00  49.57  28.14  13.71  -76.71

Coefficients:
             Estimate  Std.Error  t value  Pr(>|t|)
(Intercept)  126047.7  54.1       2329.85  2.76e-16 ***
t            782.4     12.1       64.68    1.67e-08 ***
---
Signif.codes:0'***'0.001'**'0.01'*'0.05'.'0.1''1

Residual standard error:64.01 on 5 degrees of freedom
Multiple R-squared:0.9988, Adjusted R-squared:0.9986
```

```
F-statistic:   4183 on 1 and 5 DF,   p-value: 1.673e-08
```
R 输出的结果表明，回归模型通过了系数和方程的显著性检验，而且均为高度显著.

因此，得到我国人口的长期趋势线性方程为

$$\hat{Y}_t = \hat{a} + \hat{b}t = 126047.7 + 782.4t$$

输入绘制回归直线的时间序列图的命令：
```
>plot(t,y);abline(lm(y~t))
```
可得图 12-8.

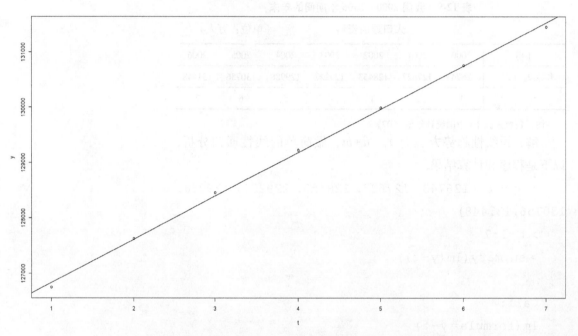

图 12-8 我国人口的长期趋势线性方程的时间序列图

下面来预测 2019 年年末我国的人口数. 根据求得的回归模型 $\hat{Y}_t = \hat{a} + \hat{b}t = 126047.7 + 782.4t$，可知我国 2019 年年末的人口数预计为 $Y_{2019} = 126047.7 + 782.4 \times 20 = 141695.7$（万人）

而根据国家统计局 2020 年 1 月 17 日公布的数据，2019 年年末，我国大陆实际总人口数为 140005 万人，应该说，该回归模型预测的误差是很小的.

（2）抛物线趋势配合法 当时间序列的散点图呈现出抛物线趋势时，可用抛物线趋势方程去拟合. 抛物线趋势方程的表达式为

$$\hat{Y}_t = \hat{a} + \hat{b}t + \hat{c}t^2$$

其中，$\hat{Y}_t$ 为第 t 时刻的时间序列.

例 12.9 某企业 2000—2015 年期间销售量的资料如表 12-10 所示，拟合时间序列趋势线，画出时间序列趋势图，并预测 2016 年

的销售量.

表 12-10 某企业 2000—2015 年期间销售量 （单位：万件）

年份	2001	2002	2003	2004	2005	2006	2007	2008	2009	2010	2011	2012	2013	2014	2015
销量	7.0	9.1	9.7	10.8	11.7	12.1	13.1	14.3	14.4	14.8	15.0	12.3	11.2	9.4	8.9
t	-7	-6	-5	-4	-3	-2	-1	0	1	2	3	4	5	6	7

解：根据已知的数据，绘出散点图，发现散点图呈现抛物线趋势，所以配合抛物线趋势方程.

> y = c(7,9.1,9.7,10.8,11.7,12.1,13.1,14.3,14.4,
14.8,15.0,12.3,11.2,9.4,8.9)

> t=-7:7;t

> plot(t,y)

其结果如图 12-9 所示.

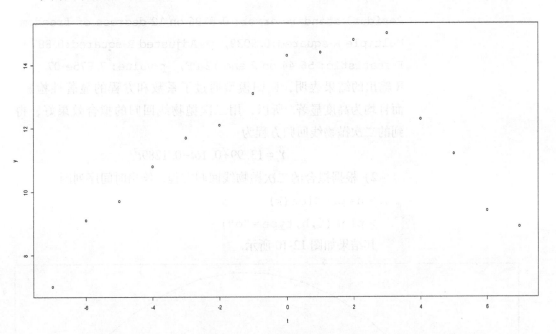

图 12-9 某企业 2000—2015 年期间销售量关于时间 t 的散点图

1）拟合时间序列趋势线. 抛物线趋势方程的表达式为

$$\hat{Y}_t = \hat{a} + \hat{b}t + \hat{c}t^2$$

所以回归方程可能为二次抛物线，输入 R 命令，计算过程和结果如下：

> k=lm(y~t+I(t^2));summary(k)

Call:

```
lm(formula=y~t+I(t^2))
```

```
Residuals:
    Min      1Q  Median      3Q     Max
-1.0540 -0.5434 -0.2633  0.4138  1.6832
```

```
Coefficients:
             Estimate  Std.Error  t value  Pr(>|t|)
(Intercept)  13.99240   0.31861   43.917   1.26e-14 ***
t             0.16143   0.04898    3.296   0.00639  **
I(t^2)       -0.12888   0.01276  -10.100   3.22e-07 ***
---
Signif.codes: 0'***'0.001'**'0.01'*'0.05'.'0.1''1
```

```
Residual standard error: 0.8196 on 12 degrees of freedom
Multiple R-squared:0.9039,    Adjusted R-squared:0.8879
F-statistic: 56.44 on 2 and 12 DF,  p-value: 7.875e-07
```

R 输出的结果表明,回归模型通过了系数和方程的显著性检验,而且均为高度显著.所以,用二次抛物线回归的拟合效果好,得到的二次抛物线回归方程为

$$\hat{Y}_t = 13.99 + 0.16t - 0.1289t^2$$

2) 根据拟合的二次抛物线回归方程,绘出时间序列图.

```
> h=predict(k)
> plot(t,h,type="o")
```

其结果如图 12-10 所示.

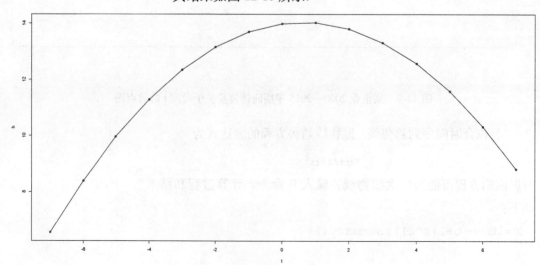

图 12-10 二次抛物线趋势的时间序列图

3）根据趋势方程，2016 年的销量预测为

$$\hat{Y}_t = 13.99 + 0.16t - 0.1289t^2$$
$$= 13.99 + 0.16 \times 8 - 0.1289 \times 8^2 = 7.0204(万件)$$

（3）指数曲线趋势配合法　当现象的长期趋势呈现出指数增长变化时，可拟合指数曲线方程. 指数曲线方程为

$$\hat{Y}_t = ab^t$$

指数曲线方程可以转化为线性方程：令 $\hat{Y}_t = \ln y_t$，$A = \ln a$，$B = \ln b$，则有

$$\hat{Y}_t = A + Bt$$

例 12.10　某物种的各个时期的种群数量（单位：万只）的数据如表 12-11 所示.

表 12-11　某物种的各个时期的种群数量

t	y	$Y_t = \ln y$
1	372	5.918894
2	405	6.003887
3	441	6.089045
4	480	6.173786
5	525	6.263398
6	574	6.352629

试对该物种种群数量进行趋势测定.

解：利用直线趋势配合法求得

$$A = 5.8304113; \quad B = 0.0866272$$

则　　　　　　　　$a = 340.4987$，$b = 1.09049$

R 的计算过程和结果如下：

```
> y=c(372,405,441,480,525,574)
> yt=log(y);yt
[1] 5.918894 6.003887 6.089045 6.173786 6.263398 6.352629
> t=1:6
> summary(lm(yt~t))

Call:
lm(formula=yt~t)

Residuals:
1          2          3          4          5          6
0.0018553  0.0002213  -0.0012481  -0.0031341  -0.0001492  0.0024548
```

```
Coefficients:
            Estimate Std.Error t value Pr(>|t|)
(Intercept) 5.8304113 0.0021290 2738.6 1.07e-13 ***
t           0.0866272 0.0005467  158.5 9.51e-09 ***
---
Signif.codes:0'***'0.001'**'0.01'*'0.05'.'0.1''1

Residual standard error:0.002287 on 4 degrees of freedom
Multiple R-squared:0.9998, Adjusted R-squared:0.9998
F-statistic: 2.511e+04 on 1 and 4 DF, p-value:9.513e-09

> a=exp(5.8304113);b=exp(0.0866272);a;b
[1] 340.4987
[1] 1.09049
```

所以，指数方程为

$$\hat{Y}_t = ab^t = 340.4987 \times (1.09)^t$$

长期趋势的拟合，需要判断现象发展的基本规律和态势，从而有利于选择最合适的数学模型.因此，在拟合前，必须进行定性分析，分析现象的一般规律，从而对现象的长期趋势做出判断.

2. 带有季节性效应的回归分析

在时间序列预测中，季节效应是客观存在的，在做预测模型时，需要把季节效应也考虑进来，以保证预测的精度.通过引入虚拟变量，我们可以对带有季节效应的时间序列构造预测模型.下面我们区分两种情形加以讨论.

（1）不带趋势的季节效应

例 12.11 某企业 2014—2018 年期间某种产品的销售额（单位：百万美元）的数据如表 12-12 所示.

表 12-12　某企业 2014—2018 年期间某种产品的销售额　（单位：百万美元）

年份	第一季度	第二季度	第三季度	第四季度
2014	4.4	6.1	11.7	7.2
2015	4.1	6.6	11.1	8.6
2016	3.9	6.8	12.0	9.7
2017	5.0	7.1	12.7	9.0
2018	4.3	5.2	10.8	7.6

试构造带有季节效应的时间序列回归模型，并进行预测.

解：表 12-12 所示的某种产品的销售额的时间序列数据，带有明显的季节性波动，但是看不出明显的长期趋势. 通过引入虚拟变量，我们可以对带有季节效应的时间序列构造预测模型. 在多元线性回归分析一章中，我们曾提到过，借助属性变量可以对观察数据进行分类处理，并且指出要把数据划分为 k 个类别，我们仅需要引入 $(k-1)$ 个虚拟变量. 因此，对四个季度的数据进行处理，仅需要引入 3 个虚拟变量. 它们分别为

$$qt_1 = \begin{cases} 1, & \text{时间 } t \text{ 属于第一季度} \\ 0, & \text{时间 } t \text{ 不属于第一季度} \end{cases}$$

$$qt_2 = \begin{cases} 1, & \text{时间 } t \text{ 属于第二季度} \\ 0, & \text{时间 } t \text{ 不属于第二季度} \end{cases}$$

$$qt_3 = \begin{cases} 1, & \text{时间 } t \text{ 属于第三季度} \\ 0, & \text{时间 } t \text{ 不属于第三季度} \end{cases}$$

则该企业某产品各个季度销售额的多元回归预测模型的一般表达式为

$$\hat{y}_t = b_0 + b_1 qt_1 + b_2 qt_2 + b_3 qt_3$$

这里，$\hat{y}_t$ 表示 t 期的预测值. 注意：我们虽然没提到第四季度，但当三个虚拟变量都等于 0 时，便是第四季度的销售额的预测结果. 为了求出这个多元回归模型，需要对时间序列进行适当的编排，具体如表 12-13 所示.

表 12-13　含有虚拟变量的某企业某产品销售额时间序列

年份	季度	qt_1	qt_2	qt_3	销售额 y/百万美元
2014	1	1	0	0	4.4
	2	0	1	0	6.1
	3	0	0	1	11.7
	4	0	0	0	7.2
2015	1	1	0	0	4.1
	2	0	1	0	6.6
	3	0	0	1	11.1
	4	0	0	0	8.6
2016	1	1	0	0	3.9
	2	0	1	0	6.8
	3	0	0	1	12.0
	4	0	0	0	9.7
2017	1	1	0	0	5.0
	2	0	1	0	7.1
	3	0	0	1	12.7
	4	0	0	0	9.0

(续)

年 份	季 度	qt_1	qt_2	qt_3	销售额 y/百万美元
2018	1	1	0	0	4.3
	2	0	1	0	5.2
	3	0	0	1	10.8
	4	0	0	0	7.6

根据表 12-13 中的数据，输入 R 中，计算过程和结果如下：

```
> q1=c(1,0,0,0)
> qt1=rep(q1,times=5)
> q2=c(0,1,0,0)
> qt2=rep(q2,times=5)
> q3=c(0,0,1,0)
> qt3=rep(q3,times=5)
> y=c(4.4,6.1,11.7,7.2,4.1,6.6,11.1,8.6,3.9,
6.8,12.0,9.7,5.0,7.1,12.7,9.0,4.3,5.2,10.8,7.6)
> k=lm(y~qt1+qt2+qt3)
> k

Call:
lm(formula=y~qt1+qt2+qt3)


Coefficients:
(Intercept)         qt1           qt2           qt3
       8.42        -4.08         -2.06          3.24


> summary(k)

Call:
lm(formula=y~qt1+qt2+qt3)

Residuals:
   Min     1Q  Median    3Q    Max
-1.220 -0.470   0.050  0.475  1.280

Coefficients:
              Estimate Std.Error t value Pr(>|t|)
```

```
(Intercept)   8.4200   0.3414   24.664   3.7e-14 ***
qt1          -4.0800   0.4828   -8.451   2.7e-07 ***
qt2          -2.0600   0.4828   -4.267   0.00059 ***
qt3           3.2400   0.4828    6.711   5.0e-06 ***
---
Signif.codes:0'***'0.001'**'0.01'*'0.05'.'0.1''1

Residual standard error:0.7634 on 16 degrees of freedom
Multiple R-squared:0.9401,Adjusted R-squared:0.9289
F-statistic:83.76 on 3 and 16 DF,  p-value:5.359e-10
```

根据 R 输出的结果可看出,所求的回归模型通过了整体和单个系数的显著性检验. 因此,得到多元回归模型为

$$\hat{y}_t = 8.42 - 4.08qt_1 - 2.06qt_2 + 3.24qt_3$$

因此,可以得到来年每个季度销售额的预测值分别为

第一季度销售额 = 8.42 - 4.08×1 - 2.06×0 + 3.24×0 = 4.34

第二季度销售额 = 8.42 - 4.08×0 - 2.06×1 + 3.24×0 = 6.36

第三季度销售额 = 8.42 - 4.08×0 - 2.06×0 + 3.24×1 = 11.66

第四季度销售额 = 8.42 - 4.08×0 - 2.06×0 + 3.24×0 = 8.42

(2) 带有趋势的季节性效应

例 12.12 某房地产公司 2003—2009 年期间居民住宅的销售额(单位:百万元)的数据如表 12-14 所示.

表 12-14 某房地产公司 2003—2009 年期间居民住宅的销售额 (单位:百万元)

年份	第一季度	第二季度	第三季度	第四季度
2003	210	180	60	246
2004	214	216	82	230
2005	246	228	91	280
2006	258	250	113	298
2007	279	267	116	304
2008	302	290	114	310
2009	321	291	120	320

试构造带有趋势的季节效应的时间序列回归模型,并进行预测.

解:容易看出,本例的时间序列既带有季节性效应,又存在着线性趋势. 对这类时间序列建立多元回归模型,既要考虑季节性效应的影响,也要考虑长期趋势的作用. 对带有趋势的季节效应的时间序列回归模型,其一般表达式为

$$\hat{y}_t = b_0 + b_1 qt_1 + b_2 qt_2 + b_3 qt_3 + b_4 t$$

这里，$\hat{y}_t$ 表示 t 期的预测值，t 为时间编码，取值为 1，2，…，n；为了求出这个多元回归模型，需要对时间序列进行适当的编排，具体如表 12-15 所示.

表 12-15 含有虚拟变量的某房地产公司销售额时间序列

年 份	季 度	qt_1	qt_2	qt_3	销售额 y/百万元
2003	1	1	0	0	210
	2	0	1	0	180
	3	0	0	1	60
	4	0	0	0	246
2004	1	1	0	0	214
	2	0	1	0	216
	3	0	0	1	82
	4	0	0	0	230
2005	1	1	0	0	246
	2	0	1	0	228
	3	0	0	1	91
	4	0	0	0	280
2006	1	1	0	0	258
	2	0	1	0	250
	3	0	0	1	113
	4	0	0	0	298
2007	1	1	0	0	279
	2	0	1	0	267
	3	0	0	1	116
	4	0	0	0	304
2008	1	1	0	0	302
	2	0	1	0	290
	3	0	0	1	114
	4	0	0	0	310
2009	1	1	0	0	321
	2	0	1	0	291
	3	0	0	1	120
	4	0	0	0	320

根据表 12-15 所示的数据，输入 R 中，计算过程和结果如下：

```
> q1=c(1,0,0,0)
> qt1=rep(q1,times=7)
> q2=c(0,1,0,0)
```

```
> qt2=rep(q2,times=7)
> q3=c(0,0,1,0)
> qt3=rep(q3,times=7)
> t=1:28
> y = c(210,180,60,246,214,216,82,230,246,228,
91,280,258,250,113,298,279,267,116,304,302,290,
114,310,321,291,120,320)
> k=lm(y~qt1+qt2+qt3+t)
> k

Call:
lm(formula=y~qt1+qt2+qt3+t)

Coefficients:
(Intercept)       qt1        qt2        qt3       t
   221.964   -10.940    -30.246   -180.694   3.877

> summary(k)

Call:
lm(formula=y~qt1+qt2+qt3+t)

Residuals:
   Min      1Q  Median     3Q     Max
-25.955  -4.931   1.562  8.784  14.000

Coefficients:
             Estimate  Std.Error  t value  Pr(>|t|)
(Intercept)  221.9643   6.7561    32.854   < 2e-16 ***
qt1          -10.9397   6.8152    -1.605   0.122096
qt2          -30.2455   6.7824    -4.459   0.000179 ***
qt3         -180.6942   6.7627   -26.719   < 2e-16 ***
t              3.8772   0.2986    12.986   4.5e-12 ***
---
Signif.codes:0'***'0.001'**'0.01'*'0.05'.'0.1''1

Residual standard error:12.64 on 23 degrees of freedom
```

Multiple R-squared:0.9793, Adjusted R-squared:0.9757
F-statistic: 272.2 on 4 and 23 DF, p-value: < 2.2e-16

R 输出的结果表明：所求的回归模型通过整体和单个系数的显著性检验. 因此，得到多元回归模型为

$$\hat{y}_t = 221.964 - 10.94qt_1 - 30.246qt_2 - 180.694qt_3 + 3.877t$$

因此，可以得到来年每个季度销售额的预测值分别为

第一季度销售额 = 221.964 − 10.94×1 − 30.246×0 − 180.694×0 + 3.877×29 = 323.457

第二季度销售额 = 221.964 − 10.94×0 − 30.246×1 − 180.694×0 + 3.877×30 = 308.028

第三季度销售额 = 221.964 − 10.94×0 − 30.246×0 − 180.694×1 + 3.877×31 = 161.457

第四季度销售额 = 221.964 − 10.94×0 − 30.246×0 − 180.694×0 + 3.877×32 = 346.028

这表明在同时考虑了时间序列的季节性效应和趋势的情况下，2010 年住宅的各个季度销售额分别为：323.457 百万元、308.028 百万元、161.457 百万元、346.028 百万元.

模型中引入了虚拟变量，实际上意味着我们得到了四个回归方程，即每个季度都有一个回归方程. 这四个回归模型分别为

第一季度销售额 = 221.964 − 10.94×1 + 3.877t = 211.024 + 3.877t

第二季度销售额 = 221.964 − 30.246×1 + 3.877t = 191.718 + 3.877t

第三季度销售额 = 221.964 − 180.694×1 + 3.877t = 41.27 + 3.877t

第四季度销售额 = 221.964 + 3.877t

上述四个季度销售额回归模型的斜率完全一样，都是 3.877，这表明每个季度销售额平均递增了 3.877 百万元，差别表现在各个回归模型的截距上.

12.4 时间序列的平稳性

1. 平稳时间序列

（1）定义　如果时间序列 $\{X_t\}$ 满足：

1) 均值 $E(X_t) = \mu$，是与时间 t 无关的常数；

2) 方差 $\mathrm{Var}(X_t) = \sigma^2$，是与时间 t 无关的常数；

3) 协方差 $\mathrm{Cov}(X_t, X_{t+k}) = E[(X_t - \mu)(X_{t+k} - \mu)] = \gamma_k$，只与时间间隔 k 有关，与时间 t 无关的常数，

则称该时间序列 $\{X_t\}$ 是宽平稳的，或称该时间序列 $\{X_t\}$ 是平稳时间序列.

(2) **白噪声** 若一个时间序列 $\{X_t\}$ 是一个具有 0 均值同方差的独立分布序列, 即有
$$E(X_t)=0, \quad D(X_t)=\sigma^2$$
则称该时间序列 $\{X_t\}$ 为**白噪声(white noise)**, 记为 $WN(0,\sigma^2)$. 由于白噪声具有相同的均值和方差, 且协方差为零, 因此, 由平稳性定义知一个白噪声序列是平稳的. 如果白噪声的均值为 0, 且服从正态分布, 则称其为**高斯白噪声**. 下面用 R 模拟一个高斯白噪声, 随机地取均值为 0、方差为 4 的正态分布的 1000 个伪随机数, 并画出时间序列图. 输入 R 语言程序命令:

```
> x=rnorm(1000,0,4)
> y=ts(x)
> plot(y)
```

其结果如图 12-11 所示.

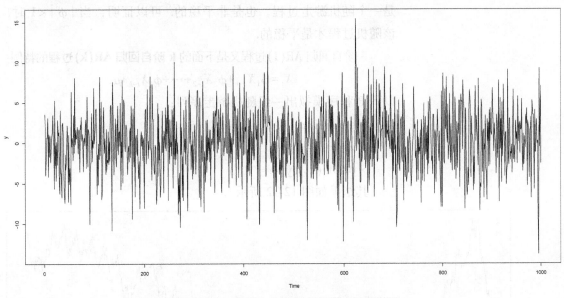

图 12-11 R 模拟一个高斯白噪声时间序列图

(3) **随机游走** 一个时间序列 $\{X_t\}$ 是一个**随机游走(random walk)**, 如果该序列满足:
$$X_t = X_{t-1} + \mu_t$$
这里, μ_t 是一个白噪声.

易知, 该序列有相同的均值 $E(X_t) = E(X_{t-1})$. 为了检验该序列是否有相同的方差, 可假设 $\{X_t\}$ 的初始值为 X_0, 则有
$$X_1 = X_0 + \mu_1$$
$$X_2 = X_1 + \mu_2 = X_0 + \mu_1 + \mu_2$$
$$\vdots$$
$$X_t = X_0 + \mu_1 + \mu_2 + \cdots + \mu_t$$

假定初始值 X_0 为常数，μ_t 是一个白噪声，因此有 $\mathrm{Var}(X_t) = t\sigma^2$，即 X_t 的方差与时间 t 有关而非常数，故随机游走序列是非平稳序列.

对 X_t 取一阶差分(first difference)，即
$$\Delta X_t = X_t - X_{t-1} = \mu_t$$
由于 μ_t 是一个白噪声，则序列 $\{\Delta X_t\}$ 是平稳序列. 后面会看到，如果一个时间序列是非平稳的，它常常可以通过取差分的方法形成平稳序列.

事实上，随机游走是下面称之为**一阶自回归 AR(1) 过程**的特例：
$$X_t = \phi X_{t-1} + \mu_t$$
不难验证，当 $|\phi| > 1$ 时，该随机过程生成的时间序列是发散的，表现为持续上升或持续下降，因此是非平稳的；当 $|\phi| = 1$ 时，是一个随机游走过程，也是非平稳的. 可以证明，当 $|\phi| < 1$ 时，该随机过程才是平稳的.

一阶自回归 AR(1) 过程又是下面的 **k 阶自回归 AR(k)** 过程的特例：
$$X_t = \phi_1 X_{t-1} + \phi_2 X_{t-2} + \cdots + \phi_k X_{t-k} + \mu_t$$
以下 R 程序模拟出一组随机游走序列：

```
> e=rnorm(1000)
> x=cumsum(e)
> plot(x,type="l")
```

其结果如图 12-12 所示.

图 12-12　R 模拟的随机游走序列的时序图

2. 时间序列平稳性的检验

时间序列平稳性的检验主要有两种方法：一种是图形法，即

画出时序图判断时间序列的平稳性;另一种是使用统计量来判别.

(1) 时序图　平稳时间序列在图形上往往表现为一种围绕其均值不断波动的过程;而非平稳时间序列在图形上往往表现为在不同的时间段具有不同的均值(如持续上升或持续下降).

例 12.13　已知我国 2000—2013 年期间的国内生产总值的数据如表 12-16 所示,画出数据的时间序列图,分析是否是平稳序列.

表 12-16　我国 2000—2013 年期间的国内生产总值　　　　(单位:亿元)

年份	2000	2001	2002	2003	2004	2005	2006	2007	2008	2009	2010	2011	2012	2013
GDP	99215	109655	120333	135823	159878	184937	216314	265810	314045	340903	401513	473104	519470	568845

注:数据来源于《中国统计年鉴 2014》.

解　把表 12-16 中的数据输入 R,绘出时序图:

```
> x = c (99215, 109655, 120333, 135823, 159878,
184937,216314,265810,314045,340903,401513,473104,
519470,568845)
> k=ts(x,start=2000);k
Time Series:
Start=2000
End=2013
Frequency=1
 [1]    99215  109655  120333  135823  159878  184937
216314   265810   314045   340903   401513   473104
519470 568845
> plot(k)
```

其结果如图 12-13 所示.

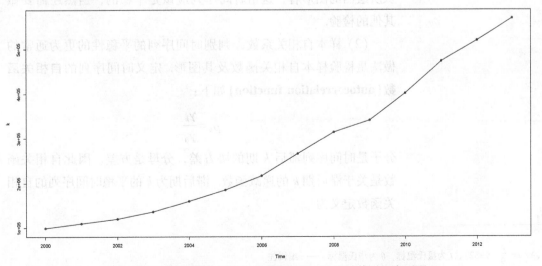

图 12-13　我国 2000—2013 年期间的国内生产总值时间序列图

从所绘出的图形可以看出，我国 2000—2013 年期间的国内生产总值具有长期增长的趋势，因此不是平稳的．

例 12.14　R 中的 nhtemp 的数据集中记录了 1912—1971 年某市的年平均气温（单位：℉[①]），画出数据的时间序列图，判断其平稳性．

解：
```
> data(nhtemp)
> u=nhtemp
> plot(u)
```
其结果如图 12-14 所示．

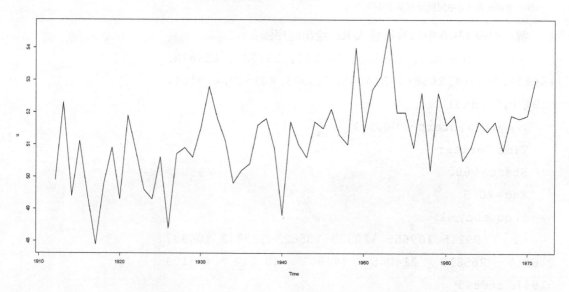

图 12-14　1912—1971 年某市的年平均气温时序图

从所绘出的图形看，这组时间序列应该是平稳的，当然还需要做其他的检验．

（2）样本自相关系数　判别时间序列的平稳性的更为通常的做法是检验样本自相关函数及其图形．定义时间序列的**自相关函数**(**autocorrelation function**) 如下：

$$\rho_k = \frac{\gamma_k}{\gamma_0}$$

分子是时间序列滞后 k 期的协方差，分母是方差，因此自相关函数是关于滞后期 k 的递减函数．滞后期为 k 的平稳时间序列的自相关函数定义为

[①] $t = \frac{5}{9}(\theta - 32)$，$t$ 为摄氏温标，θ 为华氏温标．——编辑注

$$\rho_k = \frac{\gamma_k}{\gamma_0} = \frac{E[(X_t-\mu)(X_{t+k}-\mu)]}{\text{Var}(X_t)}$$

对于平稳序列，自相关函数的性质有①$\rho_0 = 1$；②$\rho_k = \rho_{-k}$；③$\|\rho_k\| < 1$.

一个滞后期为 k 的时间序列的**样本自相关函数**(sample auto-correlation function)定义为

$$r_k = \frac{\sum_{t=1}^{n-k}(X_t-\overline{X})(X_{t+k}-\overline{X})}{\sum_{t=1}^{n}(X_t-\overline{X})^2}$$

易知，随着 k 的增加，样本自相关函数下降且趋于 0. 但从下降速度来看，平稳序列比非平稳序列快得多. 确定样本自相关函数某一数值 r_k 是否足够接近于 0 是非常有用的，因为它可检验对应的自相关函数 ρ_k 的真值是否为 0 的假设. 巴特雷特(Bartlett)曾证明，如果时间序列由白噪声过程生成，则对所有的 $k>0$，样本自相关函数近似地服从均值为 0、方差为 $1/n$ 的正态分布，其中 n 为样本数. 也可检验对所有的 $k>0$，自相关系数都为 0 的联合假设，这可以通过如下的统计量进行：

$$Q = n(n+2)\sum_{k=1}^{m}\frac{r_k^2}{n-k}$$

该统计量近似地服从自由度为 m 的卡方分布(m 为滞后长度). 因此，如果计算的 Q 值大于显著性水平为 α 的临界值，则有($1-\alpha$)的把握拒绝所有 ρ_k 同时为 0 的假设.

(3) 自相关图检验 可以证明，平稳时间序列通常具有短期相关性. 该性质用自相关系数来描述就是随着滞后期 k 的增加，平稳时间序列的自相关系数 ρ_k 会很快地衰减为 0；而非平稳时间序列的自相关系数 ρ_k 衰减为 0 的速度通常比较慢. 这就是用自相关图检验时间序列的平稳性的标准.

在 R 中，acf( )函数可以计算样本自相关系数或者绘出自相关图.

例 12.15 (续例 12.12)画出我国 2000—2013 年期间的国内生产总值的自相关图，分析该时间序列是否是平稳的.

解：画出我国 2000—2013 年期间的国内生产总值的自相关图，具体如下：

```
> acf(k)
```

其结果如图 12-15 所示.

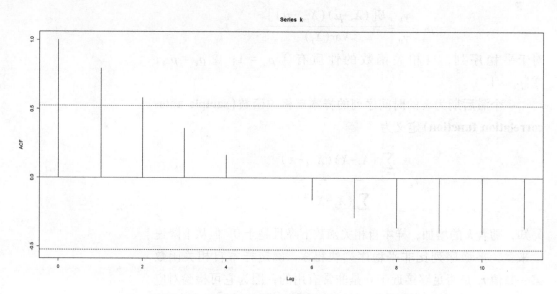

图 12-15 我国 2000—2013 年期间的国内生产总值自相关图

从图 12-15 可以看出,在很长的延长期里,自相关系数一直为正,而后又一直为负,在自相关的图上显示出明显的三角对称性,这是具有单调的非平稳序列的一种典型自相关图的形式.

例 12.16 (续例 12.13)画出 1912—1971 年某市的年平均气温(单位:℉)的自相关图,判断其平稳性.

解:画出该市的年平均气温的自相关图,具体如下:

> acf(u,lag=30)

其结果如图 12-16 所示.

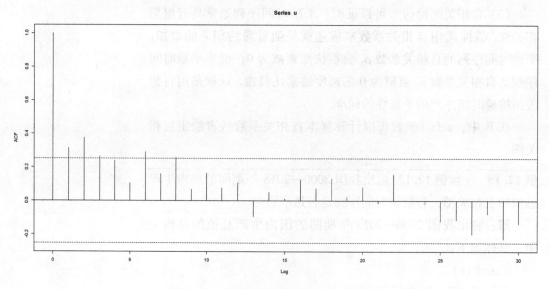

图 12-16 某市的年平均气温的自相关图

从图 12-16 可以看出，自相关系数一直比较小，大部分系数均在两条虚线以内，可以认为该序列在零轴附近波动. 这是随机性较强的平稳时间序列具有的自相关图性质. 图 12-17 和图 12-18 所示为随机游走序列的自相关图及其差分序列的自相关图. 其 R 语言程序命令为

```
> e=rnorm(1000)
> x=cumsum(e)
> acf(x)
> acf(diff(x))
```

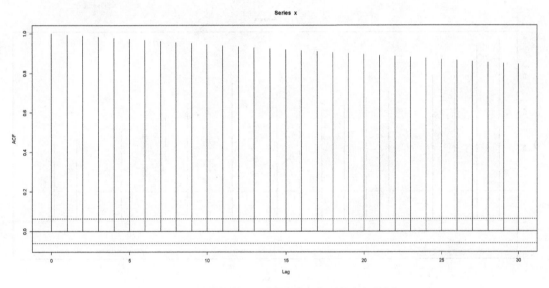

图 12-17　模拟的一组随机游走序列的自相关图

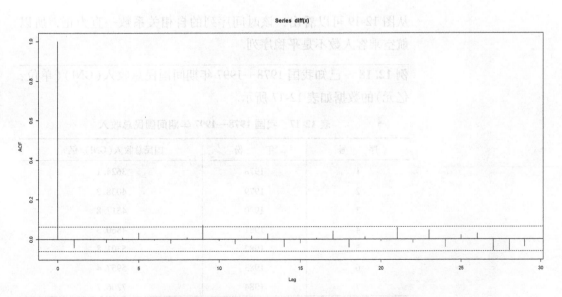

图 12-18　模拟的随机游走的差分序列的自相关图

从上面的两个自相关图可以看出,随机游走序列是非平稳序列,而随机游走的一阶差分序列却是一个平稳序列.

例 12.17 (续例 12.3)在 R 中的 AirPassengers 数据集中,绘出航空乘客人数的自相关图,并分析该时间序列的平稳性.

解:
```
> data(AirPassengers)
> s = AirPassengers
> acf(s)
```
其结果如图 12-19 所示.

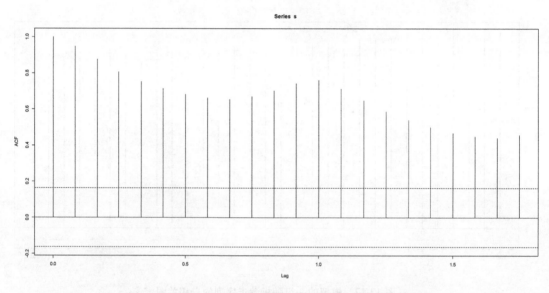

图 12-19　AirPassengers 数据集中航空乘客人数的自相关图

从图 12-19 可以看出,该时间序列的自相关系数一直为正,所以航空乘客人数不是平稳序列.

例 12.18　已知我国 1978—1997 年期间国民总收入(GNI)(单位:亿元)的数据如表 12-17 所示.

表 12-17　我国 1978—1997 年期间国民总收入

序　号	年　份	国民总收入(GNI)/亿元
1	1978	3624.1
2	1979	4038.2
3	1980	4517.8
4	1981	4860.3
5	1982	5301.8
6	1983	5957.4
7	1984	7206.7

(续)

序 号	年 份	国民总收入(GNI)/亿元
8	1985	8989.1
9	1986	10201.4
10	1987	11954.5
11	1988	14922.3
12	1989	16917.8
13	1990	18598.4
14	1991	21662.5
15	1992	26651.9
16	1993	34560.5
17	1994	46670.0
18	1995	57494.9
19	1996	66850.5
20	1997	73142.7

注：该数据来源于《中国统计年鉴 1998》.

试绘出国民总收入(GNI)的时间序列图，并绘出该序列的自相关图，判断该序列的平稳性.

解：1) 绘出国民总收入(GNI)的时间序列图.

```
gni = c (3624.1, 4038.2, 4517.8, 4860.3, 5301.8,
5957.4, 7206.7, 8989.1, 10201.4, 11954.5, 14922.3,
16917.8, 18598.4, 21662.5, 26651.9, 34560.5, 46670.0,
57494.9, 66850.5, 73142.7)
> g1=ts(gni,start=1978)
> plot(g1,type="o")
```

其结果如图 12-20 所示.

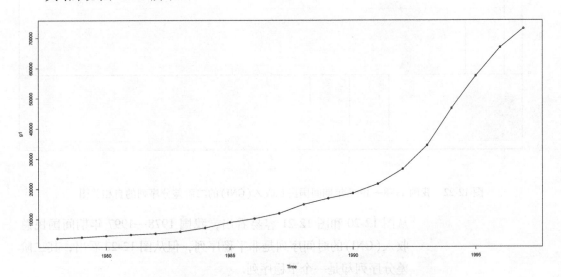

图 12-20 我国 1978—1997 年期间国民总收入(GNI)的时间序列图

2) 绘出国民总收入(GNI)时间序列及其二阶差分序列的自相关图.

> acf(gni)

>acf(diff(gni,differences=2))

其结果如图 12-21 和图 12-22 所示.

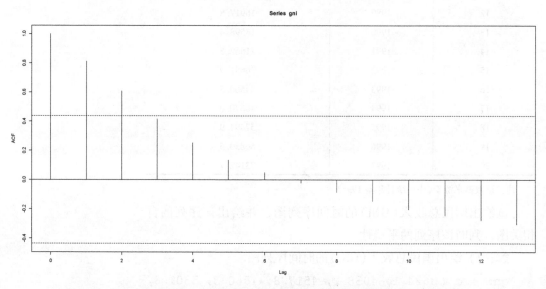

图 12-21 我国 1978—1997 年期间国民总收入(GNI)时间序列的自相关图

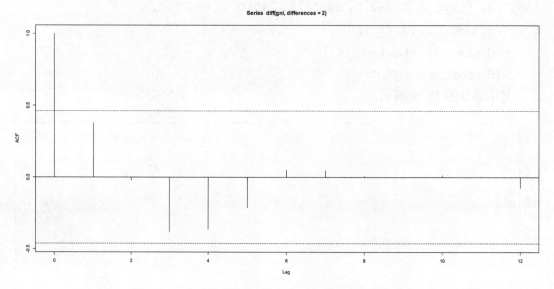

图 12-22 我国 1978—1997 年期间国民总收入(GNI)的二阶差分序列的自相关图

从图 12-20 和图 12-21 容易看出,我国 1978—1997 年期间国民总收入(GNI)的时间序列是非平稳序列,但从图 12-22 看出,其二阶差分序列却是一个平稳序列.

3. 伪回归现象

Granger 和 Newbold 在 1974 年首先发现了伪回归现象 (spurious regression phenomenon)，它是指相互独立的两个非平稳时间序列，利用 OLS 法估计回归模型并进行通常的 t 检验，往往得到它们之间存在着显著的相关关系的现象. 例如，考虑如下两个随机游走序列

$$X_t = X_{t-1} + \mu_t, \mu_t \sim \text{i.i.d} N(0,1)$$
$$Y_t = Y_{t-1} + \varepsilon_t, \varepsilon_t \sim \text{i.i.d} N(0,1)$$

其中，$\text{Cov}(\mu_t, \varepsilon_k) = 0 (t, k = 1, 2, \cdots, T), X_0 = 0, Y_0 = 0$. 由于

$$X_t = \sum_{i=1}^{t} \mu_i, \quad Y_t = \sum_{i=1}^{t} \varepsilon_i$$

因此，X_t 和 Y_t 是相互独立的. 我们用 R 随机模拟生成 μ_t，ε_t 各 1000 个样本值，进而得到 X_t 和 Y_t 样本容量为 1000 的样本序列，其 R 命令为

```
> e=rnorm(1000)
> x=cumsum(e)
> h=rnorm(1000)
> y=cumsum(h)
> par(mfrow=c(1,2))
> plot(x,type='l')
> plot(y,type='l')
```

绘出的时序图如图 12-23 所示.

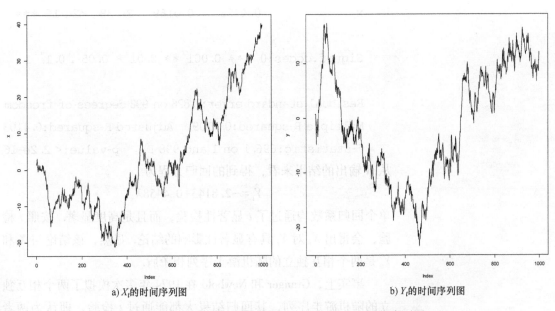

a) X_t 的时间序列图　　　　　　　　b) Y_t 的时间序列图

图 12-23　相互独立的随机游走序列 X_t 和 Y_t 的时间序列图

现在 Y_t 对 X_t 做最小二乘法的线性回归，R 输出的结果如下：
```
> k=lm(y~x);k

Call:
lm(formula=y~x)

Coefficients:
(Intercept)         x
   -2.8143      0.4458


> summary(k)

Call:
lm(formula=y~x)

Residuals:
   Min      1Q   Median      3Q      Max
-24.204  -4.734   0.232    4.139   24.183

Coefficients:
             Estimate  Std.Error  t value  Pr(>|t|)
(Intercept)   -2.8144    0.2527   -11.13   <2e-16 ***
x              0.4458    0.0169    26.38   <2e-16 ***
---
Signif.codes:0'***'0.001'**'0.01'*'0.05'.'0.1''1

Residual standard error:7.826 on 998 degrees of freedom
Multiple R-squared:0.4109,  Adjusted R-squared:0.4103
F-statistic:696.1 on 1 and 998 DF,  p-value:< 2.2e-16
```
从 R 输出的结果来看，得到的回归方程为
$$\hat{Y}_t = -2.8143 + 0.4458 X_t$$
单个回归系数均通过了 t 显著性检验，而且是高度显著. 按照 t 检验，会得出 X_t 对 Y_t 具有显著性影响的结论. 显然，该结论与 X_t 和 Y_t 是两个相互独立的随机游走序列相矛盾.

事实上，Granger 和 Newbold 在 1974 年多次模拟了两个相互独立的随机游走序列，其回归结果大都能通过 t 检验，即认为两者之间存在显著的相关关系. 此外，在多个不相关的非平稳过程之

间的回归，也一样存在伪回归现象. Granger 和 Newbold 的研究认为，造成伪回归的根本原因在于时间序列变量的非平稳性.

因此，当非平稳时间序列被用于回归分析时，其结果可能虚假地表示显著性关系的存在，而实际上却不存在. 在这些情况下，用最小二乘法建立回归模型，t 统计值并不可靠. 由于许多宏观经济变量的时间序列都是非平稳的，当对这些宏观经济变量进行回归估计时，需要十分小心，应对宏观经济变量时间序列的平稳性和非平稳性进行判断. 如果时间序列是非平稳的，可能需要寻找新的处理方法.

人物传记

布拉德利·埃弗龙

美国斯坦福大学统计学家布拉德利·埃弗龙(Bradley Efron, 1938—　)因首创 Bootstrap 法(自助法，一种测量小数据样本可靠性的方法)，获得了 2018 年度国际统计学奖. 他的工作可以追溯到 1977 年，发明了目前在许多学科中普遍使用的技术. 11 月 12 日，美国统计协会(ASA)宣布了获奖者名单. ASA 与其他 4 个科学团体共同管理国际统计学奖. 该奖项于 2016 年首次颁发，奖金 8 万美元，每两年颁发一次，英国统计学家 David Cox 是第一个获奖者. 现年 80 岁的 Efron 表示，他对获奖感到"激动". 他说，科学家常常要等上好多年才能得到"一轮热烈的掌声"，但等待的结果是好的，"感觉棒极了". 弗吉尼亚理工学院统计学家 Sally Morton 表示，Efron 是"统计学的摇滚明星，他激励了一代又一代的统计学家和科学家". 在许多科学分支中，研究人员常常不得不从有限的数据中得出结论. 评估这些结论的置信水平是至关重要的，而且往往很困难. 在 20 世纪 70 年代，Efron 等人意识到计算机的日益普及将使计算密集型的新测试成为可能. Bootstrap 法是第一个此类方法. 它以随机的方式对数据样本进行划分，并计算出结论(例如两个变量之间存在很强的相关性)是否可靠. Efron 说："它允许数据分析师使用复杂的，甚至非常复杂的方法，并仍然能够评估其准确性."加州大学伯克利分校统计学家 Peter Bickel 表示，该技术现在被用于多种应用程序，如机器学习算法. 他说："在 p 值和其他证据方法难以计算的情况下，它也会被使用，尤其是在医学领域."

习题 12

1. 给定的时间序列数据如下所示.

月份	1	2	3	4	5	6	7
观察值	24	13	20	12	19	23	15

(1) 用最近时间上的观察值预测下个月的观察值,其均方误差是多少?第 8 个月的预测值是多少?

(2) 用某个月前所有观察值的算术平均数对下个月进行预测时,其均方误差是多少?第 8 个月的预测值是多少?

(3) 哪个预测方法能产生较好的预测效果?

2. 给定的时间序列数据如下所示.

周	1	2	3	4	5	6
观察值	18	13	16	11	17	14

(1) 绘制时间序列图,并指出存在什么样的状态.

(2) 做 3 期的移动平均,此时的均方误差是多少?第 7 周的预测值是多少?

(3) 给定平滑系数 0.2,运用指数平滑法预测此时的均方误差是多少?并指出第 7 周的预测值是多少?

(4) 对(2)和(3)的预测精度进行比较,并说明哪种预测方法能产生较好的结果.

3. 给定的时间序列数据如下所示.

周	1	2	3	4	5	6
观察值	24	13	20	12	19	23	15

(1) 绘制时间序列图,并指出存在什么样的状态.

(2) 做 3 期的移动平均,此时的均方误差是多少?第 7 周的预测值是多少?

(3) 给定平滑系数 0.2,运用指数平滑法预测此时的均方误差是多少?并指出第 7 周的预测值是多少?

(4) 对(2)和(3)的预测精度进行比较,并说明哪种预测方法能产生较好的结果.

(5) 运用试错分析法找出使均方误差达到最小时的平滑系数值.

4. 某公司在过去 12 个月里,能及时收到发来货物的百分比(%)分别是:
80 82 84 83 83 84 85 84 82 83 84 83

(1) 绘制时间序列图,并指出存在什么样的状态.

(2) 做 3 期的移动平均,此时的均方误差是多少?下个月的预测值是多少?

(3) 给定平滑系数 0.2,运用指数平滑法预测此时的均方误差是多少?并指出下个月的预测值是多少?

(4) 对(2)和(3)的预测精度进行比较,并说明哪种预测方法能产生较好的结果.

(5) 运用试错分析法找出使均方误差达到最小时的平滑系数值.

5. 某公司发行的债券,最近 12 个月的利息率分别是:9.5,9.3,9.4,9.6,9.8,9.7,9.8,10.5,9.9,9.7,9.6,9.6.

(1) 绘制时间序列图,并指出存在什么样的状态.

(2) 做 3 期的移动平均,此时的均方误差是多少?下个月的预测值是多少?

(3) 给定平滑系数 0.2,运用指数平滑法预测此时的均方误差是多少?并指出下个月的预测值是多少?

(4) 对(2)和(3)的预测精度进行比较,并说明哪种预测方法能产生较好的结果.

6. 给定的时间序列数据如下所示.

周	1	2	3	4	5	6	7
观察值	120	110	100	96	94	92	88

(1) 绘制时间序列图,并指出存在什么样的状态.

(2) 拟合线性趋势方程,给出均方误差最小时方程参数的估计结果.

(3) 根据得到的结果,对第 8 周的观察值进行预测.

7. 给定的时间序列数据如下所示.

周	1	2	3	4	5
观察值	6	11	9	14	15

（1）绘制时间序列图，并指出存在什么样的状态.

（2）拟合线性趋势方程，给出均方误差最小时方程参数的估计结果.

（3）根据得到的结果，对第6周的观察值进行预测.

8. 以下是3年四个季度的时间序列资料.

季度	第1年	第2年	第3年	季度	第1年	第2年	第3年
1	71	68	62	3	58	60	53
2	49	41	51	4	78	81	72

（1）绘制时间序列图，并指出存在什么样的状态.

（2）通过引进虚拟变量，建立多元线性回归模型.

（3）根据（2）得到的结果，对第4年各个季度的观察值进行预测.

（4）绘制时间序列的自相关图，并判断该序列的平稳性.

9. 以下是3年四个季度的时间序列资料.

季度	第1年	第2年	第3年	季度	第1年	第2年	第3年
1	4	6	7	3	3	5	6
2	2	3	6	4	5	7	8

（1）绘制时间序列图，并指出存在什么样的状态.

（2）通过引进虚拟变量，建立多元线性回归模型.

（3）根据（2）得到的结果，对第4年各个季度的观察值进行预测.

（4）绘制时间序列的自相关图，并判断该序列的平稳性.

（5）同时考虑趋势和季节效用，建立多元线性回归模型.

（6）比较（2）和（5）的模型，说明哪个预测的精度更好些.

10. 以下是3年四个季度的时间序列资料.

季度	第1年	第2年	第3年	季度	第1年	第2年	第3年
1	1690	1800	1850	3	2625	2900	2930
2	940	900	1100	4	2500	2360	2615

（1）绘制时间序列图，并指出存在什么样的状态.

（2）通过引进虚拟变量，建立多元线性回归模型.

（3）根据（2）得到的结果，对第4年各个季度的观察值进行预测.

（4）绘制时间序列的自相关图，并判断该序列的平稳性.

（5）同时考虑趋势和季节效用，建立多元线性回归模型.

（6）比较（2）和（5）的模型，说明哪个预测的精度更好些.

参考文献

[1] 李勇，金蛟. 统计学导论：基于 R 语言[M]. 北京：北京大学出版社，2016.

[2] 吴喜之. 统计学：从数据到结论[M]. 4 版. 北京：中国统计出版社，2013.

[3] 贾俊平. 统计学：基于 R[M]. 3 版. 北京：中国人民大学出版社，2019.

[4] 袁卫，刘超. 统计学：思想方法与应用[M]. 2 版. 北京：中国人民大学出版社，2016.

[5] 吕小康. R 语言统计学基础[M]. 北京：清华大学出版社，2016.

[6] 薛毅，陈立萍. 统计建模与 R 软件[M]. 北京：清华大学出版社，2007.

[7] 葛新权. 统计学[M]. 2 版. 北京：机械工业出版社，2006.

[8] 盛骤，谢式千，潘承毅. 概率论与数理统计[M]. 4 版. 北京：高等教育出版社，2009.

[9] 袁卫，庞皓，曾五一，等. 统计学[M]. 3 版. 北京：高等教育出版社，2009.

[10] TEETOR P. R 语言经典实例[M]. 李洪成，朱文佳，沈毅成，译. 北京：机械工业出版社，2013.

[11] 林德，马歇尔，梅森. 商务与经济统计技术：原书第 11 版[M]. 易丹辉，等译. 北京：中国人民大学出版社，2005.

[12] 安德森. 商务与经济统计：原书第 7 版[M]. 张建华，等译. 北京：机械工业出版社，2000.

[13] 坎姆，科克伦，弗里. 商业数据分析[M]. 耿修林，宋哲，译. 北京：机械工业出版社，2017.